Gerhard Müller
Schildkröten

Gerhard Müller

Schildkröten

Land-, Sumpf- und Wasserschildkröten im Terrarium

76 Farbfotos
28 Zeichnungen

Umschlagfotos:
Vorne Cuora flavomarginata von H. Reinhard, hinten Jungtiere von Schmuckschildkröten von B. Kahl

CIP-Kurztitelaufnahme der Deutschen Bibliothek

Müller, Gerhard:
Schildkröten : Land-, Sumpf- u. Wasserschild-
kröten im Terrarium / Gerhard Müller. –
Stuttgart : Ulmer, 1987.
ISBN 3-8001-7092-2

Wollgrasweg 41, 7000 Stuttgart 70 (Hohenheim)
Printed in Germany
Umschlaggestaltung: Alfred Krugmann, Freiberg am Neckar
Satz: Typobauer Filmsatz GmbH, Ostfildern-Scharnhausen
Druck: Karl Grammlich, Pliezhausen
Bindung: E. Riethmüller & Co. GmbH, Stuttgart

Zum Geleit

Das vorliegende Buch soll keine Enzyklopädie darstellen, die den neuesten Stand unseres Wissens über die Gruppe der Schildkröten widerspiegelt, sondern vielmehr eine übersichtliche Anleitung aus der Praxis für den Praktiker. Das gilt sowohl für die hier verwendete Systematik und Nomenklatur als auch für die Hinweise zur Pflege der Schildkröten.

Der systematischen Anordnung der Familien, Gattungen und Arten liegt die „Liste der rezenten Amphibien und Reptilien“ zugrunde, deren Schildkröten-Teil als Lieferung 100 in der Schriftenreihe DAS TIERREICH (1977, Verlag Walter de Gruyter, Berlin) erschienen war. Diese Einteilung ist im wesentlichen auch heute noch gültig, obwohl seither einige taxonomische Änderungen eingetreten sind, wie etwa in der Gruppe der Meeresschildkröten. Auf die damit verbundenen fachwissenschaftlichen Probleme einzugehen, kann nicht die Aufgabe dieses Buches sein.

Das gleiche gilt für den Gebrauch der wissenschaftlichen Namen, vor allem im Hinblick auf die Folgen, die sich ergeben, wenn neuere Veröffentlichungen bisher als einheitlich betrachtete größere Gattungen in mehrere Gruppen unterteilen. Ob man diese Gruppen als selbständige Gattungen auffaßt – und damit den nomenklatorischen Überblick über die verwandtschaftlichen Zusammenhänge aufgibt, wie das „modern“ zu werden droht –, oder ob man die Gruppen lediglich als Untergattungen betrachtet – und damit den gemeinsamen Gattungsnamen bestehen läßt –, ist eine Frage der persönlichen Ansicht und auch der Zweckmäßigkeit. Der Verfasser hat aus guten und verständlichen Gründen den zweiten Weg gewählt.

Bei seinen Ausführungen zur Lebensweise und Pflege der Schildkröten gibt der Verfasser im wesentlichen seine eigenen vielseitigen und gründlichen Erfahrungen wieder, die er während einiger Jahrzehnte gesammelt hat. Andere Schildkrötenpfleger mögen andere Beobachtungen gemacht haben. Soweit darüber Veröffentlichungen in der leicht zugänglichen Literatur vorliegen, hat sich der Autor bemüht, diese Schriftstellen anzuführen, ohne jedoch eine Vollständigkeit anzustreben und ohne in jedem Falle deren Inhalt gegen seine eigenen Erfahrungen abzuwägen. Das mag der kritische Leser tun, wenn ihm daran gelegen ist, etwaige Widersprüche zu klären oder ihnen wieder andere Beobachtungen entgegenzusetzen.

Eine Diskussion über derartige Fragen wäre sogar sehr begrüßenswert, denn sie belebt das fachkundliche Schrifttum. Außerdem kommt ein vielseitiger Erfahrungsaustausch ja dem Ziel näher, das sich der Verfasser gesetzt hat: zu versuchen, den Schildkröten, die sich in der Obhut des Menschen befinden, ein Höchstmaß an naturgemäßer Pflege angedeihen zu lassen und die Tiere bei bestem Wohlergehen zu halten.

Dr. Heinz Wermuth
Ludwigsburg

Vorwort

So wenig ansprechend Echsen, Krokodile oder gar Schlangen auf die meisten Menschen wirken, so beliebt sind im allgemeinen Schildkröten bei jung und alt. Es gibt nicht wenige Menschen, die in ihrer Kindheit einmal eine Schildkröte ihr eigen nannten oder heute als „Spieltier" für ihre Kinder erwerben. Leider wurden oder werden diese oft langsam – oder auch schneller – zu Tode gepflegt. (Fachleute sagen nicht ohne Grund, daß Schildkröten jahrelang „sterben" können.) Dies geschieht meist in Unkenntnis und ohne jegliche böse Absicht. Meine Meinung ist, daß Schildkröten nur dann von uns in Gefangenschaft gehalten werden sollten, wenn man bereit ist – was für jede Tierhaltung Gültigkeit besitzt – solchen Tieren Opfer zu bringen. Man muß willens sein, ihnen das Bestmögliche zu bieten und ihren Ansprüchen auf richtige und abwechslungsreiche Nahrung, ihren Bedürfnissen entsprechende Unterbringung sowie passender Partner Rechnung zu tragen.

Schon als Junge hatte ich ein besonderes Interesse für Amphibien und Reptilien, aber insbesondere für Schildkröten. Es ist etwas Seltsames um die Schildkröten-Liebhaberei; wenn sie einmal jemanden gepackt hat, ist er ihr mit „Haut und Haaren" verfallen. Natürlich habe ich auch Freude an anderen Reptilien und Amphibien, halte auch heute noch welche und habe schon viele gepflegt, aber die Schildkröten rangieren immer an erster Stelle.

Meine ersten Amerikanischen Schmuckschildkröten, die ich als Schuljunge bekam, waren für mich etwas Einmaliges. Alle meine Frösche, Molche, Eidechsen und Schlangen wurden schnell zur Nebensache. Leider war damals über Haltung, Fütterung und Lebensweise nicht viel bekannt. Es gab wenig Literatur, und sie enthielt vor allem Angaben, die der Wirklichkeit oft nicht entsprachen. So kam es, daß bei der – angeblich notwendigen – Winterruhe die Schildkröten vertrockneten.

Durch Kriegsdienst, Gefangenschaft, Studium und Berufsausbildung war es mir lange Zeit nicht möglich, auf die Liebhaberei meiner Jugend zurückzukommen. Erst als ich beruflich mehr Freizeit und eine ausreichend große Wohnung hatte, konnte ich diese Liebhaberei wieder aufnehmen. Und später, im eigenen Haus, war endlich die Möglichkeit gegeben, die Tiere in entsprechenden Groß- Terrarien zu halten und auch Nachzucht zu bekommen. Mittlerweile sind es weit über zwanzig Jahre, daß ich wieder Schildkröten halte.

Dies Buch möchte für die ernsthaft Interessierten ein Ansporn und ein Wegweiser sein, die Tiere richtig zu pflegen. Es geht mir vor allem darum, meine langjährigen Erfahrungen und die anderer erfahrener Pfleger weiterzugeben, um möglichst vielen, in Gefangenschaft gehaltenen Schildkröten unnötige Leiden zu ersparen. Die Aufzählung und Beschreibung der Arten möge eine Hilfe beim Bestimmen der Tiere geben.

Besonders danken möchte ich an dieser Stelle dem Eugen Ulmer Verlag, der mir mit diesem Buch die Möglichkeit gab, eigene praktische Erfahrungen und die aus der Literatur zusammengetragenen Erkenntnisse auf dem Gebiete der Schildkröten einer breiten Öffentlichkeit zugänglich zu machen. Besten Dank auch Herrn Dr. Heinz Wermuth und seiner ehemaligen Mitarbeiterin Frau Ursel Friederich, die mich in verschiedenen fachlichen Details beraten haben. Herzlichen Dank gebührt vor allem auch Herrn Hans Dieter Philippen, der sich der schwierigen Aufgabe unterzog, die Literaturhinweise für die jeweiligen Arten und Unterarten zusammenzustellen. Besonderen Dank Herrn Prof. Dr. Werner Frank, Hohenheim, für seine fachliche Unterstützung zum Thema „Krankheiten und ihre Behandlung“, sowie all den lieben Gleichgesinnten, die mir mit ihren mitgeteilten Erfahrungen ebenfalls wertvolle Fingerzeige gaben.

Nicht zuletzt danke ich meiner lieben Frau, die durch ihre Toleranz gegenüber überschwemmten Zimmern, durchweichten Teppichen, entlaufenen Futtertieren (Ungeziefer?), entgangener Freizeit, vor allem aber durch Entziffern meiner Hieroglyphen beim Abschreiben des Manuskripts zum Gelingen dieses Werkes beitrug.

Gerhard Müller
Rudersberg

Inhaltsverzeichnis

Zum Geleit 5
Vorwort 6

Kurze Entwicklungsgeschichte, Körperbau, Sinnesleistungen und Lebensalter der Schildkröten 11

Bestimmungsmerkmale 16
Bestimmungsschlüssel nach Wermuth/ Mertens 19

Grundsätzliches zur Schildkrötenhaltung 21

Das Terrarium oder Aquaterrarium 23
Terrarium für Landschildkröten 23
Aquaterrarium für Sumpf- und Wasserschildkröten 24
Aquarium für Weich- und Meeresschildkröten 25
Freilandterrarium für Landschildkröten 26
Freilandteich oder -becken für Sumpf- und Wasserschildkröten 27
Strahler und Wärmelampen 30
Die Filterung 31

Schildkrötenzucht 33

Ernährung 38

Winterruhe 40
Wasserschildkröten 40
Landschildkröten 40
Überwinterung im Freiland 40

Krankheiten 42

Das Washingtoner Artenschutzübereinkommen 50

Artenbeschreibungen 52
Dermatemydidae (Tabasco-Schildkröten) . 52
Chelydridae (Alligatorschildkröten) 55
Kinosternidae (Schlammschildkröten) 57
Platysternidae (Großkopfschildkröten) 68
Emydidae (Sumpfschildkröten) 70
Testudinidae (Landschildkröten) 133
Cheloniidae (Seeschildkröten) 157
Dermochelyidae (Lederschildkröten) 159
Carettochelyidae (Neuguinea-Weichschildkröten) 159
Trionychidae (Echte Weichschildkröten) . 160
Pelomedusidae (Pelomedusenschildkröten) 171
Chelidae (Schlangenhalsschildkröten) 179

Literaturverzeichnis 205
Bildquellen 207
Register 208

Kurze Entwicklungsgeschichte, Körperbau, Sinnesleistungen und Lebensalter der Schildkröten

Die heute bekannten Schildkrötenarten gehören zur Unterklasse Anapsida, der Schläfengrubenlosen Reptilien, die die Stammreptilien (Cotylosauria) und die Schildkröten (Ordnung Testudines) enthält.
Die Ordnung der Schildkröten entstand nach O. Kuhn (1980) aus zwei Unterordnungen fossiler Schildkröten, und zwar den Scheinschildkröten (Eunotosauria) sowie den Urschildkröten (Amphichelydia). Die kleine Scheinschildkröte *(Eunotosaurus watsoni)* stellt nach den Ansichten der Paläontologen keine Urform der Schildkröten dar, sondern einen Parallelzweig. Der Schädel von *Eunotosaurus* ist bisher noch nicht bekannt; die Zugehörigkeit zu den Anapsida läßt sich daher nur vermuten. Die Urschildkröten waren größtenteils noch nicht fähig, den Kopf unter den Panzer zurückzuziehen. Vermutlich zeichneten sich schon bei ihnen die beiden Entwicklungszüge ab, die zu den Unterordnungen der „Halsberger" und „Halswender" führten.
Die Urschildkröten hatten beinahe durchweg hochgewölbte Panzer mit vielen Knochenstükken, die die heutigen Arten nicht mehr aufweisen. Auch die Anzahl der Schädelknochen war größer. Das Schädeldach war durch an der Außenseite befindliche Rinnen und Leisten nicht glatt. Ein Loch für das Scheitelauge fehlte.
Das geologische Alter der Schildkrötenahnen reicht ins untere Trias, also fast 200 Millionen Jahre zurück. In der Tertiärzeit mit ihrer warmen Witterung lebten in Mitteleuropa viele Schildkrötenarten, die später ausgestorben oder abgewandert sind. Reste großer Meeresschildkröten wurden auch in Mitteleuropa an Stellen gefunden, die in der Tertiärzeit vom Meer bedeckt waren. Die größten bekanntgewordenen Exemplare waren eine Riesenmeeresschildkröte (aus der oberen Kreide der USA) mit einer Gesamtlänge von 6 m, die *Archelon ischyros*, sowie die *Meiolania* (aus der oberen Kreide von Nordaustralien), über 6 m lang und mit einer Schädelbreite von fast 60 cm. Die größte Riesenlandschildkröte – *Colossochelys ischyros* – hatte ebenfalls eine Länge von mindestens 6 m und wurde im Jungtertiär Indiens gefunden.
Ganz einig über die eigentliche Abstammung der Schildkröten sind sich die Wissenschaftler bis heute nicht, doch braucht darauf hier nicht näher eingegangen zu werden.
Durch ihren Panzer nehmen die Schildkröten eine Sonderstellung innerhalb der Reptilien ein. Er bietet ihnen Schutz vor Feinden, da sie sich bei Gefahr in ihn zurückziehen können. Bei vielen Arten sind außerdem die nach außen abgrenzenden Teile der eingezogenen Gliedmaßen mit starken Hornplatten oder -schuppen versehen, um die Weichteile zu schützen. Bei den Dosenschildkröten ist der Bauchpanzer durch eine flexible Quernaht etwa in der Mitte beweglich; zwei solche Gelenke treten bei den Klappschildkröten auf. So werden bei Gefahr – nach dem Einziehen der Extremitäten – die Bauchpanzerhälften nach oben geklappt, wodurch das Tier rundum geschützt ist.
Daneben gibt es Arten, bei denen ein Verschluß nur teilweise möglich ist, wie zum Beispiel einige *Kinosternon*-Arten und Vertreter der Gattung *Kinixys*, bei denen das Gelenk im Rückenpanzer ausgebildet ist. Im Gegensatz dazu fehlen den Weichschildkröten – bei stark zurückgebilde-

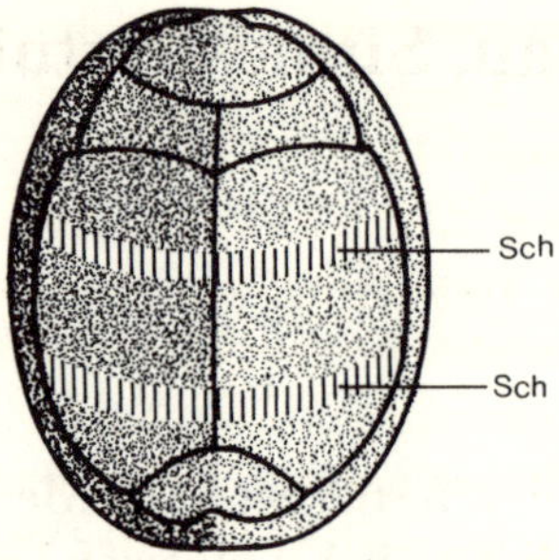

Abb. 1: Bauchpanzer einer Klappschildkröte.
Sch Scharniere.

tem Knochenpanzer – die Hornplatten völlig und sind ersetzt durch eine lederartige Haut, die natürlich wenig Schutz bietet. Dies wird aber dadurch ausgeglichen, daß diese Arten sich bei Gefahr in Sekundenschnelle im Sand oder Schlamm vergraben und damit unsichtbar werden. Bei den Artenbesprechungen wird darauf noch besonders eingegangen.

Die nachstehenden Skizzen zeigen den Panzer- und Knochenbau der Schildkröten, ohne dabei auf jede Besonderheit einzugehen. Vor allem ist bemerkenswert, daß die Lederhaut (Corium) breite Knochenplatten bildet, die mit den Rippen verwachsen sind. Sie bilden den eigentlichen Panzer und dienen zugleich als Auflage für die Hornschilde.

Beim Wachstum der Tiere treten ebenfalls Unterschiede auf. Bei den einen, wie zum Beispiel den *Testudo*-Arten, *Cuora* und anderen, vergrößert sich das jeweilige Hornschild unter dem vorhandenen (kleineren), so daß bei stetiger Wiederholung die Rückenschilde konzentrische Riefen nach Art der Jahresringe bilden. Bei anderen Schildkröten werden nach der Bildung neuer Hornschilde die alten einfach abgestoßen. Das Gleiche gilt für die Bauchschilde. Diesen Vorgang beobachtete ich regelmäßig bei *Emydura albertisii* und *Emydura macquarri*, ebenso bei *Elseya novaeguineae*, desgleichen bei *Chelodina novaeguineae*, sowie bei *Pseudemys*- und *Chrysemys*- Arten, wobei sich das Abstoßen der Hornschilde über einen Zeitraum von drei bis vier Wochen hinziehen kann. Sehr oft geschieht dies, wenn die Tiere vom Freilandaufenthalt wieder ins Zimmerterrarium kommen. Es fällt dann besonders auf, wenn auf den oft dicht veralgten Panzern durch Ablösen einzelner Schilde ein Kontrastmuster entsteht, bis alle Teile abgeworfen sind.

Unterschiedliches Verhalten zeigen die Tiere auch beim Bergen des Kopfes. Der überwiegende Teil der Schildkröten hat die Möglichkeit, den Kopf einzuziehen; der Rest kann ihn nur seitlich umlegen. Nach diesem Kriterium sind sie in zwei großen Gruppen eingeteilt: die Halsberger (Cryptodira) und die Halswender (Pleurodira). Nur eine kleine Gruppe der Halswender, die Pelomedusidae, ziehen zuerst den Hals

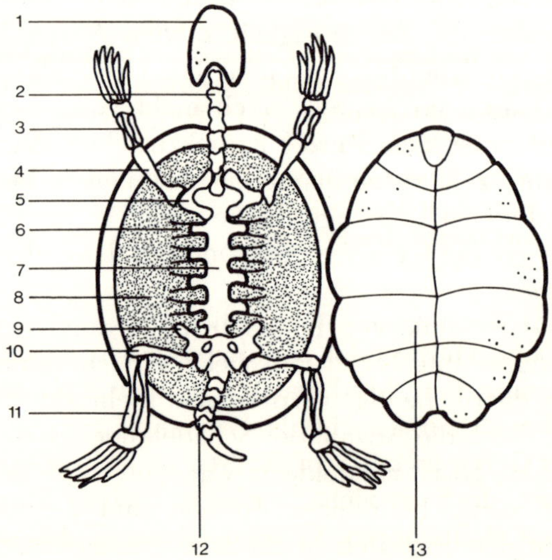

Abb. 2: Struktur des Knochengerüstes einer Schildkröte mit aufgeklapptem Bauchpanzer. 1 Schädel, 2 Halswirbelsäule, 3 Unterarm (Elle und Speiche), 4 Oberarm, 5 Schultergürtel, 6 Rippen zu Knochenplatten umgewandelt, 7 Rückenwirbelsäule, 8 Wirbelplatte, 9 Beckenknochen, 10 Oberschenkel, 11 Unterschenkel (Schien- und Wadenbein), 12 Schwanzwirbel, 13 Bauchpanzer.

etwas ein und legen dann den Kopf seitlich um (siehe Skizze). Der Rückziehmechanismus ist allerdings nur eines der Merkmale, um Halsber-

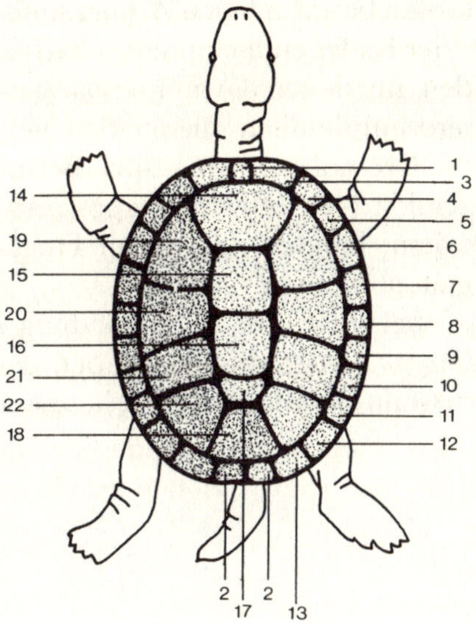

Abb. 3: Rückenpanzer (Carapax). 1 Nackenschild (Nuchale) 2 Schwanzschilde (Supracaudalia), 3–13 Randschilde (Marginalia), 14–18 Wirbelschilde (Vertebralia), 19–22 Seiten und Rippenschilde (Costalia). *Anmerkung:* Obere Zwischenschilde (Supramarginalia, hier nicht abgebildet) befinden sich zwischen den Rippen- und oberen Randschilden.

ger und Halswender zu unterscheiden. In den anatomischen Merkmalen erweisen sich die Pelomedusen als echte Halswender.

Das Gehör ist bei Schildkröten schlecht ausgebildet, doch ist nicht bewiesen, daß sie überhaupt nichts hören. Es wird vermutet, daß sie vor allem tiefe Töne besser aufzunehmen vermögen, hohe Töne dagegen nicht wahrnehmen. Bellairs (1969) bemerkt in seiner Enzyklopädie der Tiere, daß das Hörvermögen der Schildkröten geringer zu sein scheine, als das der Krokodile und Echsen, insbesondere gegenüber Tönen über 1000 oder 2000 Hertz. Zum Beispiel habe sich die Amerikanische Waldbachschildkröte *(Clemmys insculpta)* sehr sensibel gegenüber Tönen bis 500 Hertz gezeigt, aber einen rapiden Abfall des Hörvermögens bei Tönen über 1000 Hertz erkennen lassen. Zu ähnlichen Ergebnissen sei man auch bei anderen Arten gekommen. Der Schall spielt also anscheinend eine geringe Rolle im Leben der Schildkröten, abgesehen von der Paarung, wo man (vor allem bei den Landschildkröten) oft recht unterschiedliche Laute vernehmen kann.

Sehr gut ausgeprägt ist dagegen die Sehleistung. Es ist erstaunlich, aus welch großer Entfernung schon ein „Feind“ wahrgenommen werden kann. Pirscht man sich vorsichtig an einen Schildkrötenteich heran, genügt eine kleine, unbedachte Bewegung, und alle sich sonnenden Tiere stürzen sich ins Wasser.

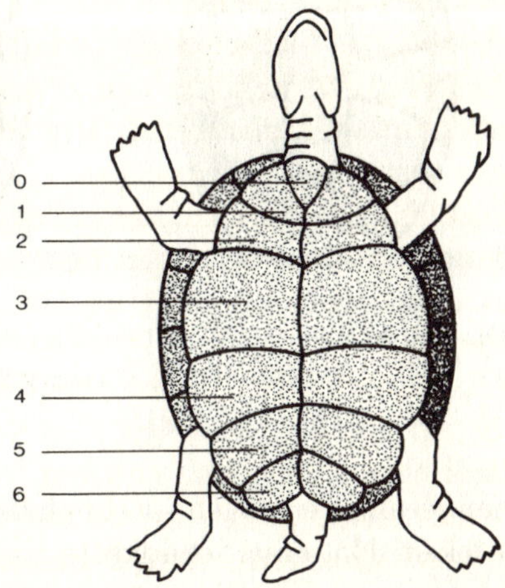

Abb. 4: Bauchpanzer (Plastron). 0 Zwischenkehlschild (Intergulare), 1 Kehlschilde (Gulare), 2 Armschilde (Humerale), 3 Brustschilde (Pectorale), 4 Bauchschilde (Abdominale), 5 Schenkelschilde (Femorale), 6 Afterschilde (Anale).
Anmerkung: Untere Zwischenschilde (Inframarginalia, hier nicht abgebildet) befinden sich zwischen den Schilden des Bauchpanzers und der Unterseite der Randschilde des Rückenpanzers.

Auch der Geruchssinn ist sehr leistungsfähig. Sogar unter Wasser können die Tiere riechen oder besser gesagt wittern. Diese Tatsache konnte ich unter anderem auch des öfteren bei einer Weichschildkröte feststellen. Das Tier lag oft unter Sand verborgen, und nur die Spitze seiner schnorchelartigen Schnauze schaute etwas hervor. Warf ich nun ganz entfernt von dem Tier etwas Fisch oder Rinderherz ins Wasser, so erschien nach kurzer Zeit der Kopf, dann der lange Hals, wobei das Tier eifrig witterte. Nun kam sie ganz heraus, schüttelte die letzten Sandreste vom Körper und schwamm zielstrebig in die Richtung des Futterbrockens, auch wenn diese Stelle vom Standort des Tieres aus nicht einzusehen war.

Sie betteln bei jedem um Futter, der an ihr Bekken herantritt. Doch sind sie ohne weiteres zu Handlungen fähig, die nicht nur vom Instinkt geleitet sind, sondern auf Erfahrung und Lernfähigkeit beruhen.

Schildkröten besitzen keine Zähne, sondern die Ränder der Kiefer enden in sehr scharfen Hornschneiden, mit denen die meisten ausgewachsenen Tiere empfindlich zuzubeißen verstehen. Größere Exemplare, wie zum Beispiel die Weichschildkröten oder Schnapp- und Geierschildkröten, können damit den Finger einer Hand glatt abtrennen.

Lediglich bei einer Urform der Gattung *Triassochelys (Proganochelys)*, die im Keuper, der obersten Triasstufe, gefunden wurde, konnten Zahn-

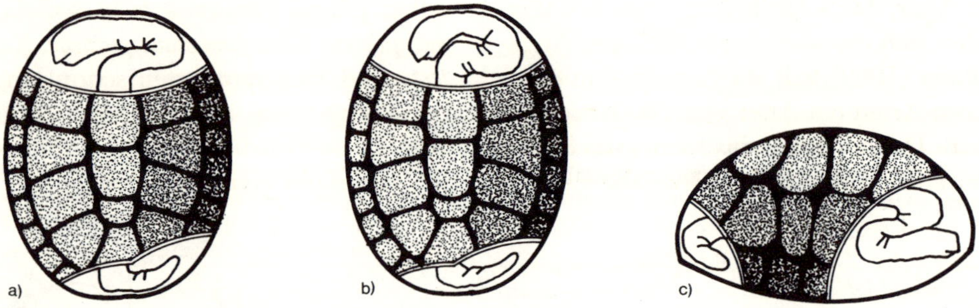

Abb. 5: Das unterschiedliche Verhalten beim Bergen des Kopfes im Panzer:
a) Halswender, b) Pelomedusidae, c) Halsberger.

Das Orientierungsvermögen ist ebenfalls recht gut entwickelt. Hat eine Schildkröte zum Beispiel eine Stelle im Terrarium (meist betrifft es das Freilandterrarium) entdeckt, an der sie entweichen kann, so eilt sie auch nach längerer Abwesenheit (zum Beispiel über Winter) sofort zielstrebig zu diesem Platz (der allerdings inzwischen abgesichert wurde), um die Flucht von neuem zu versuchen.

Daß Schildkröten – wie manchmal behauptet wird – ihren Pfleger kennen, glaube ich nicht.

reste festgestellt werden.

Wie bei den meisten Arten der Kriechtiere fehlen Hautdrüsen völlig. Die Haut ist glatt oder rauh mit teilweise starken Hornplatten, vor allem an den Stellen der Gliedmaßen, die in eingezogenem oder angewinkeltem Zustand nach außen zeigen. Hautanhänge am Kinn (Barteln) sind oft wichtige Bestimmungsmerkmale. Lappenartige Hautanhänge finden wir bei der Fransenschildkröte. Sie geben dem Tier das eigenartige Aussehen und den deutschen Namen.

Bei der Haltung im Terrarium hat man wiederholt die Erfahrung gemacht, daß sich Schildkröten in ihrem Wachstum etwas nach dem Behälter richten und oft nach dem Umsetzen in ein größeres Terrarium plötzlich wieder zu wachsen anfangen. Die in der Literatur gemachten Größenangaben sind oft sehr widersprüchlich. Ich habe bei von mir gehaltenen Arten mehrmals festgestellt, daß sie manchmal bedeutend größer wurden, als angegeben war. Das Wachstum ist vor allem von der Art der Ernährung und Haltung abhängig. Jungtiere wachsen in den ersten Jahren verhältnismäßig schnell, um diese gefährliche Lebensperiode rasch hinter sich zu bringen. Auch kann man bei in Gefangenschaft gehaltenen Exemplaren oft einen völligen Wachstumsstillstand feststellen, ohne daß die Tiere bereits ausgewachsen wären.

Über das Alter, das Schildkröten erreichen können, finden sich die widersprüchlichsten Angaben. Bellairs (1969) hält im Einzelfall und bei besonderen Arten ein Alter von 200 Jahren für erreichbar. Doch dürfte das sicher nicht die Regel sein. Das höchste, nachweisbare Alter einer Seychellen-Riesenschildkröte *(Megalochelys gigantea)* beträgt 152 Jahre. Da sie aber bereits erwachsen war, als sie gefangen wurde, dürfte ihr wirkliches Alter sich auf 180 Jahre belaufen. Der gleiche Autor erwähnt Berichte, nach denen eine Griechische Landschildkröte mindestens 115 Jahre, eine amerikanische Dosenschildkröte 100 Jahre, eine Europäische Sumpfschildkröte *(Emys orbicularis)* 70 Jahre und eine Geierschildkröte *(Macroclemys temminckii)* wenigstens 58 Jahre erreicht haben sollen. Flower (Proc. Zool. Soc London 1925 und 1937) gibt unter anderem für eine *Testudo graeca* 102 Jahre, *Testudo hermanni* mehr als 90 Jahre, *Testudo radiata* 85 Jahre, *Testudo gigantea* bestimmt 68, vielleicht 180 Jahre, *Testudo elephantopus* über 100, vielleicht 150 Jahre, *Terrapene carolina* 123 Jahre, *Emys orbicularis* über 120 Jahre an. Ich selbst pflege *Chrysemys picta dorsalis, Emydura macquarrii, Chelodina novaeguineae, Kachuga tecta tecta* und *Pseudemys*-Arten schon länger als 15 beziehungsweise über 20 Jahre. Einige dieser Schildkröten dürften daher ein Alter von 25 Jahren und mehr erreicht haben.

Bestimmungsmerkmale

Zur Bestimmung von Gattung und Art ist die Anordnung der Schilde von Rücken- und Bauchpanzer sowie deren Größe und Form von wichtiger Bedeutung. Ausschlaggebend sind meist mehrere Merkmale.

Die Färbung des Rückenpanzers verändert sich mit dem Älterwerden der Tiere oft sehr stark, so daß sie die Bestimmung äußerst erschwert (Altersmelanismus). Die Färbung des Bauchpanzers bleibt meist konstanter, lediglich Ornamente oder Flecken verblassen im Alter. Auch die Färbung von Kopf und Gliedmaßen sowie deren Zeichnung ändern sich oft und verblassen (kann auch von der Fütterung abhängig sein). So lassen sich diese Kriterien nur in bestimmten Fällen und bei einigen Arten als Erkennungsmerkmal verwenden. Sehr schwierig wird die Bestimmung bei Weichschildkröten, die ja keinen Panzer mit Schilden, sondern nur eine lederartige Haut aufweisen. Hier dienen die Form von Körper, Kopf und Gliedmaßen, sowie die Zeichnung des Rückens (Augenflecken, dunkle Ränder) oder der Oberseite des Kopfes (dunkle Streifen) als kennzeichnende Merkmale.

Der Unterschied zwischen Land-, Sumpf-und Wasserschildkröten wird einmal aus Form von Panzer und Gliedmaßen, sowie dem mehr oder weniger starken Vorhandensein von Schwimmhäuten zwischen den Zehen bestimmt.

Die Gliedmaßen haben mit Ausnahme der Vierzehen-Landschildkröte immer fünf Zehen. Die Beine enden bei den Landschildkröten in „Klumpfüßen“ aus denen nur die Nägel herausragen. Die Sumpfschildkröten weisen dagegen einzelne Zehen auf. Bei Wasserschildkröten befinden sich zwischen den Zehen mehr oder weniger starke Schwimmhäute und die Füße sind als Ruderbeine seitlich abgeflacht. Bei Meeres- und Weichschildkröten haben sie sich zu abgeflachten Schwimmflossen umgewandelt, an denen Zehen nicht mehr zu erkennen sind. Außen sitzen lediglich bis zu drei scharfe Krallen, die oft ebenfalls fehlen.

Die Unterscheidung der Geschlechter ist im Jugendstadium nahezu unmöglich und bei manchen Arten auch in ausgewachsenem Zustand schwierig. So hatte ich seinerzeit in einem Zoo-Geschäft Prof. Robert Mertens getroffen. Beim Kauf eines „Paares“ *Cyclemys dentata* waren wir beide der Meinung, daß es sich tatsächlich um Männchen und Weibchen handele. Das besagte „Männchen“ legte jedoch wenige Monate später bei mir daheim unbefruchtete Eier!

Normalerweise ist der Schwanz des Weibchens im ausgewachsenen und geschlechtsreifen Stadium bedeutend kleiner und kürzer als beim

1: Schildkröten der Gattung Emys und Mauremys im großen Gartenteich von Hemmer. **2:** Ausschnitt aus einer Anlage zur Haltung und Zucht speziell für Kinosterniden von Drews. **3:** Freilandanlage des Verfassers. Sie ist auf Seite 29ff. beschrieben.

2

4

5

6

7

8

9

Männchen. Die Kloake befindet sich innerhalb des äußeren Randes des Carapax (Rückenpanzer). Beim Männchen ist der Schwanz verdickt, größer und länger. Die Kloakenöffnung befindet sich häufig außerhalb des Carapax-Randes. Nur bei ganz wenigen Exemplaren ist eine andere Färbung der Tiere ein brauchbares Unterscheidungsmerkmal. In der Literatur ist oft vermerkt, daß beim männlichen Tier der Bauchpanzer in der Mitte nach innen gewölbt sei. Doch ist dies häufig selbst bei Tieren der gleichen Art nicht anzutreffen. Natürlich ist beim geschlechtsreifen Männchen an seinem Verhalten – Aufreiten auf anderen Tieren (allerdings auch oft bei Gleichgeschlechtlichen), Ausstülpen des Penis – das Geschlecht eindeutig festzustellen.

Bestimmungsschlüssel nach Wermuth/Mertens zu den Unterordnungen der Schildkröten (Testudines)

1 Bauchpanzer mit 11 oder 12 großen Hornschilden bedeckt oder Rücken- und Bauchpanzer mit lederartiger Haut bekleidet; der Kopf kann bei den meisten Arten zumindest etwas in den Hals eingestülpt werden und wird nicht seitlich unter den Rückenpanzer eingelegt:
Halsberger-Schildkröten (**Cryptodira**)
1' Bauchpanzer stets mit 13 großen Schilden, ebenso wie der Rückenpanzer nie mit lederartiger Haut bedeckt; beim Zurückziehen wird der Kopf immer seitlich unter den Panzer eingelegt:
Halswender-Schildkröten (**Pleurodira**)

Halsberger-Schildkröten (Cryptodira)

1 Gliedmaßen im Querschnitt rundlich oder seitlich leicht abgeflacht, jedoch nicht als auffallend verbreiterte, flossenartige Schwimmpaddel; wenigstens die Vorderbeine mit je 4 oder 5 Krallen; Panzer immer mit Hornschilden bedeckt:
Gewöhnliche Schildkröten (**Testudinoidea**)
1' Gliedmaßen als flossenartige Schwimmpaddel seitlich stark verbreitert, mit höchstens 3 freien Krallen; Panzer mit Hornschilden oder lederartiger Haut bedeckt: **2**
2 Schnauze ohne rüsselartigen Fortsatz; Panzer entweder mit Hornschilden oder mit lederartiger, längsgekielter Haut bedeckt:
Meeresschildkröten (**Chelonioidea**)
2' Schnauze endet mit einem fleischigen Rüssel; Panzer stets mit lederartiger Haut bedeckt, jedoch ohne Längskiele:
Weichschildkröten (**Trionychoidea**)

Gewöhnliche Schildkröten (Testudinoidea)

1 Bauchpanzer auffallend klein und schmal, im Umriß etwa kreuz- oder rautenförmig: **2**

4: Eier von Kachuga smithii. In ihrer Form fallen sie ganz aus dem Rahmen, denn üblicherweise sind Schildkröteneier entweder rund und sehen aus wie Tischtennisbälle, oder sie haben die ovale Form von Hühnereiern. Die Größe entspricht der Art. **5:** Gelege von Emydura macquarrii sofort nach der Eiablage. Man beachte die Markierung, um einer Drehung der Eier vorzubeugen, die ein Absterben des Embryos zur Folge hätte. **6:** Eine Emys orbicularis (Europäische Sumpfschildkröte) beim Schlupf. **7:** Schlüpflinge von Testudo hermanni (Griechische Landschildkröte). **8:** Eine Macroclemys temminckii (Geierschildkröte) kann bis zu 75 cm groß werden und kommt nur für große Becken in Frage. **9:** Macroclemys temminckii. Plastron (Bauchpanzer) der Geierschildkröte.

1' Bauchpanzer im Umriß etwa elliptisch, ungefähr ebenso groß oder nur wenig kleiner als die untere Öffnung des Rückenpanzers: **3**

2 Kopf und Hals mit stachelartigen Haut-Tuberkeln besetzt; Schwanz ungefähr ebenso lang wie der Rückenpanzer, auf seiner Oberseite mit großen Höckerschuppen: Alligatorschildkröten (**Chelydridae**)

2' Kopf und Hals ohne stachelige Haut-Tuberkel; Schwanz kürzer als die Hälfte des Rückenpanzers, ohne große Höckerschuppen auf seiner Oberseite: Schlammschildkröten (**Kinosternidae**)

3 Randschilde (Marginalia) des Rückenpanzers von den Schilden des Bauchpanzers beiderseits entweder durch eine nicht unterbrochene Reihe kleiner Zwischenschilde (Inframarginalia) vollständig getrennt oder unvollständig durch ein einziges Zwischenschild, das aber mindestens bis zur Mitte der Brücke reicht: **4**

3' Randschilde grenzen an der Brücke entweder unmittelbar an die Bauchpanzer-Schilde oder sind mit ihnen durch einen schmalen Streifen häutigen Bindegewebes verbunden; etwa vorhandene Achsel-(Axillaria) oder Weichenschilde (Inguinalia) bilden weder eine ununterbrochene Reihe, noch reichen sie bis zur Mitte der Brücke: **6**

4 Vorder- und Hinterteil des Bauchpanzers durch je ein Quergelenk beweglich mit dem starren Mittelteil verbunden: Schlammschildkröten (**Kinosternidae**)

4' Bauchpanzer besitzt kein Quergelenk, sondern bildet eine einzige, starre Platte: **5**

5 Kopf mit wenigen, großen Hornplatten bedeckt und auffallend massig, so daß er nicht unter den flachen Rückenpanzer zurückgezogen werden kann; Oberkiefer endet vorn mit hakenförmig abwärts gekrümmter Spitze; Schwanz ungefähr ebenso lang wie der Rückenpanzer: Großkopf-Schildkröten (**Platysternidae**)

5' Der nicht übermäßig große Kopf kann vollständig unter den leicht kuppelförmig gewölbten Rückenpanzer eingezogen werden; Schnauzenspitze nicht hakenförmig abwärts gekrümmt; Schwanz viel kürzer als der Rückenpanzer: Tabasco-Schildkröten (**Dermatemydidae**)

6 Vorderbeine seitlich abgeflacht und daher im Querschnitt oval; Finger und Zehen in ihrer ganzen Länge freiliegend, aber fast immer durch Schwimmhäute miteinander verbunden: Sumpfschildkröten (**Emydidae**)

6' Vorderbeine im Querschnitt mehr oder weniger rundlich; Finger und Zehen äußerlich nicht erkennbar, sondern zu einem Klumpfuß verwachsen, aus dem nur die Nägel frei hervorragen: Landschildkröten (**Testudinidae**)

Halswender-Schildkröten (Pleurodira)

1 Der Kopf wird anfangs mit der Längsachse des Tieres zurückgezogen und erst im letzten Teil dieser Bewegung seitlich unter den Panzer umgelegt; Rückenpanzer stets ohne Nackenschild (Nuchale): Pelomedusenschildkröten (**Pelomedusidae**)

1' Der Kopf wird nie in der Längsachse des Tieres zurückgezogen, sondern legt sich mit dem oft außerordentlich langen Hals seitlich unter den Panzer; ein Nackenschild fehlt nur ganz wenigen Arten, kann aber bei der Gattung *Hydromedusa* aus dem Kranz der Randschilde (Marginalia) nach hinten abgedrängt sein und so ein überzähliges, 6. Wirbelschild (Vertebrale) vortäuschen: Schlangenhals-Schildkröten (**Chelidae**)

Grundsätzliches zur Schildkrötenhaltung

Wer Schildkröten halten will, seien es nun Land- oder Wasserbewohner, der sollte auf jeden Fall vorher reifliche Überlegungen darüber anstellen, ob er den Tieren eine einigermaßen ihrem natürlichen Lebensraum entsprechende Haltung bieten kann. Der angehende Liebhaber sollte bereit sein, den Tieren einen ausreichend großen Behälter, abwechslungsreiches Futter und viel Zeit zu bieten. Er muß überlegen, daß ein zeitweiliger Freilandaufenthalt bei vielen Arten unbedingt notwendig ist (zum Beispiel bei den *Terrapene*-Arten), und daß Wasserschildkröten durch einen Aufenthalt im Freilandteich während des Sommers bedeutend widerstandsfähiger werden. Wenigstens sollte ein Balkon vorhanden sein, auf dem die Tiere ihre Sonnenbäder nehmen können. Da Schildkröten bei richtiger Haltung und Fütterung in den ersten Jahren sehr schnell wachsen, sollte man dies von Anfang an berücksichtigen. Dazu muß die Möglichkeit bestehen, die Tiere in größere Terrarien umzusetzen, wenn sie zu groß für die bisherigen Behälter geworden sind.

Meist macht man, auch bei Anschaffung anderer Tiere, den Fehler, daß man zuerst das Tier kauft und erst später die entsprechende Literatur. Das sollte gerade umgekehrt sein; denn es ist besser, einen Geldbetrag für Literatur umsonst auszugeben, als ein Tier durch Unkenntnis zu Tode zu pflegen.

Worauf ist beim Kauf zu achten?

Allgemein: Die Tiere sollten beim Anfassen sofort durch Einziehen des Kopfes und der Extremitäten reagieren, es sei denn, sie haben durch lange Gefangenschaft jegliche Scheu verloren. Wenn man die Schildkröten so in die Hand nimmt, daß die Vorderbeine über dem Zeigefinger und dem abgespreizten Daumen liegen, müssen sie ihre Beine mindestens waagrecht halten können, ohne daß der Rumpf nach unten absackt. Sehr vitale Tiere drücken sich über die Waagrechte hinauf (siehe Skizze). Die Tiere sollten relativ schwer sein, da „Leichtgewichte“ meist Todeskandidaten sind. Die Augen sollten klar und nicht tränend oder verklebt, der Panzer unbeschädigt und nicht spröde oder rissig sein. Aus der Nase darf kein Schleimausfluß kommen und sie sollte auch nicht nässen. Ganz schlecht sind Bläschenbildung an den Nasenlöchern beim Ausatmen. Das röchelnde Atmen eines Tieres ist ebenfalls ein Alarmzeichen und zeigt meist eine Lungenentzündung an.

Bei Sumpf- und Wasserschildkröten ist außerdem zu beachten: Bei Jungtieren darf der Panzer

Abb. 6: Eine gesunde Schildkröte muß sich bei dieser Haltung mit den Vorderbeinen kräftig abstützen können.

nicht zu weich sein. Wenn man die Tiere auf den Rücken legt, müssen sie sich schnell wieder umdrehen können. Dabei ist aber zu berücksichtigen, daß sie aus der Schreckreaktion heraus meist einige Zeit auf dem Rücken liegen bleiben. Setzt man die Tiere ins Wasser, sollten sie sofort und ohne große Mühe tauchen und auch wieder auftauchen können. Beim aufgetauchten Schwimmen dürfen sie nicht schräg im Wasser liegen. Bedenklich ist immer, wenn sie nicht tauchen können oder wollen. Verklebte oder entzündete Augen, schleimende oder bläschenbildende Nasenlöcher sind auch hier ein beunruhigendes Anzeichen. Es gehört viel Erfahrung und Glück dazu, wenn es einem Liebhaber gelingt, Tiere mit solchen Mängeln wieder gesund zu pflegen.

Der Kauf bei Versandhändlern hat den großen Nachteil, daß man die Tiere nicht sehen und prüfen kann. Oft stimmen bei der Lieferung Art, Unterart oder Geschlecht nicht mit der Bestellung überein. Es ist auf jeden Fall empfehlenswerter, Tiere direkt beim Händler oder Zoofachgeschäft zu kaufen. Als Laie sollte man einen erfahrenen Schildkrötenpfleger hinzuziehen.

Noch besser ist es, direkt beim Liebhaber zu kaufen, ob es sich nun um erwachsene Tiere oder solche aus Nachzuchten handelt. Entsprechende Angebote sind sowohl den Fachzeitschriften, vor allem aber den Mitteilungen der DGHT (Deutsche Gesellschaft für Herpetologie und Terrarienkunde; Sitz: Senckenberganlage 25, 6000 Frankfurt a. M.) zu entnehmen.

Den wenigsten wird es möglich sein, Schildkröten in ihrem natürlichen Lebensraum zu fangen. Und selbstverständlich kommen dafür keine durch das Washingtoner Artenschutzabkommen geschützten Tiere in Betracht. Wildfänge sind auch sehr oft mit Parasiten behaftet, so daß grundsätzlich eine acht- bis zehnwöchige Quarantäne sowie eine Kotuntersuchung zu empfehlen ist.

Terrarium für Landschildkröten

Ein Zimmerterrarium für Landschildkröten (siehe nebenstehende Zeichnung) sollte etwa folgende Ausmaße und Ausstattung aufweisen: mindestens 100 cm Länge, 60 cm Breite und 60 cm Höhe. Vorderseite aus Glas, an den beiden Seitenteilen und auf der Abdeckung zur Hälfte Lüftungsgitter, zur Hälfte Glas. Als Bodenfüllung nehmen wir staubfreien Sand mit etwas eingemischtem Weißtorf, darunter wird ein Heizkabel (Wattzahl und Länge je nach Behältergröße) verlegt. In der eigenen Praxis hat es sich sehr bewährt, die entsprechenden Heizkabel fest einzubauen, das heißt, nicht nur in den Sand oder in die Erde, wo die Schildkröten sie

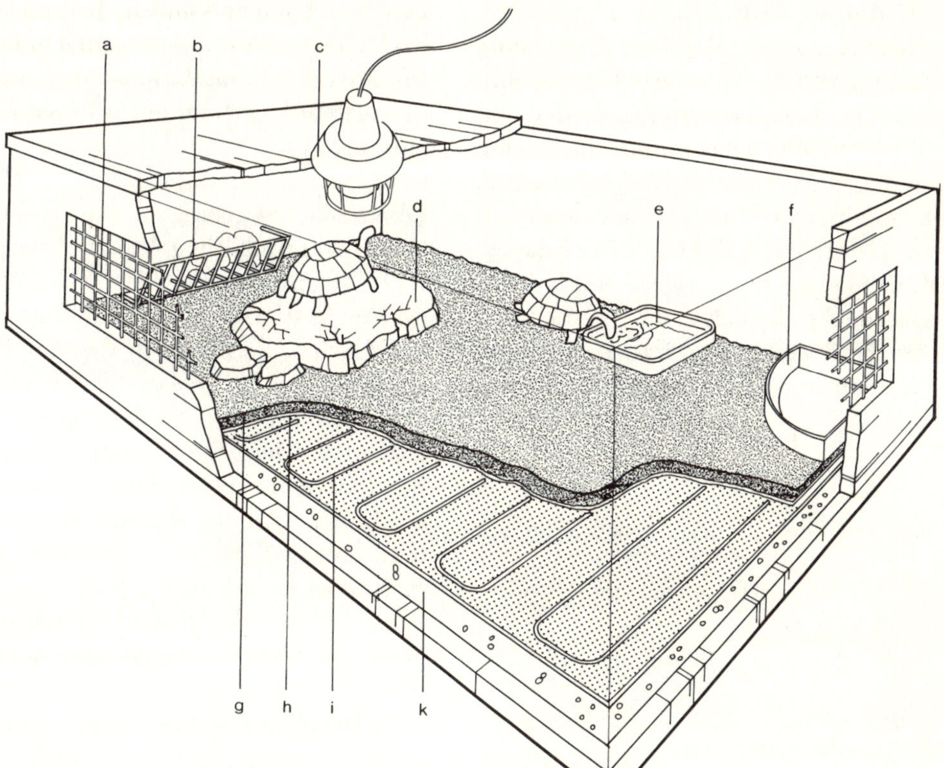

Abb. 7: Terrarium für Landschildkröten. a Gitter, b Futterraufe, c Strahler, d Steinplatte, e Wasserbehälter, f Futterplatz, g Sand, h Eternitplatte, i Heizkabel, k Styropor-Platte.

ausgraben können. Zudem besteht auch die Gefahr, vor allem bei Bleikabeln (die allerdings heute kaum mehr im Handel sind), daß sich die Tiere verbrennen. Ich habe daher meine Heizkabel immer einbetoniert, wobei dann die Wärme außerdem besser verteilt wird und die Lebensdauer der Heizkabel unbegrenzt ist. Um einen Wärmestau zu vermeiden, müssen die Kabel einzeln verlegt werden und dürfen nicht übereinander liegen, da sie sonst durchbrennen. Das Terrarium sollte einen flachen Wasserteil enthalten, den die Tiere zum Baden mühelos erreichen können und der nach Möglichkeit mit einem Abfluß versehen ist.
Auch der Futternapf sollte leicht erreichbar sein. Für das Grünfutter wird eine nicht zu engmaschige Futterraufe etwas erhöht angebracht. Sehr bewährt hat sich, vor allem wenn man eine größere Anzahl von Tieren pflegt, die abgebildete Futterstelle (Eigenkonstruktion). Bei den üblichen flachen Futterschalen marschieren die Schildkröten über das Futter hinweg oder setzen sich direkt hinein, wobei alles verunreinigt und viel Futter verdorben wird. Hier jedoch lassen die Metallbügel und Querstangen, durch deren Zwischenräume die Tiere das Futter entnehmen können, ein Übersteigen des Futters nicht zu. Die Schildkröten gewöhnen sich sehr schnell an

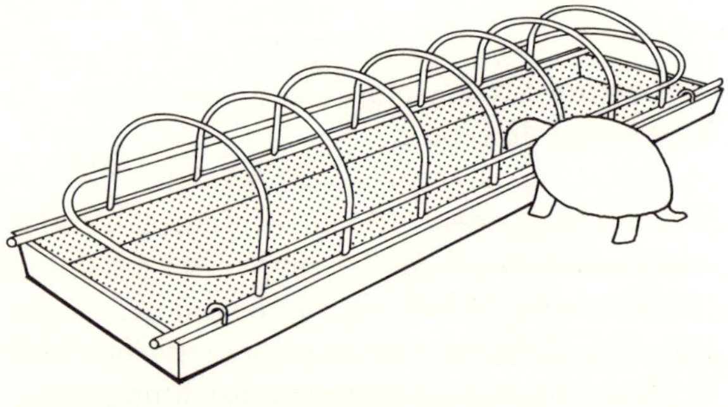

Abb. 8: Eine Futterstelle, bei der auch beim Überklettern das Futter nicht verschmutzt werden kann.

diese Anlage. Unter der Abdeckung wird eine Bestrahlungslampe mit Reflektor angebracht. Alles übrige zeigt die Abbildung.

Aquaterrarium für Sumpf- und Wasserschildkröten

Der Wasserteil sollte grundsätzlich mindestens 2/3 des Landteiles betragen und mindestens 40 cm (besser 50 oder 60 cm) tief sein. Die leider weitverbreitete Meinung (auch in der Fachliteratur), daß der Wasserstand nicht tiefer sein soll als die Breite des Carapax der Schildkröte, ist nicht richtig. Im natürlichen Lebensraum ist doch der kleinste See, in dem Wasserschildkröten leben, bedeutend tiefer als unsere Aquaterrarien! Sogar bei kleinsten Exemplaren (auch von *Sternotherus oderatus* oder *Sternotherus minor*) hatte ich keinerlei Ausfälle durch zu tiefes Wasser. Im Gegenteil, die Jung-Schildkröten sind gezwungen, tüchtig zu strampeln, um zum Luftholen an die Oberfläche zu gelangen. Dies kräftigt die Muskeln, regt durch die geleistete Muskelarbeit die Freßlust an, fördert somit die Vitalität der Tiere und begünstigt das Wachstum. Es gibt allerdings auch Arten, deren frisch geschlüpfte Jungtiere einen niedrigen Wasserstand benötigen; dazu gehören beispielsweise *Phrynops gibbus* und *Phrynops geoffroanus.* Erwachsene Tiere, die immer bei niedrigem Wasserstand gehalten wurden, gewöhnen sich nur schlecht an tieferes Wasser und sind in Gefahr zu ertrinken, da sie nicht mehr die Oberfläche erreichen. Sie haben nämlich verlernt, die aufgenommene Luft so zu dosieren, daß sie im Wasser schweben und durch leichte Ruderbewegungen höher oder tiefer schwimmen können. Ideal ist die Nachbildung eines langsam ansteigenden Ufers, was sich aber leider aus Platzmangel oder konstruktiv nicht immer verwirklichen läßt. Grundsätzlich sollten Betonaufbauten mit Zierkork überdeckt werden, da der harte Beton gefährlich für

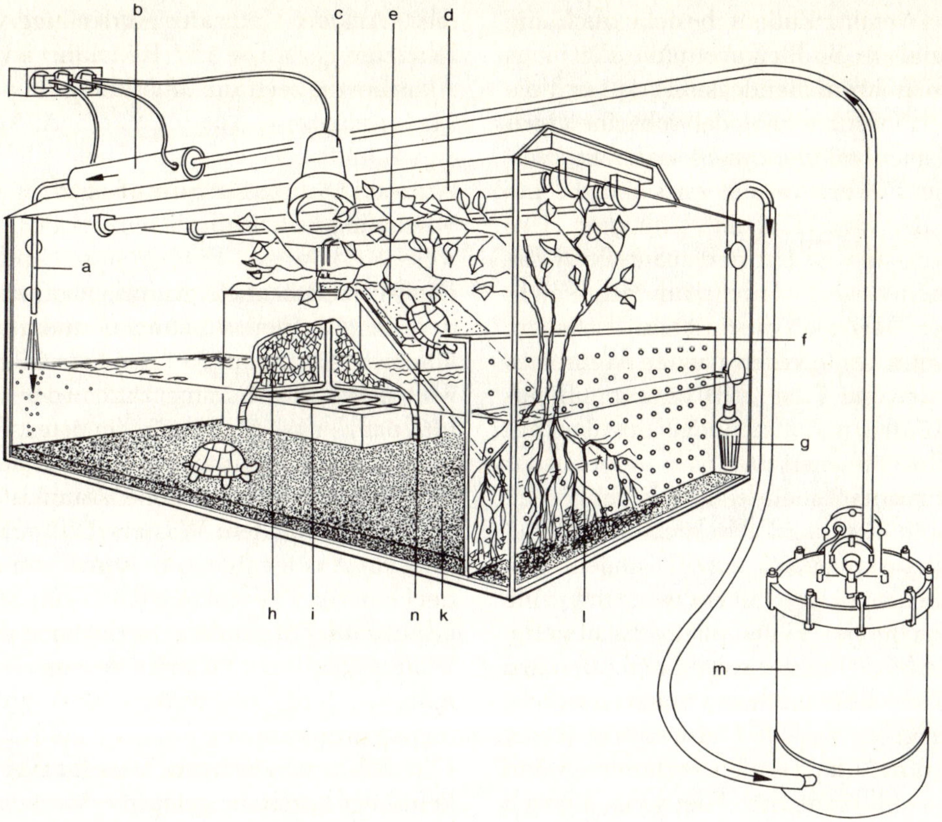

Abb. 9: Aquaterrarium für Wasserschildkröten. a Zulauf, b Außenheizung, c Strahler, d Beleuchtung, e Zierkork, f durchlöcherte Eternitplatte, oben abgewinkelt, g Absaugung, h Sand-Torf-Gemisch, i Heizkabel, k Bodenschicht, 1 Wurzelmasse der Pflanzen, m Filter, n beschichtete Eternitplatte.

die oft weichen Bauchpanzer, vor allem der jungen Schildkröten ist. Für die jeweilige Ausstattung sind bei dem heutigen großen Angebot an verschiedensten Materialien – wie Kunststoffe, Klebe- und Spachtelmassen – so viele Möglichkeiten gegeben, daß ich auf sie im einzelnen hier nicht einzugehen brauche. Wichtig ist jedoch, daß grundsätzlich – ausgenommen bei Weichschildkröten – auf jeglichen Sand oder Kies im Wasserbecken verzichtet wird, da er die Reinigung erschwert. Um den Beckengrund zu kaschieren, habe ich den Boden mit Sand und Kieselsteinen verschiedener Größe beklebt, und zwar mit Zweikomponenten-Kunststoff. Alle weiteren Einzelheiten sind ebenfalls der nebenstehenden Abbildung zu entnehmen.

Aquarium für Weich- und Meeresschildkröten

Weichschildkröten, Meeresschildkröten oder andere, fast ausschließlich im Wasser lebenden Arten, wie die Matamata, werden im Aquarium gehalten. Natürlich ist dazu kein Becken mit Bepflanzung und großartiger Einrichtung nötig, vielmehr wird das Aquarium nach den Erfordernissen der jeweiligen Insassen ausgestaltet.

Für fast alle Weichschildkröten sowie die Matamata ist Sand als Bodengrund unerläßlich. Es empfiehlt sich gewaschener Flußsand der Körnung 0,5–1,5 mm. Auf alle scharfkantigen Steine und auch auf Quarzsand sollte man verzichten. Zur Dekoration eignen sich sehr gut Wurzeln aus Moorkienholz. Um die Tiere gesund zu erhalten, muß man den Sand von Zeit zu Zeit durchwaschen. (Vor allem bei Weichschildkröten.) Will man die Reinigungsarbeiten vereinfachen, so ist folgende Anlage zu empfehlen: Man verwendet das „Eheim"-Durchfluter-System. Mit den auf dem Boden des Beckens verlegten Durchfluter-Platten ist es möglich, das vom Filter zurückfließende, gereinigte Wasser ständig durch den Sand durchzudrücken und ihn damit wirkungsvoll durchzuspülen. Bei einer Sandschicht von 8–20 cm (je nach Größe der Tiere) braucht man eine entsprechend starke Pumpe. Die Fördermenge sollte bei mindestens 20 bis 30 l/min liegen, besser ist eine noch stärkere Leistung.

Besondere Beachtung verdient folgendes: Selbst bei ständiger Filterung des Wassers ist (je nach Besatz und Größe des Beckens) alle zehn bis vierzehn Tage ein Wasserwechsel zu empfehlen. Der Filter entfernt auch bei guter Leistung keine Nitrate, die auch in kristallklarem Wasser in hoher Konzentration gelöst sein können und auf empfindliche Tiere giftig wirken. Werden erwachsene Tiere gehalten, die Nachwuchs erwarten lassen, so ist das Aquarium mit dem Aquaterrarium zu vertauschen.

Freilandterrarium für Landschildkröten

Tiere, die nicht besonders wärmeempfindlich sind, kann man (falls dies die Anlage zuläßt), frei im Garten laufen lassen. Voraussetzung ist, daß eine entsprechende Einfriedung ein Entweichen unmöglich macht. Hat man die Möglichkeit nicht, so kann man ein Freilandterrarium anlegen.

Als Standort wählt man einen sonnigen, windgeschützten Platz. Die Mindestgröße beträgt 4 m^2, die man mit Brettern, Maschendraht oder einer Mauer eingrenzt. Dabei ist zu berücksichtigen, daß Schildkröten ausgezeichnete Kletterer sein können. Die Absperrung muß also immer so beschaffen sein, daß Kletterkünstler nicht entweichen können. Die nebenstehende Abbildung veranschaulicht das im einzelnen. Außerdem ist zu bedenken, daß viele Landschildkröten sich naturgemäß unter einem normalen Maschendrahtzaun leicht durchgraben können. Hat man keine Mauer als Zaunsockel, die mit ihrem Fundament ohnehin mindestens 30 cm in den Boden reicht, so ist das Zaundrahtgeflecht ebenfalls wenigstens 30 cm im Boden zu versenken, um Ausbrüchen von vornherein zu begegnen.

Grundsätzlich ist für die Tiere neben Futter-und Wasserstelle eine Schutzhütte vorzusehen, die man, soweit dies möglich ist, mit einer Bodenheizung versehen sollte. Der Vorteil liegt auf der Hand: Bei unseren leider oft nicht allzu warmen deutschen Sommern kommt es immer wieder zu Kälteperioden, in denen die Tiere eigentlich in ein geheiztes Terrarium zu überführen wären. In eine geheizte Schutzhütte können sie sich aber jederzeit zurückziehen; an zu kühlen Tagen kommen manche Schildkröten dann kaum oder überhaupt nicht zum Vorschein. Die Schutzhütte, in Form einer großen Kiste, legt man folgendermaßen an: Als Untergrund eine Lage Glasscherben (um Ratten das Eindringen von unten zu verwehren), darüber eine Schicht Sand oder Kies, dann zur Isolation eine Styropor-Platte, auf die die Hütte gestellt wird. Ein Heizkabel befestigt man entweder auf der Unterseite des Schutzhüttenbodens, oder man verwendet wegen der besseren Wärmeführung eine „Eternit"- oder Asbestzementplatte als Unterboden, an deren Unterseite ein Heizkabel oder eine Heizplatte angeklebt beziehungsweise montiert wurde. Auch hier muß man die Heizkabel im

Abstand zueinander und nicht über Kreuz verlegen, um Wärmestau und ein Durchbrennen zu vermeiden. Sehr bewährt hat es sich, in der Mitte des Freilandterrariums einen kleinen Berg mit Felsenaufbauten vorzusehen; denn einmal trägt er dem Kletterbedürfnis vieler Tiere Rechnung und zum anderen lädt er die „Wanderer“ zu einer Rundum-Endlos-Wanderung ein.

Freilandteich oder -becken für Sumpf- und Wasserschildkröten

Wer über einen Garten am Haus verfügt, dem sind bei der Gestaltung einer Anlage im Freien keine Grenzen gesetzt. Der Teich spielt dabei natürlich die Hauptrolle.

Es ist völlig gleich, aus welchem Material man das Becken gestaltet, die Hauptsache ist, daß es seinen Zweck erfüllt. Es sind heute Folien auf dem Markt, die sich sehr gut für diesen Zweck eignen. Jedoch gibt es erfahrungsgemäß dabei einen schwachen Punkt: wo der Wasserstand endet und die Folie der ständigen Sonnenbestrahlung ausgesetzt ist, wird sie nach einiger

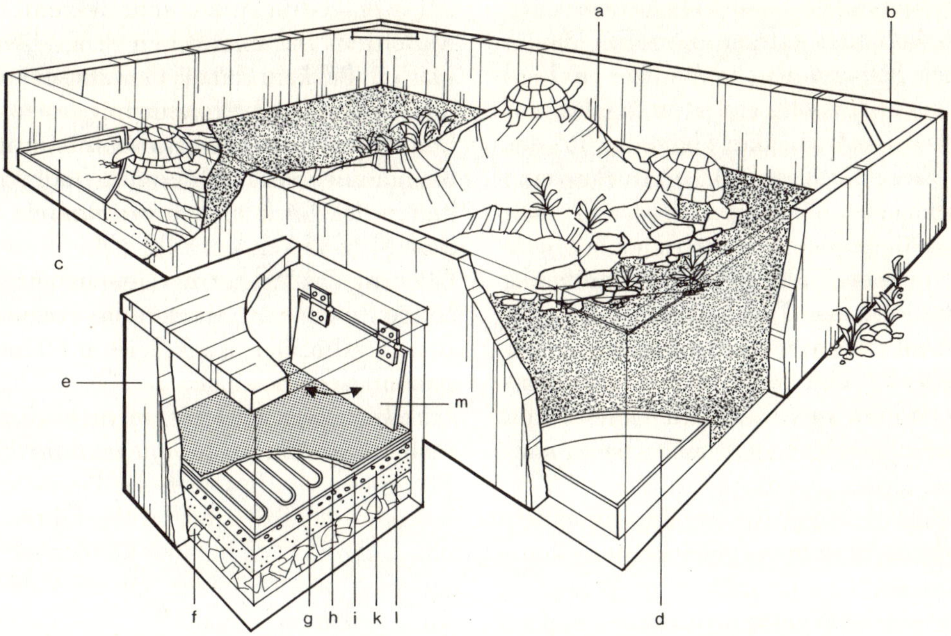

Abb. 10: Freilandterrarium mit Schutzhütte für Landschildkröten. a Kletterberg, b Winkel, c Wasserstelle, d Futterbehälter, e Schutzhütte, f Glasscherben, g Heizkabel, h und i Eternitplatten, k Styroporplatten, 1 Sand, m freipendelnder Ein- und Aussgang.

Das Wasserbecken sollte flach sein, so daß die Tiere es leicht aufsuchen und verlassen können. Als Material empfiehlt sich Beton, weil er am natürlichsten und zweckmäßigsten modelliert werden kann. Bei größeren Becken ist es ratsam, am tiefsten Punkt einen Ablauf einzubauen, da dann ein Wasserwechsel leichter möglich ist.

Zeit brüchig und damit untauglich. Dem läßt sich dadurch begegnen, daß man nach dem Einbau der Folie vom Ufer her einen Maschendraht auslegt, der so weit über den Beckenrand hereinragt, daß er bis unter den Wasserspiegel reicht. Darauf wird dann ein Zementbrei aufgetragen, der die Uferrandzone schützt. Außerdem verhindert der Maschendraht ein Rissigwerden des Betons (siehe Abbildung).

Bei Verwendung von Betonbecken ist die Gefahr des Reißens und damit Undichtwerdens des Wasserbehälters immer möglich. Davon können viele Schwimmbeckenbesitzer ein Lied singen. Die Verwendung eines durch Glasfaser verstärkten Polyester-Beckens halte ich für das Beste, da diese Becken praktisch unbegrenzt haltbar, schlechte Temperaturleiter und auch gegen Frost völlig unempfindlich sind. Ich habe von einer Firma die Hälfte eines Kunststofftanks mit einem normalen Fassungsvermögen von 5000 l gekauft (also mit 2500 l Inhalt) und im Boden versenkt. Um die Umrisse etwas aufzulockern und um außerdem den Tieren einen bequemen Ausstieg zu bieten, habe ich eine ähnliche Methode angewandt wie beim Folienteich beschrieben. Ich befestige Zierkork auf Maschengitter, bringe am Uferrand ebenfalls einen Zementbrei auf und drücke das Maschengitter mit dem Zierkork so hinein, daß der Zierkork in das Becken hineinragt und den Schildkröten eine weiche und leicht zu erklimmende Ausstiegsmöglichkeit bietet (siehe Abbildung). In den seitlich des Zierkorks herausfließenden Zement werden größere und kleinere Kieselsteine eingedrückt, was sehr dekorativ aussieht. Außerdem hat man durch diesen Zementbrei auf dem Beckenrand die Gewähr, daß kein Wasser aus dem Becken ausfließt.

Da niemand gerne einen trüben Teich im Garten hat, und bei einer größeren Anzahl von Schildkröten der Teich schnell verschmutzt, habe ich eine Möglichkeit gefunden, durch biologische Filterung das Wasser zu reinigen. Die nebenstehende Zeichnung erläutert dieses Prinzip.

Das Filterbecken ist auf gleicher Höhe mit dem großen Becken eingebaut. Gegen das eigentliche Terrarium ist es mit einem engen Maschendraht abgesichert, der (gegen das Terrarium

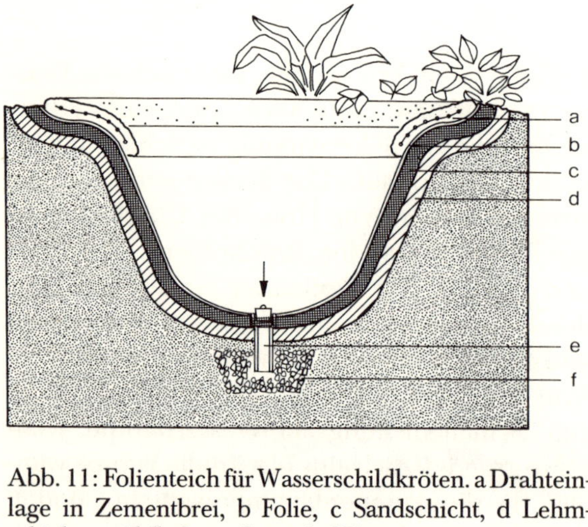

Abb. 11: Folienteich für Wasserschildkröten. a Drahteinlage in Zementbrei, b Folie, c Sandschicht, d Lehmschicht, e Abfluß mit Stöpsel, f Kies.

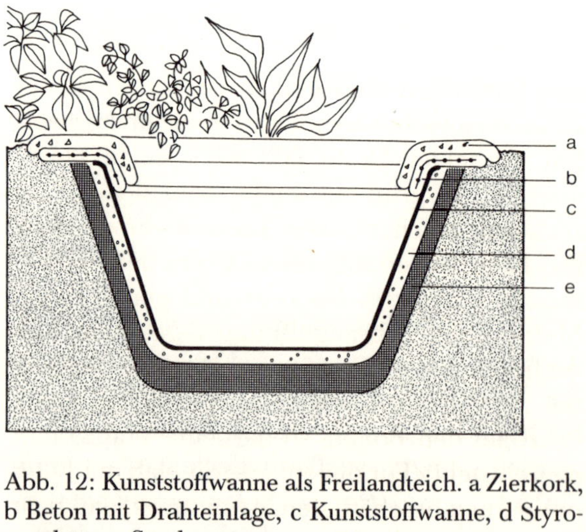

Abb. 12: Kunststoffwanne als Freilandteich. a Zierkork, b Beton mit Drahteinlage, c Kunststoffwanne, d Styroporplatte, e Sand.

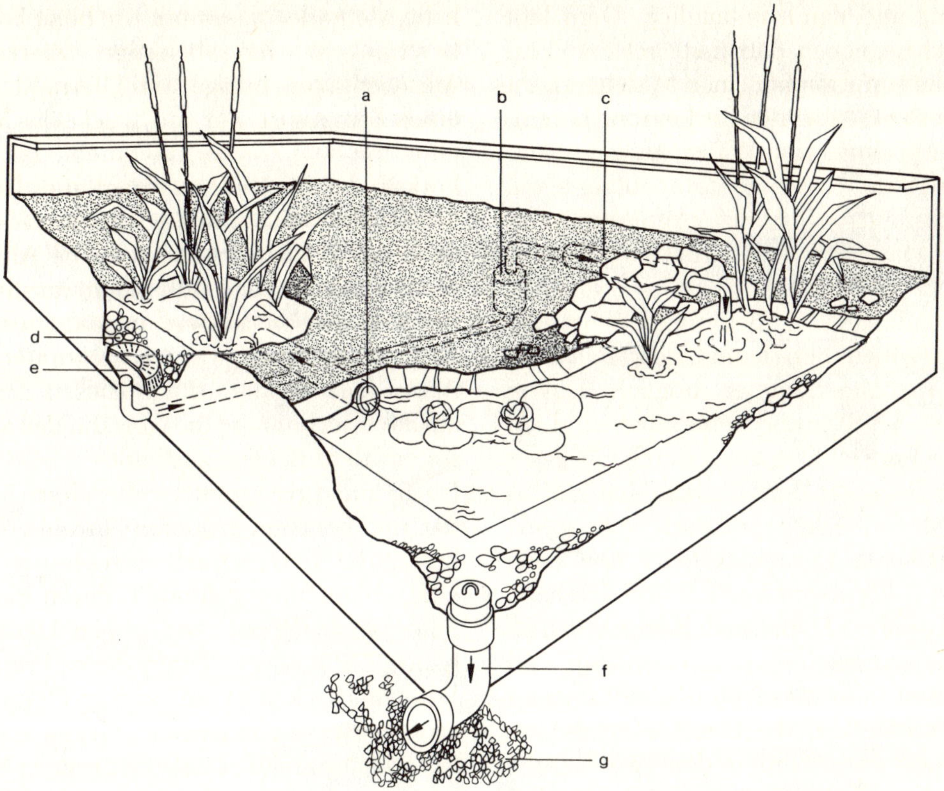

Abb. 13: Freilandanlage für Wasserschildkröten. a Überlauf (ins Filterbecken), b Pumpe, c Heizung, d Filterbecken mit Kiesfüllung, e Wasserkammer mit Absaugung, f Ablauf, g Drainage.

gerichtet) oben abgewinkelt ist, um ein Überklettern zu verhindern. Dazu noch ein Hinweis: Ein verzinkter Draht fällt weniger auf, wenn man ihn olivgrün anstreicht. Sobald die Pflanzen üppig wuchern, ist er kaum mehr zu sehen. Das Filterbecken sollte etwa 40 cm tief sein. Am tiefsten Punkt des Beckens und genau in der Mitte wird die Absaugöffnung angebracht. Eine flache Kunststoffwanne versieht man siebartig mit zahlreichen Löchern und stülpt sie umgekehrt auf den Boden, so daß eine Wasserkammer entsteht. (Für diejenigen, die sich mit Filterproblemen beschäftigten, ist bekannt, daß beim Filtervorgang die Klarwasserkammer eine große Rolle spielt. Wo sie fehlt, sucht sich das Wasser einfach bestimmte Wege durch die Filtermasse, und die Filterwirkung ist schlecht oder hört überhaupt auf.) Das Becken wird nun mit grobem Kies bis zur Höhe des Überlaufs aufgefüllt. Darin werden Rohrkolben, Wasseriris und andere Wasserpflanzen eingebracht, die durch das stets gedüngte Wasser üppig wuchern und zugleich für den Nitratabbau sorgen.

Von der Absaugöffnung führt in 60 cm Tiefe eine Schlauchleitung zur Wasserpumpe. Man sollte grundsätzlich eine ölgekühlte Pumpe wählen, da die Pumpenkammer sich im Boden befindet und bei einem undichten Schlauch

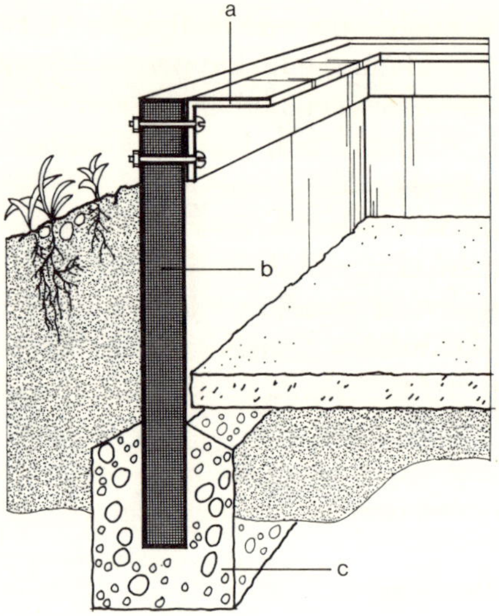

Abb. 14: Einfriedung eines Freilandterrariums aus Beton. a Winkel Blech (V2A), b Betonmauer, c Fundament.

oder sehr starken Regenfällen sich dort Wasser ansammeln kann; bei einer luftgekühlten Pumpe könnte dies zu Komplikationen führen. Da ich die Schildkröten, wenn sie einmal im Freiland sind, nicht bei jeder kühlen Witterung herausfangen möchte, habe ich zwischen Pumpe und Einlauf einen selbstkonstruierten Durchlauferhitzer geschaltet, den ich an kühlen Tagen benütze. Den Einlauf zum Becken habe ich so gestaltet, daß das gereinigte und je nach Notwendigkeit erwärmte Wasser in Form eines kleinen Baches wieder in das Becken zurücksprudelt und dabei zusätzlich Sauerstoff aufnehmen kann. Da Wasserschildkröten durch die sogenannten Analsäcke zusätzlich Sauerstoff aus dem Wasser entnehmen können, ist sauerstoffreiches Wasser für viele Arten von großer Bedeutung. Außerdem verbessert es den Filtervorgang.

Für die Einfriedung der ganzen Anlage gibt es vielerlei Möglichkeiten, von der Beton- oder Backsteinmauer über Eternitplatten bis zur Holzwand (wobei ich Holz am wenigsten empfehle, da es kurzlebiger ist). Wichtig ist, daß oben an der Einfriedung ein Blech- oder Eternitwinkel angebracht wird, um den Kletterkünstlern das Entfliehen zu verwehren. Desgleichen sollte man beachten, daß der Zaun auch noch in den Boden reichen muß, damit die Grabspezialisten nicht in die Freiheit entkommen können, die für sie in unseren Breiten meist tödlich ist. Im Wasserbecken habe ich auf jeglichen Bodengrund und damit auch auf Bepflanzung verzichtet, da die Schildkröten die Pflanzen abweiden und zerstören. Das Becken kann so viel leichter sauber gehalten werden.

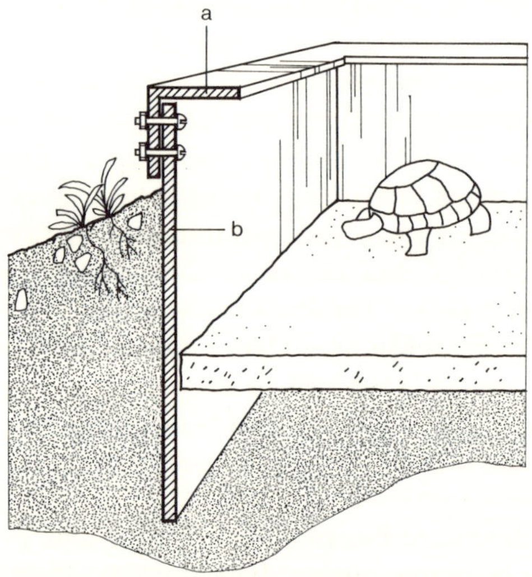

Abb. 15: Einfriedung eines Freilandterrariums aus Eternit. a Winkel Eternit, b Eternitplatte.

Strahler und Wärmelampen

Die beste Beleuchtung bei größeren Terrarien ist meines Erachtens eine Kombination von Quecksilberdampfhochdrucklampen und Leuchtstoffröhren. Wenn man auf einen üppigen Pflanzenwuchs Wert legt, spielt das Rotlicht eine wichtige Rolle. So hatte ich mein erstes größeres Aqua-Terrarium nur mit 2×40 Watt-Warmtonleuchtstoffröhren beleuchtet, und der Pflanzenwuchs ließ sehr zu wünschen übrig. Nachdem ich eine Röhre gegen ein Sylvania Grolux-Rotlicht ausgetauscht hatte, entwickelte sich der Pflanzenwuchs sehr üppig. Natürlich hängt alles auch von der Größe des Behälters ab, aber bei der Ausleuchtung – überhaupt wenn Pflanzen ebenfalls gedeihen sollen – kann Licht nie zu viel vorhanden sein.

Auch heute steht in der Literatur überall noch zu lesen, daß man bei fehlender Sonnenbestrahlung auf Höhensonne (ultraviolette Strahlen) bei Schildkröten nicht verzichten kann. Dabei finden sich die widersprüchlichsten Angaben über die Bestrahlungsdauer. Hierzu möchte ich bemerken: Die Menge an UV-Licht, die Schildkröten ohne weiteres vertragen, würde beim Menschen schwerste Verbrennungen verursachen. In der ersten Zeit meiner Schildkrötenhaltung habe ich sehr viel bestrahlt und lediglich bei *Podocnemis*-Arten die Bestrahlungsdauer reduzieren müssen. Bei *Podocnemis* wurde bei mehr als fünfzehn Minuten Dauer die Iris des Tieres grau und die Sehschärfe eingeschränkt. Nach einigen Tagen hatte sich dies allerdings zurückgebildet und das Auge sowie das Verhalten des Tieres waren wieder normal. Alle übrigen Tiere reagierten auf Bestrahlung ohne jegliche negative Wirkung. Beim heutigen Angebot an Leuchtstofflampen mit UV-Anteil, wie True Lite oder den sogenannten Dreibandenleuchtstoffröhren mit 10% geringerer Leistungsaufnahme bei besserer Leuchtkraft, bei denen auch das Spektrum und die Farbwiedergabe sehr gut sind, ist dann UV-Bestrahlung nicht mehr unbedingt erforderlich, besonders wenn die Tiere in der warmen Jahreszeit im Freilandterrarium ungefiltertes Sonnenlicht bekommen können.

Diese Leuchtstofflampen werden von Osram mit der Bezeichnung Lumilux-Röhre (hier kommen nur die Farben 11=Tageslicht und 21=Weiß in Frage) oder von Philips die TL-D Super 80 (hier sind nur die Lichttypen 84=Weiß oder 86=Tageslicht geeignet) angeboten.

Bei der Aufzucht von Jungschildkröten ist ein Elstein-Strahler oder eine normale elektrische Birne als Wärmequelle über dem Landteil unerläßlich. Im übrigen bin ich dafür, einen Behälter so auszuleuchten oder zu bestrahlen, daß die Tiere das wählen können, was sie individuell brauchen. Oft bedenkt man bei der Haltung tropischer Schildkröten nicht, daß viele Tiere aus Urwaldgewässern stammen, wo nur selten Sonnenstrahlen durch das Pflanzengewirr dringen.

Die Filterung

In meinen Schildkrötenbecken filtere ich das Wasser grundsätzlich. Doch ist das Für und Wider (Filterung oder dauernder Wasserwechsel) eine Streitfrage, die nächtelange Diskussionen unter Liebhabern verursachen kann.

Die Gegner halten die Filterung aus folgenden Gründen für falsch:

1.) Bei einer Filterung bekommt man wohl klares Wasser, doch steigt der Nitratanteil ständig und auch sonstige giftige oder krankheitserregende Stoffe können in dem Wasser unsichtbar gelöst sein. Dies kann mit der Zeit eine Vergiftung verursachen, wenn ihre Konzentration eine gewisse Stufe überschritten hat.

2.) Etwa vorhandene Krankheitserreger werden durch den Filter möglicherweise erst konserviert, gefördert und in der Filtermasse vermehrt und können dann viele gesunde Tiere befallen.

Als Befürworter der Filterung gehe ich von folgendem aus:

1.) Was nützt mir eine trübe Brühe, in der die Tiere kaum noch zu beobachten sind? Bekannterweise ist ein gut besetztes, auch großes Schwimmbecken – besonders nach der Fütterung – schon in kurzer Zeit trübe.

2.) Eine Filterung ermöglicht auch bei stark besetztem Becken eine gute Beobachtung der

Tiere. (Zusätzlich findet in meinem Becken alle zehn bis vierzehn Tage ein Wasserwechsel statt.)
Wie schon bei der Beschreibung der Freilandanlage erwähnt, führt die Bepflanzung des Filterbeckens oder eines für die Schildkröten nicht zugänglichen Teiles des Wasserbeckens zu einem starken Nitratabbau oder -verbrauch. In jüngster Zeit werden auch Filtermaterialien angeboten, die Nitrate abbauen. Allerdings liegen dazu noch keine umfangreichen Erfahrungen vor.
Als Filtermaterial lassen sich Lavagrus, grober Kies oder Raschigringe verwenden, die man im Chemikalienhandel erhält. Jedes Filtermaterial aber sollte, je nach dem Grad der Verschmutzung, hin und wieder ausgewaschen werden.
3.) Es besteht außerdem die Möglichkeit, die Tiere von Zeit zu Zeit vorbeugend gegen Krankheiten zu behandeln und Erreger abzutöten. Darauf werde ich aber im Abschnitt „Krankheiten“ noch gesondert eingehen.
Bei der Anschaffung eines Filters ist zu beachten, daß Schildkröten viel Schmutz machen. Man wählt daher ein entsprechend leistungsstarkes Gerät mit Kreiselpumpe. Ist die Filterleistung als ausreichend für ein Aquarium mit 200 l Inhalt angegeben, empfiehlt sich ein Gerät mit dreifacher Leistung (also für 600 l).

Schildkrötenzucht

Die Krönung der Tierhaltung ist eine geglückte Nachzucht. Dabei ist es von großer Bedeutung, daß auch die Kopulation in der Gefangenschaft erfolgt ist. Ein besonderer Erfolg ist es aber, wenn Tiere, die vom Kleintier an aufgezogen wurden, zur Nachzucht kommen und von diesen wiederum folgende Generationen gezüchtet werden können.

Sicherlich ist der Freilandaufenthalt während der warmen Jahreszeit dafür eine der wichtigsten Voraussetzungen, ferner eine sehr abwechslungsreiche Fütterung und natürlich entsprechende Geschlechtspartner. Es kommt auch bei Schildkröten unter den Geschlechtern zu Sympathie und Antipathie, und nicht jedes Weibchen nimmt das ihm gebotene Männchen an. Ich habe schon erlebt, daß ein weibliches Tier jeden männlichen Partner ablehnte, selbst wenn er noch so bestrebt war, ihre Gunst zu erringen. Doch dann erschien plötzlich ein neuer Bewerber und „kam, sah und siegte".

Wenn man die Werbung bestimmter Schildkrötenmännchen beobachtet, so muß man im Vergleich zu anderen Tieren sagen, daß nur wenige ein so graziöses Paarungsvorspiel bieten, wie eben *Kachuga tecta tecta* oder *K. circumdata* sowie verschiedene *Chrysemys*- oder *Pseudemys*-Arten. Außerdem ist die Ausdauer zu bewundern, mit der sie den Weibchen den Hof machen. Natürlich gibt es auch gegenteilige Beispiele, bei denen die Männchen einzelner Arten sehr rauhe Methoden anwenden, wie unter anderem *Cuora, Phrynops, Emys* und sonstige Arten. Auch wurden leider bei den oft rüden Paarungsspielen der Landschildkröten (Testudo) durch die Rammstöße rabiater männlicher Tiere schon Risse im Panzer des Weibchens verursacht. Allerdings gibt es bei Tieren gleicher Art oft sehr große individuelle Unterschiede.

Nach meinen Erfahrungen fällt die Legezeit der meisten tropischen Wasserschildkröten hauptsächlich in die Monate November bis Februar. Wer seine Tiere genau kennt, merkt sofort, wenn ein Weibchen legewillig ist: Es wird unruhig, verläßt das Wasser und wandert auf dem Landteil umher. Auch versucht es, an den Wänden hochzuklettern (wobei viele Tiere es zu erstaunlichen Kletterleistungen bringen), geht dann wieder ins Wasser und so weiter. Diese Unruhe kann acht bis zehn Tage anhalten. Bei *Chelodina longicollis* habe ich zum Beispiel beobachtet, daß das Weibchen nach dieser Periode der Unruhe anfing zu graben. War das Loch fertig oder hatte es eine gewisse Tiefe, so steckte es prüfend den Kopf bis zum Grund der Grube und verweilte dort einige Zeit. Meiner Vermutung nach wurde dabei die Temperatur der Grube geprüft. Da sie anscheinend nicht den Erwartungen entsprach, verließ das Tier den Platz wieder, ohne ihn zuzuschütten oder gar Eier zu legen. Das Weibchen legte noch mehrere Gruben an und verhielt sich in gleicher Weise, bis der zusagende Platz gefunden war und es dort seine Eier ablegte. Im Gegensatz zu den Gelegen der Landschildkröten bin ich bei den Sumpf- und Wasserschildkröten zu der Erfahrung gekommen, die Eier nicht aus dem Gelege herauszunehmen. Ich mache lediglich das Gelege frei, entferne beschädigte Eier, gebe den Sand wieder darüber und überdecke sie dann mit feinem Maschendraht. Dieser sollte so fein sein, daß schlüpfende Jungtiere später nicht hindurchkommen können

und die gelegten Eier vor anderen grabenden Weibchen geschützt sind.
Die Anzahl der gelegten Eier ist sehr unterschiedlich. Eine *Testudo graeca* legt bei mir jedes Jahr 20 bis 22 Eier. Eine *Pseudemys scripta elegans*

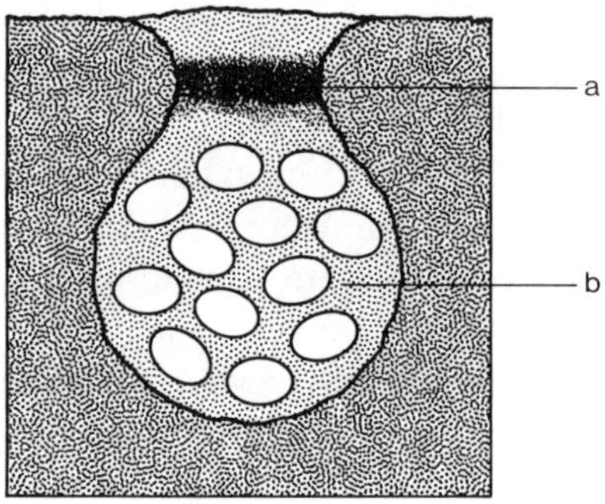

Abb. 16: Gelege einer Schildkröte. a Stark verdichtete Schicht, b Erde zwischen den Eiern, die sich normalerweise nicht berühren.

legte jahrelang, meist im Februar, zweimal im Abstand von etwa vierzehn Tagen jeweils acht bis zehn Eier. Eine vom Jungtier selbst aufgezogene *Chrysemys picta dorsalis* legt schon seit Jahren auch meist zweimal im Jahr, aber bei mindestens vier- bis sechswöchigem Abstand, vier bis fünf Eier. (Leider sind diese immer unbefruchtet, da es mir bis heute nicht gelang, ein entsprechendes, gesundes und aktives Männchen zu bekommen.)
Chelodina novaeguineae legt meist zweimal acht bis zehn und *Emydura macquarrii* acht bis zehn Eier, ebenfalls zweimal im Jahr. *Emydura albertisii* dagegen legt acht bis zehn Eier bis zu fünfmal im Jahr.
Als normale Durchschnittstemperatur für das Gelege hat sich 25° bis 30° C bewährt. (Bei höheren Temperaturen besteht die Gefahr, daß sich die Tiere im Ei zu schnell entwickeln und zu früh schlüpfen.) Nach neuesten Erkenntnissen soll die Temperatur während der Zeitigung des Eis bei den meisten Gattungen das Geschlecht der schlüpfenden Schildkröten bestimmen. Bei 30 °C sollen nur noch weibliche Tiere schlüpfen. Leider muß man immer wieder die Erfahrung machen, daß zahlreiche Eier nicht befruchtet sind. Viele Kopulationen die wir beobachten, sind erfolglos geblieben. Andererseits kann eine Kopulation (bei verschiedenen Arten) zu einer bis vier Jahre dauernden Befruchtung des Weibchens führen, wobei allerdings die Anzahl der befruchteten Eier im Gelege abnimmt. Besondere Beachtung verdient die Feststellung von Krefft (1926), daß zum Beispiel *Terrapene*-Arten erst ab dem fünften Jahr nur noch unbefruchtete Eier legten.
Wenn man die Eier nicht im Gelege belassen kann, sollte man sie unbedingt kennzeichnen, denn es kann jede, auch die kleinste Drehung den Keimling zum Absterben bringen. Allerdings gilt dies vielleicht nicht für alle Arten, denn wie aus der Literatur bekannt, wurden im Krieg

10: Kinosternon cruentatum (Rotmaul- oder Rotwangen-Klappschildkröte). Kommt vor allem im Süden der USA, sowie in Mexiko und Mittelamerika vor. **11: Sternotherus odoratus** (Moschusschildkröte) wird wie ihre Verwandten vor allem in der Dämmerung aktiv. Die in der Literatur immer wieder empfohlene Haltung in flachem Wasser ist unnatürlich. Ich habe alle Sternotherus-Arten immer bei Wassertiefen von 40–50 cm gehalten und dabei gute Erfahrungen gemacht. **12: Kinosternon flavescens** (Gelbliche Klappschildkröte) hält während der heißesten Jahreszeit oft einen Sommerschlaf. **13: Kinosternon acutum** (Spitzschnauzen-Klappschildkröte) wird nur bis 10 cm groß. **14: Kinosternon subrubrum** (Pennsylvania-Klappschildkröte) kommt vor allem in den östlichen und südöstlichen USA mit drei Unterarten vor. **15: Kinosternon leucostomum** (Weißmaul-Klappschildkröte) hat keine Unterarten.

11

13

15

16

17

18

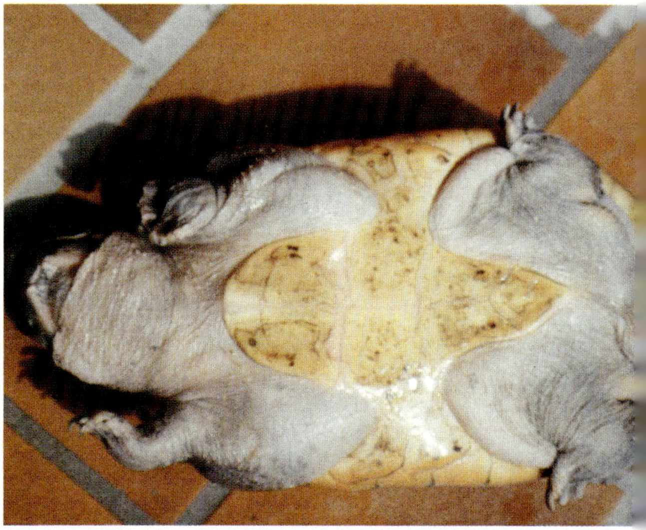
19

20

21

im Berliner Aquarium Eier einer Matamata einfach in eine Schublade gelegt. Als diese nach Wochen geöffnet wurde, war aus einem Ei ein Jungtier – vollkommen ausgebildet und gesund – geschlüpft.

Ins Wasser abgelegte Eier müssen sofort herausgenommen werden, da sonst der Embryo abstirbt. Doch auch dann kann es zu Mißbildungen, bedingt durch den zeitweiligen Luftabschluß, kommen.

Die Zeitigungsdauer der Eier ist sehr unterschiedlich und natürlich auch von verschiedenen Faktoren abhängig, besonders aber wohl von der Wärme und Feuchtigkeit. Zu hohe Temperaturen (über 32 °C) bringen oft eine Frühreife, die Tiere sterben im Ei ab oder sie sind nach dem Schlüpfen nicht lebensfähig. Es ist dagegen erwiesen, daß niedrige Temperaturen von 18–20 °C (auch zeitweilig) nicht schädlich sind, sondern lediglich die Zeitigungsdauer verlängern. In der Regel benötigen die Eier zwei bis

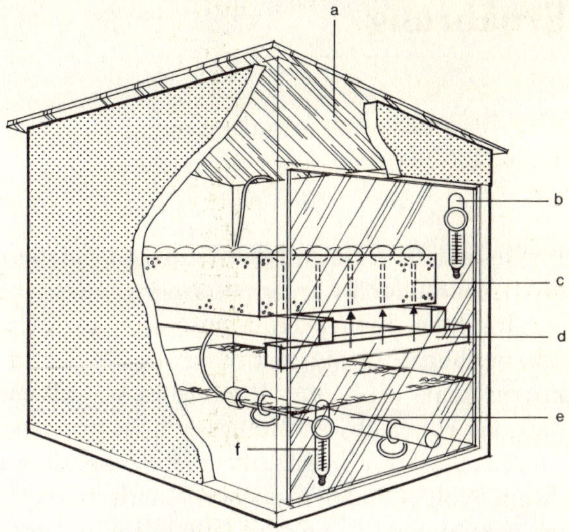

Abb. 17: Brutanlage. a Glasplatte, b Thermometer, c durchlöchertes Styropor zur Belüftung der Eier, d Halterung, e Heizung, f Thermometer im Wasser.

drei, seltener auch dreieinhalb bis vier Monate zum Reifen. Landschildkröteneier brauchen meist noch länger, oft über ein halbes Jahr! Eier von *Emys orbicularis* sollen schon im Freiland überwintert haben und die Jungtiere erst im folgenden Jahr geschlüpft sein.

Wie man Gelege von Schildkröten mit technischen Mitteln erbrüten kann, schildern sowohl W. Ehrengart (1976): Brutanlagen für Schildkröten-Eier (Salamandra, **12** (1): 27–31) sowie H. Budde (1980): Verbesserte Brutbehälter zur Zeitigung von Schildkröten-Gelegen (Salamandra, **16** (3): 177–180.

Bei der Schildkrötenzucht ist, trotz mannigfaltiger Erfahrungen, immer noch sehr viel Neuland zu ergründen. Deshalb sind alle ernsthaften Liebhaber aufgerufen, mit ihrem Wissen nicht hinter dem Berg zu halten, sondern auch unwichtig erscheinende Erfahrungen zu veröffentlichen. Nur so können andere Züchter davon profitieren und zu Zuchterfolgen kommen, die zu einer Arterhaltung beitragen.

16: Kinosternon scorpioides albogulare kommt in Mittelamerika vor. Mit ihr gibt es von dieser Art acht Unterarten. **17: Kinosternon baurii palmarum** ist mehr an das Wasser gebunden als die Nominatform. **18: Staurotypus triporcatus** (Große Kreuzbrustschildkröte) ist vor allem dämmerungsaktiv. Sie sollte einzeln gehalten werden, da sie sehr bissig ist. **19: Staurotypus triporcatus.** Man beachte den sogenannten Bikini-Bauchpanzer. **20: Emys orbicularis** (Europäische Sumpfschildkröte) ist in Deutschland m. E. nicht ganz verschwunden. Wiedereinbürgerungsversuche wurden und werden unternommen, haben aber noch nicht den erwarteten Erfolg gebracht. **21: Platysternon megacephalum vogeli** (Großkopfschildkröte) dürfte wohl die seltenste der insgesamt vier Unterarten sein.

Ernährung

Im Gegensatz zu vielen Terrarientieren, die ständig Lebendfutter (oft sogar besondere Futtertiere wie Insekten, Schnecken, Mäuse oder gar Echsen) benötigen, bringt die Ernährung der Schildkröten keine Probleme. Wichtig ist vor allem, daß das Futter abwechslungsreich ist und den Tieren alle Grundnährstoffe bietet, die sie zu ihrem Wohlbefinden brauchen. Landschildkröten bekommen Löwenzahn, Milchdisteln, ungespritzten Salat, geriebene Möhren, Bohnen, alle Arten von Früchten (Steinobst entsteinen) und als besondere Leckerbissen gelegentlich Bananen. Zwischendurch sollte auch tierisches Futter wie Regenwürmer, fein geschnittenes Rinderherz oder Rinderleber angeboten werden, das ebenfalls gern genommen wird. Auch Hunde- oder Katzenfertigfutter ist beliebt (harte Brocken vorher einweichen und aufquellen lassen), doch sollte man davon nicht zu viel geben, da die Tiere sonst Gicht bekommen. Bei meinen *Chelonoidis carbonaria* habe ich festgestellt, daß sie sehr gerne Fische fressen (Sardinen mit Kopf und Gräten).

Die Wasserschildkröten erhalten jeden zweiten Tag als Grund-und Ballastfutter getrocknete Garnelen, wie sie als Hühnerfutter bei landwirtschaftlichen Lagerhäusern erhältlich sind. Diese enthalten sehr viel Kalk, was sich auf die Panzerbildung günstig auswirkt. Außerdem gibt es einmal in der Woche feingeschnittenes Rinderherz und einmal tiefgefrorene Sardinen (natürlich vorher aufgetaut), dazwischen Löwenzahn oder Salat und auch manchmal Bananenscheiben, je nach Jahreszeit. Sonst wird alles gefüttert, was ums Haus und im Garten anfällt: Raupen, Maden, Insekten, Regenwürmer, Nackt- und Gehäuseschnecken, Wasserschnecken und auch Süßwasserfische aller Art.

Besondere Beachtung verdient die Fütterung der jungen Schildkröten, da sich hier jeder Fehler auf die Entwicklung der Tiere auswirken kann. Es können nachhaltige Schäden, wie rachitische Mißbildungen und Deformierungen auf Jahre hinaus, ja sogar für immer sichtbar bleiben. Unerklärlich ist übrigens, daß manchmal Tiere der gleichen Größe, die zur gleichen Zeit unter denselben Bedingungen und mit dem gleichen Futter aufgezogen werden, völlig unterschiedlich reagieren. Beim einen Tier gibt es rachitische Erscheinungen und beim anderen gleicher Art ist ein völlig normales Wachstum festzustellen. Da Jungtiere schnell wachsen und daher viel Nahrung, Vitamine und Mineralien brauchen, insbesondere Kalk, sind sie häufiger zu füttern.

Jungtiere habe ich immer besonders abwechslungsreich gefüttert: ganz fein geschnittenes Rinderherz und Rinderleber, Bachflohkrebse, zerschnittene Regenwürmer, Wasserflöhe, Mükkenlarven, kleine Wasserschnecken, käufliches Fertigfutter, Fischfutter wie Tabimintabletten, sowie Fischfutter-Paste in Tuben. Das abwechslungsreichste Futter überhaupt ist Wiesenplankton (das man ertränkt), da es aus vielerlei Arten von Insekten besteht.

Das verschiedentlich in der Literatur genannte Schildkröten-Aspik (Gelatinefutter) hat sicher große Vorteile, doch lohnt sich seine Herstellung nur dann, wenn man eine größere Anzahl von Schildkröten pflegt. Es gibt dazu verschiedene Rezepte. Zu empfehlen ist der sogenannte „Schildkrötenpudding“ nach Pauler.

Zutaten:

Das Rezept ist für 8 l berechnet
(möglichst fettarm):
1 l Milch
5 Eier
1 kg ungespritzte Karotten
1 kg Tintenfisch (da sich Polypen sehr schwer verarbeiten lassen, verwendet man besser kleinere Tintenfische oder Tintenfischstücke)
1 kg magerer Fisch (wenn möglich mit Schuppen und Gräten)
0,5 kg Garnelen
0,5 kg Rinderherz, Rindfleisch, eventuell etwas Leber (nicht zuviel, das sonst das Futter nicht fest wird)
4 Supradyn-Kapseln
1 TL Seealgenmehl (z. B. Algosan für Hunde)
ca. 2 l Wasser
600–800 g Speisegelatine in Pulverform (70–80 g/l) beste Qualität, mindestens 260 Blum (Meßzahl für die Bindefähigkeit der Gelatine).

Zubereitung:

Gelatinepulver in einen Topf schütten und mit ca. 1 3/4 l kaltem Wasser übergießen und dabei umrühren. 20–15 min quellen lassen und dann die Gelatine auf kleinster Flamme auflösen, dabei ab und zu umrühren. Karotten im Dampfkochtopf ca. 5 min ankochen und dann zusammen mit Tintenfisch, Fisch, Herz und Garnelen durch den Fleischwolf (bei einem großen Gerät erübrigt es sich, die Zutaten zu zerkleinern) oder Mixer drehen, in einen zweiten Topf geben und auf kleine Flamme stellen. Dann heiße Milch, Eier, Seealgenmehl und die in wenig Wasser aufgelösten Supradyn-Kapseln dazugeben und alles gut verrühren. Die Temperatur des zerkleinerten Breies soll ca. 35–40 °C haben (mit Laborthermometer messen!). Nun diesen Brei portionsweise in die aufgelöste Gelatine (Temperatur ca. 40 °C – unbedingt messen –; wenn die Temperaturdifferenz zwischen den beiden Flüssigkeiten zu groß ist, bindet die Gelatine nicht!) einrühren. Umgehend in flache Behälter füllen, kaltstellen und erst nach vollständigem Erkalten und Festwerden das Futter in Portionen teilen und einfrieren.

Winterruhe

Bei den meisten europäischen Schildkröten und auch vielen nordamerikanischen Arten ist, nach Ansicht von Fachleuten, zur Gesunderhaltung der Tiere eine Winterruhe empfehlenswert. Darauf verzichten sollte man jedoch bei noch sehr jungen Tieren, da sie oft während der Winterruhe eingehen oder so geschwächt sind, daß sie nachher Kümmerer bleiben und nicht alt werden. Nach den neuesten Erkenntnissen ist die Winterruhe nicht lebensnotwendig, wirkt sich aber bei manchen Arten auf die Fortpflanzungsfähigkeit positiv aus.

Wasserschildkröten

Eine Winterruhe bei Wasserschildkröten ist vor allem dann zu empfehlen, wenn es sich um Exemplare handelt, die aus europäischen oder ähnlich klimatischen Lebensräumen mit regelmäßig eintretendem Winter stammen. Die Tiere setzt man in einen Behälter (in dem man die Wassertemperatur langsam auf 8 bis 10 °C senkt), in einen ungeheizten Raum oder in den Keller, wo sie bei dieser Temperatur verbleiben. Bereits einige Zeit vorher füttert man nicht mehr, damit aller Kot abgegeben ist und das Wasser nicht verunreinigt wird. In diesem Behälter bleiben die Schildkröten, bis im Frühling die Temperaturen endgültig angestiegen sind (Vorsicht vor frühzeitigen, nur vorübergehenden Wärmeperioden!). – Das „nasse“ Überwintern von Wasser- und Sumpfschildkröten ist besser als eine „trockene“ Winterruhe.

Landschildkröten

Wenn im Herbst die Temperaturen zurückgehen und die Tiere keine Nahrung mehr aufnehmen, badet man sie mehrmals lauwarm, damit sich durch die anschließende Kotabgabe der Darm entleert. Dann trocknet man die Tiere gut ab und fettet sie ein; dazu verwende ich Unguentolan-Salbe, die gleichzeitig Milbenbefall verhindert. In eine entsprechend große Kiste gibt man eine Lage leicht angefeuchteten Torf, darauf die Schildkröten, und darüber schichtet man eine hohe Lage trockenes Laub oder Heu. Die Kiste stellt man in den Keller oder einen sonstigen frostfreien Raum (nicht unter +6 °C) und beläßt sie dort, bis die Tiere im Frühjahr unruhig werden. Sollten die Schildkröten bei einer zwischendurch auftretenden Wärmeperiode aus der Winterruhe erwachen, so ist das ohne Bedeutung. Am besten kontrolliert man etwa alle vier Wochen einmal, ohne die Tiere zu stören. Bevor wir die überwinterten Tiere wieder ins Terrarium oder Freiland entlassen, werden sie lauwarm gebadet, wobei sie meistens viel trinken. Danach trocknet man sie gut ab und fettet den Panzer ein. Ins Freiland kommen sie erst nach einem Tag völliger Trockenhaltung und bei warmer, sonniger Witterung.

Überwinterung im Freiland

Landschildkröten. Eine Winterruhe der Tiere im Freiland wurde schon von vielen Liebhabern praktiziert, sie hat jedoch ihre Problematik. Wenn dies in einer gut entwässerten, gegen Nagetiere durch Gitter abgesicherten, mit Laub gefüllten, entsprechend großen Grube geschieht, so mag das noch angehen. Gefährlich ist es aber in jedem Fall, wenn sich freilaufende Tiere im Komposthaufen oder sonstwo eingraben und dann sich selbst überlassen bleiben. Sie besitzen dann überhaupt keinen Schutz gegen Ratten und Mäuse, die Schildkröten schon öfters angefressen, ja direkt ausgehöhlt haben, da diese in der Winterstarre zu keiner Reaktion fähig sind. Ebenso erleben wir es bei milden Zwischenperioden in unseren Breiten immer wieder, daß die Tiere munter werden, herauskommen und bei einem meist nachfolgenden Kälteeinbruch nicht mehr in der Lage sind, sich wieder schnell und tief genug einzugraben und dann erfrieren.

Wasserschildkröten. Wasserschildkröten aus entsprechenden Lebensräumen können durchaus im Freiland verbleiben. Allerdings sollte der Teich mindestens 1 m tief sein, so daß er nicht bis zum Grund durchfriert. Bildet sich an der Oberfläche Eis, so sollte man es auf keinen Fall aufhacken, damit die Tiere nicht aufschrecken. Sie schwimmen sonst umher, müssen Luft holen, der Kreislauf, der ja samt Herztätigkeit auf ein Minimum beschränkt war, wird angeregt und die Tiere finden meist nicht mehr zur Winterruhe zurück. Friert nun das Loch im Eis wieder zu, sind die Schildkröten von der Luft abgeschnitten und ersticken. Die heute angebotenen Oxydatoren (Söchling Oxydator oder Planomat-Sauerstoffspender) sind für solche Teiche sehr zu empfehlen. Sie werden mit 30%igem Wasserstoffperoxyd gefüllt. Durch einen Katalysator wird ein Teil Sauerstoff frei nach der Formel $H_2O_2 = H_2O + O$ (Wasserstoffperoxyd = Wasser + Sauerstoff). Dadurch findet auch unter geschlossener Eisdecke eine Sauerstoffversorgung statt, die verhindert, daß das Wasser umkippt. Eine Literfüllung reicht im Winter etwa zweieinhalb bis drei Monate für einen Teich von 2500–3000 l. Bei größeren Teichen empfiehlt es sich, zwei Oxydatoren aufzustellen. Es sollte jedem Liebhaber selbst überlassen bleiben, welche Überwinterungsmethode er wählt, doch glaube ich, nach meinen eigenen Erfahrungen feststellen zu können, daß die Winterruhe im Haus in der Überwinterungskiste oder im Bekken bei abgesenkter Temperatur bedeutend weniger Risiken in sich birgt als die doch weitgehend unkontrollierbaren Bedingungen draußen im Freiland.

Krankheiten

Dieses Kapitel ist leider eines der wichtigsten. Da sich der größte Teil der Tierärzte nur ungenügend bei Schildkröten auskennt, will ich versuchen, einige Hinweise zur Behandlung und Verhütung dieser Krankheiten zu geben, die sich bei meiner eigenen Schildkrötenhaltung und bei der anderer erfahrener Schildkrötenpfleger bewährt haben.

Die meisten Erkrankungen kommen nicht bei langjährig gepflegten Tieren oder bei der eigenen oder angekauften Nachzucht vor, sondern bei vom Händler frisch erworbenen oder importierten Exemplaren. Auch ist zu bedenken, daß bei vielen dieser Neu- Importe Krankheiten erst durch die Strapazen von Fang, Transport und völliger Umweltveränderung ausgelöst werden, welche vielleicht – trotz der konstant vorhandenen Erreger – im angestammten Biotop nicht zum Ausbruch gekommen wären. Vor allem für die Tiere der Baby-Kategorie gilt dies, wenn sie in geschwächtem Zustand zu uns kommen und dann besonders anfällig sind.

Zugleich möchte ich aber auch darauf hinweisen, wie wichtig es ist, daß wir von vornherein nur Tiere anschaffen, welchen wir annähernd ihr natürliches Biotop bieten können, und wenn wir bereit sind, sehr viel Mühe und Freizeit ihrem Wohle zu opfern. Außerdem halte ich es für ungeheuer wichtig, verendete Tiere, deren Todesursache nicht oder nicht genau bekannt ist, umgehend an eine fachwissenschaftliche Untersuchungsstelle zu senden. Die folgenden Angaben zur Kennzeichnung des Tieres sollten möglichst beigelegt werden:

1) Deutscher und wissenschaftlicher Name des Tieres
2) Wie erworben (durch Kauf, Nachzucht, Tausch etc.)?
3) Wie lange in Pflege?
4) Unter welchen Bedingungen gehalten?
5) Ernährung und Freßgewohnheiten
6) Seit wann treten Krankheits-Symptome auf?
7) Welche anderen Tiere wurden mitgehalten?
8) Waren bei anderen Tieren schon Todesfälle zu verzeichnen?

Beim Versand ist zu beachten, daß die Schildkröten auf keinen Fall in Plastik-Säcken verpackt oder gar vorher eingefroren werden. Nur in mehrere Lagen Zeitungspapier locker verpakken und als Eilpäckchen oder Schnellpaket und nur bei sehr großen Exemplaren als Expreßgut absenden.

Untersuchungsstelle der DGHT:
Prof. Dr. Werner Frank
Abteilung Parasitologie der Universität Hohenheim
Emil-Wolff-Str. 34
7000 Stuttgart 70
Tel. 0711 – 4592275

Dort werden verendete Schildkröten gegen eine geringe Gebühr untersucht und, falls überhaupt möglich, die Todesursache festgestellt. Auch wäre auf jeden Fall zu überlegen, ob man nicht erkrankte Pfleglinge, falls die Möglichkeit besteht, nach Hohenheim (nach vorheriger tel. Absprache) bringt, um sie dort von Prof. Frank oder seinen Mitarbeitern untersuchen zu lassen. Der Versand lebender Tiere zur Behandlung kann nur in Ausnahmefällen (nach tel. Absprache) erfolgen.

Nun zu den einzelnen Krankheiten bzw. ihren Symptomen und die für den Laien durchführbare Behandlung oder sonstige Maßnahmen.

Amöbiasis. Der Erreger der Krankheit ist ein Einzeller (Rhizopode). Eine Übertragung vom Reptil auf den Menschen ist nicht möglich. Sie ist die am häufigsten auftretende Krankheit in der Terrarienhaltung und hat in vielen zoologischen Gärten, wie auch bei privaten Liebhabern, teilweise bis zu 100 % Todesfälle gefordert. Bei Schildkröten besteht die Schwierigkeit darin, daß in einem Terrarium die gesamten Insassen die Infektion latent in sich tragen können, ohne selbst krank zu werden. Diese können als Dauerausscheider neu hinzukommende, eventuell geschwächte Tiere, oder durch fehlende Hygiene Bewohner anderer Behälter infizieren und den weiteren Befall bzw. Verlust an Tieren verursachen. Als Schutz gegen Amöbiasis gelten folgende Verhaltensregeln:

1) Niemals Tiere, die schon länger vergesellschaftet sind, trennen und in andere Becken (zu anderen Tieren) setzen.

2) Nie frisch gekaufte oder selbst gefangene Schildkröten zu bereits länger eingewöhnten Tieren setzen. Eine Quarantäne von etwa 8–12 Wochen, am besten in „Einzelhaft“, ist als Vorbeugung erforderlich.

3) Während dieser Quarantäne Kotuntersuchungen vornehmen oder vornehmen lassen, um auch Wurmbefall feststellen und behandeln zu können. Beim Versand von Kotproben zur Feststellung von Amöbenbefall besteht die Schwierigkeit, daß zwischen Kotabgabe und Untersuchung (bzw. Aufbringen auf das Nährmedium) nicht zu viel Zeit vergehen darf. Allerdings ist in speziellen Instituten auch ein anderer, direkter Nachweis möglich, der aber nicht so aussagekräftig ist wie die Kultur.

4) Erst nach Quarantäne und bei Normalverhalten der Tiere, regelmäßiger Futteraufnahme und Kotabgabe, ist eine Überführung in den allgemeinen Bestand ratsam. Ich möchte aber darauf hinweisen, daß auch keine noch so lange Quarantäne endgültige Sicherheit bietet!

5) Jedes Behältnis sollte seine eigenen Geräte haben, die laufend saubergehalten und, je nach Material, heiß gewaschen oder überbrüht werden müssen.

6) Wer Heimtiere in verschiedenen Terrarien, speziell auch in Quarantänebecken hält, sollte immer wieder die Hände waschen oder, noch besser, desinfizieren.

7) Nach Todesfällen gründliche Desinfektion der entsprechenden Behälter, was natürlich bei Freilandhaltung recht schwierig, wenn nicht unmöglich sein dürfte.

Symptome: An Amöbiasis erkrankte Tiere fressen nur noch wenig oder verweigern das Futter ganz. Sie sperren häufig das Maul auf, bekommen Krämpfe mit Zuckungen oder Verdrehungen des Kopfes und der Gliedmaßen. Landschildkröten trinken übermäßig viel. Bei Auftreten eines solchen anomalen Verhaltens Tiere sofort isolieren.

Behandlung: Sie ist im frühen Stadium möglich, jedoch sollte der Nachweis einer Amöben-Infektion durch eine Kotuntersuchung oder durch Sektion einer verendeten Schildkröte erfolgt sein.

Ein sehr brauchbares Präparat „Clont“ (Bayer) 1-(ß-Hydroxyätyl)-2-methyl-5-nitroimidazol hat sich als wirkungsvoll erwiesen. Das Präparat ist auch unter dem Namen „Flagyl“ bekannt. Es wurde ursprünglich gegen Trichomonaden entwickelt.

Die Behandlung dauert 6–12 Tage, entsprechend der verabreichten Tablettenmenge. Bei der Dosierung geht man von der für den Menschen anzuwendenden Dosis aus. Diese rechnet man auf das Körpergewicht der Schildkröte um und erhöht die errechnete Menge auf das Fünffache. Es ist zu empfehlen, die Tabletten fein zu zerstoßen und mit Flüssigkeit über eine Schlauchsonde (Einwegspritze, der man anstatt der Nadel einen Ventilgummischlauch für Fahrräder überzieht) in Maul und Rachen und zusätzlich direkt in die Kloake zu geben (mit äußerster Vorsicht!). Bei größeren Tieren ist es noch besser, die ebenfalls erhältlichen Vaginaltabletten zu kaufen und diese in die Kloake einzuführen. Diese Art der Behandlung hat den Vorteil, daß das Medikament gleich an die meist im Enddarm liegenden Amöbengeschwüre gelangt. Da dieses Präparat relativ schlecht resorbiert wird, sich Amöben aber auch in inneren Organen (vor allem in der Leber) befinden, ist oft eine zusätzliche Behandlung notwendig. Man verwende dazu „Resochin" (Bayer) und gehe folgendermaßen vor: Pro Kilogramm Körpergewicht werden 1 ccm des Präparates in die Oberschenkel intramuskulär (bei Tieren unter 200 g Gewicht nicht 0,2 ccm sondern 0,4 ccm) alle 2–3 Tage gespritzt, über einen Zeitraum von 2, maximal 3 Wochen. In den darauffolgenden Wochen noch 2× wöchentlich. Diese Behandlung, im Nachgang zu der vorbesprochenen Therapie, ist heute die einzig bekannte Möglichkeit, wenigstens einen Teil der befallenen Pfleglinge retten zu können.

Augenerkrankungen. Diese können vielerlei Ursachen haben und sind manchmal nur das Teilsymptom einer anderen Krankheit.

Augenentzündungen mit wulstartiger Vortreibung der Augenfalten und teilweise roter Verfärbung der Augenbindehaut kann verschiedene Ursachen haben:

1) Ist sie gekoppelt mit Nasenausfluß (Katarrh), so dürfte es sich wahrscheinlich um eine **Erkältung** handeln, welche auf Zugluft, zu kalte Haltung oder zu schroffen Temperaturwechsel zurückzuführen ist.

Behandlung: Einzelhaltung unter Erhöhung der Wassertemperatur, Behälter abdecken, Infrarot-Bestrahlung, Augen mit „Irgamid"-Augensalbe einreiben und dabei darauf achten, daß die Salbe vorsichtig unter das Augenlid gebracht wird. Das Tier 1× täglich in verdünntem Kamillenaufguß oder Kamillosan baden. Bei hartnäkkigen Fällen habe ich auch schon folgende Methode mit großem Erfolg angewandt: Man nimmt Balsam mit Bestandteilen an ätherischen Ölen und Menthol (er wird von verschiedenen Herstellern in Apotheken und Drogerien angeboten), wie er in der Humanmedizin als Einreibemittel bei Erkältungskrankheiten verwendet wird. Die durch Wärme entstehenden Dämpfe machen die Atemwege frei und erleichtern das Atmen. Von diesem Balsam gebe man etwas in einen Topf mit nicht zu heißem Wasser und löse ihn auf. Darüber legt man die erkrankte Schildkröte in ein größeres Sieb, deckt das Ganze mit einem Tuch ab und beläßt es so ca. 1 Stunde. In einem Fall war das Tier danach völlig geheilt. In anderen Fällen war nach Wiederholung ebenfalls Erfolg zu verzeichnen. Damit die Lösung heiß bleibt, stellt man den Topf auf einen sogenannten Teewärmer oder eine Warmhalteplatte. Es ist dabei wichtig, daß die Temperatur gehalten wird, aber nicht ansteigt. Besonders sei darauf verwiesen, daß nach Beendigung dieses „Dampfbades" das Tier sofort in seinen (Einzel-) Behälter kommt und vor jeglicher Zugluft geschützt wird (beim Transport in ein Handtuch einwickeln!).

2) Augenentzündungen können auch durch **Verunreinigungen** oder schmutziges Wasser entstehen.

Behandlung: Ebenfalls Einzelhaltung, trocken halten und Behandlung der Augen mit „Irgamid" – oder sonst einer Augensalbe (Sulfonamid, Antibiotikum), etwa 3× täglich auftragen. Jeden zweiten Tag in warmes (26–28 °C), sauberes Wasser geben (einige Stunden) und mit der Behandlung fortfahren, bis die Augen abgeheilt sind. Bei Landschildkröten ebenfalls für warme, gleichmäßige Temperatur sorgen, direkte Sonnenbestrahlung vermeiden und Augentropfen mit Pipette unter das Lid träufeln (Augensalbe wird von den Tieren meist abgewischt).

3) **Trüb, bzw. milchig/grau gewordene Augen** kommen meist von zu naher oder zu starker UV-Bestrahlung. Dabei reagieren die verschiedenen Arten sehr abweichend vonein-

ander. Als ich früher regelmäßig mit Höhensonne bestrahlte, stellte ich folgendes fest: Bei Strahler-Entfernung von 1 m zeigten *Pseudemys, Chrysemys, Chinemys, Graptemys*, Chelodinen, Emyduren, *Kachuga, Clemmys* und *Mauremys* bei einer Bestrahlungsdauer von ca. 30 min keinerlei Veränderungen. Lediglich *Podocnemis*-Arten konnten längstens 15 min bestrahlt werden. Bei längerer Bestrahlungsdauer zeigten sie die oben beschriebenen Symptome. Sie wurden mit „Irgamid"-Salbe behandelt. Bei Überprüfung ihrer Reaktionsfähigkeit erschien mir diese nicht normal, die Tiere konnten nur noch undeutlich sehen. Nach ca. einer Woche waren die Augen wieder klar und die volle Sehfähigkeit wieder hergestellt.

4) Augenerkrankungen können auch eine Folge von **Mangelkrankheiten** (Rachitis etc.) sein. Darauf will ich jedoch im folgenden Kapitel eingehen.

Panzererweichung oder -verformung. Ist meist eine rachitische Folgeerscheinung und in fortgeschrittenem Zustand sehr bedenklich.

Symptome: Der normale Schildkrötenpanzer ist (von Baby-Schildkröten sowie der Spalten- und Weichschildkröten abgesehen) hart und gibt nicht nach. Ist er weich und läßt sich der Bauchpanzer eindrücken, sind dies Alarmzeichen, gegen die rasch etwas unternommen werden muß. Parallel dazu kommt es oft zu einer Augenentzündung, wie unter 4) schon hingewiesen. Die Verformung von Rücken- und Bauchpanzer (Aufwerfungen der Ränder, Höckerbildung bei Arten, die normalerweise glatte Panzer haben oder sonstige Mißbildungen) haben teilweise die gleiche Ursache: Mangel an Vitamin D, fehlende Sonnen- oder künstliche Bestrahlung und einseitige Ernährung.

Behandlung: Vor allem vorbeugende Maßnahmen! Wenn möglich und die Art nicht zu wärmebedürftig ist, Freiland- oder Balkonhaltung – wenigstens im Sommer. Multibionta-Lösung oder ähnliche Vitamin-Präparate mit hohem Vitamin D-Anteil geben. Zur Fütterung viel Garnelen, Regenwürmer, Schnecken mit Gehäuse. Verabreichen von Kalkpräparaten (auch Sepia-Schale). Bei fehlender Sonnenbestrahlung Höhensonne, unter Beachtung der schon vorher gegebenen Hinweise. In weit fortgeschrittenem Stadium empfiehlt es sich, vom Tierarzt eine Injektion eines wasserlöslichen Vitaminpräparates, das A, D_3, E und C enthält, verabreichen zu lassen.

Panzerbeschädigungen. Durch Sturz oder Unachtsamkeit entstandene mechanische Beschädigungen des Panzers sind, von extremen Fällen mit eventuellen inneren Verletzungen abgesehen, nicht tragisch. Sie heilen relativ rasch, wenn man die Stelle mit Unguentulan-(Lebertran)Salbe einreibt und die Tiere möglichst einzeln hält. Eventuell ist auch eine Behandlung mit einem Antibiotikum (Terramycin o. ä.) angebracht.

Panzerschäden, welche plötzlich an einzelnen Stellen entstehen, meist zuerst nur in Form von dunklen Flecken, sind problematischer.

Symptome: Das betroffene Rückenschild kann leicht abgehoben werden, darunter ist das Horn zerstört und nur eine käsige, meist übelriechende Masse ist noch vorhanden. Im schlimmsten Fall ist sogar der Knochen durchfressen.

Behandlung: Betreffendes Rücken- oder Bauchschild abheben und entfernen. Mit einem kleinen Löffel vorsichtig die weiche Stelle ausschaben, bis nur noch fester Knochen verbleibt, wobei es nicht so tragisch ist, wenn es am Grunde etwas blutet. Danach die Wunde mit Alkohol austupfen, mit Gentianaviolett, Konz. alkoholisch (zu beziehen durch Chroma-Gesellschaft Schmid GmbH u. Co, Postfach 1110, 7316 Köngen,) bestreichen sowie mit Terramycin-Puder einstäuben. Vorsicht! Schutzhandschuhe anziehen, denn das „Violett" färbt sehr stark und die Finger sind für lange Zeit befleckt. Das ganze bis zur Heilung wiederholen. Wasserschildkröten aber alle 3 Tage wieder einen Tag ins Wasser setzen. Eine solche Behandlung dauert manchmal viele Wochen.

Oft bekommt man beim Kauf auch Tiere mit einzelnen Schadstellen am Panzer, die sich nicht schließen wollen, welche aber die vorgenannten Symptome nicht zeigen. Ich empfehle, diese Stellen (vorher etwas anfeuchten) mit einem Höllenstein-Ätzstift zu bestreichen, was am besten jeden zweiten Tag wiederholt wird. Durch das Ätzen wird die Hornbildung angeregt. Ich hatte damit schon sehr gute Erfolge, wobei die beschädigte Stelle völlig verheilte.

Hier noch ein Hinweis: Vorsicht beim Umgang mit dem Höllenstein! Nicht an die Hände bringen und die bestrichenen Stellen nicht berühren, damit keine Verätzungen entstehen, die erst später sichtbar werden und dann unschöne schwarze Flecken ergeben, die erst nach 1–2 Wochen verschwinden.

Haut- und Panzernekrosen bei Wasserschildkröten. Dies sind infektiöse Erkrankungen, bei denen Haut und Panzer, in fortgeschrittenem Stadium auch Zehen und Krallen befallen werden.

Symptome: Auftreten von weißen Flecken vor allem an Kopf und Gliedmaßen, seltener auch am Panzer. Streift man diese Nekrose-Flecken ab, so fängt die Unterhaut an zu bluten. Anfänglich sind sie noch klein, vergrößern sich aber oft rasch zu großen Flecken, die sich dann bräunlich färben. Diese Stellen beginnen anzuschwellen, bei den betroffenen Zehen fallen die Krallen aus. Die Hornränder der Schnauze lösen sich und fallen teilweise oder ganz aus. Zusehends vergrößern sich die angegriffenen Stellen. Die Nahrungsaufnahme wird dann aufgrund der Deformierung der Kieferränder eingestellt und die Tiere gehen an Entkräftung (Hungertod) oder an einer Sepsis ein. Diese Erkrankung ist ansteckend, aber es ist erstaunlich, wie unterschiedlich der Befall unter gemeinsam gehaltenen Arten sein kann. Es fiel vor allem auf, daß *Kachuga*-Arten, *Siebenrockiella crassicollis, Chrysemys*-Arten, u. a. *Chinemys reevesii*, und vor allem auch *Lissemys punctata* sowie *Clemmys guttata* sehr anfällig waren, dagegen *Pseudemys, Podocnemis, Pelomedusa, Emydura*, aber auch (im Gegensatz zu anderen Literaturangaben) Chelodinen nicht befallen wurden. Die Erreger sind bis heute nicht 100%ig erkannt, doch dürfte es sich um solche bakterieller Art handeln. Natürlich siedeln sich auf den befallenen Stellen auch vielerlei Erreger wie z. B. Sporenbildner aber auch Pilze als Sekundärkeime an.

Behandlung: Ist die Infektion noch nicht zu weit fortgeschritten – Todeskandidaten kann man manchmal auch im Zoohandel antreffen –, ist eine Behandlung ohne weiteres möglich und erfolgversprechend.

Ich selbst habe in solchen Fällen (nach Klingelhöffer, 1959) Bäder mit starkem Kochsalz-Zusatz und ein Bepinseln mit **reinem** Alkohol (nicht in die Augen bringen!) angewandt und recht gute Erfolge erzielt. Im Jahre 1963 bekam ich zum Beispiel von einer Schweizer Tierhandlung vier Babys von *Chrysemys p. dorsalis*, welche in sehr gutem Zustand waren. Nach einigen Wochen zeigten sich Nekrosen bei allen vier Tieren, die sich extrem schnell vergrößerten. Es war schon so schlimm, daß bei zwei Tieren die Krallen auszufallen begannen. In Kochsalzlösung, mit einer Konzentration von 1 Eßl. Salz auf 1/4 l Wasser tauchte ich die Tiere für 10 min ganz ein und hielt dabei nur deren Kopf über Wasser. Danach kamen sie in ein kleines Aquarium, dessen Wasser ebenfalls mit Kochsalz versetzt war (ca. 5 g/l). Am nächsten Tag nahm ich die Babys heraus, ließ sie abtrocknen und bepinselte sie dann mit Alkohol. Nach einer Stunde Einwirkungszeit im Trockenen gab ich sie wieder in die leichte Salzlösung. Diese Behandlung wiederholte ich mehrmals.

Ein Tier, bei welchem die Nekrose schon zu weit fortgeschritten war, starb. Die anderen drei waren nach einer Woche gesund. Als sich bei einem Baby ein leichter Rückfall einstellte, nahm ich es kurzerhand und rieb es mit feinem, angefeuchteten Salz ein. Nachdem dies 1/2 Std. eingewirkt hatte, spülte ich das Tier ab und die Infektion blieb für immer verschwunden. Vorbeugend bin ich (außer im Freilandteich) dazu übergegangen, grundsätzlich in alle Becken von Wasserschildkröten Kochsalz zuzugeben (2 g/l) und habe damit die besten Erfahrungen gemacht.

Seelentag und Lehmann verwendeten als Therapeutikum „Supronal“-Emulsion (eine Mischung der beiden Sulfonamide Marbadal und Debenal-M). Der gesamte Tierkörper wurde damit eingepinselt und die Patienten anschließend einen Tag trocken gehalten. Nach 24 Stunden im Wasser wurde dies alles wiederholt. Eine Heilung konnte wenige Tage später festgestellt werden, die Haut bildete sich neu. Ein Behandlungsversuch der Nekrose mit „Bayrena“ (Lehmann, 1972) war erfolgreich mit einer Dosierung von 80 mg Wirkstoff pro kg/Körpergewicht am ersten Tag und 40 mg/kg vom 2.–7. Tag. Die Injektion der Lösung wurde intramuskulär gespritzt und zwar an der Außenseite der Hinterbeine. (Ich halte aufgrund der Anatomie der Schildkröten die Unterseite für besser geeignet, jedoch ist bei der raschen Ausscheidung über die Nieren die Injektion in den Oberarm günstiger als in den Oberschenkel.) Bei schweren und fortgeschrittenen Krankheitsfällen ist eine kombinierte Anwendung von „Supronal“ und „Bayrena“ zu empfehlen. Eine anschließende sorgfältige Desinfektion der Behältnisse sollte selbstverständlich sein. Die vorgenannten Autoren verwendeten „Sagrotan“ in einer Lösung von 4 % und einer Einwirkungsdauer von 4 Stunden, mit reichlichem und gründlichem Nachspülen.

Milben und Zecken. Den Befall mit Milben habe ich bei Schildkröten eigentlich nie beobachtet, doch soll er des öfteren vorkommen. Zekken sind allerdings weitaus häufiger anzutreffen, vor allem bei semiterrestrischen und Landschildkröten. Die Zecken, die meist auf der Unterseite der Hinterbeine sitzen, sind dunkle, flache oder auch längsovale Gebilde bis zu Haselnußgröße (bei großen Arten, wenn sich die Zecke vollgesogen hat), im Gegensatz zu den Milben, welche klein (kaum sichtbar) als winzige, bewegliche rote Pünktchen erscheinen.

Bekämpfung: Besprühen von Tier und Umgebung mit 2%iger Lösung von „Neguvon“ (Bayer) mit Wiederholung nach 8–14 Tagen. Dabei soll aber nicht unerwähnt bleiben, daß dieses Präparat bei verschiedenen Reptilien (Schlangen) zu tödlichen Vergiftungen geführt hat, doch scheinen Schildkröten weniger empfindlich zu sein.

Ohne weiteres können außerdem Zecken am Tier entfernt werden, indem man sie mit Öl bestreicht bzw. betupft. Sie ersticken dann und fallen ab oder lassen sich leicht abheben. Auf keinen Fall einfach mit der Hand oder Pinzette die Zecken auszureißen versuchen. Meist bleiben die Mundwerkzeuge stecken und verursachen später Entzündungen und Vereiterungen, die sich lange hinziehen können. Normalerweise sind Milben und Zecken harmlos und verursachen keine Todesfälle.

Lungenentzündung. In Terrarien, vor allem in Freilandterrarien gepflegte Schildkröten bekommen manchmal – vor allem bei plötzlichem Temperatursturz in der Freilandperiode, aber auch bei unsachgemäßer Haltung im Haus – eine Lungenentzündung. Aber auch eine vernachlässigte Erkältung kann sich entsprechend ausweiten!

Symptome: Die Tiere werden unlustig und gehen auffallend viel an Land (Wasserschildkröten). Landschildkröten haben plötzlich feuchte Nasenlöcher. Beim Atmen bilden sich Bläschen an den Nasenlöchern und die Tiere geben pfeifende Geräusche von sich. Sie schwimmen im Wasser schräg, weil sie aus dem kranken Lungenteil keine Luft mehr ablassen können (der kranke Teil schwimmt immer oben!) Im fortgeschrittenen Zustand machen sie vergebliche Bemühungen zu tauchen. In diesem Stadium sind die Schildkröten auch nicht mehr in der Lage zu fressen. Vorgehaltene Futterstückchen werden meist noch ergriffen, aber die Tiere können das Futter nicht mehr schlucken, da die Schluckbewegungen zu schwach sind.

Behandlung: Auch hier ist das schon vorher beschriebene Inhalieren zu empfehlen. Natürlich sind die Tiere einzeln, sauber und warm zu halten. Bestrahlungen mit Infrarot-Licht (30 min) oder der Vitalux-Lampe (10 min) sind ebenfalls empfehlenswert. Zugleich sollte Vitamin A und D gegeben werden, notfalls unter Verwendung einer Spritze (mit übergestülptem Fahrrad-Ventilschlauch, um die Tiere nicht zu verletzen). Gaben von „Omnacillin" haben auch schon sehr gute Heilerfolge erzielt. Injektionen von Tetracylinen (Terramycin, Aureomycin) haben sich gleichfalls bewährt. 50 mg/kg Körpergewicht am ersten Tag, danach für 3–6 Tage je 30 mg/kg. Krefft (1926) hat dem Wasser einen Schuß Wasserstoffsuperoxyd zugesetzt, wodurch sich der Schleim gut gelöst hat.

Tuberkulose. Oft kann eine vermeintliche Lungenentzündung auch durch Tuberkulose-Bakterien verursacht sein, wobei sich ähnliche Symptome, wie die im vorigen Kapitel erwähnten, zeigen. Allerdings sind in diesem Falle die Bläschen an den Nasenlöchern nicht festzustellen. Vor Jahren ging bei mir ein ausgewachsenes, sehr schönes Weibchen von *Chelodina longicollis* an Tuberkulose ein. Vermutlich habe ich den Tod selbst verschuldet, denn ich hatte immer frisch verendete Fische aus dem Aquarium ins Schildkröten-Becken gegeben. Besagtes Tier war sehr flink und daher immer als erstes zur Stelle, um sich dieses Futter zu schnappen. Da auch weiterhin Fische eingingen, ließ ich einige der Tiere untersuchen, wobei ebenfalls Tuberkulose festgestellt wurde. So zeigte sich, daß die *Chelodina* durch die kranken Fische infiziert worden war.

Außerdem kann Tuberkulose, wie allgemein bekannt, in vielen Formen und an allen möglichen Stellen im Körper, auch äußerlich auftreten. Einen definitiven Nachweis kann natürlich nur ein bakteriologisches Institut erbringen.

Behandlung: Medikamentöse Behandlung ist nicht bekannt. Jedoch können viel Wärme und eine Bestrahlung mit Infrarot oder Vitalux bei Vitamingaben und guter abwechslungsreicher Ernährung in leichteren Fällen den Krankheitsprozeß zum Stillstand bringen. Ebenso sind dies gleichzeitig auch vorbeugende Maßnahmen. Außerdem ist noch darauf hinzuweisen, daß ein durch eine andere Krankheit bereits geschwächtes Tier sowie schlecht ernährte Exemplare weit anfälliger für eine Ansteckung mit Tuberkulose sind, obwohl die Übertragung in der Regel gar nicht einfach abläuft.

Krebserkrankungen. Leider macht diese heimtückische Krankheit auch vor Schildkröten nicht halt. Meist sind es irgendwelche Geschwüre, die nicht heilen wollen bzw. sich ständig vergrößern. Vor allem ist typisch, daß wenn man an einer Stelle ein Geschwür (vermeintlich erfolgreich) behandelt hat, anderswo wieder Tochter-Geschwüre (Metastasen) auftreten. Im frühzeitigen Stadium mag ein operativer Eingriff noch etwas nützen (Ausbrennen oder restlose Entfernung des erkrankten Gewebes mit dem elektrischen Messer), jedoch sollte man solche Eingriffe dem Fachmann überlassen. Außer solchen Radikal-Methoden ist keine andere Behandlung bekannt.

Durchfall. Tiere einige Tage fasten lassen. Temperierten Kamillentee, in welchem man eine „Tanalbin"-Tablette aufgelöst hat, zum Trinken anbieten, bzw. einflößen. Auch die Verabreichung von Kohlekompretten (zerstoßen, in Wasser aufschwemmen und mit Schlauch eingeben) hat sich gut bewährt. Warm halten. Bei nachgewiesenem Salmonellenbefall etwa eine Woche lang pró kg Körpergewicht 50 mg Chloramphenicol mit dem Futter verabreichen.

Wurmbefall. Neben vielerlei Arten von Fadenwürmern (Madenwürmer, Spulwürmer) kommen in seltenen Fällen auch Bandwürmer bei Schildkröten vor, die auch der Laie bei Kotuntersuchungen feststellen kann. Infektionen mit verschiedenen Parasiten sind bei Schildkröten aufgrund ihrer Lebensweise leicht möglich, zumal manche Tiere gerne Kot fressen.

Behandlung: Als Vorbeugung vor allem Sauberkeit im Wasser und auf dem Land. Kot immer entfernen.

Bei Bandwürmern eine einmalige Gabe von 25 mg „Droncit" (Bayer) auf 1 kg Körpergewicht verabreichen, bei Fadenwürmern an einem Tag 20–50 mg „Fenbendazol" (PANACUR Hoechst) auf 1 kg Körpergewicht (bei bestimmten Fadenwürmern, z. B. Haarwürmer (Capillarien) sollte die Behandlung über fünf Tage durchgeführt werden). Nach acht Wochen wiederholen. Thibenzol (200 mg/kg Körpergewicht) und Piperazin (100 mg/kg) werden kaum noch verwendet. Bei Madenwürmern (Oxyuren), kleine sich direkt entwickelnde Fadenwürmer, hat sich das aus der Humanmedizin stammende Präparat „Molevac" sehr gut bewährt.

Verstopfung. Kommt nur bei Landschildkröten vor, verursacht durch einseitige Ernährung.

Behandlung: Täglich warme Bäder, viel Löwenzahn und Salat, keine Bananen. Für reichlich Auslauf sorgen. In schlimmen Fällen nützt ein „Klistier" mit lauwarmem Wasser.

Verletzungen. Immer wieder kommt es bei Schildkröten zu Bißwunden u. ä. Um dies zu verhindern, habe ich bei meinen Tieren ausgesprochene „Beißer" nach Möglichkeit umgesetzt oder auch abgegeben. Sehr oft sind auch aggressive Männchen die Urheber, da sie beim Aufreiten in den Hals der Weibchen beißen. Diese Bißwunden heilen (im Gegensatz zu sonstigen Verletzungen) natürlich schlecht, da die Männchen die in Heilung befindlichen Wunden immer wieder von neuem aufreißen. Da hilft nur „Einzelhaft". Großbehälter empfehlen sich ebenfalls, vor allem solche mit Versteckmöglichkeiten. Ein günstiges Geschlechterverhältnis – mehrere Weibchen pro Männchen – ist gleichfalls von Vorteil.

Behandlung: Einpudern mit „Refobacin"-Puder, oder Bestreichen mit „Unguentolan", Chlorophyll- oder „Bepanthen"-Salbe. Einzelhaltung, Wasserschildkröten einige Tage trocken halten. Man lege in den Behälter mehrere Lagen Zeitungspapier (angefeuchtet). Dies ist vor allem auch wichtig bei Tieren, die man am Bauchpanzer behandelt hat. Das normale Zeitungspapier (keine Zeitschriften oder Illustrierten) hat sich dafür als besonders günstig erwiesen. Bei längerer Behandlungsdauer Wasserschildkröten ab und zu wieder einen Tag ins Wasser geben.

Bei Verbrennungen „Tannin"-Salbe 1% oder Unguentolan-Salbe anwenden.

Bei größeren und schweren Verletzungen sollte ein Tierarzt die Behandlung übernehmen, da die Wunde eventuell genäht oder geklammert werden muß.

Zum Schluß bleibt nochmals festzustellen: Durch vorbeugende Maßnahmen können viele Krankheiten verhindert werden. Wenn Krankheitsfälle auftreten, dann den Patienten sofort isolieren. Neuankömmlinge grundsätzlich in Quarantäne halten. Äußerste Hygiene ist für alle Behälter und Gerätschaften dringendes Gebot. Nach Möglichkeit ist Freilandhaltung zu empfehlen.

Das Washingtoner Artenschutzübereinkommen

Die zunehmende Bedrohung der Tier- und Pflanzenwelt unserer Erde hat die Regierungen verschiedener Staaten veranlaßt, gemeinsam Bestimmungen zu erarbeiten, die dem Schutz gefährdeter Arten dienen sollen. Diese Schutzvorschriften sind zusammengefaßt in dem „Übereinkommen über den internationalen Handel mit gefährdeten Arten freilebender Tiere und Pflanzen", kurz Washingtoner Artenschutzübereinkommen (WA) genannt.

Das WA gibt den Unterzeichnerstaaten, zu denen auch die BRD gehört, die Möglichkeit, durch Aus- und Einfuhrbestimmungen den Handel mit gefährdeten Arten einzuschränken oder zu verbieten. Die besonders schutzbedürftigen Arten an Schildkröten sind entsprechend ihrer Bedrohung durch Ausrottung in drei Anhängen anschließend aufgeführt.

Im **Anhang I** sind diejenigen Arten aufgeführt, die unmittelbar von der Ausrottung bedroht sind und deren Handel grundsätzlich (mit nur wenigen Ausnahmefällen) verboten ist.

Anhang II zeigt die Arten auf, deren Bestand als gefährdet anzusehen ist, wenn nicht strenge Regelungen dem existenzbedrohenden Handel mit derartigen Exemplaren Einhalt gebieten. Daraus kann man schließen, daß der Erwerb hier aufgeführter Arten für den privaten Liebhaber über den einheimischen Tierhändler als Bezugsquelle vereinzelt noch möglich sein dürfte. Allerdings wird er starken Einschränkungen unterworfen sein, die nicht zuletzt zu ansteigenden Preisen führen werden. Zu beachten ist hierbei noch folgendes: Der einheimische Groß- oder Einzelhändler muß nachweisen, daß das von ihm angebotene Exemplar nach den Vorschriften des WA erworben wurde. Er ist verpflichtet, dem Käufer eine Kopie der entwerteten Ausfuhrgenehmigung vorzuweisen, oder er muß nachweisen, daß das Tier importiert wurde, bevor es in einen der Anhänge des WA aufgenommen wurde.

Im **Anhang III** werden Arten genannt, deren Export vom jeweiligen Ursprungsland verboten worden ist.

Verantwortlich für die Einhaltung der Vorschriften ist in der BRD das Bundesumweltministerium. Als Kontroll-Organ fungiert der Zoll.

Bei Verstößen gegen die Bestimmungen werden (neben der Einziehung der betreffenden Exemplare) Geldbußen in variabler Höhe (je nach Schwere des Verstoßes) bis zu 5000 DM, ja sogar bis 50 000 DM, verhängt.

Arten von Testudinaten (Schildkröten), die unter das Washingtoner Artenschutzabkommen fallen:

ANHANG I

Emydidae Sumpfschildkröten:

Batagur baska, Batagur-Schildkröte
Geoclemys (= Damonia) hamiltonii, Strahlen-Dreikielschildkröte
Geoemyda (= Nicoria) tricarinata, Dreikielerdschildkröte
Kachuga tecta tecta, Unterart der Indischen Dachschildkröte
Melanochelys tricarinata, Dreikiel-Erdschildkröte
Morenia ocellata, Hinterindische Pfauenaugen-Sumpfschildkröte
Terrapene coahuila, Wasser-Dosenschildkröte

Testudinidae Landschildkröten:
Geochelone (= Testudo) elephantopus, Elefantenschildkröte oder Galapagos-Riesenschildkröte
Geochelone (= Testudo) radiata, Strahlenschildkröte
Geochelone (= Testudo) yniphora, Madagassische Schnabelbrustschildkröte
Gopherus flavomarginatus, Mexikanische Gopherschildkröte
Psammobates geometrica, Geometrische Landschildkröte

Cheloniidae Meeresschildkröten:
Caretta caretta, Unechte Karettschildkröte
Chelonia mydas, Pazifische Suppenschildkröte
Eretmochelys imbricata, Echte Karettschildkröte
Lepidochelys kempii, Atlantik-Bastardschildkröte
Lepidochelys olivacea, Bastardschildkröte

Dermochelyidae Lederschildkröten:
Dermochelys coriacea, Lederschildkröte

Trionychidae Weichschildkröten:
Lissemys punctata punctata, Unterart der Indischen Klappen-Weichschildkröte
Trionyx ater, Schwarze Weichschildkröte
Trionyx gangeticus, Ganges-Weichschildkröte
Trionyx hurum, Pfauenaugen-Weichschildkröte
Trionyx nigricans, Dunkle Weichschildkröte

Chelidae Schlangenhalsschildkröten:
Pseudemydura umbrina, Falsche Spitzkopfschildkröte

ANHANG II

Emydidae Sumpfschildkröten:
Clemmys muhlenbergii, Mühlenberg-Schildkröte
Dermatemys mawii, Tabasco-Schildkröte

Testudinidae Landschildkröten:
Testudinidae spp., Landschildkröten

Cheloniidae Meeresschildkröten:
Cheloniidae spp., Meeresschildkröten

Pelomedusidae Pelomedusenschildkröten:
Podocnemis spp., Schienenschildkröten
Erymnochelys madagascariensis, Madagaskar-Schienenschildkröte
Peltocephalus dumeriliana Dumerils Schienenschildkröte

ANHANG III

Trionychidae Weichschildkröten:
Trionyx triunguis, Afrikanische Weichschildkröte, Ghana

Pelomedusidae Pelomedusenschildkröten:
Pelusios spp., Pelomedusenschildkröten, Ghana

Artenbeschreibungen

In den Beschreibungen behandle ich bei den Arten, die in Rassen gegliedert sind, nur jeweils die Nominatform. Die anderen Unterarten werde ich nur der Vollständigkeit halber aufführen und dabei auf ihre etwaigen Besonderheiten eingehen.

Ordnung: Testudines
Unterordnung: Cryptodira, Halsberger-Schildkröten
Familie: Dermatemydidae Tabasco-Schildkröten

Gattung: Dermatemys Gray
(Diese Gattung ist nur durch eine einzige Art vertreten:)

Dermatemys mawii Gray
Tabasco-Schildkröte

Kennzeichen: Der Rückenpanzer ist bräunlich, der Bauchpanzer heller. Der gesamte Panzer ist stark verknöchert. Der glatte, mit drei Längskielen versehene Rückenpanzer ist durch eine breite Brücke mit dem starren Bauchpanzer verbunden. Wichtigstes Merkmal: Eine vollständige Reihe von Zwischenschilden (Inframarginalia) trennt Rücken- und Bauchschilde.
Größe: bis 40 cm.
Vorkommen: Östliches Mexiko, Guatemala und Honduras.
Lebensweise: Diese ruhige Schildkröte lebt am Grund größerer Flüsse und kommt, außer zur Eiablage, auch zum Sonnen kaum an Land. Ihre Nahrung besteht, soweit bekannt, nur aus Wasserpflanzen. Das Weibchen soll in nächster Nähe des Wassers bis zu zwanzig Eier legen.
Diese Schildkröte wird nur äußerst selten in Gefangenschaft gepflegt; in London wurde sie 8 Jahre und von Hausmann, Stuttgart, meines Wissens auch mehrere Jahre gehalten. Sie ist für die Terrarienhaltung wohl ohne Bedeutung, da sie praktisch nicht erhältlich ist und meines Wissens in Gefangenschaft noch nie nachgezüchtet wurde.

Literatur:
Campbell, J. (1972): Observations on Central American River Turtles *Dermatemys mawi* at Fort Worth Zoo. – International Zoo Yearbook, **12:** 202–204.
Lee, R. C. (1969): Observing the Tortuga blanca. – Int. Turtle & Tortoise Society Journal, **3** (3): 32–34.

22: Emys orbicularis (Europäische Sumpfschildkröte) mit auffallend starker gelber Punktzeichnung. Diese kann bei manchen Exemplaren auch nur vereinzelt vorhanden sein. **23: Chrysemys picta** (Zierschildkröte) wird durch vier Unterarten vertreten. Das Foto zeigt Chrysemys picta dorsalis, die oft als Baby angeboten wird, deren Aufzucht aber nicht ganz einfach ist. **24: Pseudemys scripta elegans** (Rotwangen-Schmuckschildkröte) ist beinahe in jedem Zoogeschäft zu haben. In den USA werden sie in großer Zahl zum Export gezüchtet.

23

25

26

27

28

29

30

Familie: Chelydridae, Alligatorschildkröten

Gattung: Chelydra Schweigger

Chelydra serpentina Linnaeus
Schnappschildkröte

Unterart (Nominatform):
Chelydra serpentina serpentina Linnaeus
Schnappschildkröte
(Foto Seite 18)

Kennzeichen: Der Rückenpanzer ist dunkel- bis schwarzbraun, der Bauchpanzer gelbbraun. Die Gliedmaßen sind olivgrau. Der dreieckige, plumpe Kopf endet vorn in einen beinahe papageienartigen Schnabel. Vor allem auf Hals und Kopf junger Tiere befinden sich Hautausstülpungen, sogenannte Tuberkel, die sich im Alter zunehmend verlieren. Das Kinn ist mit zwei Barteln versehen. An Vorder- und Hinterbeinen befinden sich sehr kräftige Krallen, aber nur unscheinbare Schwimmhäute. Die deutlich aufgeworfenen Rückenschilde haben drei Längskiele und weisen strahlenförmig zusammenlaufende Linien auf, die im Alter undeutlich werden. Der Schwanz ist sehr lang (etwa Länge des Rückenpanzers). Der Bauchpanzer ist bis auf einen kreuzförmigen Rest zurückgebildet. Die Brücke ist bei kleinen Zwischenschilden nur durch ein schmales Band mit dem Rückenpanzer verbunden. Die Gliedmaßen quellen gewissermaßen aus dem Panzer heraus und geben schon Jungtieren ein ungeschlachtes Aussehen. Die kräftigen Kiefer machen dem Namen der Schnappschildkröte alle Ehre, denn schon die jüngsten Exemplare reißen bei jeder Gelegenheit den Rachen weit auf und beißen sofort zu.
Größe: bis 50 cm.
Vorkommen: Südliches Kanada, sowie im Osten der USA, Mexiko und nördliches Südamerika.
Lebensweise: In Flüssen, Seen, Sümpfen und oft auch in größeren Wassergräben wartet die Schnappschildkröte auf Beute. Sie liegt meist am Grunde im Schlamm verborgen, den Panzer durch starken Algenbewuchs vorzüglich getarnt. Sie frißt alle tierische Nahrung, die sie erlegen kann, sogar Schwimmvögel. Da sie ein schlechter Schwimmer ist, wandert sie oft auch am Grunde der Gewässer und sucht nach Aas, das sie sehr gerne frißt. Zur Abwechslung nimmt sie auch manchmal im Absterben begriffene Wasserpflanzen zu sich.
Bezüglich Wärme stellt die Schnappschildkröte keine allzuhohen Ansprüche. Sie dürfte vermutlich ohne weiteres bei uns im Freiland überdauern, wenn ihr ein entsprechender Teich mit Schlammgrund (zum Überwintern) bei genügender Wassertiefe zur Verfügung steht, damit die Gefahr des Durchfrierens nicht besteht. Zur Terrarienhaltung eignet sie sich als Jungtier vorzüglich. Leider wächst sie sehr rasch und braucht später große Behälter von 2–3 m Länge. Da sie sehr unverträglich ist, wäre Einzelhaltung

---

25: Pseudemys terrapen terrapen (die Nominatform der Antillen-Schmuckschildkröte). Insgesamt sind es sieben Unterarten, die alle ausschließlich im Bereich der Antillen vorkommen. Im Zoohandel sind sie äußerst selten anzutreffen. **26: Graptemys kohnii** (Mississippi-Höckerschildkröte) ist ein empfehlenswerter Pflegling und bei weitem nicht so wärmebedürftig, wie in der Literatur oft vermerkt. **27: Graptemys flavimaculata** ist im Handel selten erhältlich und in der Haltung auch problematischer als G. kohnii. Kein Tier für den Anfänger. **28: Malayemys subtrijuga** (Malayen-Sumpfschildkröte) ist eine der schönsten, aber auch empfindlichsten Wasserschildkröten, die sich in der Hauptsache von Wasserschnecken ernährt. **29: Malaclemys terrapin** (Diamantschildkröte) ist eine lebhafte und gut zu haltende Art, wenn man sie im Brackwasser hält. Auf dem Foto ist die Nominatform der sieben Unterarten abgebildet. **30: Mauremys caspica leprosa** (Maurische Wasserschildkröte) ist noch im kleinsten Tümpel oder Wassergraben, des öfteren sogar in Abortgruben auf dem Balkan angetroffen worden.

unbedingt zu empfehlen. Sie sollte höchstens mit gleichgroßen Tieren der eigenen Art oder der Geierschildkröte in großen Behältern zusammen gehalten werden. Nachzucht ist auch schon geglückt (soweit mir bekannt bei Hirschmann und Lehmann). Für den normalen Liebhaber dürfte sie aber wegen der Größe der adulten Tiere problematisch sein, da entsprechend große Behälter fehlen.

Literatur:

Essmann, U. (1976): Eine freilebende Schnappschildkröte bei Essen. - DATZ, **29** (8): 386.

Hartmann, H. (1975): Beobachtungen bei der Paarung von *Chelydra s. serpentina.* Aquarien und Terrarien, **22** (3): 102–103.

Hirschfeld, K. (1972): Die Zucht der Schnappschildkröte im Vivarium der Stadt Kehl. - DATZ, **25** (7): 246–249.

Lehmann, H.-D. (1966): Daten zur Fortpflanzung von *Chelydra serpentina* in Gefangenschaft. Salamandra, **2** (1/2): 1–5.

Petzold, H.-G. (1975): *Chelydra s. serpentina* (L, 1758) = Schnappschildkröte. - Aquarien und Terrarien, **22** (5): 179.

Unterart: **Chelydra serpentina acutirostris** Peters

Vorkommen: Mittelamerika und nördliches Südamerika.

Literatur:

Medem, F. (1977): Contribucion al conocimiento sobre la taxonomia, distribucion geografica y ecologia de la tortuga „bache“ *(Chelydra serpentina acutirostris).* - Caldasia, **11** (56): 41–101.

Unterart: **Chelydra serpentina osceola** Stejneger

Vorkommen: Südöstliche USA.

Literatur:

Richmond, N. D. (1958): The status of the Florida snapping turtle, *Chelydra osceola* Stejneger. - Copeia, **1958** (1): 41–43.

Unterart: **Chelydra serpentina rossignoni** Boccourt

Vorkommen: Mittelamerika (Guatemala südwärts bis Costa Rica).

Literatur:

Perez Higareda, G. (1978): New localities a state record for *Chelydra s. rossignoni* (Testudinea: Chelydrae) in Mexico. - Bulletin Md. herpetol. Soc., **14** (1): 47.

Gattung: Macroclemys Gray

Geierschildkröten

Macroclemys temminckii Troost

Geierschildkröte
(keine Unterarten)
(Foto Seite 18)

Kennzeichen: Der Rückenpanzer ist schwarzbraun mit drei Längskielen, die durch die höckerartig nach hinten gezogenen Rückenschilde gebildet werden. Diese sind am Hinterende des Rückens sehr scharf gezackt. Bei Jungtieren sind die drei Zwischenschilde, die zwischen Rippen- und Randschilden stehen, ein gutes Unterscheidungsmerkmal gegenüber der Gattung *Chelydra.* Der kreuzförmige kleine Bauchpanzer ist gelbbraun. Die Gliedmaßen sind grau. Der Kopf ist massig, hat sehr starke Kiefer und endet in einem geierartigen Schnabel, der der Schildkröte den Namen gab. Zwischen den Zehen, die in sehr kräftigen Krallen enden, befinden sich Schwimmhäute. Eine Besonderheit ist der rötliche Zungenfortsatz, der im Aussehen einem Wurm gleicht und dem Tier zum Beuteerwerb dient. Die Schildkröte liegt meist halb im Schlamm oder Sand vergraben. Im aufgerissenen Rachen bewegt sie diesen Zungenfortsatz. Stürzt sich ein Fisch auf die vermeintliche Beute, so wird er mit einem Saugschnappen in die zufallenden Kiefer gerissen und verschluckt.

Größe: bis 75 cm.

Vorkommen: Südosten der USA.

Lebensweise: Diese Art lebt meist im Schlamm von Flüssen, größeren Bächen und Seen und ist

etwas wärmebedürftiger als die Schnappschildkröte. Ihre Nahrung besteht in der Hauptsache aus Fischen, sie nimmt aber auch größere Wasserinsekten und Schnecken zu sich, jedoch keine Pflanzen. In Gefangenschaft frißt sie gerne Rinderherz, Rinderleber und auch tote Fische.
Im Terrarium ist die Geierschildkröte bei ca. 23° C Zimmertemperatur leicht zu halten, im Sommer im Freilandteich, wenn die Temperaturen nicht unter 20° C fallen. Leider sieht man dabei relativ wenig von ihr. Die Haltung in geräumigen Becken mit gleichgroßen Exemplaren ist zu empfehlen.

Literatur:
HOFSTRA, J. (1981): De alligator-of gierschildpad, *Macroclemys temminckii.* - Lacerta (Den Haag), **39** (9): 126–127.
DOBIE, J.-L. (1971): Reproduction and growth in the alligator snapping turtle, *Macroclemys temminckii* TROOST. Copeia, **1971** (4): 645–658.
WERMUTH, H. (1975): Die Geierschildkröte *(Macroclemys temminckii)* DATZ, **28** (8): 280–282.

Familie: Kinosternidae, Schlammschildkröten

Gattung: Sternotherus GRAY
Moschusschildkröten

Sternotherus odoratus LATREILLE
Gewöhnliche Moschusschildkröte
(Foto Seite 35)

Kennzeichen: Der Rückenpanzer, der bei Jungtieren drei Längskiele aufweist, ist sehr hoch gewölbt (Farbe dunkeloliv). Der kleine Bauchpanzer ist gelbbraun und nur wenig beweglich (Kehlschilde sind vorhanden). Bei *Sternotherus odoratus* ist das Kehlschild stärker ausgeprägt als bei *S. carinatus*, wo es oft überhaupt nicht vorhanden ist. Der dunkeloliv bis beinahe schwarz gefärbte Kopf hat seitlich zwei helle Längsstreifen, ist manchmal aber auch völlig dunkel und ohne Zeichnung. Die Schildkröte hat relativ stark beschuppte Gliedmaßen mit spitzen Krallen und an den Hinterfüßen Schwimmhäute. Eine Besonderheit ist der immer weich bleibende, häutige Mittelstreifen des Bauchpanzers, der beim männlichen Tier etwas breiter ist als beim weiblichen.
Größe: bis 14 cm.
Vorkommen: Südliches Kanada sowie östliche und südöstliche USA.
Lebensweise: Diese Schildkröte trifft man hauptsächlich in stark bewachsenen, flacheren Seen, wenig durchflossenen Buchten oder toten Flußarmen an. Nur zur Eiablage geht sie an Land. Sie hält sich meist am Grund der Gewässer auf, wo sie entlangwandernd auf Nahrungssuche geht. Sie ist so etwas wie eine Gesundheitspolizei der Gewässer, da sie neben Wasserinsekten und Schnecken vor allem alle tierischen Überreste aufnimmt. Wenn man das Tier ergreift oder wenn es sonst erschreckt wird, sondert es ein Sekret aus, das einen moschusartigen, penetranten Geruch hat. Dies hat dem Tier den deutschen Namen gegeben. Sowohl männliche als auch weibliche Tiere besitzen diese Fähigkeit. Wenn die Tiere einige Zeit in Gefangenschaft sind, verliert sich dies aber ganz. Die relativ kleinen, hartschaligen Eier (eben der Größe des Tieres entsprechend) werden in gegrabene Erdhöhlen oder bereits vorhandene Erdlöcher abgelegt, teilweise aber auch nur auf dem Boden und mit Laub oder ähnlichem Material überdeckt.
Diese Art sowie alle anderen Arten der Gattung eignen sich sehr gut zur Haltung im Terrarium und machen viel Freude. Die Fütterung ist problemlos, da sie Allesfresser sind. Auf pflanzliche Nahrung legen sie allerdings weniger Wert. Die

Haltung bei Zimmertemperatur ist völlig ausreichend. Meine Tiere sind während der warmen Jahreszeit im Freilandteich, was ihnen prächtig bekommt. Die Wassertemperatur sinkt dabei nicht viel unter 20° C. Ich möchte besonders darauf hinweisen, daß der angeblich niedere Wasserstand zur Haltung der Moschusschildkröten, der überall in der Literatur erwähnt wird, auf keinen Fall notwendig ist. Ich habe meine Tiere (auch *Sternotherus minor*) stets ohne Probleme bei Wassertiefen von 50 bis 60 cm, im Freiland sogar bei 85 cm Tiefe gehalten. Schwierigkeiten kann es nur geben, wenn man Schildkröten von anderen Liebhabern bekommt, die längere Zeit bei flachem Wasserstand gehalten wurden. Dann ist eine längere Eingewöhnung notwendig. Außer bei der Fütterung sind Moschusschildkröten normalerweise untereinander verträglich, bei genügend großem Bekken. Diese Art ist vor allem auch noch nicht so erfahrenen Liebhabern zu empfehlen. Nachzucht ist in Gefangenschaft schon öfters gelungen.

Literatur:

HENDRISCHK, G. (1979): *Sternotherus odoratus* – Nachzucht im Terrarium. – Sauria (Berlin), **1** (1): 5–9.

OLEXA, A. (1969): Breeding of the common musk turtles *Sternotherus odoratus* at Prague Zoo. – International Zoo Yearbook, **9**: 28–29.

POLDER, R. (1978): Die Zucht von *Sternotherus odoratus* – DATZ, **31** (8): 280–281.

Sternotherus carinatus GRAY

Kielrückige Moschusschildkröte.

Kennzeichen: Wie schon der Name sagt, ist der olivbraune Rückenpanzer dieser Art noch höher als bei *Sternotherus odoratus* und dachförmig. Dazu besitzt sie einen in der Mitte des Rükkens verlaufenden Kiel. Auf den einzelnen Rükkenschilden befinden sich strahlenförmige Zeichnungen, die auch bei älteren Tieren noch zu erkennen sind. Der Bauchpanzer ist gelb. Ein Kehlschild ist nicht oder kaum vorhanden. Vor allem an Kopf und Hals befinden sich viele schwarze Punkte und Striche auf hellolivem Grund. Auch diese Art besitzt kräftige Gliedmaßen mit spitzen Krallen und Schwimmhäuten. Wie bei *S. odoratus* befinden sich zwischen den Schilden des Bauchpanzers häutige Streifen.
Größe: bis 15 cm.
Vorkommen: Südliche USA.
Lebensweise: Sie unterscheidet sich kaum von der vorgenannten Art, geht allerdings öfter zum Sonnen an Land, was ich bei *S. odoratus* noch nie beobachten konnte. Auch in der Ernährung, Verträglichkeit und sonstigen Lebensweise gleicht sie der vorbeschriebenen Art. Terrarienhaltung wie bei *S. odoratus*, mit einer Einschränkung: *S. carinatus* ist aufgrund ihres geographischen Vorkommens etwas wärmebedürftiger im Terrarium.

Literatur:

NIETZKE, G. (1973): *Sternotherus carinatus* – Dach-Moschusschildkröte. – Das Aquarium (Aqua Terra), **7** (52): 411–412.

POGLAYEN-NEUWAHL, A. (1955): Gefangenschaftsbeobachtungen an der Dach-Klappschildkröte (*Sternotherus c. carinatus* GRAY). – DATZ, **8** (6): 158–161.

Sternotherus minor AGASSIZ

Kleine Moschusschildkröte

Unterart (Nominatform):
Sternotherus minor minor AGASSIZ
Kleine Moschusschildkröte

Kennzeichen: Im Gegensatz zu den vorgenannten Arten mit drei deutlich sichtbaren Längskielen. Rückenpanzer flacher, vor allem im Alter. Alte Männchen haben einen relativ großen Kopf. Färbung und sonstiges mit *S. carinatus* ziemlich übereinstimmend.
Größe: 10–12 cm.
Vorkommen: Südöstliche USA.
Lebensweise: Die Kleine Moschusschildkröte schwimmt nicht viel. Sie kommt in versumpften, nicht allzu stark fließenden Gewässern vor.

Auch sie hält sich meist am Grunde der Gewässer versteckt, wo sie auf der Suche nach Nahrung umherwandert. Bei einem von mir gepflegten adulten Männchen ist mir folgende Besonderheit aufgefallen: Die Schildkröte hält sich im Pflanzendickicht des Regenwald-Terrariums (torfiger, immer sehr nasser Bodengrund, Luftfeuchtigkeit 100%) manchmal wochenlang versteckt (bis zu sechs Wochen) und erscheint dann plötzlich zur Fütterung im Wasserbecken. Dort frißt sie dann alles Erreichbare und Übriggebliebene, bleibt zwei bis drei Tage im Wasser und verschwindet dann wieder für einige Wochen zwischen den Pflanzen.
Diese Lebensweise bekommt ihr jedoch seit etwa acht Jahren sehr gut, sie hat normales Gewicht und ist völlig gesund. Die Wassertiefe des Terrariums beträgt übrigens 55 cm und verursacht ihr durchaus keine Schwierigkeiten. Sie ist wärmeempfindlicher als *S. odoratus*, doch gilt sonst für ihre Haltung und Ernährung das gleiche wie bei dieser Art. Nachzucht ist ebenfalls schon mehrfach in Gefangenschaft gelungen.

Literatur:
RUST, H.-T. (1937): Interessante Schildkröten III: *Sternotherus minor.* – Wochenschrift Aquar. Terr. Kde, **44:** 637–639.
SACHSSE, W. (1977): *Sternotherus m. minor*, seine Nachzucht und die damit verbundenen biologischen Beobachtungen. – Salamandra, **13** (3/4): 157–165.

Unterart:
Sternotherus minor peltifer
H. M. SMITH & GLASS

Nur einen Rückenkiel, der auch im Alter noch erkennbar ist. Am Kopf seitlich abwechselnd dunkle und helle Längsstreifen.

Literatur:
FOLKERTS, G. (1968): Food habits of the stripe-necked musk turtle, *Sternotherus minor peltifer* SMITH & GLASS. – Jour. Herpetol., 2 (3/4): 171–173.

Unterart:
Sternotherus minor depressus
TINKLE & WEBB

Der auffallend niedrige Rückenpanzer ist im Alter längs der Mitte abgeflacht. Die Kopfzeichnung ist ein dunkles Netz auf hellem Grund.

Literatur:
ESTRIDGE, R. E. (1970): The taxonomic status of *Sternotherus depressus* (Testudinata, Kinostenidae) with observations on its ecology. – Master's thesis, Auburn Univ.

Gattung: Kinosternon SPIX
Klappschildkröten

Die Gattung *Kinosternon* besteht aus 19 Arten, die ich hier mit den betreffenden Unterarten lediglich der Vollständigkeit halber kurz aufführe.
Dagegen werde ich auf die bekannten Arten näher eingehen. Alle Arten und Unterarten haben, wie schon der Name „Klappschildkröte" sagt, die Fähigkeit, den Bauchpanzer vorn und hinten gegen den Rückenpanzer hochzuklappen und damit den Panzer völlig zu schließen und die Weichteile auf diese Weise zu schützen (siehe Abb. 1, Seite 12).
Als erwachsene Tiere sind Klappschildkröten in der Mehrzahl bissig. Man sollte sie entweder einzeln oder in sehr großen Behältern mit vielen Versteckmöglichkeiten halten. Wenn man dies beachtet und ihren Bedürfnissen im Bezug auf Temperatur und abwechslungsreiche Ernährung entgegenkommt, sind die Tiere gut im Terrarium zu halten.

Literatur:
DREWS, J. C. (1982): Beitrag zur Pflege einiger *Kinosternon*-Arten. – Elaphe, **1982** (2): 17–19. Hier behandelte Arten: *K. acutum, K. b. palmarum, K. cruentatum, K. f. flavescens, K. h. hirtipes, K. leucostomum, K. s. albogulare, K. s. integrum, K. s. subrubrum, K. s. hippocrepis, K. s. steindachneri*

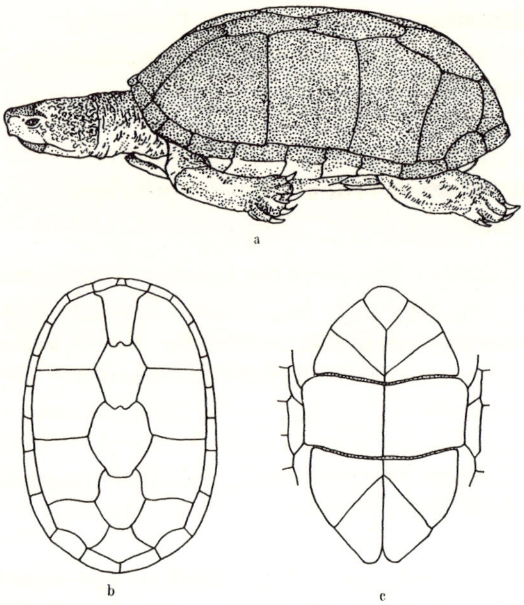

Abb. 18: Pennsylvania-Klappschildkröte (Kinosternon subrubrum subrubrum). Zeichnung: E. Bobbe aus Wermuth/Mertens: Schildkröten-Krokodile-Brückenechsen.

Rust, H.-T. (1930): Interessante Schildkröten V. Die Schildkrötengattung *Kinosternon*. – Wochenschrift. Aquar. Terr. Kde, **23** (1): 1–4.
Friedel, R. (1973): Provozierter Frühschlupf bei Schildkröten als rationelle Zuchtmethode. – Aquarien Terrarien, **20** (11): 376–377.
Rembold, R. (1910): Einige Beobachtungen hinsichtlich *Cinosternum pensilvanicum* Gmelin und *Cinosternum bauri* Gmelin. – Blätter Aquar. Terr. Kde, **21:** 102–104.

Kinosternon abaxillare Baur
Chiapas-Klappschildkröte

Vorkommen: Südliches Mexiko.
Größe: bis 15 cm.

Kinosternon acutum Gray
Spitzschnauzen-Klappschildkröte
(Foto Seite 35)

Größe: bis 10 cm.
Vorkommen: Östliches Mexiko, Honduras und Guatemala.

Literatur:
Neill, W.T. (1965): New and noteworthy amphibians and reptiles from British Honduras. – Bull. Florida State Mus., **9** (3): 77–130.
Rudloff, H.-W. (1982): Beitrag zur Kenntnis der Spitzschnauzen-Klappschildkröten *Kinosternon acutum* Gray. Elaphe, **1982** (4): 52–54.

Kinosternon alamosae Berry & Legler
Alamo-Klappschildkröte

Vorkommen: Nordwest-Mexiko.

Literatur:
Berry. J. F. und Legler, J. M. (1980): A new turtle (*Kinosternon alamosae*, n. sp.) from north-western Mexico. – Contributions in Science (Los. Ang.), **0** (325): 1–12.

Kinosternon angustipons Legler

Vorkommen: Mittelamerika.

Literatur:
Legler, J. M. (1965): A new species of turtles, genus *Kinosternon*, from Central America. – Univ. Kansas Publ. Mus. Nat. Hist., **15:** 615–625.

Kinosternon baurii Garman
Dreistreifen-Klappschildkröte

Unterart (Nominatform):
Kinosternon baurii baurii Garman

Kennzeichen: Über den hornfarbenen bis schwarzen Carapax verlaufen drei helle Längsstreifen. Der gelblich bis olivfarbene Bauchpanzer hat am Hinterrand einen mehr oder weniger tiefen Ausschnitt. Außerdem ist er kleiner als die untere Öffnung des Rückenpanzers, so daß diese nicht vollständig verschlossen werden kann. Der ziemlich kleine Kopf weist zwei helle Seitenstreifen auf.
Größe: bis 12 cm.
Vorkommen: Halbinsel Florida.
Lebensweise: Sie kommt hauptsächlich in kleineren, flachen Tümpeln vor. Oft verläßt sie auch das Gewässer und wandert in angrenzende

sumpfige Wiesen, um Futter animalischer Art zu suchen. Dabei ist sie wenig wählerisch und verschmäht auch Aas oder sonstige Abfälle nicht. Daher ist sie im Terrarium nicht anspruchsvoll und mit etwas Abwechslung leicht zu ernähren. Zwar ist sie in der Freiheit als Allesfresser bekannt, nimmt jedoch im Terrarium keine pflanzliche Nahrung an.
Temperaturbedürfnis ihrer Herkunft entsprechend nicht unter 22 °C.

Literatur:

Einem, G. E. (1956): Certain aspects of the natural history of the mud turtle *Kinosternon baurii.* Copeia, **1956** (3): 186–188.

Unterart: **Kinosternon baurii palmarum** Stejneger
(Foto Seite 36)

Vorkommen: Südöstliche USA (hauptsächlich Florida).
Unterscheidung zur vorigen Art: Hornschilde des Rückenpanzers durchsichtig, so daß darunter die Knochennähte sichtbar sind. Etwas mehr ans Wasser gebunden als die Nominatform.

Literatur:

Praschag, R. (1983): Zur Fortpflanzungsbiologie von *Kinosternon baurii* Garman, 1891 mit Bemerkungen über eine abnorme Gelegehäufigkeit und die Embryonalentwicklung. – Salamandra, **19** (3): 141–150.

Sachsse, W. (1977): Normale und pathologische Phänomene bei Zuchtversuchen mit Schildkröten, hier anhand von *Kinosternon baurii.* Salamandra, **13** (1): 22–35.

Kinosternon creaseri Hartweg

Yucatan-Klappschildkröte

Größe: bis 12 cm.
Vorkommen: Östliches Mexiko (Yukatan).

Literatur:

Duellman, W. E. (1965): Amphibians and Reptiles from the Yucatan Peninsula, Mexico. – Univ. Kansas Publ. Mus. Nat. Hist., **15** (12): 577–614.

Kinosternon cruentatum Dumeril

Rotmaul- oder Rotwangen-Klappschildkröte
(Foto Seite 35)

Unterart (Nominatform):
Kinosternon cruentatum cruentatum Dumeril

Kennzeichen: Der meist dunkelolive Rückenpanzer zeigt drei nahe beieinander liegende Rükkenkiele, der große, bräunliche Bauchpanzer weist meist eine strahlige Schattierung auf. Der bewegliche Vorderlappen des Bauchpanzers ist länger als das starre Mittelteil. Die Weichteile sind deutlich rot gezeichnet, doch fehlen manchmal die roten Flecken auf den Kopfseiten.
Größe: bis 15 cm.
Vorkommen: Südliche USA, Mexiko und Mittelamerika (hauptsächlich Guatemala und El Salvador).
Lebensweise: Unterscheidet sich nicht von den vorher beschriebenen Arten, dürfte höchstens etwas wärmebedürftiger sein.

Unterart:
Kinosternon cruentatum consors Stejneger

Vorkommen: Südöstliches Mexiko.
Größe: bis 15 cm.
Der bewegliche Vorderlappen des Bauchpanzers ist kürzer als der starre Mittelteil oder höchstens gleich lang.

Kinosternon dunni K. P. Schmidt

Dunn-Klappschildkröte

Vorkommen: Nordwestliches Südamerika (Kolumbien).
Größe: bis 15 cm.

Literatur:

Medem, F. (1961): Contribuciones al conomiciento sobre la morfologia, ecologia y distribucion geografica de la tortuga *Kinosternon dunni* K. P. Schmidt. – Novedades Colombianas, **1** (6): 446–476.

Kinosternon flavescens Agassiz
Gelbliche Klappschildkröte
(Foto Seite 35)

Unterart (Nominatform):
Kinosternon flavescens flavescens Agassiz

Kennzeichen: Der glatte, in der Mitte flachgedrückte, meist olivgrüne Rückenpanzer läßt keinerlei Zeichnung erkennen. Er weist im Alter einen Längskiel auf (aber nicht immer). Der Bauchpanzer ist gelblich bis braun, die Nähte der einzelnen Schilde sind dunkel gefärbt. Die Gliedmaßen sind fleckenlos gelb bis grau. Der Kopf ist abgeflacht. Die Kiefer, hakenförmig gebogen, normalerweise weißlich bis gelb, können gesprenkelt sein. Alle Füße haben Schwimmhäute zwischen den Zehen.
Größe: bis 15 cm.
Vorkommen: Mittlere und südliche USA sowie nördliches Mexiko.
Lebensweise: Diese Art bewohnt meist ruhige Gewässer wie Seen, langsam fließende Bäche und Tümpel mit schlammigem oder sandigem Boden und starkem Pflanzenbewuchs. Sie liebt wärmere Temperaturen zwischen 18° – 32°C, nimmt aber selbst noch bei 16°C Futter an.
Während der heißesten Jahreszeit hält *K. flavescens fl.* oft einen Sommerschlaf. Sie kommt oft an Land, um sich zu sonnen oder Futter zu suchen. Gelegentlich wandert sie auch zwischen den Gewässern über Land. Sie ist Allesfresser; auf ihrem Speisezettel stehen Insekten, Krebse, Schnecken, Amphibien, Aas und Wasserpflanzen. Auch im Terrarium ist sie nicht wählerisch und nimmt sowohl Fertigfutter als auch jede Art von animalischer Kost wie: Herz, Leber und Würmer. Ebenso frißt sie Bananen, Löwenzahn, Salat und sonstiges Grünzeug, wobei allerdings die Pflanzenkost an zweiter Stelle rangiert.
Die Einzelhaltung ist hier ebenso zu empfehlen, doch kommt es auf die Größe des Behälters oder Terrariums an.

Literatur:
Drews, J. C. (1981): Pflege und Nachzucht einer wenig gehaltenen Kinosterniden-Art: *Kinosternon f. flavescens.* – Die Schildkröte (Haar), **3** (4): 31–34.

Unterart:
Kinosternon flavescens arizonense

Literatur:
Iverson, J. B. (1979): On the validity of *Kinosternon arizonense* Gilmore. Copeia, **1979** (1): 175–177.

Unterart:
Kinosternon flavescens durangoense
Iverson

Literatur:
Iverson, J. B. (1979): A taxonomic reappraisal of the yellow mud turtle, *Kinosternon flavescens.* Copeia, **1979** (2): 212–225.

Unterart:
Kinosternon flavescens spooneri P. W. Smith

Größe: bis 15 cm.
Vorkommen: Mittlere USA.

Literatur:
Bickham, J. W., Springer, M. D. & Galloway, B. J., (1984): Distributional survey of the yellow mud turtle *(Kinosternon flavescens)* in Iowa, Illinois and Missouri: a proposed endangered species. – Southwest. Naturalist, **29** (1): 123–132.

Unterart:
Kinosternon flavescens stejnegeri
Hartweg

Größe: bis 15 cm.
Vorkommen: Nördliches Mexiko.

Kinosternon herrerai Stejneger
Herrera-Klappschildkröte

Größe: bis 12 cm.
Vorkommen: Südöstliches Mexiko.

Literatur:

POGLAYEN, I. (1963): Observations on Herrera's mud turtle. International Zoo Yearbook, **5:** 171–173.

Kinosternon hirtipes WAGLER

Rauhfuß-Klappschildkröte

Literatur:

IVERSON, J. B. (1981): Biosystematics of the *Kinosternon hirtipes* species group (Testudines: Kinosternidae). – Tulane Stud. Zool. Bot., **23** (1): 1–74.

Unterart (Nominatform):
Kinosternon hirtipes hirtipes WAGLER

Größe: bis 15 cm.
Vorkommen: Südliche USA und Mexiko.

Unterart:
Kinosternon hirtipes chapalaense
IVERSON

Unterart:
Kinosternon hirtipes megacephalum
IVERSON

Unterart:
Kinosternon hirtipes murrayi
GLASS & HARTWEG

Größe: bis 15 cm.
Vorkommen: Südliche USA.

Unterart:
Kinosternon hirtipes tarascense IVERSON

Unterart:
Kinosternon hirtipes magdalense IVERSON

Kinosternon integrum LE CONTE

Größe: bis 12 cm.
Vorkommen: Westliches bis südöstliches Mexiko.

Literatur:

MOSIMANN, J. E. (1956): Variation and relative growth in the plastral scutes of the turtle, *Kinosternon integrum.* – Misc. Publ. Mus. Zool. Univ. Michigan, **97:** 1–43.

Kinosternon leucostomum

DUMERIL, BIBRON & DUMERIL
Weißmaul-Klappschildkröte
(keine Unterarten)
(Foto Seite 35)

Größe: bis 15 cm.
Vorkommen: Östliches Mexiko, Guatemala, Honduras, Nicaragua, Costa Rica, Panama und Südamerika.

Literatur:

SACHSSE, W. (1980): Zur Biologie von *Kinosternon leucostomum* in Gefangenschaft (Reptilia: Testudines: Kinosternidae) I. Eine rationelle Haltungsmethode, Fortpflanzung und Entwicklung. – Salamandra, **16** (4): 185–194.

SCHUSTER, B. (1980): Zur Biologie von *Kinosternon leucostomum* in Gefangenschaft (Reptilia: Testudines: Kinosternidae) II. Eine alternative Zuchtmethode und das Auftreten melanistischer Jungtiere. – Salamandra, **16** (4): 195–202.

Kinosternon mopanum NEILL

(keine Unterarten)

Literatur:

NEILL, W. T. (1965): New and noteworthy amphibians and reptiles from British Honduras. – Bull. Florida State Mus., **9** (3): 77–130.

Kinosternon postinguinale COPE

Panama-Klappschildkröte
(keine Unterarten)

Größe: bis 14 cm.
Vorkommen: Mittelamerika, vor allem Panama.

Literatur:

COPE, E. D. (1887): Catalogue of batrachians and reptiles of Central America and Mexico. – Bull. U. S. National Mus., **32:** 1–98.

Kinosternon oaxacae BERRY & IVERSON
(keine Unterarten)

Vorkommen: Mexiko.

Literatur:

BERRY, J. F. & IVERSON, J. B. (1980): A new species of mud turtle, genus *Kinosternon* from Oaxaca, Mexico. – Jour. Herpetol., **14** (4): 313–320.

Kinosternon scorpioides LINNAEUS
Skorpion-Klappschildkröte

Literatur:

FRETEY, J. (1976): Reproducio de *Kinosternon scorpioides* (L.) – Bull. Soc. Zool. France, **101** (4): 732–733.

SEXTON, O. J. (1960): Notas sobre la reproduccion de una tortuga Venezulana, la *Kinosternon scorpioides.* – Mem. Soc. Cienc. Nat., **20:** 189–197.

TESKA, W. R. (1976): Terrestrial movements of the mud turtle, *Kinosternon scorpioides* in Costa Rica. – Copeia, **1976** (3): 579–580.

Unterart (Nominatform):
Kinosternon scorpioides scorpioides
LINNAEUS

Kennzeichen: Der grünliche bis dunkelbraune Rückenpanzer ist eiförmig gewölbt und besitzt einen deutlichen Mittelkiel und über den Rippenschilden zwei schwächere Seitenkiele, die im Alter meist verschwinden.
Der Bauchpanzer hat eine bräunlichgelbe Färbung mit dunklen Zuwachsstreifen zwischen den Schilden. Der Kopf ist zumeist seitlich gelb gefleckt. Die meist grauen Gliedmaßen enden in Zehen mit kräftigen Krallen und Schwimmhäuten.
Größe: bis 20 cm.
Vorkommen: Mittel- und Südamerika. (Dies ist die am weitesten verbreitete Kinosternon-Art.)
Lebensweise: Auch *K. s. scorpioides* bevorzugt langsam fließende oder stehende Gewässer und geht auch des öfteren an Land, weniger um sich zu sonnen, als nach Nahrung zu suchen. Sie ernährt sich von Schnecken, Krebsen, großen Insekten und Fischen (besonders Seefischen). Natürlich verschmäht sie auch Aas nicht, während nur wenige Exemplare an Wasserpflanzen oder sonstigem Grünzeug Interesse haben. Sie ist ziemlich wärmebedürftig, so daß eine Wasser- und Lufttemperatur von 20 °C schon zu niedrig ist. Die optimale Temperatur liegt bei 25° – 28 °C.
Im Terrarium ist sie empfindlicher als die meisten Artgenossen und daher kein Tier für den Anfänger.
Außer bei Futterneid-Raufereien ist sie im allgemeinen verträglich, wenn sie mit etwa gleichgroßen Tieren gehalten wird.

Unterart:
Kinosternon scorpioides abaxillare BAUR

Unterart:
Kinosternon scorpioides albogulare
DUMERIL & BOCOURT
(Foto Seite 36)

Größe: bis 14 cm.
Vorkommen: Mittelamerika.

Unterart:
Kinosternon scorpioides carajasensis
DA CUNHA

Unterart:
Kinosternon scorpioides cruentatum
DUMERIL, BIBRON & DUMERIL

Literatur:

BELL, V. (1972): Guatemalan red-headed mud turtle *(Kinosternon cruentatum).* – Tortuga Gazette (Los Angeles), **8** (5): 7.

DAVIS, W. B. (1953): The turtle *Kinosternon c. cruentatum* in Tamaulipas. – Copeia, **1953** (1): 65.

Unterart:
Kinosternon scorpioides pachyurum
L. MÜLLER & HELLMICH

Vorkommen: Mittleres Südamerika.

Unterart:
Kinosternon scorpioides panamense
K. P. Schmidt

Vorkommen: Mittelamerika (Panama).

Unterart:
Kinosternon scorpioides seriei Freiberg

Vorkommen: Mittleres Südamerika (Nordargentinien).

Kinosternon sonoriense Le Conte
Sonora-Klappschildkröte

Unterart (Nominatform):
Kinosternon sonoriense sonoriense

Kennzeichen: Der Rückenpanzer ist oliv bis dunkelbraun, wobei die Anwachsstreifen dunkler gefärbt sind. Die Unterseite der Marginalschilde und die Brücke sind gelblich bis braun mit dunkel gesprenkeltem Muster. Der Bauchpanzer ist gelb bis bräunlich mit dunkel getönten Nähten zwischen den Schilden. Die Haut ist grau und an Kopf, Hals und Gliedmaßen mit gesprenkelter, dunkler Zeichnung. Der Kopf ist abgeflacht, alle vier Füße haben Schwimmhäute.
Größe: bis 14 cm.
Vorkommen: Südwestliche USA und nördliches Mexiko.
Lebensweise: Diese Art bewohnt Flüsse, Bäche, Teiche, Gräben oder auch Wasserlöcher, überwiegend in Waldlandschaften. Über ihre Lebensweise ist immer noch wenig bekannt, da sie sehr versteckt lebt und nur manchmal zum Sonnen das Wasser verläßt. Gefangene Tiere fressen Fische in jeder Form sowie alle Arten Fleisch. Ein Tier lebte 21 Jahre und 9 Monate im zool. Garten von Philadelphia. Mitteilungen über Terrarienhaltung sind mir nicht bekannt.

Literatur:
Hulse, A. C. (1976): Growth and morphometrics of *Kinosternon sonoriense.* – Jour. Herpetol., **10** (4): 341–348.

Unterart:
Kinosternon sonoriense longifemurale
Iverson

Literatur
Iverson, J. B. (1981): Biosystematics of the *Kinosternon hirtipes* species group (Testudines: Kinosternidae). – Tulane Zool. Bot., **23** (1): 1–74.

Kinosternon spurelli Boulenger
Spurell-Klappschildkröte (keine Unterarten)

Größe: bis 13 cm.
Vorkommen: Nordwestliches Südamerika.

Kinosternon subrubrum Lacepede
Pennsylvania-Klappschildkröte
(Foto Seite 35)

Unterart (Nominatform):
Kinosternon subrubrum subrubrum
Lacepede

Kennzeichen: Der gelblich-olive bis braune oder sogar schwarze Rückenpanzer ist nur bei Jungtieren gekielt. Der Bauchpanzer ist braun-gelb, die Zuwachsringe sind dabei deutlich sichtbar. Der Kopf ist mittelgroß und normalerweise dunkelbraun bis gelb gesprenkelt. Manchmal befinden sich zwei hellgelbe Streifen auf jeder Seite von Kopf und Hals. Alle vier Füße haben Schwimmhäute. Besonderes Kennzeichen der Männchen sind die an der Innenseite der Oberschenkel befindlichen Hornschuppen. Der kurze Schwanz endet in einem stumpfen Nagel.
Größe: bis 12 cm.
Vorkommen: Östliche und südöstliche USA.
Lebensweise: Diese Art bevorzugt langsam fließende Gewässer, Teiche und Tümpel mit starkem Pflanzenwuchs, zeigt eine besondere Vorliebe für Brackwasser und ist oft in Salz-Sümpfen anzutreffen. Ihr Temperaturbedürfnis ist nicht so hoch (auch bei 16 °C zeigt sie noch Aktivitäten), doch ist für Futteraufnahme und Kreislauf eine Temperatur von etwa 24 °C am besten. Die

Pennsylvania-Schildkröte ist keine besonders gute Schwimmerin und läuft mehr auf dem Grund der Gewässer. Vor allem am frühen Morgen und am frühen Abend geht sie auch gerne an Land. Sie ist ziemlich scheu, was sich auch in Gefangenschaft nicht verliert. Als Allesfresser wird offensichtlich, vor allem in Gefangenschaft, tierische Kost bevorzugt. Sehr verträglich ist diese Art nicht und sollte daher nur mit gleichgroßen Tieren in geräumigen Behältern mit vielen Versteckmöglichkeiten gehalten werden.

Literatur:

GIBBONS, J. W. (1983): Reproductive characteristics and ecology of the mud turtle, *Kinosternon subrubrum.* – Herpetologica, **39** (3): 254–271.

Unterart:
Kinosternon subrubrum hippocrepis GRAY

Größe: bis 12 cm.
Vorkommen: Südöstliche USA.

Literatur:

THIEME, U. (1973): Eiablage bei *Kinosternon subrubrum hippocrepis.* – Aquarien Terrarien, **20** (11): 384.

Unterart:
Kinosternon subrubrum steindachneri SIEBENROCK

Größe: bis 12 cm.
Vorkommen: Südöstliche USA (Florida).

Literatur:

SIEBENROCK, F. (1906): Eine *Cinosternum*-Art aus Florida. – Zool. Anzeiger, **30:** 727–728.

Gattung: Claudius

Großkopf-Schlammschildkröten

Claudius angustatus COPE

Großkopf-Schlammschildkröte

Kennzeichen: Der oliv bis dunkelbraune Rückenpanzer hat drei nicht sehr ausgeprägte Längskiele. Der rautenförmige gelb bis gelbbraune Bauchpanzer ist sehr klein. Er ist mit dem Rükkenpanzer an der Brücke nur durch einen ganz schmalen Streifen häutigen Bindegewebes verbunden und bedeckt etwa nur ein Drittel der Unterseite. Das Tier hat einen auffallend großen Kopf.
Größe: bis 12 cm.
Vorkommen: Östliches Mexiko und Honduras.
Lebensweise: Diese Art führt eine versteckte Lebensweise in schlammigen, langsam fließenden Gewässern und Tümpeln. Sie entfaltet vor allem in der Dunkelheit ihre Aktivität bei der Futtersuche. Neben Schnecken und Krebsen und aller sonstigen fleischlichen Nahrung, verschmäht sie auch kein Aas. Jede Art von Fisch wird ebenfalls gerne verzehrt. Im Aquaterrarium mit sehr großem Wasserteil und Versteckmöglichkeit läßt sich diese Schlammschildkröte sehr gut halten. Die Wassertemperatur sollte im Durchschnitt 25 °C betragen. Auf Grund der Lebensweise ist UV-Bestrahlung nicht notwendig. Die Tiere sind sehr bissig und unverträglich, daher ist Einzelhaltung zu empfehlen.

Literatur:

HAUSMANN, P. (1968): *Claudius angustatus.* Int. Turtle & Tortoise Soc. Journal, **2** (3): 14–15.
PAULER, I. (1981): Zur Pflege und Zucht von *Claudius angustatus.* – herpetofauna, **3** (13): 6–8.

Gattung: Staurotypus

Kreuzbrustschildkröten

Staurotypus salvinii GRAY

Salvin-Kreuzbrustschildkröte

Kennzeichen: Der dunkelolive bis schwarzbraune oder schwarze Rückenpanzer hat drei hohe leistenförmige Längskiele. Rücken- und Bauchpanzer sind an der Brücke durch Knochennähte starr miteinander verbunden. Der Bauchpanzer gibt durch seine Kreuzform der Art den Namen. Die Armschilde bilden die längste Mittelnaht

des Bauchpanzers, die Bauchschilde sind viel breiter als lang. Da nur ca. 1/3 der Unterseite bedeckt ist, wird er auch als „Bikini"-Bauchpanzer bezeichnet.
Größe: bis 25 cm.
Vorkommen: Südliches Mexiko, südliches Guatemala und El Salvador.
Lebensweise: Die Kreuzbrustschildkröte ist nachtaktiv und geht nur selten an Land, hauptsächlich zur Eiablage. Wie u. a. von Hausmann beobachtet wurde, graben sich die Tiere zu Beginn der Trockenzeit langfristig auf dem Lande ein.
Die Kreuzbrustschildkröte ist sehr wärmebedürftig, die optimale Durchschnittstemperatur liegt bei 25 °C. Ein Absinken der Temperatur unter 20 °C ist daher riskant und sollte auf jeden Fall – auch kurzfristig – vermieden werden. Dies ist vor allem beim Versand der Tiere zu beachten. Nachzucht ist verschiedentlich gelungen (Alfred. A. Schmid, Hausmann, Walter Sachsse). Die relativ lange Zeitigungsdauer von 127–161 Tagen dürfte m. E. auf eine zu niedrige Bruttemperatur (nur 24 °C) zurückzuführen sein. Ich halte eine solche von 28–30 °C für empfehlenswert. Vor allem sollte man zu große Temperaturschwankungen vermeiden. Bei der Ernährung ergeben sich sowohl bei juvenilen als auch adulten Tieren überhaupt keine Probleme, sie fressen eigentlich außer Pflanzenkost alles, was geboten wird: Süßwasser- oder Seefisch, Rinderherz, Leber, getrocknete Garnelen, Fertigfutter, Schnecken aller Art – ob mit oder ohne Gehäuse – oder schon behaarte Jungmäuse.
Auch während der Paarungszeit ist Einzelhaltung zu empfehlen; die Tiere sind unverträglich gegeneinander (auch gegen andere Schildkrötenarten) und äußerst bissig.

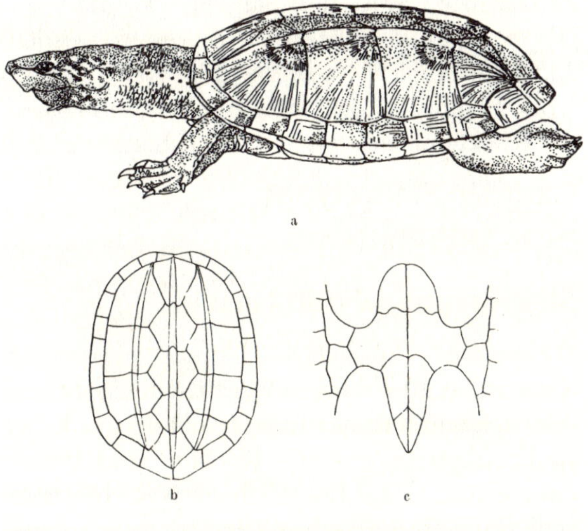

Abb. 19: Große Kreuzbrustschildkröte (Staurotypus triporcatus). Zeichnung: E. Bobbe aus Wermuth/Mertens: Schildkröten-Krokodile-Brückenechsen.

Literatur:
SCHMIDT, A. A. (1970): Zur Fortpflanzung der Kreuzbrustschildkröte – *Staurotypus salvinii*– in Gefangenschaft. – Salamandra, **6** (1/2): 3–10.
SACHSSE, W. & SCHMIDT, A. A. (1976): Nachzucht in der zweiten Generation von *Staurotypus salvinii* (Kinosternidae, Testudines) mit weiteren Beobachtungen zum Fortpflanzungsverhalten. – Salamandra, **12** (1): 5–16.

Staurotypus triporcatus WIEGMANN

Große Kreuzbrustschildkröte
(Foto Seite 36)

Kennzeichen: Von der vorigen Art unterscheidet sich die große Kreuzbrustschildkröte durch ihre Größe sowie durch ihre Brustschilde, die die längste Mittelnaht des Bauchpanzers bilden und dadurch, daß die Bauchschilde ebenso breit wie lang sind.
Größe: bis 38 cm.
Vorkommen: Östliches Mexiko, Honduras und Guatemala.
Lebensweise: Ihre Lebensweise ist gleichermaßen wie die von *S. salvinii.* Lediglich ihrer Größe entsprechend, können die Futterbrocken oder Futtertiere größer sein.
Ich habe vor einigen Jahren vier Babys dieser Art aufgezogen, die ich aus der Nachzucht von Hausmann erhielt. Es war erstaunlich, wie gefrä-

ßig diese Tiere waren, wie sie ungemein schnell aber auch das Futter in Wachstum umsetzten. Leider hatte ich damals keine Zeit, sie regelmäßig zu messen und zu wiegen, doch entsinne ich mich noch genau, daß die durchschnittlich 6 cm langen Tiere (Stockmaß längs des Carapax) in ca. 8 Monaten auf die Größe einer Männerhand gewachsen waren, ohne irgendwelche rachitischen Erscheinungen zu zeigen. Ich mußte feststellen, daß sie erst bei Einbruch der Dämmerung voll aktiv wurden und sich tagsüber meist versteckt hielten. Außerdem machte ich auch die Erfahrung, daß Einzelhaltung angebracht ist. Sie schützt davor, daß die Tiere sich gegenseitig dauernd beißen (nicht nur aus Futterneid) und manchmal recht erheblich verletzen. Mit Sicherheit ist die Große Kreuzbrustschildkröte kein Tier für eine Gemeinschaftshaltung und schon gar nicht geeignet, zusammen mit kleineren Tieren der eigenen oder fremder Arten gehalten zu werden. Abschließend läßt sich zur gesamten Familie der Kinosternidae-Schlammschildkröten folgendes sagen: Bei Terrarienhaltung dieser Tiere ist, von den *Sternotherus*- Arten abgesehen, Vorsicht bei der Vergesellschaftung geboten. Daher wird möglichst Einzelhaltung bzw. Haltung in sehr großen Becken mit viel Versteckmöglichkeiten empfohlen. Die Schlammschildkröten sind eine sehr interessante Gruppe und über viele ihrer Unterarten ist noch relativ wenig bekannt. Die deutschsprachige Literatur hat über diese Schildkröten bisher auch nur selten berichtet.

Literatur:

HAUSMANN, P. (1964): Auf Schildkrötenfang in Mexiko. – DATZ, **17** (2): 51–54.

HAUSMANN, P. (1966): Schildkrötenzucht. – DATZ, **19** (6): 181–183.

Familie: Platysternidae, Großkopfschildkröten

Gattung: Platysternon GRAY
Großkopfschildkröten

Platysternon megacephalum GRAY

Unterart (Nominatform):
Platysternon megacephalum megacephalum GRAY

Kennzeichen: Auffallend großer Kopf (der nicht in den Panzer eingezogen werden kann), mit gleichmäßig stumpf abgerundetem Umriß der oberen Schnauzenkante. Gleicht von der Seite dem Schnabel eines Greifvogels. Der meist rötlichbraune Rückenpanzer hat beim erwachsenen Tier glattflächige Schilde mit einem glatten, nicht gesägten Hinterrand, der olivbräunlich, manchmal auch hell gesprenkelt ist. Auch die Extremitäten und der Schwanz können nur knapp unter dem Panzer verborgen werden, doch werden die freiliegenden Stellen durch große Schuppen geschützt. Bei Jungtieren weist der Rückenpanzer einen flachen Längskiel auf, der später verschwindet. Die kräftigen Füße enden in spitzen Krallen. Der mit Stachelschuppen besetzte Schwanz ist ungewöhnlich lang, er erreicht beinahe die Länge des Rückenpanzers.
Größe: bis 20 cm.
Vorkommen: Südliches China (Provinzen Kwangsi und Kwangtung, einschließlich der Insel Hainan und nordostwärts längs der Küste bis Futschau).
Lebensweise: Diese nächtlich aktive, wehrhafte Schildkröte bewohnt vor allem Bergbäche und ist somit kühlere Temperaturen gewöhnt, doch lehnt sie auch höhere Wärmegrade nicht ab, wie

man inzwischen durch teilweise jahrzehntelange Terrarienhaltung feststellen konnte. Die früher viel zitierten 12 °C werden wohl doch nicht die Vorzugstemperatur sein, denn auch bei 25 °C machten die Tiere einen gesunden Eindruck und gingen willig ans Futter. Als Nahrung dient ausschließlich animalische Kost, wobei Regenwürmer einen besonderen Leckerbissen darstellen; es werden aber auch größere Wasserinsekten, Fische, Rinderherz und Leber genommen, dagegen Schnecken nicht besonders gerne (wie mir scheint nur bei größtem Hunger), obgleich in der Fachliteratur (auf Grund der Hakenschnauze und der starken Kiefer) auf die gute Fähigkeit, Schnecken loszulösen und die Gehäuse zu knacken, verwiesen wird. In Gefangenschaft ist meines Wissens bis heute noch keine Nachzucht gelungen. Das Weibchen legt anscheinend nur 2–3 Eier, doch ist über Zeitigungsdauer, Schlupf und Aufzucht bis heute nicht viel bekannt. Alle Nachzuchtversuche scheiterten wohl an der Unverträglichkeit der Tiere. Die Großkopfschildkröten sind wahre Kletterkünstler. Ein normaler Maschendraht oder ein Fliegengitter sowie Rinden- oder Zierkorkwände stellen für sie kein Hindernis dar, eine Tatsache, die man bei der Einrichtung des Terrariums beachten muß. Auch ist zu berücksichtigen, daß diese Art nachts ausgedehnte Wanderungen an Land unternimmt.

Literatur:

KLEE, O. (1970): Ein lebendes Fossil – die Großkopfschildkröte. – Aquarienmagazin, **4** (10): 412–415.

KONINGH, H. L. DE (1968): De Chinese grootkopschildpad, *Platysternon megacephalum* GRAY. – Lacerta (Den Haag), **26** (10/11): 83–87.

MEBS. D. (1963): Beobachtungen an *Platysternon megacephalum.* – DATZ, **16** (1): 20–22.

RUST, H.-T. (1938): *Platysternon megacephalum* – Bemerkungen über seine systematische Stellung und einiges allgemeines. – Blätter Aquar. Terr. Kde., **49:** 145–147.

SACHSSE, W. (1969): Über Bewegungsweise, Beuteerwerb und Lautäußerungen bei Großkopfschildkröten *(Platysternon megacephalum).* – Salamandra, **5** (3/4): 150–152.

WERMUTH, H. (1958): Die Großkopfschildkröte, *Platysternon megacephalum* GRAY. – Aquarien und Terrarien, **5:** 161–165.

– (1970): Eine Großkopfschildkröte als Kletterkünstler. DATZ, **23** (1): 23–25.

Unterart:

Platysternon megacephalum peguense

GRAY

Kennzeichen: Kopf mit verschmälerter, fast schnabelartig abgesetzter Schnauzenspitze, Rückenpanzer mit konzentrisch gefurchten Schilden und deutlich gesägtem Hinterrand. Bauchpanzer mit scharf umrissener, symmetrischer, dunkler Figur längs der Mitte. Ihre seitlichen Ausläufer folgen den Quernähten zwischen den Schilden.

Größe: wie Nominatform.

Vorkommen: Hinterindien (S-Burma, Thailand und Indochina).

Literatur:

KONINGH, H. L. DE (1968): An Oriental big head. – Int. Turtle & Tortoise Soc. J., **2** (4): 14–17.

Unterart:

Platysternon megacephalum tristernalis

Größe: wie Nominatform.

Vorkommen: Yünnan, China.

Literatur:

SCHLEICH, H. H. & GRUBER, U. (1984): Eine Großkopfschildkröte, *Platysternon megacephalum tristernalis* nov. ssp., aus Yünnan, China. – Spixiana (München); **7** (1): 67–73.

Unterart:

Platysternon megacephalum vogeli

WERMUTH

(Foto Seite 36)

Kennzeichen: Von der Nominat-Rasse unterschieden durch den auffallend schmalen und zur Schnauzenspitze hin gleichmäßig spitz keilförmig zulaufenden oberen Umriß der Schnauze,

sowie die dunkle Zeichnung auf dem Bauchpanzer.
Von *P. m. peguense* unterschieden durch den kaum schnabelförmig vor den Augen abgesetzten Schnauzenteil, den glatten und nicht gesägten Hinterrand des Rückenpanzers, sowie durch die dunkle, weit ausgedehntere Figur auf dem Bauchpanzer, die dort den größten Teil beansprucht.
Größe: wie Nominatform.
Vorkommen: Nordwest Thailand, Provinz Chiang May.
Lebensweise: Lebensweise und Haltung vermutlich wie die Nominatform. Es liegen hier noch keine weiteren Berichte vor.

Literatur:
WERMUTH, H. (1969): Eine Großkopfschildkröte, *Platysternon megacephalum vogeli*, n. sp. DATZ, **22** (12): 372–374.

Familie: Emydidae, Sumpfschildkröten

Gattung: Emys A. DUMERIL
Eigentliche Sumpfschildkröten

Emys orbicularis LINNAEUS
Europäische Sumpfschildkröte
(Foto Seite 18, 36 u. 53)

Kennzeichen: Der ovale, nur leicht gewölbte Rükkenpanzer hat eine Färbung, die von dunkeloliv über dunkelbraun bis schwarz variiert. Die Schilde sind mit einer mehr oder weniger stark ausgeprägten gelben Punkt- oder Strichzeichnung versehen. Kopf, Hals und auch Gliedmaßen weisen ebenfalls auf dunkelbraunem bis dunkelolivem Grund eine gelbe Tüpfelung auf. Der Bauchpanzer ist gelblich getönt und hat manchmal dunkle Flecken, die die ganze Fläche einnehmen können. Mit dem Rückenpanzer ist er nicht fest verbunden und hat als Besonderheit in der Mitte ein querlaufendes Scharnier, so daß beide Hälften beweglich sind. Allerdings ist ein völliger Verschluß des Panzers wie bei den Kinosterniden oder *Cuora* dadurch nicht möglich. Der Schwanz ist sehr lang. An den Vorder- und Hintergliedmaßen befinden sich starke Krallen und Schwimmhäute zwischen den Zehen.
Größe: bis 25 cm.
Vorkommen: Mittleres und südliches Europa, westliches Asien und nordwestliches Afrika.
Lebensweise: Diese Art liebt stehende oder lang-

31: Mauremys nigricans (Dreikiel-Wasserschildkröte) wäre in Gefangenschaft ein recht dankbarer Pflegling, doch ist sie, obgleich in Freiheit noch häufig anzutreffen, im Tierhandel kaum erhältlich. **32: Mauremys caspica rivulata** (Kaspische Wasserschildkröte) ist eine unproblematische Schildkröte und auch dem Anfänger zu empfehlen. **33: Mauremys japonica** (Japanische Wasserschildkröte) wird selten angeboten, ist aber eine für die Haltung sehr empfehlenswerte Schildkröte. **34:** Plastron (Bauchpanzer) der Japanischen Wasserschildkröte. **35: Terrapene carolina** (Carolina-Dosenschildkröte) bei der Paarung. Mit dem hinteren Teil des Plastrons werden vom weiblichen Tier dabei die Hinterbeine des Männchens eingeklemmt, damit die Kopulation nicht vorzeitig beendet wird.

32

34

36

37

38

39

40

41

sam fließende Gewässer, Teiche, Seen oder tote Flußarme, auch kleinere Tümpel. Bevorzugt werden dabei solche, die eine starke Wasser- und Ufervegetation aufweisen und möglichst abgelegen sind. Die Tiere sind in Freiheit unglaublich scheu und reagieren auf das geringste Geräusch mit einem Sprung ins Wasser. Daher bin ich mit einigen Fachleuten der Meinung, daß *Emys orbicularis* vermutlich bei uns in Deutschland noch öfter vorkommt als allgemein angenommen wird, aber sich nur in entlegenen und schwer zugänglichen Schilf- und Moorregionen der Gewässer gehalten hat, die weit entfernt von Industrie und intensiver Landwirtschaft liegen.

Der Ernährung dient alles was an Tieren in und um das Wasser vorkommt und zur Beute gemacht werden kann wie Wasserinsekten, Wasser- und Landschnecken sowie Fische jeder Art (dabei ist zu bemerken, daß gesunde, voll schwimmfähige Fische der Sumpfschildkröte sicher nicht als Beute erreichbar sind, daß sie also kein Schädling der Fischereiwirtschaft ist, es sei denn sie kommt an Fischlaich heran). Pflanzenkost wird selten genommen.

Ihr Temperaturbedürfnis entspricht einem gemäßigten Sommerklima, wobei das Optimum bei 22–24 °C liegen dürfte. Im Terrarium sollte man Europäische Sumpfschildkröten nur halten, wenn man über die warme Jahreszeit einen Freilandaufenthalt (Gartenteich) bieten kann. Allerdings muß man dabei ihrer Fähigkeit zu entfliehen, Rechnung tragen. Sie ist eine so hervorragende Kletterin, daß selbst Maschendrahtzäune, Mauern mit rauhem Putz oder gar Holzzäune kein unüberwindbares Hindernis darstellen. Ich spreche da aus eigener Erfahrung, denn auch mir sind diese Europäer schon verschiedentlich ausgebrochen.

Eine in der Fachliteratur beschriebene Nahrungsaufnahme außerhalb des Wassers habe ich bei meinen Tieren nie beobachtet. Das Futter wird manchmal auf dem Lande geholt oder erbeutet, aber anschließend im Wasser gefressen. Auch über das langsame Wachstum der Jungtiere, das des öfteren in der Fachliteratur erwähnt wird, kann ich nur Gegenteiliges berichten, nachdem ich über zwei Jahre hinweg das Wachstum verschiedener Baby-Schildkröten *(Pseudemys, Crysemys, Graptemys* und *Emys)* monatlich verfolgt habe.

Nach diesen Ergebnissen kann man keinesfalls von einem langsamen Jugendwachstum sprechen. Meine *E. orbicularis* hat ihr Gewicht immerhin in zwei Jahren um das 25fache vergrößert und ist allein im 1. Jahr um 7 cm gewachsen!

Verschiedentlich wurde *Emys orbicularis* in Gefangenschaft nachgezüchtet, deshalb möchte ich darauf besonders eingehen. Die männlichen Tiere müssen eine Mindestlänge von 12 cm und die weiblichen von ca. 15 cm erreicht haben, um geschlechtsreif zu sein. Es sollte ein genügend großes Terrarium mit ausreichendem Schwimmraum im Wasserteil zur Verfügung stehen. Auch hier bietet natürlich ein Garten-

---

36: Chinemys reevesii (Chinesische Dreikielschildkröte). Ihre Haltung ist gerade auch dem Anfänger zu empfehlen. Sie ist tagaktiv und viel in Bewegung. **37: Clemmys guttata** (Tropfenschildkröte). Sie erreicht nur eine Länge bis 12 cm. Man muß die männlichen Tiere zeitweise von den Weibchen trennen, da sie durch ihre dauernden Paarungsversuche diese nicht zur Ruhe kommen lassen. **38: Geoclemys hamiltonii** (Strahlen-Dreikielschildkröte) eine ruhige Vertreterin ihrer Art, die recht wärmebedürftig ist. Sie steht im Anhang I des WA. **39: Sacalia** (früher **Clemmys**) **bealei** (Pfauenaugen- oder Vieraugen-Wasserschildkröte). Ein liebenswerter, wenn auch ziemlich ruhiger Pflegling im Aquaterrarium. **40: Cuora amboinensis** (Amboina-Scharnierschildkröte) wird häufig im Zoohandel angeboten und ist bei richtiger Haltung ein ausdauernder Pflegling. **41: Cyclemys dentata** (Malayische Dornschildkröte) ist eine Sumpfschildkröte, die aber fast völlig aquatil lebt. Sie ist für die Haltung im Aquaterrarium gut geeignet.

teich große Vorteile. Für die Beschaffenheit des Landteils zur Eiablage gibt es kein Allgemeinrezept. Wie ich immer wieder festgestellt habe, suchen sich Schildkröten häufig einen Platz zur Eiablage aus, mit dem man überhaupt nicht gerechnet hat.

Ein Weibchen legt bis zu 12 Eier. In unseren Breiten empfiehlt es sich, nach der Ablage die Eier in einen Brutbehälter (siehe Seite 37) zu geben. Dabei sollte man die Eier möglichst sofort nach der Eiablage umbetten, da ein Drehen und Umwenden ihnen dann noch nicht schadet. Nach 51 bis 90 Tagen schlüpfen die Jungen. In Freiheit, vor allem bei einem kühlen Sommer, sollen die Eier auch überwintern und die Babys erst im kommenden Frühjahr schlüpfen. Der Zeitpunkt der erstmaligen Nahrungsaufnahme der Jungtiere hängt – nach meiner Feststellung – vor allem davon ab, ob beim Schlupf noch der Dottersack vorhanden war und in welcher Größe. Je größer er ist, desto später (z.T. erst nach 4 Wochen) ist die Nahrungsaufnahme notwendig. Ebenso habe ich beobachtet, daß normalerweise beim Schlupf überhaupt kein Dottersack mehr vorhanden ist, wobei diese Tiere viel schneller als jene wachsen, die mit einem Dottersack geschlüpft sind (dies gilt für Schildkröten allgemein).

Emys orbicularis habe ich deshalb so eingehend beschrieben, um möglichst viele Liebhaber zur Nachzucht zu ermuntern, damit wir in der Wiedereinbürgerung einen Schritt weiter kommen.

Literatur:

Baumgardt (1902): Angriff einer Ratte auf eine Schildkröte. – Blätter Aquar. Terr. Kde., **13** (21): 248.

Breitenstein, W. (1973): Eiablage der Europäischen Sumpfschildkröte. – Aquarien Terrarien, **20** (4): 130.

Christ, P. (1979): Nachzucht der Europäischen Sumpfschildkröte im Zimmeraquarium. DATZ, **32** (1): 26–27.

Hemmer, W. (1984): Nachzucht Europäischer Sumpfschildkröten und praktischer Artenschutz für Amphibien im Gartenteich. – DATZ, **37** (9): 350–354.

Hoherz, R. (1981): Nachzucht der Europäischen Sumpfschildkröte, *(Emys orbicularis)*. – Elaphe, **1981** (4): 63.

Isberg, O. (1929): Das ehemalige Vorkommen der Sumpfschildkröte *Emys orbicularis*. – Arkhiv Zool. (Stockholm), **21 A (63): 1–52.**

Kau, H. P. (1981): Europäische Süßwasserschildkröten im Freilandterrarium. – herpetofauna, **3** (15): 27–29.

– (1983): Erfolgreiche Nachzucht bei im Freiland gehaltenen Europäischen Süßwasserschildkröten. – herpetofauna, **5** (24): 27–30.

Mertens, R. (1950): Einige Beobachtungen bei der Zucht der Europäischen Sumpfschildkröte. – Zool. Garten (N. F.), **17:** 170–175.

Oldehoff, W. (1968): Freilandgehege für Sumpfschildkröten. – DATZ, **21** (9): 283–284.

Röhnert, G. (1979): Nachwuchs bei Europäischen Sumpfschildkröten. – DATZ, **32** (4): 138–142.

Uhlig, G. (1967): Die Europäische Sumpfschildkröte: Erfahrungen mit Pflege, Zucht und Aufzucht im Zimmer. – Aquarien Terrarien, **14** (8): 258–265.

Veidt, G. (1977): Pflege und Nachzucht von Europäischen Sumpfschildkröten *(Emys orbicularis)* im Freiland-Terrarium. – DATZ, **30** (11): 388–391.

Weisig, D. (1962): Fressen Sumpfschildkröten auch an Land? – Aquarien Terrarien, **9** (2): 59–60.

Gattung: Emydoidea Holbrook

Emydoidea blandingii Holbrook

Amerikanische Sumpfschildkröte

Kennzeichen: Sie wurde früher der Gattung *Emys* zugeordnet, stellt aber auf Grund ihres abweichenden Schädelbaues eine eigene Gattung dar. Sonst ist sie der Europäischen Sumpfschildkröte sehr ähnlich. Der Rückenpanzer ist allerdings etwas höher gewölbt, die Punkt- und Fleckenzeichnung (vor allem bei jüngeren Exemplaren) ist in einem leuchtenderen Gelb. Die oft einfarbig gelbe Kehle wird meist beim Herausheben des Kopfes aus dem Wasser herausgestülpt, was ich bei anderen Schildkröten in dieser Weise noch nicht festgestellt habe.

Größe: bis 26 cm.

Vorkommen: Südliches Kanada sowie nördliche und mittlere USA.

Lebensweise: Kaum unterschiedlich zu der von *Emys orbicularis*. Die Amerikanische Sumpfschildkröte dürfte lediglich etwas wärmebedürf-

tiger sein, denn ich habe im Freiland leider ein sehr schönes, adultes Weibchen verloren, als die Temperatur auf ca. 16 °C sank und tagelang kein Sonnenstrahl vom Himmel fiel. (Vielen anderen Arten wie *Crysemys, Pseudemys, Kachuga*, Emyduren, Chelodinen, *Graptemys, Mauremys* und natürlich *Emys* hat diese Abkühlung überhaupt nicht geschadet.)
Die *E. blandingii* geht öfter an Land und macht dabei ausgedehnte Spaziergänge. Die Fütterung ist die gleiche wie bei *Emys*, nur nimmt *Emydoidea* mehr Grünzeug zu sich.

Literatur:

FREDERICK, M. (1971): The Blanding's turtle. – Tortuga Gazette, **7** (5): 3–4.
GRAHAM, T. E. & DOYLE, T. S. (1977): Growth and population characteristics of Blanding's turtle, *Emydoidea blandingii*, in Massachusetts. – Herpetologica, **33** (4): 410–414.

Gattung: Deirochelys AGASSIZ
Langhals-Schmuckschildkröten

Deirochelys reticularia LATREILLE
Langhals-Schmuckschildkröte

Unterart (Nominatform):
Deirochelys reticularia reticularia LATREILLE

Kennzeichen: Der olivfarbene bis braune Rückenpanzer, der nur bei Jungtieren leicht gekielt ist, weist ein Netz von gelbgrünen Linien auf. Im Alter verschwinden sie meist und machen einer dunkeloliven oder beinahe schwarzen Farbe Platz. Außerdem wölbt er sich dann sehr stark und ist ganz gerundet. Randschilde und Bauchpanzer sind einfarbig gelb. Der relativ stumpfe Kopf, der lange Hals sowie die Gliedmaßen sind graugrün. An Letzteren sind die Zehen mit Schwimmhäuten verbunden und die Krallen spitz und scharf. Unterhalb des Auges beginnend, verläuft längs des Halses ein deutlich sichtbarer, orangegelber Streifen. Weitere dünne Längsstreifen in dieser Farbe weisen Kopf, Hals und Gliedmaßen auf.
Größe: bis 25 cm.
Vorkommen: Südöstliche USA, ausgenommen Florida.
Lebensweise: Diese ruhige Schildkröte kommt in langsam fließenden, abgelegenen Gewässern und Seen vor. Sie unternimmt auch Wanderungen über Land und ist nicht streng ans Wasser gebunden.
Ihre Nahrung besteht neben Wasserinsekten, Wasserschnecken, Regenwürmern, auch aus viel vegetarischer Kost, was man bei der Terrarienhaltung berücksichtigen muß und daher Pflanzen nur bei Jungtieren in den Behälter bringen kann. Allgemein gilt sie als heikler Fresser, der oft ganz individuelle Wünsche dem Futter gegenüber zeigt. Ihr Wärmebedürfnis ist nicht so hoch, sie zeigt auch noch bei 17 °C Wassertemperatur Appetit. Allerdings sollte man sie bei 20–25 °C halten.
Im Tierhandel wird die Langhals-Schmuckschildkröte relativ selten angeboten. Sie ist auch nicht gerade ein Tier für den Anfänger.
Gegenüber anderen Schildkröten ist sie verträglich, legt aber eine ihr angeborene Scheu niemals ab.

Literatur:

GIBBONS, J. W. (1969): Ecology and population dynamics of the chicken turtle, *Deirochelys reticularia*. – Copeia, **1969** (4): 669–676.
KREFFT, P, (1951): *Deirochelys retuclaria*, eine wenig bekannte Schmuckschildkröte der USA. – DATZ, **4** (6): 157–160.
NIETZKE, G. (1973): *Deirochelys retuclaria* – Langhals-Schmuckschildkröte. – Das Aquarium (Aqua Terra), **7** (48): 241–242.

Unterart:
Deirochelys reticularia chrysea SCHWARTZ

Größe: bis 25 cm.
Vorkommen: Südöstliche USA (Halbinsel Florida).

Unterart:
Deirochelys reticularia miaria Schwartz

Größe: bis 25 cm.
Vorkommen: Südöstliche USA (SO-Oklahoma, S- und O-Arkansas, Östliches New Mexiko und Louisiana ausschließlich des Ostens).

Gattung: Chrysemys Gray
Zierschildkröten

Chrysemys picta Schneider
Zierschildkröte
(Foto Seite 53)

Unterart (Nominatform):
Chrysemys picta picta Schneider

Kennzeichen: Der bis auf die Randschilde dunkelbraune Panzer ist ungekielt und am Hinterrand ungezähnt. Die Randschilde sind sowohl oben als auch unten mit roten Flecken versehen. Die Rippen- und Wirbelschilde stehen nahezu in regelmäßigen Querreihen und haben am vorderen Rand einen hornfarbenen Streifen. Kopf und Gliedmaßen haben eine hübsche gelbe Linien- und Fleckenzeichnung. Der Bauchpanzer ist gelb in der Grundfarbe mit einer dunklen, großen und meist symmetrischen Figur entlang der Mittelnaht.
Größe: bis 18 cm.
Vorkommen: Südöstliches Kanada und östliche USA.
Lebensweise: Die Zierschildkröten bevorzugen ruhige, langsam fließende oder stehende Gewässer mit reicher Vegetation, sowohl im Wasser als auch in der Uferregion. Treibende Baumstämme oder ähnliches werden gerne zum Sonnenbaden aufgesucht. Tierische Nahrung wird bevorzugt, doch werden von Zeit zu Zeit auch zarte Pflanzen verzehrt, in Gefangenschaft z. B. Salat, Bananen oder sonstige süße Früchte.
Das Temperaturbedürfnis wird entscheidend von der Herkunft des Tieres bestimmt. Das gleiche gilt für eine eventuelle Winterruhe mit entsprechend herabgesetzter Temperatur, die aber nicht zu stark gesenkt werden sollte. Entscheidend ist immer, woher die Tiere stammen; allerdings bekommt man dazu von den Händlern nur in den seltensten Fällen genaue Angaben.

Literatur:
Mc Cauley, R. H. (1973): Notes on hatchling painted turtles, *Chrysemys p. picta* from Maryland. – Bull. Md. herpetol. Soc., **9** (4): 108–110.
Peters, U. (1975): Die Zierschildkröte. – Aquarien Magazin, **9** (3): 102–103.

Unterart:
Chrysemys picta bellii Gray
Zierschildkröte, wird auch als Indianerschildkröte bezeichnet.

Kennzeichen: Die Farbe des ungekielten, ungezähnten und sehr flachen Rückenpanzers ist bei Jungtieren ein leuchtendes Olivgrün, das sich mit zunehmendem Alter in dunkeloliv bis olivbraun verfärbt. Außerdem ist im Jugendstadium ein strahlenartiges Netzmuster von gelblich roter bis roter Farbe festzustellen. Der Bauchpanzer ist rot-gelb bis rot. Er weist eine dunkle Figur auf, die von der Mittelnaht ausgehend seitliche Ausläufer längs der Quernähte entsendet. Kopf, Hals und Gliedmaßen sind grünlich grau. Kopf und Hals haben eine gelbe Linienzeichnung. An den mit Schwimmhäuten und kräftigen Krallen versehenen Vorder- und Hintergliedmaßen sieht man rote Längslinien oder Punkte.
Größe: bis 25 cm.
Vorkommen: Südliches Kanada, westliche, südwestliche und mittlere USA.
Lebensweise: Diese Rasse hat das größte Verbreitungsgebiet der Art. In ihrem Biotop, ihren Futtersprüchen usw. unterscheidet sie sich nicht von der Nominatform. Nach meiner Ansicht ist sie eine der schönsten Schildkröten überhaupt. Leider mußte ich bei allen meinen Exemplaren

immer wieder feststellen, daß sie schlecht zu halten sind. Ich möchte sie daher als die empfindlichste aller *Chrysemys*-Arten bezeichnen.

Literatur:
BECHTLE, W. (1970): Amerikanische Schmuckschildkröte: *Chrysemys picta belli*. – Aquarien Magazin, **4** (5): 194–195.
LEGLER, J. M. (1954): Nesting habits of the western painted turtle, *Chrysemys picta belli* GRAY. Herpetologica, **10** (3): 137–144.

Unterart:
Chrysemys picta dorsalis AGASSIZ
Rückenstreif-Zierschildkröte

Kennzeichen: Der schwarze Rückenpanzer weist einen in der Mitte verlaufenden orangefarbenen bis gelben Längsstreifen auf. Der Bauchpanzer (dessen Seitenränder bei Jungtieren rötlich sind) ist weiß-gelb und ohne Zeichnung. Die Farbe der sichtbaren Körperteile ist dunkelgrau bis schwarz. Kopf und Hals haben eine ansprechende, gelbe Strich-und Fleckenzeichnung, während die Gliedmaßen orangerote Streifen aufweisen.
Größe: bis 14 cm.
Vorkommen: Südöstliche USA.
Lebensweise: In ihren Ansprüchen an Biotop und Futter gleicht sie der Nominatform.
Meine im Terrarium gehaltenen Tiere gediehen sehr gut, nachdem einmal das Baby-Alter abgeschlossen war, doch tun mir all die vielen kleinen Jungtiere dieser Art leid, die im Zoohandel angeboten werden, da sie bei der Schwierigkeit ihrer Aufzucht als sichere Todeskandidaten gelten müssen. Darum will ich hier auf die Pflege dieser so überaus ansprechenden Tiere besonders eingehen: Vor allem sollte die Aufzucht der Jungtiere in nicht zu weichem Wasser erfolgen. Um Pilzkrankheiten vorzubeugen, gibt man auf 1 l Wasser ca. 2 g Kochsalz. (Ich wende dieses Verfahren grundsätzlich bei allen Arten von jungen Schildkröten an und habe damit immer gute Ergebnisse erzielt.) Weiter bietet man ihnen viel Schwimmraum (mit mindestens 30 cm Wassertiefe), ein flaches Ufer oder auch nur eine leicht zu besteigende Korkinsel, möglichst mit natürlicher Sonnenbestrahlung, an. Das Futter sollte so abwechslungsreich wie nur möglich sein: Tubifex, Wasserflöhe, Bachflohkrebse, ertränktes Wiesenplankton, junge Wasserschnecken oder deren Laich, kleinste Süßwasser-Fische (wie Guppy), Köcherfliegen-Larven, Mückenlarven, wenig geschabtes Rinderherz oder Rinderleber, Schildkröten-Fertigfutter feinster Körnung wie z. B. Dorswal. Sehr empfehlenswert ist es auch, aus einem Teich Wasserpflanzen herauszunehmen und in einem Eimer mit Wasser tüchtig zu schwenken. Man wird überrascht sein, welch große Ausbeute an allem möglichen Wassergetier sich ergibt. Nicht zu vergessen sind Regenwürmer (große fein zerschneiden), jedoch nicht die übelriechenden Mistwürmer. Wenn man dann für eine möglichst gleichbleibende Wasser- und Lufttemperatur von ca. 25 °C sorgt sowie das Wasser immer frisch und gesund erhält, muß die Aufzucht gelingen, es sei denn, die Tiere hätten schon vorher (beim Transport oder durch unsachgemäße Haltung) Schaden genommen, dann ist ohnehin alle Mühe umsonst.
Ich selbst habe einmal beim Händler vier Babys von *Ch. p. dorsalis* gekauft und auf diese Art aufgezogen und nur ein Tier (durch Pilzkrankheit, deshalb das Salz) verloren. Da die restlichen drei Weibchen waren, habe ich zwei an andere Liebhaber abgegeben. Das dritte Weibchen ist noch heute bei mir in Pflege und bei bester Gesundheit. Sein Anfangsgewicht von 4 g bei 29 mm Carapax-Länge hat es in zwei Jahren auf 323 g bei 151 mm Länge gebracht. Heute nach 16 Jahren wiegt es 485 g bei 151 mm. Es legt zweimal im Jahr (meist im November und Januar) 5–6 Eier (im Abstand von etwa 8 Wochen). Leider sind diese Eier immer unbefruchtet, da es mir bis heute nicht gelungen ist, ein gesundes und potentes Männchen dieser Art zu

bekommen. Mein Tier ist von Mai bis Oktober im Freilandteich bei Wassertemperaturen, die zwischen 17 und 26 °C (je nach deutschem Sommer) schwanken, wobei allerdings Temperaturen unter 20 °C selten vorkommen, da ich die Möglichkeit habe, den Teich an kritischen Tagen zu beheizen (wie im allgemeinen Teil beschrieben).

Literatur:

STRAUBE, E. (1980): Erfolgreiche Nachzucht – *Chrysemys picta dorsalis.* – Sonderheft 1„Die Schildkröte", Pp. 6–10.

WIARDA, R. (1984): De Zuidelijke sierschildpad, *Chrysemys picta dorsalis.* – De Schildpad (Amersfoort), **10** (2): 17–26.

Unterart:

Chrysemys picta marginata AGASSIZ

Zierschildkröte

Kennzeichen: Bei *Chr. p. marginata* sind im Gegensatz zur Nominatform die Rückenschilder nicht in Querreihen angeordnet und die helle Färbung der Ränder fehlt oft. Der meist orangefarbene Bauchpanzer hat einen breiten, dunklen Längsstreifen ohne seitliche Ausläufer. Sonst besteht in der Färbung viel Ähnlichkeit mit *Ch. p. belli.*

Größe: bis 20 cm.

Vorkommen: Südliches Kanada und östliche USA.

Lebensweise: Wie Nominatform.

Literatur:

NICOL, R. (1970): Growth rate of *Chrysemys picta marginata* hatched and raised in captivity in Florida. – Tortuga Gazette (Los. Ang.), **6** (7): 4 & 8.

PETERS, U. (1982): Pflege und Zucht der Schildkröten *Clemmys guttata* und *Chrysemys picta marginata.* – Das Aquarium (Aqua Terra), **16** (7): 379–382.

Gattung: Pseudemys GRAY

Schmuckschildkröten

Die Schildkröten der Gattung *Pseudemys* kommen, von einigen *Pseudemys* Terrapen-Arten abgesehen, ausschließlich in Nord-, Mittel- und Südamerika vor. Ihre Haltung variiert daher höchstens bezüglich der Temperaturbedürfnisse, also ihrer Herkunft entsprechend, sonst gleichen sie sich weitgehend. Ich werde mich daher darauf beschränken, die Arten und Unterarten aufzuführen und nur auf die bekanntesten und im Tierhandel auftauchenden Arten näher eingehen. Zugleich möchte ich darauf hinweisen, daß ich grundsätzlich *Pseudemys* und *Chrysemys* ihrer unterschiedlichen Rückenfärbung wegen als zwei verschiedene Gattungen betrachte, wie dies auch einige sehr bekannte Herpetologen tun.

Pseudemys concinna LE CONTE

Hieroglyphen-Schmuckschildkröte

Literatur:

Pseudemys concinna-Gruppe:

CARR, A. F. (1942): The status of *Pseudemys floridana texana*, with notes on parallelism in *Pseudemys.* – Proc. New England Zool. Club, **21:** 69–76.

– (1937): A new turtle from Florida, with notes on *Pseudemys floridana mobiliensis* HOLBROOK. – Occas. Pap. Mus. Zool. Univ. Michigan, **348:** 1–7.

FAHEY, K. M. (1980): A taxonomic study of the cooter turtles, *Pseudemys floridana* and *Pseudemys concinna*, in the lower Red River, Atchfalaya River and Mississippi River basins USA Tulane Stud. Zool. Bot., **22** (1): 49–66.

NIETZKE, G. (1973): *Pseudemys concinna suwanniensis* – Suwanne-Schmuckschildkröte oder Hieroglyphenschildkröte. – Das Aquarium (Aqua Terra), **7** (44): 27–28.

PETRANKA, J. W. & PHILIPPI, A. (1978): Observations on the courtship behavior of juvenile *Chrysemys concinna concinna* and *Chrysemys floridana hoyi.* – Jour. Herpetol., **12** (3): 417–419.

Unterart (Nominatform):

Pseudemys concinna concinna

Größe: bis 32 cm.

Vorkommen: Östliche USA und nordöstliches Mexiko.

Unterart:
Pseudemys concinna hieroglyphica HOLBROOK
Hieroglyphen-Schmuckschildkröte

Kennzeichen: Der relativ flache, bei Jungtieren sattgrüne und mit einem Rückenkiel versehene Rückenpanzer weist eine hieroglyphenartige hell- bis orangegelbe Zeichnung auf. Leider verschwindet diese im Alter und macht einer dunkeloliven bis schwarzen Färbung Platz. Der Bauchpanzer ist dunkel gefleckt auf fahlgelbem Grund. Kopf und Hals sind dunkelgrau und weisen gelbe, längslaufende Parallelstreifen auf, desgleichen die Gliedmaßen. An den mit Schwimmhäuten versehenen Zehen befinden sich scharfe Krallen. Beim geschlechtsreifen Männchen werden diese an den Vorderfüßen etwa dreimal so lang als beim Weibchen.
Größe: bis 38 cm.
Vorkommen: Südliche USA.
Lebensweise: Die Tiere sind vor allem in ruhigen Flüssen, Seen und auch Tümpeln anzutreffen, die einen reichlichen Pflanzenwuchs im Wasser und den Uferregionen aufweisen. In ihren Futteransprüchen ist die Hieroglyphen-Schmuckschildkröte keinesfalls heikel und wählerisch. Die überwiegend tierische Ernährung im Jugend-(Wachstums-)Stadium verlagert sich im Alter zu Gunsten einer überwiegend pflanzlichen Ernährung.
Sie sind, wie eigentlich alle *Pseudemys*-Arten, sehr große Sonnenfreunde und nutzen während der warmen Jahreszeit im Teich oder Freilandterrarium jeden Sonnenstrahl aus. Ihr Wärmebedürfnis ist nicht so groß. Sie gedeihen ohne weiteres bei Wasser- und Lufttemperaturen, die zwischen 20 und 28 °C variieren. Im Terrarium wird kein Winterschlaf gehalten, es ist jedoch eine gewisse Winterruhe zu beobachten: Die Tiere verstecken sich an Land unter Moos oder Laub und bleiben dort einige Wochen, ohne einen eigentlichen Winterschlaf zu halten.

Unterart:
Pseudemys concinna hiltoni CARR

Größe: bis 35 cm.
Vorkommen: Nordwestliches Mexiko.

Unterart:
Pseudemys concinna mobilensis HOLBROOK

Größe: bis 35 cm.
Vorkommen: Südöstliche USA.

Unterart:
Pseudemys concinna suwanniensis CARR

Größe: bis 35 cm.
Vorkommen: Südöstliche USA.

Unterart:
Pseudemys concinna texana BAUR

Größe: bis 32 cm.
Vorkommen: Südliche USA sowie nordöstliches Mexiko.
Lebensweise: Alle *P. concinna*-Unterarten gleichen sich in ihrer Lebensweise weitgehend, lediglich von der zuletzt genannten (*-texana*) wird berichtet, daß sie keine oder fast keine pflanzliche Nahrung zu sich nimmt.

Pseudemys dorbigni DUMERIL & BIBRON
Brasilianische Schmuckschildkröte

Kennzeichen: Sie gilt, vor allem im Jugendstadium, als die schönste Art der Gattung *Pseudemys.* Der flachgewölbte, grüne Rückenpanzer hat eine gelbe Balkenzeichnung. Die Randschilde haben jeweils einen leuchtendgelben, schwarzgesäumten Mittelfleck. Der Bauchpanzer zeigt eine große, dunkle, verästelte Figur, die ihn fast völlig bedeckt. Der Kopf hat hinter den Augen einen leuchtend orangefarbenen Fleck. Hals und Gliedmaßen weisen gelborange bis gelbe Fleck- und Strichzeichnungen auf dunkelgrauem Untergrund auf.

Größe: bis 21 cm.
Vorkommen: Süd-Brasilien, Uruguay und NO-Argentinien.
Lebensweise: Diese am südlichsten vorkommende Art unterscheidet sich von den anderen *Pseudemys*-Arten höchstens dadurch, daß sie aufgrund ihrer geographischen Verbreitung etwas wärmebedürftiger ist. Die Temperatur von Wasser und Luft sollte möglichst 20 °C nicht unterschreiten. Das Optimum dürfte bei ca. 26 °C liegen. Sie hält keinen Winterschlaf. Bezüglich der Fütterung und sonstiger Ansprüche entspricht sie dagegen den anderen Schmuckschildkröten.

Literatur:
WOLTERSDORFF, W. (1931): Beobachtungen an der Brasilianischen Schmuckschildkröte *Pseudemys d'orbignyi* D & B. – Blätter Aquar. Terr. Kde., **42:** 23–26, 40–43.

Pseudemys floridana Le Conte
Florida-Schmuckschildkröte

Literatur:
Pseudemys floridana-Gruppe:
CARR, A. F. (1938): A new subspecies of *Pseudemys floridana*, with notes on the *floridana*-complex. – Copeia, **1938** (3): 105–109.
GIBBONS, J. W. & COOKER, J. W. (1977): Ecological and life history aspects of the cooter, *Chrysemys floridana* LE CONTE. – Herpetologica, **33** (1): 29–33.
GOFF, C. C. & GOFF, D. S. (1932): Egg laying and incubation of *Pseudemys floridana*. Copeia, **1932** (2): 92–94.

Unterart (Nominatform):
Pseudemys floridana floridana Le Conte

Kennzeichen: Bei Jungtieren ist der grüne Rükkenpanzer mit einer hübschen, gelben Strichzeichnung auf jedem Schild bedeckt. Diese verschwindet im Alter und macht einer dunkeloliven bis schwarzen Färbung Platz. Lediglich auf dem zweiten Rippenschild verbleibt ein mehr oder weniger ausgeprägter, senkrechter, heller Streifen. Außerdem ist sicherstes Merkmal für alle *floridana*-Unterarten, daß der Rückenpanzer nach vorne steiler abfällt, seine größte Höhe daher vor seiner Mitte liegt. Der Bauchpanzer ist nicht oder kaum dunkel gefleckt. Die Extremitäten sind dunkelbraun bis schwarz mit gelber Strichzeichnung.
Größe: bis 40 cm.
Vorkommen: Südöstliche USA.
Lebensweise: Diese sehr gesellig lebende Schildkröte trifft man oft in Scharen von 20–30 Exemplaren an. Zusammen mit anderen *Pseudemys*-Arten nimmt sie an schwer zugänglichen Uferzonen, treibendem Holz oder auf kleinen Inseln ihr Sonnenbad. Sie ist wie alle *Pseudemys*- und *Chrysemys*-Arten ein sehr sonnenhungriges Tier. Sie gehört zu den etwas wärmebedürftigeren Arten. Doch haben meine *P. floridana* im Gartenteich (wo sie sich von Ende April bis Anfang Oktober befanden), noch bei Temperaturen von 18 ° C ohne weiteres gefressen und keinerlei Unlust gezeigt. Jedoch dürfte die zuträglichste Temperatur von Luft und Wasser bei mindestens 23 ° C liegen. Bezüglich sonstiger Ansprüche wie Futter, Terrarienhaltung und Verträglichkeit unterscheidet sie sich nicht von ihren Artgenossen.

Unterart:
Pseudemys floridana hoyi Agassiz

Größe: wie Nominatform.
Vorkommen: Südliche USA.

Unterart:
Pseudemys floridana peninsularis Carr

Größe: wie Nominatform.
Vorkommen: Südöstliche USA.

Pseudemys grayi Bocourt
Spitzkopf-Schmuckschildkröte

Kennzeichen: Die Grundfärbung des Rückenpanzers ist meist dunkeloliv mit einer pfauenaugen-

artigen Zeichnung auf den Rippenschilden, die auch bei erwachsenen Tieren noch zu erkennen ist. Der gelblich-weiße Bauchpanzer ist meist leicht marmoriert. Hinter den Augen befindet sich ein leuchtend orangeroter, schmaler Schläfenstreifen. Schnauze spitz nach vorn springend; die Kauflächen des Oberkiefers haben stark gezähnte Leisten. Die Nasenlöcher befinden sich weit unterhalb der Schnauzenspitze. Ein heller Mittelstreifen auf der Unterseite der Kehle gabelt sich meist nach hinten. Die Füße haben kräftige Krallen und breite Schwimmhäute.
Größe: bis 35 cm.
Vorkommen: Südliches Mexiko, Guatemala und El Salvador.
Lebensweise: Über diese sehr ansprechende Schildkröte ist wenig bekannt, da sie äußerst selten eingeführt wurde und daher kaum von Liebhabern gepflegt werden konnte. Entsprechende Berichte fehlen daher.
Doch dürften die Lebensweise und ihre Ansprüche in Gefangenschaft denen der anderen *Pseudemys*-Arten gleichen.

Pseudemys ornata Gray
Pfauenaugen-Schmuckschildkröte

Literatur:
Pseudemys ornata-Gruppe:

Junghans, W. (1921): Pflege und Zucht von *Emys orbicularis*(L.) und *Chrysemys ornata* Gray. Blätter Aquar. Terr. Kde., **32:** 155–157, 164–166.
Losanky, D. (1976): Heilung von Lungenentzündung bei einer *Pseudemys ornata callirostris.* – Aquarien Terrarien, **23** (3): 102.
– (1980): *Chrysemys scripta callirostris.* – Elaphe, **1980** (2): 21–22.
Mertens, R. (1952): *Pseudemys callirostris,* eine Schmuckschildkröte aus Kolumbien. – DATZ, **5** (7): 184–185.
Nietzke, G. (1973): *Pseudemys ornata callirostris* – Kinnfleckschmuckschildkröte. Das Aquarium (Aqua Terra), **7** (44): 63–64.
Rosado, R. (1967): La „Jicotea". – Int. Turtle & Tortiose Soc. J., **1** (2): 16–19, 42.

Unterart (Nominatform):
Pseudemys ornata ornata Gray

Kennzeichen: Der meist dunkelolive Rückenpanzer weist neben einer Netz- oder Streifenzeichnung große, runde, dunkelgerandete Augenflekken (Pfauenaugen) auf den Rückenschilden auf. Die Oberfläche ist ziemlich glatt. Der Bauchpanzer ist meist hellgelb, mit im Alter verblassenden Linien und ohne Muster. Die Schnauze ist kaum vorspringend. Die Nasenlöcher liegen weit unterhalb der Schnauzenspitze. Die hellen Längsstreifen an der Kehle gabeln sich nicht und reichen nach vorn bis zum Rande des hornigen Unterkiefers. Starke Krallen und breite Schwimmhäute befinden sich an den Füßen.
Größe: bis 35 cm.
Vorkommen: Südliches Mexiko, Guatemala, Honduras, Nicaragua, Costa Rica und Panama.
Lebensweise: Entspricht in Lebensweise, Fütterung und Haltung den übrigen *Pseudemys*- Arten, was auch für alle Unterarten ohne Ausnahme gilt.

Unterart:
Pseudemys ornata callirostris Gray
Kinnflecken- oder Kolumbianische Schmuckschildkröte

Kennzeichen: Sie unterscheidet sich dadurch, daß die bei der Nominatform beschriebenen Längsstreifen nicht bis zum Rande des Unterkiefers gehen, sondern durch isolierte, runde, dunkelgerandete Flecken getrennt sind; daher der deutsche Name.
Größe: bis 35 cm.
Vorkommen: Nördliches Südamerika.

Unterart:
Pseudemys ornata nebulosa
Van Denburgh

Kennzeichen: Im Gegensatz zur Nominatform hat *Ps. o. nebulosa* große runde, helle Flecken auf den

Rippenschilden, schwarz umgrenzt, aber **ohne** dunkles Zentrum.
Größe: bis 35 cm.
Vorkommen: Nordwestliches Mexiko.

Pseudemys rubriventris Le Conte
Rotbauch-Schmuckschildkröte

Literatur:
Pseudemys rubriventris-Gruppe:

Anon. (1981): Status report: *Chrysemys rubriventris bangsi*, the Plymouth County red-bellied turtle. – Turtle Trust Occas. Pap., **1981** (4): 3.
Conant, R. (1951): The red-bellied terrapin, *Pseudemys rubriventris* Le Conte, in Pennsylvania. – Ann. Carnegie Mus., **32:** 281–289.
Graham, T. E. (1971): Eggs and hatchling of the red-bellied turtle, *Chrysemys rubriventris*, from Plymouth, Massachusetts. – Jour. Herpetol., **5** (1/2): 59–60.
Jackson, C. G. (1977): Courtship observations on *Chrysemys nelsoni*. – Jour. Herpetol., **11** (2): 221–222.

Unterart (Nominatform):
Pseudemys rubriventris rubriventris Le Conte

Kennzeichen: Der braune bis schwarze Rückenpanzer hat eine rote bis gelbe Zeichnung auf den Brust- und Rippenschilden. Er ist länglich und hat seinen höchsten Punkt in der Mitte, aber seine größte Breite hinter der Mitte und ist allgemein etwas abgeflacht. Der Hinterrand ist gezackt. Der Bauchpanzer ist, wenigstens am Rand, rot oder rötlich. Die dunkeloliven Gliedmaßen haben ebenso wie Kopf und Hals eine gelbe Streifenzeichnung. Auch diese Art hat spitze Krallen und breite Schwimmhäute an den Zehen.
Größe: bis 40 cm.
Vorkommen: Östliche USA.
Lebensweise: P. r. rubriventris unterscheidet sich nicht von den besprochenen anderen Arten dieser Gattung. Sie geht vor allem zum Sonnen an Land. Die Tiere fressen im Jugendstadium überwiegend Animalisches und verlegen sich nach Beendigung der Wachstumsperiode stärker auf pflanzliche Kost. Die Terrarienhaltung ist nicht problematisch, doch wird diese Art nur äußerst selten eingeführt; das gilt auch für die nachgenannten Unterarten.

Unterart:
Pseudemys rubriventris alabamensis Baur

Größe: bis 35 cm.
Vorkommen: Südöstliche USA.

Unterart:
Pseudemys rubriventris bangsi Babcock

Größe: bis 35 cm.
Vorkommen: Nordöstliche USA.

Unterart:
Pseudemys rubriventris nelsoni Carr

Größe: bis 34 cm.
Vorkommen: Südöstliche USA (Florida).

Pseudemys scripta Schoepff
Buchstaben-Schmuckschildkröte

Literatur:
Pseudemys scripta-Gruppe:

Ballasina, D. & Ballasina, R. (1981): Ervaringen met de roodwangschildpad *(Chrysemys cripta elegans)*. – Lacerta (Den Haag), **39** (10): 152–160.
– (1981): Acht jaar ervaringen met *Chrysemys scripta elegans* de Roodwang. – De Schildpad (Amersfoort), **7** (1): 1–20.
Cagle, F. R. (1950): The life history of the slider turtle, *Pseudemys scripta troostii* Holbrook. – Ecological Monogr., **20:** 31–54.
Davis, J. D. & Jackson, C. G. (1973): Notes on the courtship of a capive male *Chrysemys scripta taylori*. – Herpetologica, **29** (1): 62–64.
Gersten, P. (1975): Haltung und Pflege der Schmuckschildkröte *Pseudemys scripta elegans*. – Aquarien Terrarien, **22** (5): 163.
Legler, J. M. (1960): Remarks on the natural history of Big Bend slider *Pseudemys scripta gaigeae*. – Herpetologica, **16** (2): 139–140.

MÜLLER, G. (1972): Die Rotwangenschmuckschildkröte *(Pseudemys scripta elegans)*. – DATZ, **25** (6): 208–210.
NIETZKE, G. (1973): *Pseudemys scripta elegans* – Schmuckschildkröte. – Das Aquarium (Aqua Terra), **7** (45): 103–104.
PHILIPPEN, H. D. (1982): Freilebende Population von *Chrysemys scripta elegans*. – Die Schildkröte (Haar), **4** (1/2): 24–34.
SIMAK, E. (1981): Zum Verhalten von *Pseudemys scripta elegans* vor der Eiablage. – Die Schildkröte (Haar); **3** (1): 23–25.
WIEDEMER, L. (1954): *Pseudemys scripta troostii*, oder wie ich Terrarienfreund wurde. – DATZ, **7** (10): 265–266.

Unterart (Nominatform):
Pseudemys scripta scripta SCHOEPFF

Größe: bis 27 cm.
Vorkommen: Östliche und südöstliche USA.

Unterart:
Pseudemys scripta elegans WIED
Rotwangen-Schmuckschildkröte
(Foto Seite 53)

Kennzeichen: Der relativ flache Rückenpanzer, der bei Jungtieren leuchtend grün gefärbt ist, wird später olivfarben bis gelbbraun und weist auch im Alter noch geflammte Muster und Zeichnungen auf, die allerdings sehr variieren. Die Pfauenaugenzeichnung der Randschilde wird später ebenfalls verschwommener, verschwindet aber nicht. Den deutschen Namen hat der leuchtend rote Fleck beiderseits der Schläfen dem Tier gegeben. Dieser ist bei der Unterart *P. s. troostii* von leuchtend gelber Farbe. Kopf, Hals und Gliedmaßen tragen außerdem weiße und hellgrüne Strichzeichnungen. Die Füße enden in scharfen Krallen und haben Schwimmhäute. Man muß immer wieder feststellen, daß diese Tiere zu den schönsten Schildkröten gehören, die im Gegensatz zu anderen Schildkrötenarten auch im Alter meist noch immer prächtig gefärbt bzw. gezeichnet sind.
Größe: bis 30 cm.
Vorkommen: Mittlere und östliche USA sowie nordöstliches Mexiko.

Lebensweise: Diese bei uns am meisten und in Massen eingeführte Schildkröte ist in den USA am weitesten verbreitet und kommt in fast allen Arten von Gewässern, außer kalten Bergbächen, vor. Es ist daher von sehr großer Bedeutung für den Terrarianer, aus welcher Klimazone das betreffende Tier stammt. Leider ist dies in den seltensten Fällen später noch mit Sicherheit festzustellen.
Die Tiere verbringen die meiste Zeit im Wasser und verlassen dieses meist nur zum Sonnen oder zur Eiablage. In der Fütterung sind sie, wie alle *Pseudemys*-Arten, unproblematisch, wobei lediglich zu beachten ist, daß sie im Alter auch vermehrt pflanzliche Nahrung aufnehmen. Wie schon wiederholt bemerkt, ist auch bei dieser Art auf möglichst abwechslungsreiche Nahrung zu achten.
Obgleich sie von so vielen Liebhabern schon gehalten wurde und noch wird, sind doch nur relativ wenig Nachzuchterfolge bekannt. Was aber vielleicht auch seine Ursache darin hat, daß die Rotwangen-Schmuckschildkröte beinahe in jedem Zoogeschäft zu haben ist und so die Nachzucht vielfach gar nicht reizt. Doch wären bei uns gezüchtete Jungtiere vermutlich bedeutend gesündere Aufzuchtexemplare als die „Massenimportware", die oft schon durch den Transport und den Aufenthalt in überfüllten Händlerbekken sehr geschwächt sind und zum großen Teil Todeskandidaten darstellen.
Freilandhaltung den Sommer über ist auf jeden Fall zu empfehlen. Winterschlaf ist nicht unbedingt notwendig. Tiere, die aus einem entsprechenden Biotop stammen, halten von selbst eine Winterruhe.

Unterart:
Pseudemys scripta gaigeae HARTWEG

Größe: bis 25 cm.
Vorkommen: Südliche USA und nördliches Mexiko.

Unterart:
Pseudemys scripta troostii Holbrook
Gelbwangen-Schmuckschildkröte

Größe: bis 25 cm.
Vorkommen: Östliche USA.

Pseudemys terrapen Lacepede

Antillen-Schmuckschildkröte

Die sieben verschiedenen *P. terrapen-* Unterarten sind bis heute nur in wenigen Fällen in die Hände von Liebhabern gelangt. Um es daher gleich vorweg zu nehmen: Ihre Haltung als Terrarientiere unterscheidet sich nicht von der anderer *Pseudemys*-Arten. Ihre Ansprüche bezüglich Temperatur sind nicht so hoch, wie man es auf Grund ihrer Herkunft annehmen müßte.

Literatur:
Pseudemys terrapen-Gruppe:

Mertens, R. (1943): Über die Umwandlung der Antillen-Schildkröte, *Pseudemys palustris* in *Pseudemys rugosa*. – Senckenbergiana, **26** (4): 313–319.

Petzold, H.-G. (1968): Zur Kenntnis der kubanischen Antillen-Schmuckschildkröte *(Pseudemys terrapen rugosa)*. – Salamandra, **4** (2/3): 73–90.

Ross, J. P. (1982): The Cat-Island turtle. – Oryx (London); **16** (4): 349–351.

Unterart (Nominatform):
Pseudemys terrapen terrapen Lacepede
(Foto Seite 54)

Kennzeichen: Der – abgesehen von juvenilen Tieren – oliv-braune bis schwarze Rückenpanzer ist nicht stark gewölbt, mit oft rauher, längsgefurchter Oberfläche. Der Bauchpanzer ist überwiegend fahlgelb mit einigen unordentlichen, schwarzen Einfärbungen auf dem hintersten Drittel. Die Randschilde weisen auf der Unterseite eine schwarze, etwas blasse, runde Fleckenzeichnung mit hellem Zentrum auf. Die Kehlschilde sind vorn geradlinig abgestutzt und nicht vorspringend. Die Schnauze ist seitlich gleichmäßig abgerundet. Kopf, Hals und Gliedmaßen haben eine oliv-schwarze oder dunkelgraue Färbung mit im Alter immer mehr verblassenden hellgelben Längsstreifen. An den Füßen sitzen spitze, scharfe Krallen mit breiten Schwimmhäuten.
Größe: bis 20 cm.
Vorkommen: Antillen (Jamaika).
Lebensweise: Diese Schildkröten bevorzugen ebenfalls stille oder langsam fließende Gewässer, Seen, Teiche oder Tümpel mit starkem Pflanzenwuchs im Wasser und in der Uferregion. Sie verlassen das nasse Element lediglich zum Sonnen und zur Eiablage. Nach eigener Erfahrung sind sie im Terrarium gut zu halten und trotz ihrer Herkunft nicht besonders wärmebedürftig. Sie können während der warmen Jahreszeit, wenn die Wassertemperatur normalerweise nicht unter 20 °C sinkt, ohne weiteres im Freilandteich gehalten werden. Ich habe aber auch bei kühler Wetterlage im Sommer, als die Temperatur plötzlich auf 17 °C im Teich sank, keine Schwierigkeiten gehabt.
Die Fütterung ist völlig unproblematisch, doch ziehen auch erwachsene Tiere animalische Kost vor und nehmen nur manchmal etwas Banane, Salat oder Löwenzahn. Ich füttere in der Hauptsache getrocknete Garnelen, 1× wöchentlich Rinderherz und 1× Fisch. Auch Nacktschnekken aus dem Garten fressen diese Schildkröten gern, ebenso Hundekost aus der Dose oder Hundefertigfutter in Knödelform. Da ich leider nie ein Männchen bekommen konnte, kam es 1985 nach wiederholten Kopulationen mit einer männlichen *Pseudemys scripta scripta* zu verschiedenen Eiablagen (jeweils 2–3 Eier) die teilweise befruchtet waren. Nach 72–78 Tagen schlüpften aus diesen Gelegen insgesamt 5 Jungtiere, die nach 17–19 Monaten zu kräftigen Schildkröten herangewachsen waren. Das größte Tier, ein

Männchen von ca. 14 cm Länge habe ich zu dieser Zeit beim Kopulieren mit dem Muttertier im Freilandteich beobachtet. Nachfolgend die anderen Unterarten. Dabei möchte ich besonders darauf hinweisen, daß eine Bestimmung der Unterarten sehr schwierig ist, da nicht zuletzt durch den Alters-Melanismus bedingt die gleiche Unterart sehr stark variiert. Näheres dazu ist der entsprechenden Fachliteratur zu entnehmen.

Unterart:
Pseudemys terrapen decorata
BARBOUR & CARR

Größe: bis 20 cm.
Vorkommen: Antillen (Haiti und Ile de Vache).

Unterart:
Pseudemys terrapen granti
BARBOUR & CARR

Größe: bis 25 cm.
Vorkommen: Antillen (Grand Cayman Island).

Unterart:
Pseudemys terrapen malonei
BARBOUR & CARR

Größe: bis 20 cm.
Vorkommen: Bahamas (Great Inagua Island).

Unterart:
Pseudemys terrapen rugosa SHAW

Größe: bis 25 cm.
Vorkommen: Antillen (Cuba und Isle of Pines). Bei dieser Unterart kommt es vor, daß die Tiere – unabhängig vom Geschlecht – völlig unterschiedlich gefärbt sind. So weist bei einem Exemplar der gesamte Rückenpanzer sowie Kopf und Gliedmaßen eine auffallende dunkle Strich- und Kringelzeichnung auf, die bei anderen Exemplaren nur angedeutet ist.

Unterart:
Pseudemys terrapen stejnegeri K. P. SCHMIDT

Größe: bis 25 cm.
Vorkommen: Antillen (Porto Rico; Vieques Island).

Unterart:
Pseudemys terrapen vicina
BARBOUR & CARR

Größe: bis 25 cm.
Vorkommen: Antillen (östliches Hispaniola: San Domingo).

Gattung: Graptemys AGASSIZ
Höcker-Schmuckschildkröten

Von der Gattung *Graptemys* bietet der Tierhandel meist nur die Arten *G. kohnii* und *pseudogeographica* an. Deshalb werde ich mich vor allem auf die nähere Beschreibung dieser beiden Arten beschränken; in der Haltung und ihren Ansprüchen unterscheiden sich die anderen Arten ohnehin nicht besonders. Die männlichen Tiere sind immer bedeutend kleiner als die Weibchen.

Graptemys barbouri CARR & MARCHAND
Barbour-Höckerschildkröte

Größe: bis 27 cm.
Vorkommen: Südöstliche USA (SO-Alabama, SW-Georgia und W-Florida).

Literatur:
LEE, D.S. (1975): A note on the feeding habits of male Barbour's map turtle. – Florida Fld. Mat., **3** (2): 45–46.
SCHMIDT, A. A. (1956): *Graptemys barbouri* CARR & MARCHAND, eine ungewöhnliche Schildkröte. – DATZ, **9** (5): 130–132.

Graptemys caglei

Vorkommen: Texas.

Literatur:
HAYNES, D. & MCKNOWN, R. R. (1974): A new species of map turtle (genus *Graptemys*) from the Guadalupe River system in Texas. – Turlane Stud. Zool. Bot., **18** (4): 143–152.

Graptemys flavimaculata CAGLE

(Foto Seite 54)

Größe: bis 15 cm.
Vorkommen: Südöstliche USA.

Literatur:
KILLEBREW, F. C. (1979): Osteological variations between *Graptemys flavimaculata* and *Graptemys nigrinoda*. – Herpetologica, **35** (2): 146–153.

Graptemys geographica LE SUEUR

Echte Landkarten-Höckerschildkröte

Größe: bis 27 cm.
Vorkommen: Südöstliches Kanada und nördliche USA.

Literatur:
ARNDT, R. G. & POTTER, W. A. (1973): A population map turtle, *Graptemys geographica*, in the Delaware River, Pennsylvania. – Jour. Herpetol., **7** (4): 375–377.
GORDON, D. M. & MACCULLOCH, R. D. (1980): An investigation of the ecology of the map turtle, *Graptemys geographica* LE SUEUR in the northern part of its range. – Canad. Jour. Zool., **58:** 2210–2219.

Graptemys kohnii BAUR

Mississippi-Höckerschildkröte
(Foto Seite 54)

Kennzeichen: Der hellbraune Rückenpanzer weist im Jugenstadium eine feine, netzartige Zeichnung auf, die später aber verschwindet. Der Hinterrand des Carapax ist stark gesägt. Längs der Mitte verläuft ein Kiel mit nach hinten gerichteten Höckern, die an den Spitzen dunkelbraun gefärbt sind. Auf dem Bauchpanzer von hellgelber Grundfarbe ist in der Mitte eine dunkle Figur, deren seitliche Ausläufer entlang der Nahtlinien der Schilde verlaufen; sie ist nur im Jugendstadium zu sehen. Auf der Mitte des graubraunen Kopfes verläuft von der Nasenspitze nach hinten ein leuchtendgelber Streifen. Desgleichen zieht sich ein gelber Farbstreifen vom Hinterkopf kommend, seitlich oberhalb um das Auge und endet unterhalb der Mitte. Hals und Gliedmaßen weisen zahlreiche weitere hellgelbe Längsstreifen auf. Die Zehen, die durch breite Schwimmhäute verbunden sind, enden in scharfen Krallen.
Größe: bis 25 cm.
Vorkommen: Mittlere bis südliche USA.
Lebensweise: Die Tiere bevorzugen langsam fließende Gewässer, Seen, Teiche und Tümpel mit reichlichem Pflanzenwuchs. In der Literatur wird diese Art immer als besonders wärmebedürftig beschrieben. Diesen Hinweis muß ich jedoch richtigstellen: Auf Grund meiner Erfahrungen und auch der eines Bekannten kann ich sagen, daß diese Tiere absolut nicht kälteempfindlich sind. Bei mir hat *G. kohnii* sogar schon im Freilandteich überwintert, bei geschlossener Eisdecke. Anfang März hat sie sich bei einer Wassertemperatur von ca. 10 °C und einer Lufttemperatur von ca. 14 °C bereits gesonnt. So ist meine Mississippi-Höckerschildkröte normalerweise von April bis Oktober immer im Freiland und hat noch nie von ihrer Munterkeit eingebüßt.
An Futter nimmt sie, außer manchmal Bananen, eigentlich nur Tierisches an, davon jedoch alles: getrocknete Garnelen, Rinderherz, Fisch in jeder Form bis zum Dosenfutter für Hunde oder Schildkröten-Aspik.
Eine gewisse Scheu legt sie allerdings niemals ab. Vor allem im Freilandteich hat sie, obgleich schon etwa 12 Jahre in meiner Pflege, noch eine Fluchtdistanz von 6 bis 8 m. Auf jeden Fall sind alle *Graptemys*-Arten sehr liebenswerte Pfleglinge und meiner Ansicht nach nur im Jugendstadium wärmebedürftiger. Ihre Verträglichkeit ist sehr gut; sie ist überhaupt eine sehr gesellige Schildkröte.

Literatur:
PETERS, U. (1976): Die Mississippi-Landkartenschildkröte *(Graptemys kohnii)*. – Aquarien Magazin, **10** (5): 183.
PETZOLD, H.-G. (1976): *Graptemys kohnii* (BAUR, 1890) – Mississippi-Höckerschildkröte. – Aquarien Terrarien, **23** (10): 360.

Graptemys nigrinoda CAGLE

Unterart (Nominatform):
Graptemys nigrinoda nigrinoda CAGLE

Größe: bis 13 cm.
Vorkommen: Südöstliche USA.

Literatur:
SHOOP, C. R. (1967): *Graptemys nigrinoda* in Mississippi. – Herpetologica, **23** (1): 56.

Unterart:
Graptemys nigrinoda delticola CAGLE

Literatur:
FOLKERTS, G. W. & MOUNT, R. H. (1969): A new subspecies of the turtle *Graptemys nigrinoda* CAGLE. – Copeia, **1969** (4): 677–682.

Graptemys oculifera BAUR
Pracht-Höckerschildkröte

Größe: bis 15 cm.
Vorkommen: Südöstliche USA.
Die *G. oculifera* ist eine prächtige Schildkröte, die allerdings nur selten in die Hände von Liebhabern gelangt. Sie ist im Tierhandel kaum zu haben, da ihr Vorkommen auf ein relativ kleines Gebiet beschränkt ist. In der Lebensweise unterscheidet sie sich aber kaum von *G. kohnii*, ist höchstens etwas wärmebedürftiger.

Literatur:
KAHL, B. (1975): Prachthöckerschildkröte *(Graptemys oculifera)*. – Aquarien Magazin, **9** (9): 355.
PETERS, U. (1968): *Graptemys oculifera* und ihre Unterarten. DATZ, **21** (10): 318–319.

Graptemys pseudogeographica GRAY
Falsche Landkartenhöckerschildkröte

Unterart (Nominatform):
Graptemys pseudogeographica pseudogeographica GRAY

Kennzeichen: Ihr Aussehen entspricht in etwa dem von *G. kohnii*, mit dem Unterschied, daß der beschriebene, bogenförmig ums Auge laufende gelbe Streifen von *G. pseudogeographica* auf Höhe des Auges endet.
Größe: bis 23 cm.
Vorkommen: Nördliche und mittlere USA.
Lebensweise: Ebenfalls weitgehend gleich mit der Art *G. kohnii*. Meiner Ansicht nach auch nicht so wärmebedürftig, wie in der Literatur immer beschrieben. Bei mir ebenfalls von April bis Oktober im Freilandteich, bei Wassertemperaturen, die gemäß den deutschen Sommern zwischen 18 und 27 °C variieren. Unproblematisch in ihren Futteransprüchen. Pflanzliche Nahrung, außer gelegentlich etwas Banane, nimmt sie nicht an. Als Pflegling sehr empfehlenswert. Zuchterfolge im Terrarium sind mir nicht bekannt, aber meines Erachtens sicher unproblematisch.

Literatur:
ERNST, C. H. (1974): Observations on the courtship of male *Graptemys pseudogeographica*. – Jour. Herpetol., **8** (4): 377–378.
MERTENS, R. (1918): *Malacoclemmys lesueuri* GRAY. – Blätter Aquar. Terr. Kde., **29:** 32–33.

Unterart:
Graptemys pseudogeographica ouachitensis CAGLE

Größe: bis 23 cm.
Vorkommen: Mittlere USA.

Literatur:
MOLL, D. (1976): Food and feeding strategies of the Ouachita map turtle *(Graptemys pseudogeographica ouachitensis)*. – Amer. Midl. Nar., **96** (2): 478–482.

Unterart:
Graptemys pseudogeographica sabinensis
CAGLE

Größe: bis 20 cm.
Vorkommen: Südliche USA.

Literatur:
CAGLE, F.R. (1953): Two new subspecies of *Graptemys pseudogeographica.* – Occas. Pap. Mus. Zool. Univ. Michigan, No. **546:** 1–17.

Graptemys pulchra BAUR
Schmuck-Höckerschildkröte

Größe: bis 18 cm.
Vorkommen: Südöstliche USA.

Literatur:
SHEALEY, R.M. (1976): The natural history of the Alabama map turtle, *Graptemys pulchra,* in Alabama. – Bull. Fla. State Mus. Biol. Sci., **21:** 47–111.

Graptemys versa STEJNEGER

Größe: bis 20 cm.
Vorkommen: Südliche USA.

Literatur:
DAUGHERTY, A.E. (1942): A record of *Graptemys pseudogeographica versa.* – Copeia, **1942** (1): 51.

Gattung: Malaclemys GRAY
Diamant-Schildkröten

Malaclemys terrapin SCHOEPFF
Diamant-Schildkröte
(Foto Seite 54)

Literatur:
Malaclemys terrapin-Gruppe:

ALLEN, J.F. & LITTLEFORD, R.A. (1955): Observations on the feeding habits and growth of immature diamondback terrapins. – Herpetologica, **11** (1): 77–80.

KOSCHMANN-BELINKY, G. (1973): Diamondback terrapin *Malaclemys terrapin*= Notes on care in captivity – Herp (New York), **9** (3/4): 19–21.

NIETZKE, G. (1973): *Malaclemys terrapin* – Diamantschildkröte. – Das Aquarium (Aqua Terra), **7** (50): 331–332.

MONTEVECCHI, W.A. & BURGER, J. (1975): Aspects of the reproductive biology of the northern diamondback terrapin *Malaclemys t. terrapin.* – Amer. Midl. Nat., **94** (1): 166–178.

Unterart (Nominatform):
Malaclemys terrapin terrapin SCHOEPFF

Kennzeichen: Der schwarze bis braune Rückenpanzer hat leicht bucklige Schilde (ohne scharf umgrenzte helle Zentralflecken), die eine sehr starke Riefung aufweisen. Da die älteren Hornplatten nicht abgestoßen werden, sondern auf den nachwachsenden, größeren Schilden haften bleiben, entsteht einmal die Buckelform, zum anderen werden eine Art Jahresringe sichtbar, die Rückschlüsse auf das Alter der Tiere zulassen. Die gesamte Unterseite des Bauchpanzers ist hell-orange bis grünlich, nur vereinzelt mit schwarzen Flecken. Der Bauchpanzer ist immer heller als der Rückenpanzer, dessen größte

---

42: Rhinoclemys pulcherrima pulcherrima (Nominatform der Pracht-Erdschildkröten). Den deutschen Namen tragen die drei Unterarten zu Recht, denn sie sind prächtig gefärbte Tiere. **43:** Plastron von **Rhinoclemys pulcherrima pulcherrima 44: Cuora trifasciata** (Dreistreifen-Scharnierschildkröte oder Gelbköpfchen) geht auch gern an Land und nimmt dort sogar Nahrung zu sich. **45: Siebenrockiella crassicollis** (Schwarze Dickkopfschildkröte). Eine sehr ruhige Vertreterin ihrer Art, die erst in der Dämmerung aktiv wird. Sie ist sehr verträglich gegen ihre Mitbewohner. **46: Kachuga tecta tecta** (Indische Dachschildkröte) ist eine der schönsten Schildkröten. Ihre Paarungsspiele sind besonders graziös. Die Männchen bleiben bedeutend kleiner. **47: Heosemys** (früher **Geomyda**) **grandis** (Riesen-Erdschildkröte), die am größten werdende Art der Erdschildkröten, ist sehr gefräßig und wächst daher auch schnell.

43

45

47

48

49

50

51

52

53

Höhe etwa in der Mitte liegt. Der Vorderrand der Kehlschilde ist in der Mitte nicht oder nur ganz leicht eingekerbt. Die Afterschilde sind von den Schenkelschilden stufenförmig abgesetzt. Die Oberlippe ist meist hell. Die kräftigen Vorder- und Hintergliedmaßen enden in scharfen Krallen.
Größe: bis 25 cm.
Vorkommen: Nordöstliche USA (atlantisches Küstengebiet).
Lebensweise: Die Diamant- oder Salzsumpf-Schildkröten kommen im Brackwasser küstennaher Gewässer vor. Ihre Ernährung besteht aus Seefisch und hartschaligen Weichtieren; Pflanzen werden nicht angenommen. Die Tiere haben die Möglichkeit, mit dem Futter aufgenommenes, überschüssiges Salz durch eine besondere Drüse am Auge auszuscheiden.
Vor allem früher galt sie als Delikatesse und wird heute noch vereinzelt in den USA zu diesem Zweck in Teichen gezüchtet. Ihre Haltung in Gefangenschaft ist problematisch. Es ist mir auch kein Fall bekannt, in dem diese Tiere lange Zeit hinweg im Terrarium gehalten werden konnten. Auf jeden Fall ist sie kein Pflegling für den Anfänger. Bei der Haltung im Aqua-Terrarium (Wasserteil 80%) ist eine Zugabe von dem für Seewasser- Aquarien verwendeten Meersalz unbedingt notwendig, etwa 10–12 g pro Liter Wasser. Die Luft- und Wassertemperatur sollte nur wenig unter 20 °C liegen, die optimale Temperatur ist bei 25 °C.
Es empfiehlt sich, die Tiere mit ungewässertem Seefisch, Garnelen und Muscheln zu füttern.

Unterart:
Malaclemys terrapin centrata Latreille

Größe: bis 20 cm.
Vorkommen: Östliche USA bis zur Halbinsel Florida.

Unterart:
Malaclemys terrapin littoralis Hay

Größe: bis 20 cm.
Vorkommen: Südöstliche USA und östliches Mexiko.

Unterart:
Malaclemys terrapin macrospilota Hay

Größe: bis 20 cm.
Vorkommen: Süd- und Westküste von Florida.

Unterart:
Malaclemys terrapin pileata Wied

Größe: bis 24 cm.
Vorkommen: Golf-Küste von Westflorida westwärts bis Louisiana.

Unterart:
Malaclemys terrapin tequesta Schwartz

Größe: bis 22 cm.
Vorkommen: Ostküste Floridas von Valusia County südwärts bis Dade County.

48: Geoemyda spengleri (Zacken-Erdschildkröte) wird nur 13 cm groß und lebt in feuchten Wäldern in der Hauptsache terrestrisch. **49: Geochelone elegans** (Sternschildkröte oder Indische Strahlenschildkröte). Eine heikle Schildkröte und nicht für den Anfänger geeignet. Das tägliche Bad ist ebenso notwendig wie das Besprühen des Terrariums. **50: Testudo marginata** (Breitrand-Schildkröte). Obwohl diese Art geschützt ist, dient sie in Griechenland nach wie vor den Einheimischen, vor allem den Hirten, als Leckerbissen. Vielleicht gelingt es, sie durch Nachzucht im Terrarium vor dem Aussterben zu retten. **51: Kinixys belliana** (Glattrand-Gelenkschildkröte). Dieses Bild zeigt die Nominatform, die in der Haltung schwierig und beim Futter sehr wählerisch ist, also kein Pflegling für den Anfänger. **52: Testudo graeca ibera** (Unterart der Maurischen Landschildkröte) unterscheidet sich in der Haltung nicht von der Nominatform, ist allerdings im Terrarium selten anzutreffen. **53: Indotestudo elongata** (Gelbkopf-Landschildkröte) ist eine sehr lebhafte Landschildkröte. Der gelbe Kopf ist auf dem Foto nicht zu erkennen, doch deutlich die Abflachung des Rückenpanzers.

Unterart:
Malaclemys terrapin rhizophorarum
FOWLER

Größe: bis 20 cm.
Vorkommen: Südöstliche USA (Florida Keys).
Die vorgenannten Unterarten unterscheiden sich in der Haltung nicht von der Nominatform. Lediglich die in den südlicheren Teilen der USA vorkommenden Tiere sind etwas wärmebedürftiger.

Gattung: Malayemys LINDHOLM

Malayen-Sumpfschildkröte
Vertreten durch eine einzige Art.

Malayemys subtrijuga

SCHLEGEL & S. MÜLLER
(Foto Seite 54)

Kennzeichen: Der kastanienbraune Rückenpanzer ist gewölbt und besitzt drei ausgeprägte Längskiele. Die Randschilde des Carapax weisen an ihren Enden helle Flecken auf, die mit den dunklen Rändern eine sehr ansprechende Zeichnung ergeben und daher an einen Maikäfer erinnern, so daß einige Liebhaber die Tiere auch „Maikäfer" nennen. Der Bauchpanzer ist gelblich gefärbt mit dunkler Zeichnung auf einigen Schilden. Sehr hübsch ist der dunkelbraune Kopf mit weiß-gelben Längslinien und Punkten gezeichnet. Die ebenfalls dunkelbraunen, gelbgeränderten Gliedmaßen besitzen kräftige Krallen, die Zehen sind durch Schwimmhäute verbunden.
Größe: bis 20 cm.
Vorkommen: Hinter-Indien sowie Sunda-Archipel.
Lebensweise: Das sehr ruhige und langsame Tier, das tagsüber meist versteckt ist und erst in der Dämmerung aktiv wird, kommt in der Freiheit hauptsächlich in Sumpfgebieten mit kleineren Tümpeln oder Teichen vor. Es ist ein Schnekken-Spezialist; beim Knacken selbst der härtesten Schalen kann man erkennen, welchen gewaltigen Kieferdruck diese doch relativ kleine Schildkröte entwickelt. Obwohl sie auf Schnekken spezialisiert ist, läßt sie sich in Gefangenschaft nach einiger Zeit auch an anderes Wasserschildkröten-Futter wie getrocknete Garnelen, Regenwürmer, geschnittenes Rinderherz oder auch Fisch gewöhnen.
Man sollte das Tier nicht mit zu lebhaften anderen Schildkröten vergesellschaften, da es eine ruhige und beschauliche Lebensweise liebt und sonst kaum zum Fressen kommt.
Etwas Interessantes habe ich bei einem von mir gepflegten Tier festgestellt und zwar das „Sich-tot-stellen". Bei plötzlichem Anfassen und Herausnehmen aus dem Behälter erstarrte das Tier vollkommen und machte einen „toten" Eindruck. Nach dem Zurücksetzen in den Behälter verharrte es noch einige Zeit in dieser Starre, um sich dann plötzlich wieder normal zu bewegen. Gleiches wurde in der Literatur auch von der Großkopfschildkröte berichtet. Temperaturbedürfnis 24–28 °C.
Zusammenfassend kann man sagen, daß die Malayen-Sumpfschildkröte ein Problempflegling ist, der – wenn überhaupt – nur von erfahrenen Terrarianern gehalten werden sollte. Auch kommt es auf möglichst artgerechtes Futter an.

Literatur:

BADER, H. (1958): Meine malaiischen Sumpfschildkröten *Malayemys subtrijuga* SCHLEGEL & MÜLLER. DATZ, **11** (1): 23–25.
– (1959): Zur Fütterung von *Malayemys subtrijuga.* DATZ, **12** (7): 221–222.
CALMONTE, A. (1970): Fütterungsprobleme mit *Malayemys subtrijuga* SCHLEGEL & MÜLLER, (1844), der Malayen Sumpfschildkröte. – Aqua Terra (biberist), **7** (1): 5–6.
JES, H. (1970): Fütterung von *Malayemys subtrijuga.* – Aquarien Terrarien, **17** (11): 385.

Gattung: Mauremys

Eurasiatische Wasserschildkröte

Literatur:

KAU, H. P. (1983): Pflege und Nachzucht Europäischer Süßwasserschildkröten. – Haar, Sonderheft Nr. **3** „Die Schildkröte", Pp. 1–38.

Mauremys caspica

Kaspische Bachschildkröte

Unterart (Nominatform):

Mauremys caspica caspica GMELIN

Kennzeichen: Der elliptische Rückenpanzer ist rehbraun, olivbraun oder olivgrün gefärbt. Er hat keinen Längskiel und ist hinten nicht gesägt. Der Bauchpanzer ist orange bis orange-gelb mit schwarzen Flecken. Die Brücke ist orange-gelb ohne Flecken, im Gegensatz zur *M. c. rivulata.* Diese ist bis auf einige kleine Flecken dunkel, bei *M. c. leprosa* mit zwei großen, schwarzen Flecken gezeichnet. Die Quernähte zwischen den Randschilden sind schwarz. Die grauen Gliedmaßen tragen orangefarbene bis gelbe Streifenzeichnungen, desgleichen der Kopf, bei dem vor allem die schwarz gefärbte Iris auffällt. Die Gliedmaßen enden in kräftigen Krallen mit Schwimmhäuten zwischen den Zehen. Die Nominatform besticht allgemein durch ihre elegante Form und hübsche Zeichnung. Sie braucht daher einen Vergleich mit den nordamerikanischen Schmuckschildkröten nicht zu scheuen.

Größe: bis 25 cm.

Vorkommen: Kaukasus-Länder und Vorderasien.

Lebensweise: In ihrem Verbreitungsgebiet bewohnt sie Bäche, Flüsse, Teiche und Seen. Vor allem ist sie, z. B. im Iran, in Reisfeldern anzutreffen. Schnell fließendes Wasser liebt sie nicht sehr und kommt an den Flüssen eher in Buchten und Einschnitten vor oder an seichten Stellen mit geringer Fließgeschwindigkeit. Sie ist auch ideal zur Haltung im (gesicherten) Gartenteich oder in einer sonstigen Freilandanlage. Sehr an das Wasser gebunden, kommt sie an Land nur zum Sonnen (was sie sehr gerne und ausgiebig tut) oder zur Eiablage. Leider sind diese hübschen und eleganten Tiere kaum zu bekommen, dabei wären sie ideale Pfleglinge, auch für den Anfänger.

Sie fressen vor allem Wasserinsekten, Schnekken (Wasser- und Landschnecken) Fisch, Hundefertigfutter, Regenwürmer, Rinderherz, Rinderleber. Obwohl pflanzliche Kost in Gefangenschaft nur wenig genommen wird, sollte sie dennoch regelmäßig angeboten werden. Meine Tiere fraßen eigentlicht außer tierischer Nahrung nur Bananen, während man bei Frischfängen (ausgewachsene Tiere) auf Grund der Kotabgabe feststellte, daß sie sich scheinbar ausschließlich von Pflanzen ernährt hatten.

Eine Eigenheit (die alle *Mauremys*-Arten zeigen) sei noch erwähnt. Wenn die Tiere kurz nach dem Fang oder beim Wiegen und Messen erregt sind, geben sie den typischen, penetranten Moschusgeruch ab (wie ich übrigens auch bei *Siebenrockiella grassicollis* feststellte). Haben sie sich aber einmal eingewöhnt, so verliert sich diese Duftabgabe fast ganz. Die Temperaturansprüche liegen zwischen 18 und 28 °C, wobei die Herkunft der Tiere eine große Rolle spielt. Eine Winterruhe bei gesenkten Temperaturen halte ich für die Tiere besser als einen Winterschlaf. Nachzucht in Gefangenschaft ist schon geglückt (siehe nachstehende Literatur).

Literatur:

DREISMANN, G. (1977): Zur Pflege der Kaspischen Bachschildkröte, *Clemmys caspica.* DATZ, **30** (10): 358–359.

KAU, H. P. (1983): Erfolgreiche Nachzuchten bei im Freiland gehaltenen Europäischen Süßwasserschildkröten. – herpetofauna, **5** (24): 27–30.

THIEME, U. (1981): Einige Bemerkungen zur Kaspischen Wasserschildkröte *(Mauremys caspica).* – herpetofauna, **3** (14): 19–21.

Unterart:
Mauremys caspica leprosa SCHWEIGGER
Maurische Wasserschildkröte
(Foto Seite 54)

Größe: bis 25 cm.
Vorkommen: Südwestliches Europa und nordwestliches Afrika.
In der Haltung unterscheidet sich diese Unterart von der Nominatform wohl lediglich durch einen etwas höheren Wärmebedarf. Sie ist plumper gebaut und wirkt bei weitem nicht so elegant wie *M. c. caspica.* Sie ist zu unglaublichen Kletterkünsten befähigt, was bei der Terrarien- vor allem der Freilandhaltung zu berücksichtigen ist.

Literatur:
LOSANSKY, D. (1981): *Mauremys caspica leprosa.* Elaphe, **1981** (3): 39–40.
VROOM, T. (1984): Gedrag en levenwijze van de *Mauremys caspica leprosa.* – De Schildpad (Amersfoort), **10** (6): 9–11.

Unterart:
Mauremys caspica rivulata
Kaspische Wasserschildkröte
(Foto Seite 71)

Größe: bis 20 cm.
Vorkommen: Südöstliches Europa (S-Jugoslawien, Albanien, S-Bulgarien, Ionische Inseln und Cycladen) sowie Vorderasien (Türkei, West- und Südanatolien, Syrien, Israel, Kreta und Cypern).
In Aussehen und Haltung ist sie wieder der Nominatform ähnlicher als *M. c. leprosa* und ebenfalls ein sehr empfehlenswerter Pflegling. Nachzucht ist in Gefangenschaft schon des öfteren geglückt. Winterruhe wie bei der Nominatform.
Die Fütterung ist unproblematisch, da die Kaspische Wasserschildkröte ein typischer Allesfresser ist.

Literatur:
GEISSLER, L. (1981): Zur Biologie der Kaspischen Bachschildkröte, *Mauremys caspica rivulata.* Elpahe, **1981** (1): 8–10.
STEMMLER, O. (1958): *Clemmys caspica rivulata* VALENSCIENNES – die kaspische Bachschildkröte. – Zeitschrift für Vivaristik, **4:** 175–181.

Mauremys japonica
TEMMINCK & SCHLEGEL
Japanische Wasserschildkröte
(keine Unterarten)
(Foto Seite 71)

Kennzeichen: Sie hat einen hellbraunen Rückenpanzer, dessen Schilde, konzentrisch und radiär, stark gefurcht sind. Die hinteren Randschilde sind doppelt gesägt. Die Schilde des Bauchpanzers sind am Rande gelblich, sonst schwarz. Der Bauchpanzer hat vorn einen runden und hinten einen tieferen, dreieckigen Einschnitt. Die Seiten des Kopfes und die Kehle sind gelb, ohne sonstige Zeichnung. Stärkere Schwimmhäute als vorige Art.
Größe: bis 18 cm.
Vorkommen: Südliches Japan mit Tokio als nördlicher Grenze.
Lebensweise: Diese muntere Wasserschildkröte ist wieder stärker ans Wasser gebunden, wie schon Klingelhöffer feststellte.
Nach Mertens wiederum soll sie sich auch viel auf dem Lande aufhalten. Doch wie man immer wieder feststellen kann, gibt es bei der gleichen Art oft erstaunliche Unterschiede in der Verhaltensweise.
In ihrer Heimat kommt *M. japonica* in kleinen Teichen und Seen mit starkem Besatz an Wasserpflanzen vor. Ihr Wärmebedürfnis liegt zwischen 20 und 26 °C.
Sie ist nur selten importiert worden, wäre aber ein sehr guter Pflegling. Über in Gefangenschaft geglückte Nachzucht ist nichts bekannt. In der Fütterung stellt sie die gleichen Ansprüche wie *Mauremys caspica caspica.*

Literatur:
KLINGELHÖFFER, W. (1949): Zwei Wasserschildkröten Ostasiens. – Wochenschrift Aquar. Terr. Kde., **43:** 111–113.

Mauremys mutica

Vorkommen: China und Japan

Literatur:
NAKAMURA. K. (1934): On *Clemmys multica* with spezial references on its variation and distribution. – Annot. zool. jap.. **14:** 425–432.

Mauremys nigricans GRAY

Dreikiel-Wasserschildkröte
(keine Unterarten)
(Foto Seite 71)

Kennzeichen: Sie trägt auf ihrem kastanienbraunen Rückenpanzer drei schwarze Längskiele, von denen der mittlere stärker ausgeprägt ist. Der Bauchpanzer ist orange- bis schwefelgelb und hat auf der äußeren Hinterseite jedes Schildes einen großen, schwarzen Fleck. Direkt hinter dem Auge beginnt ein waagrechtes breites, gelbes Band, das oft auch schwarz eingefaßt ist. Auch die Kehle ist gelb. Die kräftigen Gliedmaßen enden in scharfen Krallen. Schwimmhäute sind nur angedeutet.
Größe: bis 18 cm.
Vorkommen: Nordöstliches Hinterindien (nördliches Indo-China) und südliches China (Kwangtung sowie die Inseln Formosa und Hainan).
Lebensweise: Die Tiere haben einen sehr breiten ökologischen Spielraum, indem sie einmal in höher gelegenen Waldbächen vorkommen und zum anderen auch in Tümpeln und Teichen von Sumpfgebieten der Niederungen heimisch sind. Mit Sicherheit sind sie wärmebedürftiger als die vorgenannten Arten. Die Temperaturen sollten zwischen 22 und 28 °C liegen.
In Gefangenschaft sind sie recht dankbare Pfleglinge, werden allerdings selten eingeführt und angeboten, obwohl sie in ihren Gebieten noch häufig anzutreffen sind.
Die Nachzucht ist in Gefangenschaft bereits gelungen.

Literatur:
ABRAHAM, G. (1981): *Mauremys nigricans*– Dreikielschildkröte (Nachzucht im Zimmerterrarium). – Sauria (Berlin), **3** (3): 21–25.
LUTTENBERGER, F. (1971): Nachzucht von *Clemmys nigricans*. DATZ, **24** (3): 97–100.

Gattung: Terrapene MERREM

Dosen-Schildkröten

Terrapene carolina LINNAEUS

Carolina Dosen-Schildkröte
(Foto Seite 71)

Unterart (Nominatform):
Terrapene carolina carolina LINNAEUS

Kennzeichen: Der stark gewölbte, braune Rükkenpanzer besitzt einen leichten Kiel und ist mit gelben Strich- und Streifenzeichnungen versehen, die teilweise buchstabenartig wirken. (Bei der Unterart *T. c. bauri* verlaufen die Zeichnungen auf den dort leicht erhöhten Schilden strahlenartig.) Der Bauchpanzer ist gelblich und weist manchmal dunkle Flecken auf. Den Namen haben die Dosen-Schildkröten von dem in der Mitte des Bauchpanzers verlaufenden knorpeligen Scharniergelenk. Dieses gibt ihnen die Möglichkeit, bei Gefahr den vorderen und hinteren Plastron hochzuklappen und so die eingezogenen Extremitäten und Weichteile zu schützen. Die kräftigen Gliedmaßen tragen vier durch Hautsäume verbundene starke Krallen. Besonders auffallend ist die hakenartige Form der Schnauze, welche an einen Raubvogel erinnert.
Größe: bis 16 cm.
Vorkommen: Nordöstliche und östliche USA.
Lebensweise: Die Tiere sind in Freiheit vor allem

in Feuchtgebieten (auch Wäldern) mit seichten Wassertümpeln oder Lachen anzutreffen. Sie sind Allesfresser, wobei allerdings in der Jugend die tierische Kost überwiegt. Im Terrarium wird nahezu alles gefressen: Käfer, Schaben, Mehlwürmer, Kellerasseln, Schnecken aller Art, junge Mäuse, Rinderherz, Hunde- oder Katzen-Fertigfutter, Löwenzahn, jegliches Obst, Salat und auch Pilze.

Die Dosenschildkröten lassen sich im Terrarium über lange Jahre halten, wenn man ihnen auch einen Freilandaufenthalt bietet; ohne ihn gehen die Tiere ohne erkennbare Ursache plötzlich ein. Auch sollte man sie in nicht zu kleinen Terrarien (mindestens 1 qm pro Paar) halten, da sie sehr lebhaft sind und immer viel umherwandern. Ihrer jeweiligen Lebensweise entsprechend, verhalten sie sich sehr unterschiedlich. Es gibt Tiere, die beinahe nur terrestrisch leben und andere, die laufend das nasse Biotop aufsuchen, im Wasser herumwaten und auch darin sitzen bleiben. Wie FURRER (1972) berichtet, pflegte eine *T. c. carolina* täglich etwa viermal im Freiland den für die Wasserschildkröten bestimmten Teich zu durchschwimmen, um sich auf einer Insel dort gemeinsam mit ihnen zu sonnen.

Das Temperaturbedürfnis liegt bei 20 bis 28 °C und sollte nicht längere Zeit unter 20 °C sinken. Im Freiland sollte die Möglichkeit eines geheizten Unterschlupfes geboten sein, den die Tiere während kühler Witterungsperioden aufsuchen können, wenn sie kurzfristig auch kühlere Temperaturen vertragen.

Bei der Paarung, die oft stundenlang dauert, klettert das Männchen auf das Weibchen, hakt sich mit den Hinterbeinen an dessen Rückenpanzer ein und läßt sich nach hinten kippen. Oft findet die Paarung auch im flachen Wasser statt. Die Zucht ist in Gefangenschaft schon des öfteren geglückt. Die Gelege von 4 bis 6 Eiern haben eine Zeitigungsdauer von 70 bis 80 Tagen. Die Aufzucht der Jungen ist nicht besonders schwierig.

Literatur:

FRIEDEL, R. (1969): Zur Pflege von nordamerikanischen Dosenschildkröten *Terrapene carolina.* – Aquarien Terrarien, **16** (8): 277.

FURRER, J. (1972): Beobachtungen an Dosenschildkröten – *Terrapene.* DATZ, **25** (3): 100–103.

FURRER, J. (1980): Nachzucht bei Dosenschildkröten. – DATZ, **33** (5): 174–175.

KREFFT, P. (1928): Über die Dosenschildkrötengattung *Terrapene* MER. – Blätter Aquar. Terr. Kde., **39:** 315–320, 337–342.

NIETZKE, G. (1973): *Terrapene carolina* – Carolina-Dosenschildkröte. – Das Aquarium (Aqua Terra), **7** (51): 371–372.

SCHMIDT, A. (1957): Von meinen Dosenschildkröten der Gattung *Terrapene* MERREM. – DATZ, **10** (12): 323–327.

Unterart:

Terrapene carolina bauri TAYLOR

Größe: bis 15 cm.

Vorkommen: Florida und Untere Florida-Keys.

Literatur:

NICOL, R. (1971): Ten year growth rate of hatching Florida box turtle – *Terrapene carolina bauri.* – Tortuga Gazette (Los Ang.), **7** (4): 3.

Unterart:

Terrapene carolina major AGASSIZ

Größe: bis 16 cm.

Vorkommen: Golfküste von SO-Texas westwärts bis W-Florida.

Literatur:

ERNST, C. H. (1981): Courtship behavior of male *Terrapene carolina major.* – Herpet. Review, **12** (1): 7–8.

PENN, G. H. & POTTHARST, K. E. (1940): The reproduction and dormancy of *Terrapene major* in New Orleans. – Herpetologica, **2** (1): 25–29.

TUCKER, J. R & FUNK, R. S. (1977): Eggs and hatchings of the Gulf coast box turtle, *Terrapene carolina major.* – Bull. Chicago herpet. Soc., **12** (2): 53–57.

Unterart:

Terrapene carolina triungius AGASSIZ

Größe: bis 16 cm.

Vorkommen: Mittlere und südliche USA.

Literatur:

Cross, M.J. (1980): Observed nesting and hatching of the three toed box terrapin *(Terrapene carolina triunguis)*. – Testudo (Bristol), **1** (3): 44–47.

Furrer, J. (1974): Eiablage bei *Terrapene carolina triunguis*. – DATZ, **27** (3): 104–105.

Furrer, J. (1976): Zuchterfolg bei *Terrapene carolina triunguis*. – DATZ, **29** (12): 428–429.

Abb. 20: Carolina-Dosenschildkröte (Terrapene carolina triunguis). Zeichnung: E. Bobbe aus Wermuth/ Mertens: Schildkröten-Krokodile-Brückenechsen.

Terrapene coahuila

K. P. Schmidt & Owens

Wasser-Dosenschildkröte

Geschützt! Anhang I des WA

Kennzeichen: Im Gegensatz zu den meisten anderen *Terrapene*-Arten ist der horngelbe Rückenpanzer ohne Zeichnung. Auch die Nähte zwischen den Schilden sind nicht dunkel gerandet. Rückenpanzer länglich oval und mindestens um die Hälfte länger als breit. Der Bauchpanzer ist einfarbig gelb, ohne Zeichnung.

Größe: bis 15 cm.

Vorkommen: Nordöstliches Mexiko.

Lebensweise: Über diese Art, die durch den Anhang I des WA geschützt ist, gibt es in der Literatur kaum Hinweise. Sie ist stärker an das Wasser gebunden und wärmebedürftiger gemäß ihres geographischen Vorkommens.

Literatur:

Brown, W.S. (1974): Ecology of the aquatic box turtle, *Terrapene coahuila* (Chelonia, Emydidae), in northern Mexico. – Bull. Fla. State Mus. Biol. Sci., **19:** 1–67.

Murphy, J.B. & Mitchell, L.A. (1984): Breeding of the Aquatic box turtle *Terrapene coahuila*. – International Zoo Yearbook, **23:** 135–137.

Terrapene klauberi Bogert

Tropfen-Dosenschildkröte

Kennzeichen: Gleicht in der Form den anderen *Terrapene*-Arten, hat aber kein so ausgeprägtes Hakenmaul. Der Rückenpanzer ist bedeckt mit zahlreichen kleinen, scharf umgrenzten, runden gelben Flecken auf dunklem Grund und ist ganz ohne Figuren- und Strahlenzeichnungen. Der Bauchpanzer ist einfarbig gelb.

Größe: bis 14 cm.

Vorkommen: Nordwestliches Mexiko (Süden von Sonora).

Lebensweise: Wie *T. c. carolina*, nur wärmebedürftiger.

Terrapene mexicana Gray

Mexicana-Dosenschildkröte

Unterart (Nominatform):

Terrapene mexicana mexicana Gray

Kennzeichen: Sie ist die größte Dosenschildkröte und auf jeden Fall eine der hübschesten und farbigsten. Die Nähte des Rückenpanzers haben

breite, dunkle Markierungen, auf den Rückenschilden sind gelbe Strichzeichnungen auf dunklem Untergrund, die teilweise strahlenförmig verlaufen. Ihr Kopf ist ohne ein ausgeprägtes Hakenmaul, weist aber eine hübsche Gelb-, Rot- und Blaufärbung auf, weshalb Mertens sie Papageienschildkröte nannte. Im Gegensatz zur Unterart *T. m. yucatana* (mit vier Krallen an den Hinterbeinen) weist die Nominatform in der Regel nur drei Krallen auf.
Größe: bis 17 cm.
Vorkommen: Östliches Mexiko.
Lebensweise: Diese Schildkröte dürfte nur selten gepflegt worden sein, auch in der Literatur sind keine Angaben zu finden. Mit Sicherheit ist sie wärmebedürftiger als die *Terrapene*-Arten nördlicherer Breitengrade. Haltung sonst wie *T. c. carolina.*

Literatur:
Jaap van Klinken, G. (1974): En schildonsteking bij en Mexicanse doosschildpad *(Terrapene mexicana mexicana).* – Lacerta (Den Haag), **32** (4/5): 75–76.

Unterart:
Terrapene mexicana yucatana Boulenger

Größe: bis 16 cm.
Vorkommen: Südöstliches Mexiko.

Terrapene nelsoni Stejneger
Nelson-Dosenschildkröte

Kennzeichen: Auf dem Rückenpanzer befindet sich keine Flecken- oder Strichzeichnung, nur die Nähte der Rückenschilde weisen breite, dunkle Markierungen auf. Der Bauchpanzer ist ohne gelbe Strahlenzeichnung. Oberkiefer glattrandig und vorne nicht eingeschnitten.
Größe: bis 15 cm.
Vorkommen: Nordwestliches Mexiko.
Lebensweise: Auch über diese Schildkröte ist nur wenig bekannt. Die Haltung ist wohl wie die anderer *Terrapene*-Arten. Unterarten sind nicht bekannt.

Terrapene ornata Agassiz
Schmuck-Dosenschildkröte

Unterart (Nominatform):
Terrapene ornata ornata Agassiz

Kennzeichen: Der gegenüber den meisten *Terrapene*-Arten wesentlich flachere, braun-schwarze Rückenpanzer besitzt eine sehr ansprechende gelbe Strahlenzeichnung, wie sie auch auf dem dunklen Bauchpanzer vorhanden ist. Auch Kopf und Gliedmaßen sind gelb bis orange, manchmal sogar rot gefleckt. Die Iris des männliches Tieres ist rot, im Gegensatz zur gelben Iris des Weibchens. *Terrapene ornata* trägt ihren Namen wirklich zu Recht. Nach Carr ist nur bei den Männchen die erste Zehe der Hinterbeine nach vorn gerichtet.
Größe: bis 15 cm.
Vorkommen: Mittlere und südliche USA, mit Ausnahme von S-Texas.
Lebensweise: Diese Schildkröte ist weniger an ein feuchtes Biotop gebunden, als die anderen *Terrapene*-Arten. Sie kommt daher auch in steppenartigen Gebieten, in Grasland mit niederem Bewuchs und auf sandigen Böden vor, allerdings immer in der Nähe von Gewässern. Sie ist vor allem morgens und abends aktiv. Temperatur-Bedürfnis 18 bis 22 °C. Bei Terrarienhaltung empfiehlt es sich, die Temperatur nachts zu senken. Freilandhaltung ist auf jeden Fall von Vorteil, wie bei allen *Terrapene*-Arten. Winterschlaf halte ich nicht unbedingt für erforderlich, lediglich eine Ruhezeit im Winter bei abgesenkter Temperatur. Fütterung wie bei *T. c. carolina.*

Literatur:
Anon. (1984): Schmuckdosen geschlüpft. – Das Tier, **1984** (10): 66–67.
Blair, W. F. (1976): Some aspects of the biology of the ornate box turtle, *Terrapene ornata.* – Southwestern Nat., **21** (1): 89–103.
Legler, J. M. (1960): Natural history of the ornate box turtle, *Terrapene ornata ornata* Agassiz. – Pub. Mus. Nat. Hist. Univ. Kans., **11:** 527–669.

PETERS, U. (1972): Die Schmuckdosenschildkröte *(Terrapene ornata)*. – Aquarien-Magazin, **6** (5): 212.

Unterart:
Terrapene ornata luteola
H. M. SMITH & RAMSAY

Größe: bis 15 cm.
Vorkommen: Südliche USA und angrenzendes nördliches Mexiko.

Gattung: Clemmys RITGEN
Wasser-Schildkröten

Untergattung:
Clemmys (im eigentlichen Sinne)
Neuweltliche Wasserschildkröten

Clemmys guttata SCHNEIDER
Tropfenschildkröte
(keine Unterarten)
(Foto Seite 72)

Kennzeichen: Der schwach gewölbte, im Alter glatte Rückenpanzer ist schwarz. Auf seinen Schilden befinden sich unregelmäßig verstreut scharf abgegrenzte gelbe Flecken. Der Hinterrand ist nicht gesägt. Der Bauchpanzer ist ebenfalls schwarz mit einer unregelmäßigen hellgelben Begrenzung und manchmal zusätzlich vorhandenen vereinzelten hellen Flecken. Auch die Oberseite von Kopf und Gliedmaßen ist meist schwarz mit vereinzelten gelben Flecken, während die Unterseite oft ins Gelb-rötliche spielt. Die gelbe Fleckenzeichnung ist bei manchen Exemplaren sowohl am Rückenpanzer als auch an Kopf und Gliedmaßen äußerst spärlich. Die Gliedmaßen haben zwischen den Zehen Schwimmhäute und enden in scharfen Krallen.
Größe: bis 12 cm.
Vorkommen: Süd-Kanada sowie nordöstliche und östliche USA.
Lebensweise: Sie soll in ihrer Heimat in Moorteichen und Tümpeln vorkommen und ist stärker an das Wasser gebunden als andere *Clemmys*-Arten.
In der Terrarienhaltung ist sie meines Erachtens sehr problematisch. Wie ich von vielen Liebhabern hörte, lebten die Tiere in Gefangenschaft nicht allzu lange, und auch ich mußte früher leider diese Erfahrung machen. Nach neuesten Erkenntnissen haben diese Fehlschläge aber vermutlich ihre Ursache im Wasserangebot. Auf Grund ihrer Herkunft sollte *C. guttata* in saurem Wasser (über Torf filtern) gehalten werden. Die günstigste Temperatur wird sich wohl aus der Herkunft der Tiere ergeben; Liebhaber machten gute Erfahrungen sowohl bei kühler Haltung (18 bis 22 °C) als auch bei sehr warmer Haltung (28 bis 30 °C, jeweils Wassertemperatur).
Die Ernährung der Tiere ist einfach: Wasserinsekten, Wasserschnecken, Regenwürmer, Bachflohkrebse, Rinderherz und Rinderleber, Fertigfutter für Schildkröten, Bananen und teilweise Wasserpflanzen, Salat und Löwenzahn. Dazu möchte ich bemerken, daß die von mir gehaltenen Tiere auf „Pflanzliches" keinen großen Wert legten. Ein Freilandaufenthalt – die Wintermonate ausgenommen – ist auf jeden Fall wichtig. Nachzucht ist einigen Liebhabern schon gelungen.

Literatur:
ERNST, C. H. (1976): Ecology of the spotted turtle, *Clemmys guttata* (Reptilia Testudines, Testudinidae), in northern Pennsylvania. – Jour. Herpetol., **10** (1): 25–33.
LACHMANN, B. (1983): Erfahrungen mit Tropfenschildkröte *Clemmys guttata*. – Die Schildkröte (Haar), **5** (3): 4–7.
PETERS, U. (1982): Pflege und Zucht der Schildkröten *Clemmys guttata* und *Chrysemys picta marginata*. – Das Aquarium (Aqua Terra), **16** (7): 379–382.
PUTZ, J. & PUTZ, W. (1980): Seltene Nachzucht – *Clemmys guttata*. – Die Schildkröte (Haar), Sonderheft Nr. **1**: 11–14.

Clemmys insculpta Le Conte
Waldbach-Schildkröte
(keine Unterarten)

Kennzeichen: Der dunkelbraune Rückenpanzer hat einen deutlichen Längskiel und ist hinten gesägt. Die Rückenschilde sind konzentrisch und strahlenförmig gefurcht mit gelber Punktzeichnung. Der Bauchpanzer ist schwefelgelb und hinten stumpfwinklig eingeschnitten. Auf jedem Bauchschild sitzt auf der äußeren, hinteren Ecke ein dunkler Fleck. Kopf und Gliedmaßen haben auf der Oberseite eine dunkelolivbraune Färbung und sind auf der Unterseite orangefarben. Manche Tiere weisen auch deutliche Rotzeichnung an Kopf und Beinen auf. An den Beinen befinden sich kräftige Krallen mit nur angedeuteten Schwimmhäuten.
Größe: bis 23 cm.
Vorkommen: Nordöstliche USA.
Lebensweise: Die Waldbach-Schildkröte ist mehr terrestrisch orientiert und viel auf dem Lande unterwegs, wo sie sich gern im Waldgelände oder in Wiesen aufhält, sich allerdings nicht allzuweit von Gewässern entfernt. Sie überwintert aber meist im Wasser oder in Ufernähe.
Sie braucht ein geräumiges Aqua-Terrarium mit großem Landteil und läßt sich sehr gut im Gartenteich oder Freiland-Terrarium halten. Allerdings muß die Einfriedung gut gesichert sein, da sie sehr gerne gräbt und so leicht entweichen kann.
Sie frißt sowohl pflanzliche als auch tierische Kost, die möglichst abwechslungsreich sein soll, wie schon für *C. guttata* angegeben. Allerdings nimmt sie mehr Pflanzliches auf als die andere Art.
Das Wärmebedürfnis ist nicht so hoch. Es liegt zwischen 18 und 24 °C. Nachzucht ist bei entsprechenden Voraussetzungen auch in Gefangenschaft ohne weiteres möglich.
Die Haltung der Waldbach-Schildkröte im Terrarium ist unproblematisch; sie wäre auch dem Anfänger zu empfehlen. Leider sind die Tiere kaum zu bekommen und im Handel sehr teuer. Nach Oliver hat ein Exemplar in Gefangenschaft ein Alter von 58 Jahren erreicht.

Literatur:
Clement, H. (1958): Observations on a captive specimen of *Clemmys insculpta.* – Copeia, **1958** (4): 336–338.
Harding, J. H. & Bloomer, T. J. (1979): The wood turtle, *Clemmys insculpta*... a natural history. – Bull. N.Y. herpetol. Soc., **15:** 9–26.
Trutnau, L. (1983): *Clemmys insculpta* Le Conte 1830, eine bemerkenswerte Sumpfschildkröte aus dem nordöstlichen Nordamerika. – herpetofauna, **5** (22): 14–22.

Clemmys marmorata Baird & Girard
Pazifik-Wasserschildkröte

Unterart (Nominatform):
Clemmys marmorata marmorata
Baird & Girard

Kennzeichen: Der flache Rückenpanzer ist oliv, dunkelbraun oder beinahe schwarz (die Färbung variiert bei den einzelnen Tieren sehr stark). Der untere Teil der Randschilde und die Brücke sind mit unregelmäßigen, dunklen Flekken und Linien entlang der Nähte versehen. Das gelbe Plastron hat ebenfalls unregelmäßige Flekken oder Linien, die oft nur angedeutet sind. Die Haut ist grau. Bei der Nominatform ist der Kopf seitlich dunkel, dagegen Kinn und Kehle gelb gefärbt, im Gegensatz zu der Unterart *C. m. pallida*, bei der Kopfseite, Kinn und Kehle einfarbig bräunlich sind. Bei der Nominatform sind die Weichenschilder groß, bei *C. m. pallida* nur klein oder überhaupt nicht vorhanden.
Größe: bis 18 cm.
Vorkommen: Südwestliches Kanada und westliche USA, im Süden etwa bis San Francisco.
Lebensweise: Diese *Clemmys*-Art ist am stärksten an das Wasser gebunden und verläßt es nur zum Sonnen oder zur Eiablage. In ihrem Verbreitungsgebiet lebt sie meist in ruhigen, oft auch

schlammigen Seen und Teichen mit starkem Wasserpflanzen-Bewuchs. Man hat sie aber auch schon in schnellfließenden Flüssen und Bächen bis zu Höhenlagen von über 2000 m angetroffen, sowie im Brackwasser in Küstennähe. In ihrem Bestand ist sie stark vermindert, da sie als Delikatesse geschätzt war und so in Mengen eingefangen wurde.

Als Terrarientier käme sie wohl in Frage, doch bietet sie der Handel kaum an. Das ist bei dem geminderten Bestand nur zu begrüßen. Bezüglich ihrer Temperatur-Ansprüche ist sie bescheiden; 18 bis 24 °C dürften genügen. Ja, sie wurde schon bei einer Wassertemperatur von 8,3 °C gefangen und wies dabei eine Körpertemperatur von 9 °C auf.

In ihren Futteransprüchen unterscheidet sie sich von den schon beschriebenen *Clemmys*- Arten nur insofern, daß sie beinahe nur tierische Kost zu sich nimmt.

Über Nachzucht in Gefangenschaft ist nichts bekannt.

Unterart:

Clemmys marmorata pallida Seeliger

Größe: bis 18 cm.

Vorkommen: Südwestliche USA nördlich von San Francisco bis Südkalifornien und nordwestliches Mexiko.

Literatur:

Bury, R. B. & Wolfheim, J. (1973): Aggression in free-living pond turtle, *Clemmys marmorata.* – Bio Science, **23:** 659–662.

Feldman, M. (1982): Notes on reproduction in *Clemmys marmorata.* – Herpet. Review, **13** (1): 10–11.

Storer, T. I. (1930): Notes on the range and life-history of the Pacific fresh-water turtle, *Clemmys marmorata.* – Univ. Calif. Publ. Zool., **32:** 429–441.

Clemmys muhlenbergii Schoepff

Mühlenberg-Wasserschildkröte

(keine Unterarten)

Geschützt! Anhang II des WA

Kennzeichen: Diese kleinste Art der Gattung *Clemmys* hat einen braunen, gewölbten Rückenpanzer, dessen Hinterrand nicht gesägt ist. Der Bauchpanzer ist dunkelbraun bis schwarz, mit einer Aufhellung im Mittelteil. Sie ist durch den leuchtend orangefarbenen, dreieckigen großen Fleck beiderseits des braunen Kopfes (hinter den Augen) nicht zu verkennen. Die Haut ist braun und kann oben rotgesprenkelt und unten rot oder orange sein.

Die männlichen Tiere haben einen langen, dikken Schwanz und einen nach innen gewölbten Bauchpanzer. Die Weibchen haben einen hohen, breiten Rücken- und einen flachen Bauchpanzer.

Größe: bis 11 cm.

Vorkommen: Nordöstliche und östliche USA.

Lebensweise: Sie hält sich vor allem in flachen Tümpeln, Seen oder Teichen mit Moor- oder Sumpfwiesen auf. Sie lebt etwa zur Hälfte auf dem Land und zur Hälfte im Wasser. Als typischer Allesfresser verschmäht sie nichts, was im Wasser und zu Lande kreucht und fleucht, nimmt aber auch viel pflanzliche Nahrung zu sich.

Da die Mühlenberg-Schildkröte im WA im Anhang II steht, soll über die Terrarienhaltung nur so viel gesagt werden, daß die Tiere als heikel galten, von erfahrenen Schildkrötenhaltern aber über Jahre hinweg mit Erfolg gepflegt wurden und auch nachgezüchtet werden konnten.

Literatur:

Arndt, R. G. (1972): Additional records of *Clemmys muhlenbergii* in Delaware with notes on reproduction. – Bull. Md. herpetol. Soc., **8** (1): 1–5.

Arndt, R. G. (1977): Notes on the natural history of the bog turtle *(Clemmys muhlenbergii)* Schoepff, in Delaware. – Chesapeake Sci., **18** (1): 67–76.

ERNST, C. H. (1977): Biological notes on the bog turtle, *Clemmys muhlenbergii.* – Herpetologica, **33** (2): 241–246.
HOLUB, R. J. & BLOOMER, T. J. (1977): The bog turtle, *Clemmys muhlenbergii*... a natural history. – Herp., **13** (2): 9–23.
KREFFT, P. (1905): Mühlenbergs Sumpfschildkröte. – Blätter Aquar. Terr. Kde., **16** (25): 247–248.
SACHSSE, W. (1974): Zum Fortpflanzungsverhalten von *Clemmys muhlenbergii* bei weitgehender Nachahmung der natürlichen Lebensbedingungen im Terrarium. – Salamandra, **10** (1): 1–14.
TRYON, B. W. & HULSEY, T. G. (1977): Breeding and rearing the bog turtle, *Clemmys muhlenbergii*, at the Fort Worth Zoo. – International Zoo Yearbook, **17:** 125–130.

Untergattung: Sacalia

Sacalia bealei GRAY (Clemmys bealei)

Pfauenaugen- oder Vieraugenwasserschildkröte (Foto Seite 72)

Kennzeichen: Der hellbraune, leicht gewölbte und hinten nicht gesägte Rückenpanzer weist zahlreiche dunkle Sprenkel auf. Er hat einen schwachen Längskiel. Der Bauchpanzer ist gelblich mit einzelnen, unregelmäßigen, braunen Strichzeichnungen und Flecken. Die Weichteile sind hellgelb, nur die äußeren Teile von Kopf, Gliedmaßen und Schwanz sind bräunlich-oliv gefärbt. Die hellolive Kopfoberseite weist ebenfalls zahlreiche, dunkle Sprenkel auf. Die Hinterseite des Kopfes trägt 1 bis 2 oder gar 3 Paar gelbe, dunkelgerandete Augenflecken mit schwarzem Zentrum. Der Hals hat einen oben längs verlaufenden, hellgelben Mittelstreifen und zwei Seitenstreifen. Die Gliedmaßen enden in Krallen, zwischen welchen sich Schwimmhäute befinden.

Größe: bis 15 cm.

Vorkommen: Östliches Hinterindien und südliches China.

Lebensweise: Die Pfauenaugen-Wasserschildkröte bevorzugt kleinere Tümpel und Teiche mit starkem Wasserpflanzen-Bestand. Sie ist auch in Reissümpfen anzutreffen. Auch macht sie Wanderungen über Land, jedoch ohne das Feuchtgebiet zu verlassen. Sie ist nicht allzu temperaturempfindlich (20 bis 26 °C) und liebt ausgiebige Sonnenbäder. Mit dem Futter ist sie nicht wählerisch, sondern frißt alles Tierische, ob tot oder lebendig. Pflanzliche Kost nimmt sie weniger, manchmal Banane oder sonstige Früchte, äußerst selten Salat oder Löwenzahn.

In Gefangenschaft ist sie ein liebenswerter, wenn auch ruhiger Pflegling. Ich halte sie im Sommer auch im Freilandteich, bei dem allerdings, wie bereits erwähnt, die Temperatur kaum einmal unter 20 °C sinkt.

Über Nachzucht ist mir nichts bekannt, doch dürfte diese sicher auch bei Terrarienhaltung möglich sein. Kühle Überwinterung ist nicht nötig.

Literatur:

GOLLE, C. (1973): *Clemmys bealei* GRAY, die Pfauenaugen-Wasserschildkröte. – Aquarien Terrarien, **20** (2): 66–67.
SACHSSE, W. (1975): *Chinemys reevesii* var. *unicolor* und *Clemmys bealei* var. *quadriocellata* – Ausprägung von Sexualdimorphismus der beiden „Nominatformen". – Salamandra, **11** (1): 20–26.

Gattung: Annamemys BOURRET

Annam-Schildkröten

Annamemys annamensis SIEBENROCK

(Nur eine Art ohne Unterarten)

Kennzeichen: Der beinahe kreisrunde, olivbräunliche Panzer ist relativ flach und hat drei Längskiele, von denen der mittlere besonders ausgeprägt ist. Der Hinterrand des Rückenpanzers ist leicht wellig, aber nicht gesägt. Der gelbliche Bauchpanzer hat auf jedem Schild einen schwarzen Fleck, teils abgegrenzt, teils ineinanderlaufend und so im gesamten eine symmetrische Figur ergebend.

Die Kopfseiten haben einige gerade, hellgelbe Längsbänder, die scharf von der schwarz-braunen Grundfärbung abgesetzt sind. Der Oberkiefer hat einen mittleren Einschnitt. Die Vorderbeine enden in fünf, die Hinterbeine in vier Krallen. Schwimmhäute sind vorhanden.
Größe: bis 17 cm.
Vorkommen: Hinterindien (Indochina).
Lebensweise: Die Annam-Schildkröte bewohnt kleine Urwaldseen, Tümpel und Sumpfgebiete. Frisch gefangene Tiere zischen beim Ergreifen und spritzen, wie wir es von einigen Arten wissen, den Inhalt ihres Enddarmes aus. Dies läßt in Gefangenschaft aber sehr schnell nach und die Tiere werden sehr bald zahm.
Die Annam-Schildkröte nimmt hauptsächlich pflanzliche Nahrung zu sich und stürzt sich mit wahrer Gier auf Früchte aller Art, besonders wenn sie süß und saftig sind. Sie frißt davon so viel, daß das Wasser im Aqua-Terrarium, falls kein sehr leistungsfähiger Filter vorhanden ist, bald zur jauchigen Brühe werden kann.
Über Nachzucht im Terrarium ist mir nichts bekannt.

Literatur:
SAVAGE, J. M. (1953): Remarks on the Indo-Cines turtle *Annamemys annamensis*, with special reference to the status of *Cyclemys annamensis*. – Ann. Mag. Nat. Hist., Ser. **12** (vi): 468–472.

Gattung: Cyclemys BELL
Dornschildkröten

Cyclemys dentata GRAY
Malayische Dornschildkröte
(keine Unterarten)
(Foto Seite 72)

Kennzeichen: Der braune Rückenpanzer ist flach. Die Rückenschilde weisen eine helle Strahlenzeichnung auf, die sich aber im Alter meist verliert. Die Randschilde sind nach unten leicht eingedellt und enden außen zum nächsten Schild jeweils mit einem deutlichen kleinen Absatz. Die Schilde des hellbraunen Bauchpanzers haben eine dunkle Strahlenzeichnung. Babys und juvenile Tiere besitzen noch einen starren, seitlich mit dem Rückenpanzer verwachsenen Bauchpanzer. Diese starre, knöcherne Verbindung wird beim Älterwerden der Tiere durch ein aus Sehnen bestehendes Bindegewebe ersetzt. In gleicher Art entsteht ein Scharnier in der Mitte des Bauchpanzers, das den Tieren gestattet, die Plastron-Hälften hochzuklappen, ähnlich wie bei den *Terrapene-* und *Cuora-*Arten. Allerdings ist es nicht so vollkommen wie bei diesen beiden Arten, sondern läßt nur einen teilweisen Verschluß zu.
Der Kopf und die Gliedmaßen sind braun und teilweise gesprenkelt. Auffallend ist, daß alle innerhalb der Panzerabdeckung liegenden Weichteile gelb-weiß gefärbt sind.
Größe: bis 25 cm.
Vorkommen: Hinterindien, westlicher Sunda-Archipel und Philippinen.
Lebensweise: In ihrer Heimat leben diese Tiere in Wassertümpeln von Sumpfgebieten und Wäldern, überschwemmtem Gelände sowie in Urwaldseen. Sie sind in der Jugend beinahe vollkommen aquatil, sollen aber später in den Sumpfgebieten mehr terrestrisch leben. Die von mir gepflegten Exemplare verließen, auch nachdem sie ausgewachsen waren, das Wasser nur manchmal zum Sonnen sowie zur Eiablage. Die fünf Eier, die gelegt wurden, waren mangels Männchen (wie schon beschrieben) unbefruchtet. Später gab ich die Tiere an einen anderen Liebhaber, so daß ich leider keinen Nachwuchs von dieser Art erhalten konnte. Diese Schildkröten sind sehr empfehlenswerte und gut zu pflegende Tiere. Temperaturen zwischen 22 und 26 °C.
Die von mir gehaltenen Tiere fraßen neben Wasser- und Landschnecken getrocknete Garnelen, Rinderherz und -leber, Regenwürmer,

Fischfleisch, Süßwasserfische, Hundefertigfutter und vor allem auch Bananen, während Salat und Löwenzahn wenig beachtet wurden.
Die früher als zweite Art angesehene *Cyclemys mouhotii* muß nach neueren Erkenntnissen als eigene Gattung *Pyxidea* angesehen werden. Sie ist anschließend beschrieben.

Literatur:
Hill, B.J. (1982): *Cyclemys dentata.* – Testudo (Bristol), **2** (1): 40–41.
Lorenz, W. (1984): Die asiatischen Schildkröten der Familie Emydidae: 2. Teil: Die Gattungen *Cyclemys* Bell, 1834 und *Notochelys* Gray 1863. – Die Schildkröte (Haar), **6** (1): 4–20.
Swanson, R. (1982): Courtship behavior of *Cyclemys dentata*: observations of a lounge chair herpetologist. Turtle (Berkeley), **11** (1): 3.

Cyclemys tscheponensis (Geoemyda tscheponensis) Bourret
Indonesische Erdschildkröte
(keine Unterarten)

Kennzeichen: Der Rückenpanzer ist an den Seiten schwarzbraun und wird zur Mitte hin ganz schwarz. Der mittlere Längskiel ist stark ausgeprägt, die Seitenkiele nur angedeutet. Der Hinterrand ist gesägt. Der Bauchpanzer ist elfenbeinfarben und hat eine auffallende schwarze Strahlenzeichnung. Die Farbe von Kopf, Hals und Gliedmaßen ist ein helles Gelbbraun mit auffallenden rosa Streifen und Schnörkeln, die aber im Alter verblassen. Die Zehen enden in sehr scharfen Krallen.
Größe: bis 20 cm.
Vorkommen: Östliches Hinterindien.
Lebensweise: Diese Schildkröte ist sehr selten (sie wurde kaum einmal eingeführt); deshalb ist nur über ihr Verhalten in Gefangenschaft etwas bekannt. Nach Gemel wechselt der Wasser- mit dem Landaufenthalt des öfteren, doch ließ sich dabei keine feste Regel feststellen. Als Futter nahm sie sowohl jede Art von Früchten als auch Rinder-, Pferde- und Fischfleisch sowie getrocknete Garnelen (diese aber weniger gern). Das Tier nahm Futter sowohl im Wasser als auch an Land auf, wobei es ein Vorderbein zu Hilfe nahm und mit dessen Vorderseite den Futterbrocken in das Maul schob. Daß die Tiere sich dabei manchmal ins eigene Bein zwicken, habe ich auch bei anderen Schildkröten beobachtet. Temperaturbedürfnis zwischen 18 und 25 °C (sogar bei 19 °C zeigte das Tier noch großen Appetit). Gemel stellt die Vermutung auf, daß diese Art im gleichen Biotop wie *G. spengleri*, in Bergwäldern in großer Höhe vorkommt, aber mehr an das Wasser gebunden ist als diese.

Literatur:
Gemel, R. (1972): *Geoemyda tscheponensis* in der Gefangenschaft mit Bemerkungen zu den Erdschildkröten. – DATZ, **25** (2): 66–69.
Thieme, U. (1974): Eine merkwürdige Beobachtung an *Geoemyda tscheponensis.* – Aquarien Terrarien, **21** (12): 427.

Gattung: Pyxidea Smith & James

Pyxidea mouhotii Smith & James
Indische Dornschildkröte
(keine Unterarten)

Kennzeichen: Der hochgewölbte, längs der Mitte stark abgeflachte, braune Rückenpanzer hat drei deutliche Längskiele. Er sieht durch die erhabene und feine Ziselierung der einzelnen Rükkenschilde wie handgeschnitzt aus. Auch *Pyxidea* hat ein bewegliches Scharnier im Bauchpanzer, kann aber ihren Panzer ebenfalls damit nicht ganz verschließen. Der braune, relativ dicke Kopf hat seitlich ein paar undeutliche Strichzeichnungen und ein auffallendes Hakenmaul, welches sehr an *Terrapene*-Arten erinnert. Die braunen Gliedmaßen enden in scharfen Krallen, Schwimmhäute nur angedeutet.
Größe: bis 20 cm.
Vorkommen: Östliches Vorderindien, Hinterindien und Insel Hainan.

Lebensweise: Sie ist ein typisches Tier des tropischen Regenwaldes und lebt dort sehr versteckt in flachen Wasserlachen oder im feuchten Bodenbewuchs. Durch diese versteckte Lebensweise wurde sie auch bis heute wenig gefunden und importiert. Sie ist ein Allesfresser und nahm bei mir genau so gerne Früchte, vor allem Bananen, wie eingeweichtes Hundefutter, Rinderherz oder auch zarten Salat und Löwenzahn. Sie taucht überhaupt nicht, sondern paddelt wie die *Terrapene*-Arten auf dem Wasser herum. Überhaupt mußte ich im ganzen Verhalten, den Freßgewohnheiten usw. sehr viele Parallelen zu den *Terrapene*-Arten feststellen.
Über Nachzucht in Gefangenschaft ist nichts bekannt.

Literatur:

GRAY, J. E. (1863): *Pyxidea mouhotii.* – Proc. zool. Soc. London, **1863:** 175.

PHILIPPEN, H.-D. (1984): Beobachtungen bei der Indischen Dornschildkröte *Pyxidea mouhotii* GRAY 1863. – Die Schildkröte (Haar), **6** (3): 4–9.

SACHSSE, W. (1973): *Pyxidea mouhotii,* eine landbewohnende Emydide Südostasiens. – Salamandra, **9** (2): 49–53.

Gattung: Geoclemys GRAY

Strahlen-Dreikielschildkröten

Geoclemys hamiltonii GRAY

Strahlen-Dreikielschildkröte
(keine Unterarten)
Geschützt! Anhang I des WA
(Foto Seite 72)

Kennzeichen: Der ziemlich hohe, braune bis schwarz-braune Rückenpanzer weist drei Längskiele auf, die durch die höckrige Erhebung der Rippen- und Wirbelschilde gebildet werden und auch im Alter nicht ganz verschwinden. Auf den Rückenschilden sind lebhafte gelbe Punkte und breite, manchmal ins Ovale gehende Strichzeichnungen, die teilweise in ihrer Gesamtheit strahlenförmig wirken, aber wiederum sehr unregelmäßig verteilt sind. Der Bauchpanzer ist bräunlich mit hellgeflammten Stellen. Kopf und Gliedmaßen sind graubraun und tragen gelbe Flecken, die auf den Beinen kleiner ausgebildet sind.
Größe: bis 30 cm.
Vorkommen: Westpakistan und nördliches Vorderindien.
Lebensweise: Diese hübsche Schildkröte ist in Freiheit an Buchten von Flüssen, langsam fließenden Gewässern, in Bächen, Tümpeln und sumpfigem Gelände, wie auch in Reisfeldern anzutreffen. Sie ist in ihrer Verhaltensweise sehr ruhig (tags aktiv).
Ihr Temperaturbedürfnis liegt bei mindestens 22 °C und kann sogar über 30 °C steigen, entsprechend ihrem heimatlichen Lebensraum.
Terrarienhaltung im Aqua-Terrarium gut möglich, wird allerdings kaum eingeführt, da unter Anhang I des WA stehend. Futter abwechslungsreich, wie für Wasserschildkröten beschrieben, mit Betonung auf animalischer Kost, da Pflanzliches selten genommen wird.
Freilandaufenthalt nur während der Sommermonate, bei kühlen Perioden sofort hereinnehmen.
Über Nachzucht in Gefangenschaft ist nichts bekannt.

Literatur:

KREFFT, P. (1905): *Damonia hamiltonii* GRAY. – Blätter Aquar. Terr. Kde., **16** (22): 213–214.

SCHMIDT, A. (1964): Die Strahlen-Dreikielschildkröte, *Geoclemys hamiltonii.* – DATZ, **17:** 243–244.

Gattung: Chinemys M. A. SMITH

China-Sumpfschildkröten

Chinemys kwantungensis POPE

Chinesische Rothalsschildkröte
(keine Unterarten)

Kennzeichen: Der beinahe schwarze Rückenpanzer ist etwas gewölbt und hat nur einen Längs-

kiel. Der Hinterrand ist nicht gesägt. Die Rükkenschilde tragen eine leichte Riefung, nach Art der Jahresringe. Der Bauchpanzer hat große, schwarze Flecken, die diesen oft fast ganz bedekken können. Hinter dem Auge beginnend ziehen sich zwei schmale, parallel verlaufende, waagrechte Längsstreifen beiderseits des graubraunen Kopfes nach hinten. Die nur an den Hinterbeinen schwach vorhandenen Schwimmhäute deuten auf keine allzugroßen Schwimmkünste hin. Die grauen Gliedmaßen tragen keine Zeichnung.
Größe: bis 15 cm.
Vorkommen: Hinterindien und südliches China.
Lebensweise: Sie unterscheidet sich hier kaum von der nachher noch zu besprechenden Art *Ch. reevesii*, auf welche ich, da weitaus bekannter und oftmals eingeführt, ausführlich eingehen werde. Die Rothalsschildkröte dürfte allerdings etwas temperaturempfindlicher sein. Doch wäre über die warme Jahreszeit Freilandhaltung unbedingt empfehlenswert.
Die Nachzucht ist in Gefangenschaft schon mehrfach geglückt.

Literatur:

Pope, C. H. (1934): A new emydid turtle of the genus *Geoclemys* from Kwangtung Province, China. – American Museum Novitates, Nr. **691:** 1–2.

Chinemys megalocephala Fang
Chinesische Dickkopfschildkröte
(keine Unterarten)

Kennzeichen: Sie unterscheidet sich von der vorgenannten Art vor allem durch den auffallend dicken Kopf und den mit drei dunklen Längsstreifen versehenen braunen Rückenpanzer, der hinten bedeutend breiter ist als vorn. Der Bauchpanzer hat ebenfalls, allerdings nicht so große, dunkle Flecken.
Größe: bis 20 cm.
Vorkommen: China, Provinz Nanking.
Lebensweise: Sie dürfte sich von den anderen beiden Arten kaum unterscheiden. Es ist in der Literatur nichts über sie erwähnt, auch nicht von der Haltung in Gefangenschaft.

Literatur:

Fang, P. W. (1934): Notes on some Chelonians of China. – Sinensia (Nanking), **4** (7): 145–199.

Chinemys reevesii Gray
Chinesische Dreikielschildkröte
(keine Unterarten)
(Foto Seite 72)

Kennzeichen: Der etwas gewölbte, ovale Rückenpanzer weist drei deutliche Längskiele auf, die auch im Alter nicht verschwinden. Zur Färbung von Rücken- und Bauchpanzer ist folgendes festzustellen: Wie Sachsse 1975 in „Salamandra“ schon erwähnt, habe auch ich die Erfahrung gemacht, daß erwachsene männliche Tiere einen schwarzen bis grau-schwarzen Rückenpanzer mit hellen Nähten sowie einen völlig schwarzen, etwas konkaven Bauchpanzer besitzen. Die Weibchen haben dagegen einen hellbraunen bis braunen Rückenpanzer (ebenfalls

---

54: Chelonoidis carbonaria (Köhlerschildkröte) badet gerne und genießt sichtlich beim Freilandaufenthalt einen warmen Gewitterregen, den man täglich mit der Gießkanne nachvollziehen sollte. **55: Chelonoidis chilensis** (Argentinische Landschildkröte, im vorliegenden Foto ein Jungtier) kommt trotz ihres lateinischen Namens in Chile überhaupt nicht vor. **56: Trionyx feros** (Florida-Weichschildkröte, Wilde Dreiklaue oder Beißschildkröte), eine wehrhafte Schildkröte, für die Einzelhaltung empfohlen wird.

57

58

59

60

61

62

mit hell abgesetzten Nähten) und ein dunkles Plastron, bei welchem aber die Ränder der Bauchschilde, vor allem auch an der Brücke hell umrahmt sind. Die Kopfseiten weisen, hinter dem Auge beginnend, eine lebhafte, gelbliche, hieroglyphenähnliche Zeichnung auf, die nach hinten verlaufend in gestrichelte oder gepunktete Längslinien übergeht. Diese Linien sind teilweise auch von der Kehle über den Hals verlaufend festzustellen. Bei den sich schwarz färbenden Männchen verliert sich später jegliche Kopfzeichnung. Die Kopfform ist massig, wenn auch nicht so dick wie von *C. megalocephala*. Die Gliedmaßen sind ohne Zeichnung und nur an den Hinterbeinen sind leichte Schwimmhäute vorhanden.

Größe: bis 18 cm.

Vorkommen: Mittleres China, Japan und Philippinen.

Lebensweise: In ihrer Heimat weit verbreitet, bewohnen sie vor allem flachere Gewässer, Sümpfe, Tümpel und Wassergräben. Sie sind auch viel in Reisfeldern anzutreffen. Besonders möchte ich darauf hinweisen, daß die in der Literatur teilweise immer wieder angegebene (und wohl abgeschriebene) Größe der „kleinen Schildkröte“ mit 12 cm nicht stimmt, sondern die Tiere ohne weiteres bis 18 cm groß werden können. Bei mir wuchs ein Männchen in einem Jahr von 4,8 cm Carapax-Länge und 25 g Gewicht auf eine Länge von 12,2 cm und 285 g Gewicht. Ich habe es dann abgegeben, dort wuchs es dann noch weiter auf ca. 18 cm Länge. Die chinesischen Dreikielschildkröten sind aber auch gewaltige Fresser und überhaupt nicht wählerisch. Sie mögen allerdings nur Animalisches, höchstens einmal etwas Banane. Mit dem üblichen Wasserschildkröten-Futter sind sie gut zu ernähren. Man sollte es nur gelegentlich mit Kalk anreichern und vitaminisieren, was bei der beschriebenen Gelatine-Kost leicht möglich ist. Empfindlich gegen kühle Temperaturen ist *C. reevesii* überhaupt nicht, ebensowenig gegen zeitweilige hochsommerliche Hitzewellen. Sie verträgt ohne weiteres Temperaturen von 12 bis 30 °C, wobei meines Erachtens das Optimum bei 20 bis 25 °C liegt. Sie hat auch schon in unseren Breiten bei ziemlichen Kältegraden überwintert. MERTENS hält es absolut für möglich, daß sie bei uns eingebürgert werden könnte. Damit ist sie natürlich für die Freilandhaltung äußerst geeignet. Dort gräbt sie sich oft (ohne ersichtlichen Grund) mitten im Sommer eine Zeitlang ein und erscheint dann plötzlich wieder. Ein Winterschlaf ist nicht unbedingt nötig, aber bei Zuchtversuchen, die in Gefangenschaft schon einige Male geglückt sind, empfehlenswert. Die Überwinterung sollte aber in feuchtem Substrat bei gesenkten Temperaturen erfolgen; eine Überwinterung im Wasser hat sich verschiedentlich negativ ausgewirkt. Die Aufzucht der Jungtiere ist völlig unproblematisch, wenn

---

57: Trionyx spiniferus (Dornrand-Weichschildkröte) kommt in vier Unterarten vor, die alle recht bissig sind. **58: Dogania subplana** (Malayen-Weichschildkröte) wurde von Klingelhöffer als friedfertig bezeichnet, was ich absolut nicht bestätigen kann, da meine Tiere schon im Jugendstadium unverträglich waren und getrennt werden mußten. **59: Podocnemis unifilis** (Terekay-Schildkröte) wurde früher häufig eingeführt, steht aber heute wie alle Schienenschildkröten unter Artenschutz. **60: Podocnemis erythrocephala** (früher cayennensis; Cayenne-Schienen-Schildkröte) ist mit Sicherheit die schönste Art ihrer Gattung. **61: Podocnemis expansa** (Arrau-Schienenschildkröte) wird bis 80 cm groß und ist damit die größte Schienenschildkröte. **62: Pelusios subniger** (Dunkle Pelomedusenschildkröte) wird im Handel ziemlich häufig angeboten, kommt aber in ausgewachsenem Zustand von 40 cm nur für große Behälter in Frage.

man für abwechslungsreiche Kost sorgt.
Zur Haltung ist *Ch. reevesii* vor allem auch dem Anfänger zu empfehlen.

Literatur:
GOLLE, K. (1973): Gelungene Nachzucht einer Chinesischen Dreikiel-Schildkröte, *Chinemys reevesii.* – Aquarien Terrarien, **20** (8): 297.
KREYENBERG, M. (1908): Etwas zur *Damonia reevesii* GRAY und der Grünhaarschildkröte. – Lacerta (Zeitschrift für Terrarienkunde), **1** (1): 3–4.
LORENZ, W. (1983): Weitere Beobachtungen bei der Zucht der Chinesischen Dreikielschildkröte, *Chinemys reevesii* GRAY. – Die Schildkröte (Haar), **5** (1/2): 4–17.
MENDE, E. (1902): Meine chinesische Dreikielschildkröte (*Damonia reevesii* GRAY). – Blätter Aquar. Terr. Kde., **13:** 172–173.
PRIEMEL, K. (1918): Fortpflanzung von *Geoclemys reevesii* GRAY in Gefangenschaft. – Wochenschrift Aquar. Terr. Kde., **15:** 157–158.
SACHSSE, W. (1975): Jährliche Nachzucht bei der Chinesischen Dreikielschildkröte, *Chinemys reevesii,* unter teilweise geschützten Freilandbedingungen in SW-Deutschland. – Salamandra, **11** (1): 7–19.
– (1975): *Chinemys reevesii* var. *unicolor* und *Clemmys bealei* var. *quadriocellata*– Ausprägung von Sexualdimorphismus der beiden „Nominatformen“. – Salamandra, **11** (1): 20–26.
SCHAEFER, I. (1981): Haltung und Nachzucht der Chinesischen Dreikielschildkröte *Chinemys reevesii.* – Die Schildkröte (Haar), **3** (4): 16–27.
– (1983): Aufzucht von *Chinemys reevesii* mit Beobachtungen über unterschiedliche Entwicklungen zwischen Männchen und Weibchen. – Die Schildkröte (Haar), **5** (1/2): 19–32.

Gattung: Ocadia GRAY
Chinesische Streifenschildkröten

Ocadia sinensis GRAY
Chinesische Streifenschildkröte
(einzige Art ohne Unterarten)

Kennzeichen: Der dunkelolive, gewölbte Rückenpanzer trägt in der Jugend drei Längskiele, von denen die seitlichen bei älteren Tieren nur noch angedeutet sind oder ganz verschwinden. Kopf und Hals tragen zahlreiche feine, kontrastreiche, gelbe Längsstreifen, die dem Tier ein sehr hübsches Aussehen verleihen.
Größe: bis 25 cm.
Vorkommen: Östliches Hinterindien (Indochina) und südliches China (Kwangtung sowie Hainan und Formosa).
Lebensweise: Obgleich sie in China sehr häufig vorkommen soll, ist doch in der Literatur kaum etwas über sie geschrieben. In Gefangenschaft ist mir zur Zeit nur ein Exemplar bekannt. Sie ist wie *Ch. reevesii* zu halten, bei gleichen Futteransprüchen mit starker Betonung der tierischen Ernährung. Allerdings dürfte sie etwas höhere Temperaturen beanspruchen. Im Sommer wird ihr ein Freilandaufenthalt auf jeden Fall gut tun. Anderen Bewohnern des Terrariums gegenüber ist sie verträglich. Nachzucht ist in Gefangenschaft ebenfalls schon geglückt (1985).

Gattung: Notochelys GRAY
Plattrücken-Schildkröten

Notochelys platynota GRAY
Plattrücken-Schildkröte
(einzige Art ohne Unterarten)

Kennzeichen: Der bei jüngeren Tieren grüne bis grün-braune Rückenpanzer hat im Gegensatz zu anderen Schildkröten regelmäßig sechs oder sieben Wirbelschilde. Er ist relativ flach, dunkelt im Alter nach und wird dann braun-oliv. Der Hinterrand ist stark gesägt, die Spitzen der Randschilde sehen wie Zacken aus, was sich im Alter aber auch etwas verliert. Der Kopf ist ohne nennenswerte Zeichnung, die starken Gliedmaßen enden in kräftigen Krallen.
Größe: bis 30 cm.
Vorkommen: Hinterindien (südliches Indochina und Malayische Halbinsel) sowie Sunda-Archipel (Sumatra, Banka und Borneo).
Lebensweise: In ihrem Lebensraum kommt sie in kleinen Seen und sumpfigen, mit Tümpeln

durchsetzten Urwäldern vor. Sie führt ein ziemlich verstecktes Dasein, ist allerdings tags aktiv. Frischfänge gebärden sich recht unverträglich, zischen und spritzen zur Verteidigung den Inhalt ihres Enddarmes aus. Sie gelangen, wohl

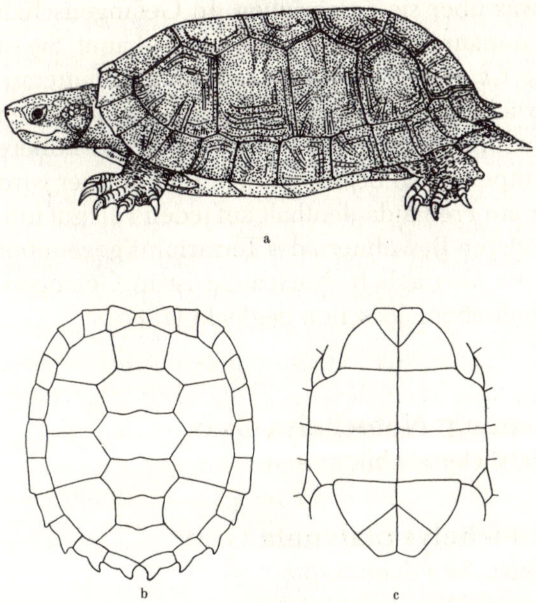

Abb. 21: Plattrücken-Schildkröte (Notochelys platynota). Zeichnung: E. Bobbe aus Wermuth/Mertens: Schildkröten-Krokodile-Brückenechsen.

auf Grund ihrer versteckten Lebensweise, nur sehr selten in Gefangenschaft, sind aber dort gut zu halten und legen ihre scheue Art bald ab. Dann sind sie immer da, sobald etwas Eßbares zu haben ist. Meine Tiere fraßen vor allem Löwenzahn, Salat, Früchte aller Art, mit Vorliebe Bananen, aber auch gerne mal einen Regenwurm oder gehackte Rinderleber. Die stets gefräßige *Notochelys platynota* verfügt über eine entsprechend reichliche Verdauung, so daß bei einem Behälter ohne starke Filterung oder laufenden Wasserwechsel das Wasser im Becken meist ziemlich übel duftet, vor allem natürlich bei adulten Tieren.

Ihr Temperaturbedürfnis liegt zwischen 24 und 28 °C. Sie sind sehr verträglich und passen am besten in ein Regenwald-Terrarium. Freilandaufenthalt am besten nur bei sommerlichen Temperaturen. Über Nachzucht im Terrarium ist nichts bekannt.

Literatur:

LORENZ, W. (1984): Die asiatischen Schildkröten der Familie Emydidae: 2. Teil: Die Gattungen *Cyclemys* BELL 1834 und *Notochelys* GRAY 1863. – Die Schildkröte (Haar), **6** (1): 4–20.

Gattung: Siebenrockiella LINDHOLM

Schwarze Dickkopf-Schildkröten

Siebenrockiella crassicollis GRAY

Schwarze Dickkopf-Schildkröte
(einzige Art ohne Unterarten)
(Foto Seite 89)

Kennzeichen: Der relativ flache, meist ganz schwarze Rückenpanzer hat einen leichten Mittelkiel, der allerdings im Alter verschwindet. Der Rückenpanzer ist leicht gesägt. Der gelbe Bauchpanzer hat ein dunkles Zeichnungsmuster, das sich bei älteren Tieren immer weiter ausbreitet und die gelbe Farbe verdrängt. Das Tier hat an seinem schwarzen Kopf seitlich eine fahlgelbe bis weiße Fleckenzeichnung. Die recht kräftigen Gliedmaßen und übrigen Weichteile sind ebenfalls schwarz.

Größe: bis 20 cm.

Vorkommen: Hinterindien sowie Sunda-Archipel (Sumatra, Borneo und Java).

Lebensweise: Diese sehr ruhige Schildkröte versteckt sich gern und bewohnt in Urwald und Savanne Tümpel, Teiche oder auch die Buchten

langsam fließender Gewässer. Ihrem tropischen Lebensraum gemäß verlangt sie Temperaturen von 25 bis 28 °C.
Sie ist zwar ein Allesfresser, doch meine Tiere bevorzugten fleischliche Kost. Schwarze Dickkopf-Schildkröten werden im Zoohandel des öfteren angeboten. Ihrem Temperament entsprechend, bekommt man sie sehr wenig zu Gesicht, da sie vor allem in der Dämmerung aktiv sind und höchstens bei der Fütterung tagsüber in Erscheinung treten. Vom Sonnenbaden hält diese Schildkröte nicht viel, sondern läuft lieber am Grunde des Beckens oder schwimmt langsam umher, um nach übriggebliebenem Futter zu suchen. Futterneidisch waren meine Tiere nie und sehr verträglich auch gegen bedeutend kleinere und schwächere Tiere der eigenen oder anderer Arten.
Über eine Nachzucht in Gefangenschaft ist mir nur vom Züricher Zoo (über mehrere Jahre) bekannt. Freilandaufenthalt im Sommer ist möglich, aber eigentlich nicht nötig, da sie wie gesagt kein Sonnenbad nimmt. Ich habe übrigens festgestellt, daß diese Art besonders anfällig für Nekrose ist (siehe Abschnitt Krankheiten). Sonst ist ihre Haltung nicht schwierig, jedoch sollte der Wasserteil des Aqua-Terrariums mindestens 4/5 der Gesamtfläche einnehmen.

Literatur:

Gorissen, A. (1982): *Siebenrockiella crassicollis.* – De Schildpad (Amersfoort), **8** (5/6): 34–35.
Honegger, R. E. (1986): Zur Pflege und langjährigen Nachzucht von *Siebenrockiella crassicollis* (Gray, 1831) Salamandra, **22** (1): 1–10.
Janssen, H. A. (1984): Kunstmatige Beademing voor en verdronken *Siebenrockiella crassicollis.* – De Schildpad (Ammersfoort), **10** (5): 21–25.
Krefft, P. (1928): Selten eingeführte Schildkröte *(Bellia crassicollis).* – Blätter Aquar. Terr. Kde., **39** (1): 7–9.
Reijst, A. T. (1949): Über zwei javanische Sumpfschildkröten: *Malayemys subtrijuga* und *Siebenrockiella crassicollis.* – DATZ, **2** (2): 31–32.

Gattung: Morenia Gray
Pfauenaugen-Sumpfschildkröten

Morenia ocellata Dumeril & Bibron
Hinterindische Pfauenaugen-Sumpfschildkröte (keine Unterarten)
Geschützt! Anhang I des WA

Kennzeichen: Der braune Carapax des Tieres hat auf jedem Rippenschild einen großen, schwarzen, ziemlich runden Fleck, der gelb eingefaßt ist. Das Plastron ist einfarbig gelb, ohne irgendwelche Zeichnungen oder Flecken. Der dunkelgraue Kopf hat zwei dünne, gelbe Längsstreifen. Der obere Streifen beginnt vorn hinter den Nasenlöchern und läuft über das Auge waagrecht zurück. Der untere Streifen beginnt hinter dem Auge (am unteren Rand) und läuft parallel zum oberen Streifen nach hinten. Alle Gliedmaßen und Weichteile sind ebenfalls grau, ohne weitere Zeichnung. Bei diesen Schildkröten sind die Kiefer mit breiten, zusätzlichen Kauflächen versehen, was sie deutlich als Pflanzenfresser ausweist.
Größe: bis 21 cm.
Vorkommen: Hinterindien.
Lebensweise: Diese Art lebt praktisch völlig aquatil in meist seichten Tümpeln und Seen. Nur wenn in der heißen Jahreszeit die Gewässer austrocknen, gehen die Tiere auf Wanderschaft, um andere Wasserflächen aufzusuchen. In Gefangenschaft wurden sie äußerst selten gehalten, bei Temperaturen zwischen 26 und 28 °C. Sie fressen nur pflanzliche Nahrung.
Der Tierhandel hat diese Tiere praktisch nie angeboten, da sie im Anhang I des WA aufgeführt sind, und daher liegen über ihre Terrarienhaltung auch kaum Angaben vor. Sie wurden auch in Gefangenschaft noch nicht nachgezüchtet.

Literatur:

Klingelhöffer, W. (1959): Terrarienkunde, Teil 4.

Morenia petersi ANDERSON
Vorderindische Pfauenaugen-Sumpfschildkröte
(keine Unterarten)

Kennzeichen: Der olivbraune Rückenpanzer ist bedeutend dunkler, manchmal beinahe schwarz, und an Stelle der schwarzen Flecken auf den Rippenschilden erscheinen bei den schwarzen Exemplaren nur die gelben Ringe. In allen anderen Merkmalen gleicht sie aber *M. ocellata.*
Größe: bis 18 cm.
Vorkommen: Östliches Vorderindien (Bengal).
Lebensweise: Alles was unter dieser Rubrik bei *M. ocellata* beschrieben wurde, gilt hier gleichermaßen.

Literatur:

ANDERSON, J. (1878/79): Anatomical and zoological researches and zoological results of the Yunnan Expeditions. Vol. I & II, Calcutta.

Gattung: Cuora GRAY
Scharnier-Schildkröten

Literatur:

Cuora allgemein:

CALMONTE, A. (1974): Schmuckstücke für das Aqua-Terrarium: Wasserliebende Schildkröten aus dem Fernen Osten. – Aquarien Magazin, **8** (9): 380–382.
PAULER, I. (1980): Die Schildkrötengattung *Cuora.* – herpetofauna, **2** (6): 15–18.

Cuora amboinensis DAUDIN
Amboina-Scharnierschildkröte
(keine Unterarten)
(Foto Seite 72)

Kennzeichen: Ihr dunkelbrauner, sehr hochgewölbter Rückenpanzer weist in der Jugend drei deutliche Längskiele auf, die aber mit zunehmendem Alter verschwinden. Lediglich der Mittelkiel ist bei alten Tieren noch angedeutet. Der gelbe bis fahlgelbe Bauchpanzer besitzt auf jedem Schild einen schwarzen Fleck. Der Kopf ist auf der Oberseite ebenfalls dunkelbraun. An seiner oberen Kante zieht sich auf beiden Seiten ein gelbes Längsband hin, das an der Schnauzenspitze zusammentrifft. Darunter und parallel dazu verläuft ein breites, braunes Band. Die untere Hälfte ist einschließlich der Kehle gelb gefärbt mit unregelmäßig verlaufenden schmalen, braunen Längsstreifen. Die Gliedmaßen sind dunkelbraun, ohne Zeichnung und enden in scharfen Krallen. Die Schwimmhäute sind nur schwach entwickelt. Namengebend ist das quer in der Mitte des Bauchpanzers vorhandene Scharnier, das dem Tier ermöglicht, sowohl das Vorder- als auch das Hinterteil des Plastrons hochzuklappen und damit den eingezogenen Kopf (Halsberger) sowie Gliedmaßen und Weichteile völlig abzuschließen und zu schützen.
Größe: bis 20 cm.
Vorkommen: Hinterindien, Sunda-Archipel und Philippinen.
Lebensweise: Diese Wasser-Dosenschildkröte kommt in ihrer Heimat in stehenden Gewässern vor. Trotz ihres mehr an eine Landschildkröte erinnernden Panzers lebt sie beinahe völlig aquatil und verläßt das feuchte Element meist nur, um sich zu sonnen oder zur Eiablage. Sie frißt alles: Insekten, Schnecken (vor allem Wasserschnecken), Fische, Fertigfutter oder auch weichblättrige Pflanzen und Früchte.
Die Männchen sind in ihrem Liebesgebaren äußerst brutal. Ich pflegte einmal ein Pärchen, bei dem sich das Weibchen aus Angst vor dem aggressiven Männchen meist außerhalb des Wassers aufhielt. Das Tier ging später an Legenot ein, da der zu lange, erzwungene Landaufenthalt sich negativ ausgewirkt hatte. *Cuora amboinensis* ist sonst ein empfehlenswerter Terrarienpflegling, allerdings etwas wärmebedürftig bei Temperaturen von 22 bis 28 °C. Freilandaufenthalt im Sommer ohne weiteres möglich (bei etwa 25 °C Wassertemperatur, die möglichst

nicht unter 22 °C sinken sollte). Nachzucht ist in Gefangenschaft ebenfalls schon geglückt.

Literatur:

DACHSEL, M. (1954): *Cuora amboinensis* Daudin, die Malayische Dosenschildkröte. – DATZ, **7** (8): 214–215.

FURRER, J. (1971): *Cuora amboinensis*– ein angenehmer Pflegling. – DATZ, **24** (2): 60–61.

INSKEEP, R. (1984): A note the captive breeding of the box turtle *Cuora amboinensis.* – British Jour. Herpetol., **6:** 383–384.

– (1984): Second breeding of *Cuora amboinensis.* – British herpetol. Soc. Bulletin, **1984** (9): 28.

OLLIFF, N.J. (1980): Observations of the Malayan box terrpin *(Cuora amboinensis)* in captivity. – Testudo (Bristol), **1** (3): 62–69.

Cuora flavomarginata GRAY

Gelbrand-Scharnierschildkröte
(keine Unterarten)
(Foto auf Schutzumschlag)

Kennzeichen: Der schwarz-braune Rückenpanzer ist stark gewölbt und hat meist in der Mitte der Rippen- und Wirbelschilde einen gelb-braunen Fleck und außerdem einen längs der Mitte nach hinten verlaufenden gelben Streifen. Der Bauchpanzer ist dunkel, mit einer vollständigen, gelben Umrandung. Der Kopf ist bei den meisten Exemplaren völlig gelb gefärbt, mit einigen nur angedeuteten dunklen Schatten oben und an der Seite. Die braunen, kräftigen Gliedmaßen enden in scharfen Krallen. Schwimmhäute sind nur angedeutet.

Größe: bis 18 cm.

Vorkommen: Südliches China, Formosa und Riu-Kiu Inseln.

Lebensweise: Im Gegensatz zu *C. amboinensis* lebt diese Art beinahe ganz terrestrisch und bewohnt in ihrem Lebensraum Feucht- und Sumpfgebiete mit flachen Wasserlachen. Pauler berichtet allerdings, daß er einmal ein Tier aus Taiwan gehabt habe, das sich beinahe nur in tiefem Wasser aufhielt. Dies dürfte aber die Ausnahme von der Regel sein.

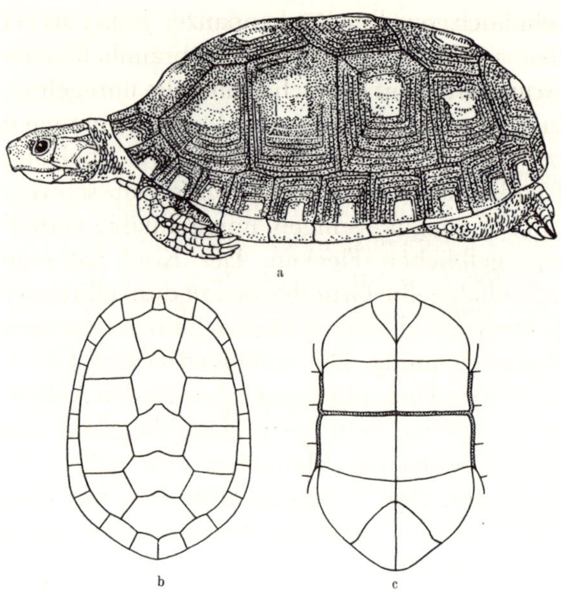

Abb. 22: Gelbrand-Scharnierschildkröte (Cuora flavomarginata). Zeichnung: E. Bobbe aus Wermuth/Mertens: Schildkröten-Krokodile-Brückenechsen.

Als Futter bevorzugt sie pflanzliche Kost und nimmt mit Vorliebe süße Früchte aller Art sowie Bananen. Doch dazwischen verachtet sie auch tierische Kost nicht. Auf dem Lande ist *C. flavomarginata* sehr flink und wendig und den anderen Schildkröten immer um eine Nasenlänge voraus. Als Terrarien-Pflegling sehr zu empfehlen. Temperaturansprüche wie *C. amboinensis.* Freilandhaltung nur an warmen Sommertagen.

Literatur:

BARTLETT, R.D. (1981): Observations on the Asian box turtle, *Cuora flavomarginata* in captivity. – Notes from NOAH, **8** (5): 4–6.

Cuora galbinifrons BOURRET

Hinterindische Scharnier-Schildkröte
(keine Unterarten)

Kennzeichen: Sie wirkt, wenn man sie zum ersten Mal sieht, beinahe wie eine *Terrapene*-Art. Der

sehr hoch gewölbte Rückenpanzer (höher als bei den anderen *Cuora*) hat eine bräunlich-gelbe Grundfarbe, auf der sich zahlreiche unregelmäßige, braune Flecken und Strichzeichnungen befinden, besonders im Bereich der Wirbel- und Randschilde. Der Bauchpanzer ist ganz schwarz mit nur einigen wenigen, unregelmäßig verteilten, gelblichen Flecken. Der Kopf hat eine bräunlich-gelbe Grundfarbe mit dunkelbrauner Schnauze und einer seitlichen, unregelmäßigen Braunzeichnung. Die auffallend langen Gliedmaßen sind bräunlich und haben an den Außenseiten kräftige Schuppen. Nach Angaben von Pauler besitzt das Männchen eine gelbe, das Weibchen eine orange-gefärbte Iris, was aber nach meinen neuesten Erkenntnissen nicht immer zutrifft.
Größe: bis 19 cm.
Vorkommen: Hinterindien (Indochina).
Lebensweise: Diese Schildkrötenart ist, im Gegensatz zu früher, in letzter Zeit häufiger gefangen und im Zoohandel angeboten worden. In der Literatur finden wir praktisch keine Angaben. Erst 1980 berichtet Pauler (Herpetofauna, Mai 1980) über die Erfahrungen, auf die sich meine Angaben stützen. Er hielt die Tiere im Terrarium (100 × 60 cm), das aus 1/3 Wasserfläche (Höhe ca. 4 cm) und 2/3 aus dickem Moospolster bestand. Ein hohes Rindenstück diente als Versteck. Die Tiere waren (Männchen ca. 16 cm und Weibchen ca. 15 cm) noch nicht ganz ausgewachsen. Während das Männchen neben Regenwürmern und dem Gelatine-Futter (s. Seite 38) auch pflanzliche Kost wie Birnen, Bananen und Tomaten fraß, nahm das Weibchen (das H. Weissinger zur Zucht leihweise überlassen hatte) niemals Obst, sondern Mäuse, Gelatine-Futter, Regenwürmer und Rindfleisch. Pauler beschreibt die Art als ruhig. Allerdings können die Tiere sich auf Grund ihrer langen Beine sehr schnell fortbewegen und auch eingraben. Nach einem täglichen ausgiebigen Bad seien sie meist im Moos vergraben. Nur der Kopf schaue heraus, und die auffälligen Augen beobachteten aufmerksam die Umgebung. Paarungsversuche wurden beobachtet, aber keine erfolgte Paarung. Pauler hielt seine Tiere bei Temperaturen zwischen 22 und 24 °C.

Literatur:
PETZOLD, H. G. (1965): *Cuora galbinifrons* und andere südostasiatische Schildkröten im Tierpark Berlin. – DATZ, **18:** 87–91, 119–121.

Cuora trifasciata BELL

Dreistreifen-Scharnierschildkröte
(keine Unterarten)
(Foto Seite 89)

Kennzeichen: Die Wölbung des Rückenpanzers ist bedeutend flacher als bei *C. amboinensis* und auch die Grundfarbe ein helleres Braun. Die Rückenschilde haben eine nach vorn gerichtete, etwas verschwommene dunkle Strichzeichnung. Charakteristisch sind drei schwarze Längsstreifen, von welchen der mittlere genau auf dem schwachen Mittelkiel verläuft. Der Bauchpanzer ist beinahe völlig schwarz und nur von einem schmalen, gelben Streifen umrahmt. Die Brückenschilde sind gelb mit jeweils einem, am hinteren Rand liegenden, schwarzen Fleck. Auch diese Schildkröte kann mit Hilfe des am Bauchpanzer befindlichen Scharniers ihren Panzer völlig verschließen.
Die gesamte Kopfoberseite ist leuchtend gelb (Gelbköpfchen). Von der Schnauzenspitze beginnend verläuft ein braunes Band waagrecht nach hinten. Dazu parallel ein dünneres auf der Höhe des Kiefers. Die Unterseite und Kehle ist ebenfalls gelb gefärbt. Die Gliedmaßen sind grau-braun mit einem rötlichen Anflug. Sie enden in scharfen Krallen, zwischen denen die Schwimmhäute nur angedeutet sind. Die Weichteile sind fahlgelb bis weiß.
Größe: bis 22 cm.
Vorkommen: Hinterindien und südliches China.

Lebensweise: Hierin gleicht sie *C. amboinensis* weitgehend, ist allerdings mehr terrestrisch eingestellt und frißt – als Besonderheit bei Wasser- und Sumpfschildkröten – auch an Land. Im Terrarium ist sie sehr gut zu halten. Ihr Temperaturbedürfnis wie ihr Futteranspruch gleicht ebenfalls der vorgenannten Art. Über Nachzucht in Gefangenschaft ist mir nichts bekannt. Freilandhaltung nur in warmen Sommermonaten.

Literatur:

ABRAHAM, G. (1982): *Cuora trifasciata* BELL 1825 – Dreistreifen-Scharnierschildkröte. – Sauria (Berlin), **4** (1): 1, 3.

VESELY, Z. (1970): Einiges über *Cuora trifasciata* BELL 1825. – Aqua Terra (Biberist), **7** (2): 31–33.

Cuora yunnanensis BOULENGER

Yunnan-Scharnierschildkröte
(keine Unterarten)

Größe: vermutlich ca. 20 cm.
Vorkommen: Südliches China.
Diese Art wurde meines Wissens noch nie importiert. In der Literatur finden sich praktisch keine Angaben. Der Panzer soll wesentlich flacher sein. Sie soll nach Vermutungen von Pauler zwischen *C. amboinensis* und *C. trifasciata* stehen.

Gattung: Hieremys M. A. SMITH

Tempelschildkröten
vertreten durch eine einzige Art.

Hieremys annandalii BOULENGER

Tempelschildkröte
(keine Unterarten)

Kennzeichen: Der schwarze Carapax ist nur mäßig gewölbt und hat in der Mitte einen angedeuteten Längskiel. Der Plastron ist ebenfalls schwarz, lediglich die Nähte sind etwas aufgehellt. Der schwarze Kopf hat seitlich, im Bereich der Kiefer und unterhalb der Schnauzenspitze, eine undeutliche, fahlgelbe Streifenzeichnung. Desgleichen zieht sich eine solche, über den Augenwülsten beginnend, in Wellenform nach hinten. Auch die Gliedmaßen sind schwarz und kräftig, wie die an ihnen befindlichen Krallen. Die Weichteile sind fahlgrau.
Größe: bis 45 cm nach Literatur. (Die von mir in Gefangenschaft beobachteten und gepflegten Tiere wuchsen nicht über 30 cm.)
Vorkommen: Hinterindien (Thailand, südliches Indochina und Malayische Halbinsel).
Lebensweise: Sie kommt in ihrem Lebensraum in stillen, stark bewachsenen Gewässern vor. Ihren Namen trägt sie auf Grund ihres häufigen Vorkommens in den Teichen der buddhistischen Tempel, vor allem in Thailand. (Der Gläubige, der in der Natur eine solche Schildkröte fängt und sie zum Tempelteich bringt, glaubt, er habe damit ein Leben gerettet und sich das als Verdienst im Jenseits gesichert.)
Im Aqua-Terrarium ist sie gut zu halten und auch nicht so wärmebedürftig, wie man auf Grund ihrer Herkunft annehmen sollte. Diese Art kommt bei mir regelmäßig von April bis Oktober ins Freiland, wo sie sich bei Sonnenschein gerne an der Wasseroberfläche treiben läßt und bei der Fütterung immer bei den Ersten ist. Die in der Literatur gemachte Angabe, sie fresse fast ausschließlich pflanzliche Kost, kann ich auf gar keinen Fall bestätigen, da sie bei mir eine Mischköstlerin ist. Sie frißt sozusagen „was auf den Tisch kommt". Neben Salat, Löwenzahn oder Bananen genauso Rinderherz, Rinderleber, Schnecken, Garnelen, Regenwürmer und Fische sowie Schildkrötenaspik. Über Nachzucht in Gefangenschaft ist nichts bekannt, doch halte ich sie durchaus für unproblematisch.

Literatur:

NÖLLERT, A. (1982): Einiges zur Tempelschildkröte, *Hieremys annandalii* BOULENGER 1903. – Elaphe, **1982** (1): 9–10.

Gattung: Hardella Gray

Diademschildkröten
vertreten durch eine einzige Art

Hardella thurjii Gray

Diademschildkröte
(keine Unterarten)

Kennzeichen: Sie sieht der vorher genannten Art sehr ähnlich. Der leicht dachförmige Rückenpanzer ist braun-schwarz und hat einen gebuckelten Mittelkiel. Der Bauchpanzer ist oft sehr unterschiedlich gefärbt. Er kann gelb oder dunkelgrau bis schwarz sein, doch gibt es auch Exemplare, bei denen er gelb ist und in der Mitte eines jeden Bauchschildes einen grauen Fleck aufweist. Ein leuchtend gelber Streifen beginnt an der Schnauzenspitze, ist am Auge unterbrochen und läuft gleich dahinter waagrecht weiter (sich dabei verjüngend); er wirkt wie ein Stirnband und hat der Art ihren deutschen Namen gegeben. Ein zweites gelbes Band verläuft parallel zu dem oberen, endet aber unter dem Auge. Die massigen Gliedmaßen sind meist dunkelgrau bis schwarz und enden in starken, spitzen Krallen, zwischen welchen sich Schwimmhäute befinden.
Größe: bis 50 cm Weibchen, Männchen bis ca. 30 cm.
Vorkommen: West-Pakistan sowie nördliches Vorder- und Hinterindien.
Lebensweise: Ihre Heimat sind hauptsächlich die Flußsysteme des Ganges und Brahmaputra, wo sie meist im tiefen Wasser anzutreffen ist. Daher liegen auch – als Besonderheit gegenüber anderen Arten – ihre Lungen in knöchernen Kapseln (die von Vorsprüngen des Panzers gebildet werden), um sie vor dem Wasserdruck zu schützen. Während sie allgemein in der Literatur als reine Pflanzenfresserin angegeben wird, berichtet Klingelhöffer, daß sie auch Fische frißt, doch wird die pflanzliche Nahrung überwiegen. Ihr Appetit ist erstaunlich, sie ist immer freßbereit. Ebenfalls nach Angaben von Klingelhöffer soll sie in der Aquarienhaltung sehr hart und ausdauernd sein, hält sich beinahe ausschließlich im Wasser auf und legt ein ungemein friedliches Verhalten an den Tag (auch weitaus kleineren Schildkröten gegenüber). Es kommt nie zu Beißereien; sie droht zwar mit geöffnetem Maul, beißt aber nie zu.
Temperaturansprüche 22 bis 28 °C. Im Handel wird sie relativ selten angeboten; auch kommt sie auf Grund ihres schnellen Wachstums nur für größere Behälter in Frage.

Literatur:

Krefft, P. (1904): Eine seltene indische Sumpfschildkröte. – Blätter Aquar. Terr. Kde., **15** (17): 258–260.

Gattung: Kachuga Gray

Dachschildkröten

Kachuga dhongoka Gray

Dhongoka-Dachschildkröte
(keine Unterarten)

Kennzeichen: Der dunkelolive Rückenpanzer wird dem Namen „Dach“-Schildkröte nicht gerecht, denn er ist nur flach gewölbt. Längs der Mitte weist er Höcker auf, die nur schwach ausgeprägt sind und mehr einem unterbrochenen Längskiel gleichen. Der Bauchpanzer ist graugelb, ohne irgendwelche Fleckenzeichnung. Der graue Kopf hat nur leichte Aufhellungen an den Seiten. Die kräftigen Gliedmaßen enden in kleinen Krallen, zwischen denen sich große, ausgeprägte Schwimmhäute befinden.
Größe: bis 40 cm.
Vorkommen: Nordöstliches Vorderindien.
Lebensweise: Sie gleicht in ihrer Lebensweise und ihren Ansprüchen sehr der Diademschildkröte, mit der sie auch oft zusammen anzutreffen ist. Im Tierhandel nur selten angeboten, ist sie auch auf Grund ihrer Größe und ihres schnellen

Wachstums weniger für die Terrarienhaltung geeignet. Wobei noch hinzu kommt, daß sie sich lange nicht so friedlich verhält wie *Hardella.*

Literatur:

YADVA, R. (1980): Hatching time for the eggs of softshell turtle, *Kachuga dhongoka*, at various temperature. – Indian For., **106** (10): 721–731.

Kachuga kachuga GRAY

Kachuga-Dachschildkröte
(keine Unterarten)

Kennzeichen: Ähnelt der vorbesprochenen *Kachuga*-Art, doch sind die Höcker des Rückenpanzers kaum abgesetzt und gleichen eher einem Längskiel. Auffallend sind sieben Längsstreifen (rötliche) am Hals und ein hellumrahmter schwarzer Streifen, der vom Auge schräg nach hinten verläuft und um die Kiefernwinkel nach unten – in der Art eines Hakens – einen Bogen schlägt.
Größe: bis 40 cm.
Vorkommen: Vorderindien und westliches Hinterindien.
Lebensweise: In der Literatur ist über sie so gut wie nichts zu finden. Desgleichen ist sie meines Wissens im Tierhandel wohl noch nie angeboten worden.

Kachuga smithii GRAY

Smith-Dachschildkröte
(keine Unterarten)

Kennzeichen: Der Rückenpanzer von *K. smithii* ist ebenfalls nicht ausgesprochen dachförmig, also relativ flach und grau-braun gefärbt. Der dunkel rotbraun gefärbte Mittelkiel weist nur sehr abgerundete Höcker auf. Der Hinterrand ist nicht gesägt. Der Bauchpanzer ist bräunlich mit hellen Schildnähten. Der dunkelbraune Kopf hat seitlich hinter dem Auge einen roten, nach außen nicht scharf abgegrenzten Fleck, der sich im Alter meist verliert oder stark verblaßt. Der Hals ist mit hellen und dunklen Längslinien verziert. Die Gliedmaßen sind hell graubraun, zwischen den mit scharfen Krallen versehenen Zehen befinden sich große Schwimmhäute.
Größe: bis 25 cm.
Vorkommen: West-Pakistan und nördliches Vorderindien.
Lebensweise: In ihrer Heimat ist sie meist in größeren Flüssen anzutreffen, oft auch an tiefen Stellen. Sie ist ein Allesfresser; das Verhältnis von tierischer zu pflanzlicher Kost dürfte im Durchschnitt bei 50:50 liegen. Besonders auf Wasserinsekten hat sie es abgesehen, aber auch Rinderherz, Hundefertigfutter, Salat, Bananen sowie sonstige süße Früchte und vor allem jungen Löwenzahn frißt sie gern. Ihr Wärmebedürfnis liegt zwischen 24 und 28 °C. Als Terrarienpflegling macht sie viel Freude und ist bei reichlichem und auch tiefem Schwimmraum (40–50 cm) gut zu halten. In letzter Zeit wurde sie im Handel wieder öfters angeboten.
Mein weibliches Tier hat mindestens die dreifache Größe des Männchens. Es hat auch schon einmal vier (leider unbefruchtete) Eier abgelegt, deren ungewöhnlich lange, schmale Form (durchschnittliche Länge 55 mm, Breite 20 mm) auffiel. (Foto Seite 18)

Literatur:

KLINGELHÖFFER, W. (1956): Terrarienkunde. Teil 4; Stuttgart.

Kachuga sylhetensis JERDON

Assam-Dachschildkröte
(keine Unterarten)

Größe: bis 20 cm.
Vorkommen: Nordöstliches Vorderindien.
Über diese Art ist so gut wie nichts bekannt.

Literatur:

ANNANDALE, N. (1907): The distribution of *Kachuga sylhetensis.* Rec. Indian Mus. Calcutta, **1:** 171.

Kachuga tecta Gray

Indische Dachschildkröte

Literatur:
Kachuga tecta-Gruppe:

Rudloff, H. W. (1979): Beitrag zur Kenntnis von *Kachuga tecta* Gray, 1831. – Elaphe, **1979** (3): 37.
– (1980): Beitrag zur Kenntnis von *Kachuga tecta* Gray, 1831. – Elaphe, **1980** (1): 5–8.

Unterart (Nominatform):
Kachuga tecta tecta Gray
Indische Dachschildkröte
Geschützt! Anhang I des WA
(Foto Seite 89)

Kennzeichen: Der Rückenpanzer wird seinem Namen gerecht, denn er ist dachförmig. Bei Jungtieren ist er hellgrün und verfärbt sich mit zunehmendem Alter in grau-braun. Die in der Literatur oft gemachte Angabe, daß er bei ausgewachsenen Männchen moosgrün sei, kann ich nicht bestätigen; die von mir gepflegten Paare haben alle einen grau-braunen Carapax. Die ersten drei Wirbelschilde bilden deutliche Hökker, die rot gefärbt und schwarz eingerahmt sind. Dabei ist der dritte Höcker der höchste. Die restlichen Mittelschilde tragen nur noch einen Längskiel. Der Bauchpanzer ist bei Jungtieren meist rosarot oder orangerot und wird später gelb mit noch leicht angedeutetem Rot oder Rosa, vor allem bei den Männchen. Als wirkungsvollen Kontrast zeigt das ganze Plastron tropfenförmige, schwarze Flecken. Der Kopf ist oben schwarz mit je einem ziegelroten, großen, ebenfalls schwarz eingefaßten Zügelstreifen. Er beginnt unterhalb des Auges in einem spitzen Winkel, um dann immer breiter werdend hinter dem Auge bis zur Kopfoberseite zu verlaufen. An der Kehle beginnend erstreckt sich über den ganzen Hals eine feine, stark abgegrenzte, schwarz-gelbe bis gelb-rote Linienzeichnung. Von der hochgezogenen Schnauze, die dem Tier einen hochmütigen Ausdruck verleiht, laufen ein oder mehrere rötliche Streifen hinunter zum Oberkiefer. (Die männlichen Tiere sind intensiver gefärbt als die Weibchen). Auch die Gliedmaßen tragen rötliche oder rötlich-gelbe Punktreihen auf grauer Grundfarbe. Die mit spitzen Krallen versehenen Zehen haben große Schwimmhäute.

Größe: bis 20 cm (Männchen bleiben meist viel kleiner).

Vorkommen: West-Pakistan sowie nördliches Vorder- und Hinterindien.

Lebensweise: Auch diese Dachschildkröte kommt in größeren Flußsystemen vor. Sie ist nicht so wärmebedürftig wie *K. smithii*, aber ebenso ein großer Freund der Sonne. Meine Tiere nützen jeden Sonnenstrahl sofort aus. Sie liegen dann mit weit ausgestrecktem Hals und gespreitzten Vorder- und Hinterbeinen am Ufer, um der Sonne eine möglichst große Fläche zu bieten. Sie halten sich im Freilandteich ausgezeichnet und entwickeln einen großen Appetit. Sie sind ebenfalls Gemischtköstler (50:50) und ganz versessen auf feingehacktes Rinderherz und Insekten. Sehr beliebt sind auch Mehlwürmer, von denen ich aber aus bekannten Gründen nur hie und da einige verfüttere. Natürlich sind Löwenzahn, Salat, süße Früchte und Bananen ebenso beliebt. Fisch wurde bis heute in keiner Form genommen, auch nicht von *K. t. circumdata* und *K. smithii.* Anderslautende Literaturangaben halte ich für falsch.

An dieser Stelle möchte ich noch über eine besondere Erfahrung meinerseits berichten: Im Jahre 1965 erhielt ich eine weibliche *K. t. tecta*, die wohl Insekten und Pflanzenkost, aber niemals Rinderherz oder -leber fraß. Sie wuchs in den ersten 2 1/2 Jahren überhaupt nicht, sondern hat nur etwas an Gewicht zugenommen. Plötzlich fing sie an, Rinderherz und -leber mit einem wahren Heißhunger zu fressen. Gleichzeitig begann sie zu wachsen und hat ihre anfängliche Größe bis heute vervielfacht.

Leider ist mir eine Nachzucht dieser Schildkrö-

ten, trotz mehrfach beobachteter Kopulationen, bis heute nicht gelungen. Dies wäre um so mehr zu begrüßen, als diese Art ja heute unter dem Anhang I des WA aufgeführt ist.
Die Temperatur sollte zwischen 20 und 26 °C betragen. Das in der Literatur immer wieder angegebene hohe Wärmebedürfnis konnte ich noch nie feststellen. Sie sind immer die ersten, die morgens – trotz niedriger Außentemperatur von 8 bis 10 °C – den Freilandteich verlassen, um sich zu sonnen.
Die vielgepriesene Wasserklarheit für Kachugen ist meines Erachtens gar nicht so sehr von Bedeutung, während **gesundes** Wasser viel wichtiger ist. Deshalb gibt es bei mir kein Schildkrötenterrarium oder -teich, in die nicht Wasser hereinsprudelt, um den notwendigen Sauerstoff zu liefern. So wird eine positive Filterung erreicht und negative Fäulnisprozesse sind von vornherein unterbunden. Im Zusammenwirken mit einem biologischen Filter (bei Zimmerterrarien bepflanzt mit großen Pflanzen wie Monstera, Cyperngras u. a., im Freiland mit Rohrkolben, Wasser-Iris, Schilf usw.) kann anfallendes Nitrat weitgehend entfernt werden, soweit eine Anlage nicht zu viele Insassen aufweist. Man möge mir diese Zwischenbemerkung verzeihen, sie hat aber Allgemeingültigkeit. Auch bei der Besprechung der verschiedenen Terrarien-Anlagen bin ich schon darauf eingegangen.
Abschließend möchte ich noch sagen, daß *K. t. tecta* wie auch *K. t. circumdata* und *K. smithii* sehr friedliche und vor allem auch gegenüber Jungtieren sehr verträgliche Partner sind.
Nachzucht ist erstmals 1985 und auch 1986 einem Liebhaber mehrmals gelungen.

Literatur:

BISTERFELD, R. (1970): Ein Juwel aus dem heiligen Strom – in der Speiswanne. Die indische Dachschildkröte – *Kachuga t. tecta.* – Aquarien Magazin, **4** (4): 152–155.
KLINGELHÖFFER, W. (1918): Über *Cachuga tectum* und andere Schildkröten. – Blätter Aquar. Terr. Kde., **29:** 164–166.
MERTENS, R. (1918): Die indische Dachschildkröte (*Cachuga tectum* GRAY). – Blätter Aquar. Terr. Kde., **29:** 22–24.
SCHERPNER, C. (1955): Einige Beobachtungen bei der Nachzucht der indischen Dachschildkröte *(Kachuga tecta).* – DATZ, **8** (1): 20–23.

Unterart:
Kachuga tecta circumdata GRAY

Kennzeichen: Diese Unterart hat den gleichen dachförmigen Rückenpanzer wie die vorgenannte Art, doch ist die Färbung mehr grauoliv. Die roten, schwarz abgesetzten Höcker auf den ersten drei Wirbelschilden sind ebenfalls vorhanden. Abweichend von der Nominatform hat sie aber rund um den Carapax, entlang der Nahtlinie zwischen Rand- und Rippenschilden einen breiten, roten Streifen. Auch die Zeichnung des Bauchpanzers mit tropfenförmigen, schwarzen Flecken und der teilweisen Orange- bis Rosa-Färbung ist bei dieser Unterart festzustellen. Der Kopf ist auf der Oberseite hell oliv und seitlich hinter dem Auge hat sie einen auffallenden, kräftig roten Schläfenfleck. Im Gegensatz zu *K. t. tecta* sind hier die Linienzeichnungen am Hals nur verschwommen angedeutet. Die Gließmaßen sind grau bis grau oliv und haben zwischen den Zehen große Schwimmhäute.
Größe: bis 20 cm.
Vorkommen: Mittleres Vorderindien.
Lebensweise: Bezüglich der Lebensweise gilt alles, was ich bei der Nominatform schon gesagt habe. Bei den von mir gehaltenen Tieren konnte ich keinerlei Unterschied feststellen. Dies gilt insbesondere auch für die Terrarienhaltung.

Literatur:

ANON. (1969): Turtles of the world: *Kachuga tecta tentoria.* – Int. Turtle & Tortoise Soc. Jour., **3** (5): 1 p.
MERTENS, R. (1969): Eine neue Rasse der Dachschildkröte, *Kachuga tecta.* – Senckenbergiana biol., **50** (1/2): 23–30.

Kachuga trivittata Dumeril & Bibron
Dreistreifen-Dachschildkröte
(keine Unterarten)

Kennzeichen: Diese Schildkröte trägt den Namen „Dach"-Schildkröte wiederum zu Unrecht. Der Panzer ist ziemlich flach und besitzt als besonderes Merkmal auf dem Carapax drei dunkle Längsbänder, wovon das mittlere auf einer Art Rückenkiel verläuft. Die den Kachugen sonst eigenen Höcker sind nur leicht angedeutet. Außerdem fehlt diesem Tier jegliche Zeichnung am Hals und den Gliedmaßen. Die kräftigen Beine haben an den Zehen ebenfalls starke Schwimmhäute.
Größe: bis 58 cm.
Vorkommen: Westliches Hinterindien.
Lebensweise: Sie ist ebenfalls eine Bewohnerin großer Flüsse und Seen. Im Gegensatz zu den recht groß werdenden weiblichen Tieren bleiben die Männchen relativ klein, eine Beobachtung die man bei allen Kachugen, aber auch bei vielen anderen Schildkröten-Arten machen kann.
In der Literatur wird sie praktisch überhaupt nicht erwähnt. Desgleichen wurde sie meines Wissens im Handel noch nie angeboten. Sie eignet sich ihrer Größe wegen sowieso nur für die Haltung als Jungtier, denn nur wenige Liebhaber werden in der Lage sein, erwachsene Tiere im Terrarium zu pflegen.

Gattung: Callagur Gray
Callagur-Schildkröten
vertreten durch eine einzige Art

Callagur borneoensis
Schlegel & S. Müller
Callagur-Schildkröte
(keine Unterarten)

Kennzeichen: Der Carapax ist normalerweise braun mit drei Kielen, welche im Alter aber weitgehend verschwinden. Auf ihnen verlaufen schwarze Längsbänder, die auch gefleckt sein können. Dazu möchte ich Klingelhöffer zitieren, der an einem Tier dieser Art folgende erstaunliche Feststellungen machte: „Ein 1937 in den Besitz von Mertens gelangtes Tier von 14 cm war schmutzig-graubraun gefärbt und zeigte auf den Wirbel- und Rückenschilden wenig deutliche schwarze Flecken in drei Längsreihen. Auch der Kopf war schmutzig-graubraun ohne Zeichnung. Am 1. 10. 1939 bekam ich das auf 18 cm herangewachsene Tier, dessen Carapax fast einfarbig schwarz geworden war, in Pension. In den Wintermonaten 1940/41 wurde das Plastron leuchtend gelb und die Kopfoberseite rotbraun mit kleinen unregelmäßigen gelben Tupfen. Nach etwa drei Monaten trat Abblassung ein. Am Anfang 1942 entstand auf dem Kopf ein deutlicher orangefarbener Längsstreifen von der Nase über die Schädelmitte. Das Plastron wurde intensiv gelb. 1943 trat ein völliger Wandel der Färbung ein. Der Rückenpanzer war nur noch in der hinteren Hälfte schwarz, vorne dagegen war er lauchgrün, wovon sich am Rande einige schwarze Flecken und in der Mitte drei ebensolche scharfe Längsstreifen abhoben. Die Nase wurde blaugrau. An den schwarzgewordenen Kopfseiten war zeitweise sehr deutlich ein hellblaugrauer Hauch wahrnehmbar, besonders an den Lidern. Das Auffallendste war aber ein fast 1 cm breites ausgesprochen lachsfarbenes bis ziegelrotes Längsband über die Schädelmitte. Der Hals und die Unterseite der Gliedmaßen wurden gelblichgrau, die Oberseite der Vorderbeine hellgrau und die Hinterbeine dunkelgrau. Das Plastron war weißgelb. Der Rükkenpanzer hatte nunmehr eine Länge von 30 cm erreicht. Während einer sommerlichen Fastenzeit auf dem Lande bei großer Hitze gingen die roten und gelben Farben zurück. Mitte September 1943 begann der Callagur sich als Männchen zu betätigen. Um diese Zeit wurden die Farben wieder matter und der Kopf schwach orangegelblich." Dieses Beispiel zeigt, wie auch bei adulten Schildkröten (vermutlich hormongesteuerte) Umfärbungen eintreten können.

Größe: bis 45 cm.

Vorkommen: Südliches Hinterindien und Sunda-Archipel.

Lebensweise: Auch sie ist, wie die vorgenannte Gattung, eine typische Flußschildkröte, die nur im tieferen Wasser vorkommt. Die beim Jungtier mehr tierische Ernährung geht im Verlaufe des Älterwerdens vorwiegend auf pflanzliche Nahrung über. Da die Callagur-Schildkröte immer hungrig ist, ist sie in der Futterfrage nicht wählerisch und frißt was sie bekommen kann. Im Gegensatz zu vielen anderen Schildkröten frißt sie daher ein Blatt nicht mit einzelnen Bissen, sondern schlingt es auf einmal hinunter. Sie schwimmt ausgezeichnet und macht dabei die elegantesten Wendungen. Als eine reine Wasserschildkröte hält sie sich nur zum Sonnen und zur Eiablage an Land auf. Lediglich P. Krefft berichtet über ein Tier, das jeweils über Nacht auf den Landteil ging. Terrarienhaltung wäre auch nur im juvenilen Alter möglich. Das Tier wird im Handel eigentlich überhaupt nicht angeboten, wäre aber sonst ein recht empfehlenswerter Insasse von Großterrarien mit 4/5 Wasserfläche von mindestens 50 cm Tiefe.

Literatur:

KREFFT, P. (1937): *Callagur borneoensis* SCHLEGEL & MÜLLER, eine seltene Wasserschildkröte. – Wochenschrift Aquar. Terr. Kde., **34:** 477–479.

MERTENS, R. (1937): Über *Callagur borneoensis* SCHLEGEL & MÜLLER, eine seltene Brackwasser-Schildkröte. – Blätter Aquar. Terr. Kde., **48** (7): 150–152.

Gattung: Orlitia GRAY

Borneo-Flußschildkröten

Orlitia borneensis GRAY

Borneo-Flußschildkröte
(keine Unterarten)

Kennzeichen: Der einfarbig dunkel- bis hellbraune Rückenpanzer ist stark gewölbt und stumpfkielig. Nur bei Jungtieren ist er hinten gesägt. Der Bauchpanzer ist vorwiegend hell und hat nur in der Jugend dunkle Flecken längs des Außenrandes. Der Kopf hat bei Jungtieren helle Flecken (nie längsgestreift) und wird im Alter einfarbig bräunlich. Seine Form ist rundlich mit stark verkürzter Schnauze. Der Außenrand des Oberkiefers ist vertikal auffallend stark geschwungen. Kopf, Hals und Gliedmaßen sind bei erwachsenen Tieren einfarbig bräunlich ohne Zeichnung oder Flecken.

Größe: bis 75 cm.

Vorkommen: Südliches Hinterindien und Sunda-Archipel.

Lebensweise: Über dieses sehr groß werdende Tier ist wenig bekannt. Sie gleicht in ihrer Lebensweise der vorgenannten *Callagur*, da sie auch im gleichen Verbreitungsgebiet und Biotop vorkommt. Falls überhaupt erhältlich, kommt nur eine Terrarienhaltung von Jungtieren in Frage, da außer im Zoo keine Behälter entsprechender Größe geboten werden können.

Literatur:

MEHRTENS, J. M. (1970): *Orlitia*: the Bornean terrapin. – Int. Turtle & Tortoise Soc. Jour., **4** (5): 6–7, 33.

PETZOLD, H.-G. (1959): Erster Nachkriegsimport der Sunda-Riesenwasserschildkröte *(Orlitia borneensis* GRAY) im Tierpark Berlin und einige Bemerkungen zu *Siebenrockiella crassicollis* GRAY. – DATZ, **12** (2): 54–55.

Gattung: Batagur GRAY

Batagur-Schildkröten

Batagur baska GRAY

Batagur-Schildkröte
(keine Unterarten)

Kennzeichen: Der Carapax ist hell graubraun und nur schwach gewölbt. Das Plastron ist gelb. Der Kopf ist breit. Im Maul befinden sich drei Kauleisten, die auf pflanzliche Hauptnahrung hinweisen. Die muskulösen Gliedmaßen enden in kräftigen Krallen. Die Vorderbeine haben nur vier Zehen.

Größe: bis 60 cm.
Vorkommen: Östliches Vorderindien und Sunda-Archipel.
Lebensweise: Diese Art bewohnt, wie die zuvor besprochenen Gattungen *Callagur* und *Orlitia* nur größere und tiefe Gewässer, geht aber im Gegensatz zu den vorgenannten Gattungen auch in brackiges Wasser. Wie schon unter „Kennzeichen" erwähnt, nimmt diese Schildkröte fast ausschließlich pflanzliche Nahrung zu sich, die in der Hauptsache aus Wasserpflanzen bestehen dürfte. Literaturangaben sind äußerst spärlich, und Erfahrungen über Terrarienhaltung sind ebenfalls nicht bekannt.

Literatur:

Moll, E. O. (1980): Natural history of the river terrapin, *Batagur baska* Gray in Malaysia. – Malaysian Jour. Sci., **6:** 23–62.

Gattung: Geoemyda Gray

Erd-Schildkröten

Die Gattung der Erdschildkröten ist so groß, daß ein genaues Eingehen auf jede Art oder gar Unterart den Rahmen dieses Buches sprengen würde. Daher will ich mich darauf beschränken, alle Arten kurz zu erwähnen, aber nur auf die bekanntesten und bemerkenswertesten näher einzugehen. Die größere Zahl lebt mehr terrestrisch und sucht oft nur flaches Wasser auf. Erdschildkröten fressen sowohl im Wasser als auch auf dem Lande. Sie sind durchweg Allesfresser, wobei die Vorliebe für eine tierische oder pflanzliche Ernährung von Art zu Art sowie bei Tieren gleicher Art sehr unterschiedlich sein kann. Ihre Temperaturansprüche sind dem Verbreitungsgebiet und jeweiligen Biotop entsprechend sehr verschieden und liegen zwischen 20 und 26 °C. Eine Freilandhaltung ist möglich, nur muß das Terrarium windgeschützt sein und den terrestrischen Tieren ein möglichst heizbares Versteck bieten. Die Terrarienhaltung verlangt einen Behälter mit etwa 1/3 Wasserteil (25 °) und 2/3 feuchtem Landteil, der entweder durch starken Bewuchs oder durch überhängende Wurzeln oder Steinplatten Versteckmöglichkeiten bietet. Im Handel sind viele dieser Tiere selten oder nie zu erhalten.

Untergattung: Geoemyda

im engeren Sinne
mit Arten:

Geoemyda spengleri Gmelin

Zacken-Erdschildkröte
(Foto Seite 90)

Unterart (Nominatform):
Geoemyda spengleri spengleri
Zacken-Erdschildkröte

Kennzeichen: Der rotbraune, mit einem Längskiel versehene, flache Rückenpanzer ist am Vorderrand leicht, am Hinterrand stark gesägt. Der Bauchpanzer ist schwarz mit gelbem Rand. Der bräunliche Kopf hat eine hakenartige Schnauze. Die auffallend große schwarze Pupille ist von einer grell weiß-gelben Iris umgeben. Der Hals ist mit feinen braunen und gelben Längsstreifen versehen, mit dazwischen gestreuten roten Tupfen. Die ebenfalls bräunlichen Gliedmaßen weisen starke Schuppen auf. Am Ende der Zehen sitzen kräftige Nägel.
Größe: bis 13 cm.
Vorkommen: Südöstliches Hinterindien, südliches China und Sunda-Archipel.
Lebensweise: Diese Art lebt in ihrem Verbreitungsgebiet hauptsächlich terrestrisch und bevorzugt feuchte Wälder, wo sie sich (da sie sehr lichtscheu ist) gern im Unterholz und Laub versteckt hält. Mitunter bewohnt sie verhältnismäßig kühle, aber feuchte Gebirgsregionen und ist in Höhen bis 1200 m noch anzutreffen. Bei Terrarienhaltung ist dem natürlich Rechnung zu

tragen. Stark schattenspendender, dichter Bewuchs im Behälter mit flacher (6 cm tiefer) Wasserstelle ist vonnöten. Fehlt starker Bewuchs, so ist eine nur schwache Beleuchtung für einige Stunden am Tag ausreichend.

Abwechslungsreiche Fütterung mit Regenwürmern, Insekten, Schnecken, Fertigfutter für Schildkröten, Rinderherz und Rinderleber, aber auch von Früchten und Salat, die aber kaum einmal angenommen werden. Das Temperaturbedürfnis ist nicht so hoch und kann zwischen 20 und 24 °C schwanken. Auf Sonnenbestrahlung legt die Zacken-Erdschildkröte überhaupt keinen Wert, dies ist bei Freilandhaltung zu beachten. Angesichts dieser Lebensweise bekommt man die Tiere kaum zu sehen. Nach Stettler ist Nachzucht in Gefangenschaft schon geglückt. Das Weibchen legt in der Regel nur zwei Eier. Die Zeitigungsdauer beträgt zwischen 74 und 110 Tagen. Die Aufzucht der Jungtiere wird dadurch vereinfacht, daß sie bei der Futteraufnahme überhaupt nicht wählerisch sind und gierig alles Gebotene fressen: von Tubifex, gehackten Regenwürmern und angefeuchtetem Fertigfutter angefangen, bis hin zu kleinen Schnecken, Insekten (ertränktes Wiesenplankton) und nach etwa vier Monaten sogar nestjunge Mäuse.

Ihrer Größe nach würde sich *G. spengleri* für die Terrarienpflege besonders gut eignen, doch leider wird sie im Tierhandel fast nie angeboten. Vermutlich wird sie auf Grund ihrer versteckten Lebensweise von den Fängern nicht gesehen und beachtet.

Unterart:

Geoemyda spengleri japonica FAN
Japanische Berg-Schildkröte

Größe: bis 12 cm.
Vorkommen: Japan (Riu-Kiu-Inseln).

Literatur:

ANON. (1966): Die Zacken-Erdschildkröte *(Geoemyda spengleri spengleri).* – Aquarien Terrarien, **13** (12): 411.

EICKELMANN, G. (1966): Eiablage bei *Geoemyda spengleri spengleri.* – Aquarien Terrarien, **13** (1): 32.

LUTHE, H. & MARTHALER, E. (1974): Erfolgreiche Pflege und Zucht der Zacken-Erdschildkröte *Geoemyda spengleri spengleri.* – Das Aquarium (Aqua Terra), **8** (60): 264–268.

MARBY, H. (1956): *Geoemyda spengleri.* – DATZ, **9** (12): 331–332.

STETTLER, P. H. (1978): Handbuch der Terrarien-Kunde. (Kosmos-Franckh): 98.

Untergattung: Melanochelys
Schwarzbauch-Erdschildkröten

Literatur:
Melanochelys-Gruppe:

LORENZ, W. (1983): Die asiatischen Schildkröten der Familie Emydidae: 1. Teil: Die Gattung *Melanochelys* GRAY 1869. – Die Schildkröte (Haar), **5** (1/2): 39–49.

VIJAYA, J. (1982): Breeding data on *Melanochelys t. trijuga* and *Melanochelys trijuga coronata.* – Hamadryad (Madras), **7** (3): 16.

Melanochelys tricarinata BLYTH
Dreikiel-Erdschildkröte
(keine Unterarten)
Geschützt! Steht im Anhang I des WA.

Größe: bis 16 cm.
Vorkommen: Vorderindien.

Melanochelys trijuga SCHWEIGGER
Schwarzbauch-Erdschildkröte

63: Chelus fimbriatus (Fransenschildkröte oder „Mata-Mata") Ein Jungtier dieser bizarren Schildkrötenart, bei dem noch die Rottönung in der Färbung dominiert. **64:** Ein ausgewachsenes Exemplar von **Chelus fimbriatus.** Wehe dem Fisch, der in die Nähe dieser so ruhig daliegenden Schildkröte gerät! Blitzschnell ist er ein Opfer des „Saugschnappens". **65: Chelodina longicollis longicollis** (Glattrücken-Schlangenhalsschildkröte). Sie ist besonders verträglich gegenüber allen ihren Mitbewohnern im Terrarium.

66

67

68

69

70

71

Unterart (Nominatform):
Melanochelys trijuga trijuga Schweigger

Größe: bis 22 cm.
Vorkommen: Vorderindien.

Unterart:
Melanochelys trijuga coronata Anderson

Vorkommen: Südwestliches Vorderindien.

Unterart:
Melanochelys trijuga edeniana Theobald

Größe: bis 28 cm.
Vorkommen: Hinterindien (Burma).

Unterart:
Melanochelys trijuga indopeninsularis Annandale

Vorkommen: Östliches Vorderindien.

Unterart:
Melanochelys trijuga parkeri Deraniyagala

Größe: bis 40 cm.
Vorkommen: Trockene Gebiete der Küstenregion und im nördlichen Teil von Sri Lanka.

66: Elseya novaeguineae (Rückenflecken-Elseyaschildkröte). Bauchpanzer eines Jungtieres dieser sehr gut zu haltenden Schildkröte. Da sich vor allem die Jungtiere gern beißen, sind Versteckplätze notwendig. **67: Elseya novaeguineae.** Kopf- und Halspartie meines ausgewachsenen männlichen Tieres, das in vier Jahren Vater von mindestens 150 Jungtieren geworden ist. **68: Emydura albertisii** (Rotbäuchige Spitzkopfschildkröte). Bauchpanzer eines Jungtieres dieser sehr hübschen Schildkrötenart. **69: Emydura albertisii.** Jungtier ca. eine Woche alt. Diese Art wird heute relativ oft nachgezüchtet und ist ein empfehlenswerter Pflegling. **70: Emydura macquarrii** (Breitband-Spitzkopfschildkröte). Dieses weibliche Tier habe ich von klein an aufgezogen und auch Nachzucht von ihm erhalten. **71: Emydura macquarrii,** links männliches und rechts weibliches Tier (Zuchtpaar). Diese Art kann unglaubliche Kletterkünste entwickeln.

Anmerkung: M. t. parkeri hat sich im Gegensatz zu den anderen *M. trijuga* zu einer reinen Landform entwickelt. Sie soll auch nur pflanzliche Nahrung aufnehmen. Alle vorgenannten Unterarten sollen eine sehr unterschiedliche Lebensweise führen, so daß die einen sich ganz aufs Wasserleben spezialisiert haben, während andere reine Landformen geworden sind.
Die am häufigsten eingeführte und damit bekannteste *M. trijuga* ist die nachstehende Unterart, auf welche ich daher ausführlich eingehe.

Unterart:
Melanochelys trijuga thermalis Lesson
Schwarzbauch-Erdschildkröte oder Indische Dreikielschildkröte

Kennzeichen: Der bei Jungtieren rötlich-braune, später ganz schwarze Rückenpanzer weist drei Längskiele auf. Er ist nicht stark gewölbt und bei den juvenilen Exemplaren am Hinterrand etwas gesägt. Dies verliert sich aber im Alter und er ist dann glatt. Auch der in der Jugend mit einem gelben Rand versehene Bauchpanzer wird später völlig schwarz. Der schwarze Kopf hat verstreute rötliche bis gelbliche Flecken. Der obere Schnauzenrand hat vorne einen tiefen Einschnitt. Die kräftigen Gliedmaßen enden in scharfkralligen Zehen.
Größe: bis 25 cm.
Vorkommen: Sri Lanka.
Lebensweise: In ihrer Heimat kommt sie vor allem in feuchten Höhengebieten vor, im Gegensatz zu *M. t. parkeri.* Dort bewohnt sie Berggewässer, ist aber auch auf dem Land anzutreffen. Manche sollen sich sogar direkt auf ein Landleben umgestellt haben (was aber mit Sicherheit die Ausnahme ist). Sie lebt sehr versteckt und ist recht scheu. Bei Terrarienhaltung muß man dem gerecht werden und sowohl im Wasser als auch auf dem Lande für Schlupfwinkel sorgen.
Diese Unterart hat sich bei mir fast völlig aquatil

verhalten und ging äußerst selten an Land. Sonnenbäder wurden nur manchmal genommen. Im Futter war sie nicht wählerisch und nahm alles Gebotene. Entgegen Literaturangaben bevorzugt sie aber tierische Nahrung. Auch Schildkröten- und Hundefertigfutter wird nicht verschmäht. Ihr Temperaturbedürfnis liegt bei 20 bis 25 °C. Sie kann im Sommer ohne weiteres im Freiland gehalten werden, wo man sie allerdings auf Grund ihrer Scheu überhaupt nicht mehr zu Gesicht bekommt. Im Handel wird sie oft angeboten und ist auch für den Anfänger zu empfehlen.

Untergattung: Heosemys

Literatur:
Heosemys-Gruppe:
KREFFT, P. (1927): Die Schildkrötengattung *Geoemyda* GRAY(Nicoria Blgr). - Blätter Aquar. Terr. Kde., **38:** 447–450.
LORENZ, W. (1984): Die asiatischen Schildkröten der Familie Emydidae: 2. Teil: Die Gattungen *Cyclemys* BELL 1834 und *Notochelys* GRAY 1863. - Die Schildkröte (Haar), **6** (1): 4–20.
RUST, H.-T. (1936): Interessante Schildkröten. II: Über die Schildkrötengattung *Geoemyda* GRAY. - Wochenschrift Aquar. Terr. Kde., **33:** 530–532, 548–550.
WERMUTH, H. (1974): Erd-Sumpfschildkröten der Gattung *Geoemyda.* - DATZ, **27** (8): 280–282.

Heosemys depressa ANDERSON
Flache Erdschildkröte
(keine Unterarten)

Größe: bis 25 cm.
Vorkommen: Hinterindien.

Heosemys grandis GRAY
Riesen-Erdschildkröte
(keine Unterarten)
(Foto Seite 89)

Kennzeichen: Sie ist die bei weitem am größten werdende Art der Erdschildkröten. Der gewölbte, braun-gelbe Rückenpanzer hat einen sehr stark ausgeprägten Längskiel und dunkel punktierte, strahlenartige Zeichnungen, die im Alter verschwinden und einer dunkelbraunen bis fast schwarzen Farbe weichen. Der Bauchpanzer ist gelbbraun mit schwarzen Strahlenzeichnungen, die auch bei älteren Tieren noch zu sehen sind, wenn auch alles übrige etwas nachgedunkelt ist. Sowohl der Kopf als auch die Gliedmaßen zeigen auf grau-brauner bis graugelber Grundfarbe viele kleine schwarze Tupfen und Fleckchen, die sehr ansprechend wirken, bei älteren Tieren allerdings ebenfalls etwas verblassen. Die kräftigen Gliedmaßen enden in scharfen Krallen. Zwischen den Zehen nur angedeutete Schwimmhäute.
Größe: bis 40 cm.
Vorkommen: Südliches Hinterindien.
Lebensweise: Diese sehr schnell wachsende Schildkröte ist in ihrer Heimat meist in kleineren Gewässern und Tümpeln anzutreffen, geht aber auch gern und oft an Land; vor allem ist sie immer auf Ausschau nach etwas Freßbarem. Bei der Terrarienhaltung legt sie ihre Scheu sehr schnell ab und ist immer zum Fressen bereit, so daß man sich über ihr schnelles Wachstum nicht zu wundern braucht. Bei mir fraß sie alles Gebotene: Rinderherz, Rinderleber, getrocknete Garnelen, Fisch (Süß- und Seewasser), Regenwürmer, Schnecken, Fertigfutter aller Art, Löwenzahn, Salat, Bananen usw. Sie hat auch eine Vorliebe für Aas. Ihr Temperaturbedürfnis liegt zwischen 22 und 26 °C. Sie sonnt sich sehr gerne und ausgiebig, daher ist Freilandaufenthalt im Sommer ohne weiteres zu empfehlen.

Heosemys leytensis TAYLOR
Philippinen-Erdschildkröte
(keine Unterarten)

Größe: bis 33 cm.
Vorkommen: Philippinen.

Heosemys silvatica Henderson
Gelbkopf-Erdschildkröte
(keine Unterarten)

Größe: bis 12 cm.
Vorkommen: Südwestliches Vorderindien.

Heosemys spinosa Gray
Stachel-Erdschildkröte
(keine Unterarten)

Kennzeichen: Wer als Laie ein junges und ein ausgewachsenes Tier dieser Art nebeneinander sieht, würde sie mit Sicherheit für zwei verschiedene Arten, wenn nicht gar Gattungen halten. Denn bei dem nußbraunen Rückenpanzer hat in der Jugendform jedes Randschild nach außen einen Stachel gebildet, der dem Tier auch den Namen gab. In der Mitte des Rückenpanzers befindet sich ein höckeriger Längskiel, und in der Mitte jedes Wirbelschildes erhebt sich hinten eine kleine Erhöhung in Form eines Dornes. Es sind schon viele Vermutungen angestellt worden, was diese stacheligen Dorne wohl bezwekken. Man dachte an Schwebefortsätze im Wasser (doch leben gerade die Jungtiere hauptsächlich auf dem Land oder nur in ganz niederem Wasser) oder an eine Verankerungshilfe der Jungtiere in schnellerfließenden Bergbächen. Meiner Meinung nach dürfte es sich eher um eine reine Schutzeinrichtung gegen das Gefressen-werden handeln. Wenn ein Feind in so ein stacheliges Jungtier beißt, dürfte dies keine reine Freude für ihn sein. Diese Stachelform verschwindet mit zunehmendem Alter völlig. Bei ausgewachsenen Tieren ist nur noch der Hinterrand des Rückenpanzers gesägt. Der gelbbraune Bauchpanzer zeigt eine sehr schöne Strahlenzeichnung, die aber nach Mertens bei sehr alten Tieren auch verschwindet und durch eine braun-schwarze Färbung ersetzt wird. Kopf, Hals und Gliedmaßen haben bei Jungtieren eine ansprechende Färbung. Auf hellbrauner Grundfarbe befinden sich an den Schläfen dunkel karminrote Flecken. Die Iris ist leuchtend rot. Die Gliedmaßen haben auffallende Rotzeichnungen. Auch all dies verschwindet mit zunehmendem Alter und macht einer Braunfärbung ohne Zeichnungen Platz.
Größe: bis 23 cm.
Vorkommen: Hinterindien sowie Sunda-Archipel.
Lebensweise: Sie lebt nach M. A. Smith & Bourret vorwiegend in Bergflüssen (soll allerdings nach anderen Angaben auch in Reisfeldern vorkommen). Auf Grund dieser Tatsache bin ich der Meinung, daß die immer wieder in der Fachliteratur zitierte Angabe über ein hohes Temperaturbedürfnis vermutlich falsch ist. Nach ihrem Vorkommen in Bergflüssen und -bächen dürfte sowohl die benötigte Wasser- wie auch Lufttemperatur bedeutend niedriger liegen. Vielleicht ist der Grund für die allgemein bekannte Hinfälligkeit dieser Tiere in einer falschen, weil zu hohen Temperatur im Terrarium zu suchen. Auf den gleichen Umstand habe ich schon bei *Clemmys guttata* hingewiesen. Dabei möchte ich ganz allgemein bemerken, daß meine Erfahrungen bei Freilandhaltung von vielen tropischen Schildkröten eigentlich nur positiv sind, wie vermehrte Eiablagen und geglückte Nachzuchten beweisen. Obwohl im Freiland, insbesondere während unserer Sommer, im Durchschnitt bedeutend niedrigere Temperaturen herrschen, als in der Literatur angegeben! Für *Heosemys spinosa* halte ich daher eine Temperatur von 20 bis 24 °C als völlig ausreichend.
Als Jungtiere leben sie fast ganz terrestrisch und suchen höchst selten ein flaches Wasser oder eine Pfütze auf, dagegen werden sie im Alter immer stärker aquatil. Die früher häufig erwähnten und wohl falsch abgeschriebenen Angaben, die Tiere ernährten sich ausschließlich von Pflanzen und Früchten, sind falsch. Sowohl die Erfahrungen anderer Pfleger als auch eigene Beobachtungen haben gezeigt, daß die Tiere Alles-

fresser sind. Dabei besteht natürlich bei einem Tier der Hang mehr nach tierischer und beim anderen stärker nach pflanzlicher Nahrung. Sie nehmen neben Löwenzahn, Salat, Früchten (vor allem Bananen) genau so gerne Rinderherz, Rinderleber, Regenwürmer, Fisch und auch Fertigfutter. Sie sind allerdings sehr unterschiedliche Fresser, und überhaupt Individualisten. Über Nachzucht in Gefangenschaft ist mir nichts bekannt, sie dürfte auch sehr schwierig sein. Der Anfänger sollte von der Haltung dieser Art Abstand nehmen.

Literatur:

MEHRTENS, J. (1974): Brief notes on the *Geoemyda spinosa*. – Tortuga Gazette (Los Angel.), **10** (1): 9–10.

MERTENS, R. (1971): Die Stachelschildkröte – *Heosemys spinosa* und ihre Verwandten. – Salamandra, **7** (2): 49–54.

WERMUTH, H. (1972): Die Stachelschildkröte – *Geoemyda (Heosemys) spinosa* – DATZ, **25** (2): 64–65.

Untergattung: Rhinoclemys

Südamerikanische Erdschildkröten

Literatur:

MERTENS, R. (1954): Bemerkenswerte Schildkröten aus Süd- und Zentralamerika. – DATZ, **7** (9): 239–242.

Rhinoclemys annulata GRAY

Braune Erdschildkröte
(keine Unterarten)

Größe: bis 20 cm.
Vorkommen: Mittelamerika sowie nördliches und westliches Südamerika.

Literatur:

MITTERMEIER, R. A. (1971): Notes on the behavior and ecology of *Rhinoclemys annulata* GRAY. – Herpetologica, **27** (4): 485–488.

Rhinoclemys areolata DUMERIL & BIBRON

Gefurchte Erdschildkröte
(keine Unterarten)

Größe: bis 20 cm.
Vorkommen: Südliches Mexiko, nördliches Guatemala und Honduras.

Rhinoclemys funerea COPE

Bauchstreifen-Erdschildkröte
(keine Unterarten)

Größe: bis 23 cm.
Vorkommen: Mittelamerika.

Literatur:

IVERSON, J. B. (1975): Notes on courtship in *Rhinoclemys funera*. – Jour. Herpetol., **9** (2): 249–250.

Rhinoclemys pulcherrima GRAY

Pracht-Erdschildkröte

Unterart (Nominatform):
Rhinoclemys pulcherrima pulcherrima
GRAY
(Foto Seite 89)

Kennzeichen: Der flache, braune Rückenpanzer hat in der Mitte einen ausgeprägten Längskiel. Auf seiner Oberseite befinden sich unregelmäßige, gelbe bis orange-rote Flecken. Die Randschilde sind auf der Unterseite leuchtend rot mit schwarzen Sprenkeln. Auf dem gelben Bauchpanzer zieht sich entlang der Mittelnaht ein breiter, seitlich nicht scharf abgegrenzter, verschwommener schwarzer Fleck. Die beiden Kehl- sowie die Afterschilde weisen die gleiche Rot-Zeichnung mit schwarzer Sprenkelung auf, wie die Unterseite der Randschilde. Auf der hellgrauen Kopfoberseite finden sich unterschiedliche rote Strichzeichnungen. Ein roter Längsstreifen zieht sich, über das Auge schwingend, waagrecht nach hinten. Darüber ein Parallelstreifen, der in der Mitte der Schnauzenspitze auf der Kopfoberseite beginnt. Die Iris ist ebenfalls rot. Die Seite des Halses ist hellgelb mit scharf abgegrenzten schwarzen Längsstreifen. Die Kehle und Unterseite des Halses sind hellgelb mit einer unregelmäßigen, ganz feinen schwarzen Punktzeichnung. Die Gliedmaßen sind leuchtend rot und haben gepunktete schwarze Längslinien. Zwischen den Zehen sind nicht so stark ausgeprägte Schwimmhäute. Sie enden mit scharfen Krallen.

Größe: bis 20 cm.

Vorkommen: Westliches und südliches Mexiko.

Lebensweise: Diese farbenprächtige Schildkröte bevorzugt einen Lebensraum in der Art der Au-Landschaft. Sie lebt zu Zeiten überwiegend aquatil, hält sich dann wieder auf dem Lande auf. Verschiedene Liebhaber berichten, daß Pfleglinge dieser Art manchmal grundsätzlich nur die Nacht im Wasser verbrachten und sich den Tag über auf dem Lande aufhielten, daß nach einiger Zeit die gleichen Tiere sich beim gleichen Tag-und-Nacht-Rhythmus aber umgekehrt verhielten, also nun die Nacht an Land verbrachten.

Sie sind reine Gemischtköstler, die sich oft nach Tagen der überwiegend pflanzlichen Ernährung plötzlich mit einem wahren Heißhunger auf Regenwürmer, gehacktes Rinderherz oder ähnliches stürzen. Pauler füttert seine Erdschildkröten ausschließlich mit dem Gelatine-Futter, das ich im Abschnitt „Fütterung“ erwähnt habe. Meine eigenen Erfahrungen haben gezeigt, daß das Gelatine-Futter wohl gefressen wird, wenn nichts anderes da ist, daß aber z. B. frisches Rinderherz oder Rinderleber, frischer, junger Löwenzahn oder bei Jungtieren sonstiges Lebendfutter wie rote Mückenlarven oder Bachflohkrebse dem Gelatine-Futter immer vorgezogen werden. Es sollte daher grundsätzlich nicht als Alleinfutter gegeben werden.

Die Temperaturansprüche von *R. p. pulcherrima* liegen im Durchschnitt bei 24 °C, wobei gesunde Tiere beim Freilandaufenthalt auch durchaus einmal tiefere Werte vertragen. Unter 20 °C sollte die Temperatur aber nicht sinken, denn sonst könnte es zu Komplikationen kommen. Auch die Nachzucht ist in Gefangenschaft schon gelungen. Mir sind allerdings nur zwei Liebhaber bekannt, die Erfolg hatten: Lüthi und Pauler. Der Handel bietet diese Tiere relativ selten an. Neulinge in der Terraristik sollten auch von der Pflege dieser Art Abstand nehmen.

Literatur:

GILLHOFER, P. (1974): Für eine Banane geht sie meilenweit. Ein „beau“ unter den Schildkröten: *Geoemyda pulcherrima pulcherrima.* – Aquarien Magazin, **8** (11): 456–457.

Unterart:
Rhinoclemys pulcherrima incisa BOCOURT

Größe: etwa wie Nominatform.

Vorkommen: Südliches Mexiko, südliches Guatemala und El Salvador.

Literatur:

HIDALGO, H. (1982): Courtship and mating behavior in *Rhinoclemmys pulcherrima incisa.* – Trans. Kansas Acad. Sci., **85** (2): 83–95.

Unterart:
Rhinoclemys pulcherrima manni DUNN

Größe: wie Nominatform.

Vorkommen: Mittelamerika (Costa Rica).

Literatur:

PAULER, I. (1980): Lebensweise, Ernährung und Nachzucht von *Geoemyda pulcherrima manni.* – DATZ, **33** (3): 103–107.

Rhinoclemys punctularia DAUDIN

Südamerikanische Erdschildkröte

Unterart (Nominatform):
Rhinoclemys punctularia punctularia DAUDIN

Kennzeichen: Der leicht gewölbte, dunkelbraune Rückenpanzer mit gelb-braunem Rand trägt

längs der Mitte einen durchgehenden Kiel. Auf den Rückenschilden sind manchmal strahlenförmige Zeichnungen in Riefenform angedeutet. Der ebenfalls dunkelbraune Bauchpanzer zeigt bei manchen Exemplaren eine Aufhellung längs der Mitte, die aber nicht die Regel darstellt. Der Kopf hat auf der Oberseite eine sehr ansprechende Zeichnung mit einem roten oder gelben Fleck vor dem Auge, dahinter ein ebenso gefärbtes Längsband bis über das Trommelfell. Die beiden Längsbänder sind manchmal durch eine schmale Brücke miteinander verbunden. Bei manchen Tieren befinden sich außerdem auf dem Hinterkopf noch ein oder zwei Paar Flekken. Der Hals und die Gliedmaßen sind schwarz-gelb gestreift, bei manchen Exemplaren auch mit rötlichen Flecken.
Größe: bis 20 cm.
Vorkommen: Nördliches Südamerika.
Lebensweise: Diese Art lebt in ihrer Heimat in Sumpfgebieten mit flachen Tümpeln und Seen. Sie geht auch oft an Land und kann sowohl an Land als auch im Wasser fressen. Sie ist ein echter Gemischtköstler und nimmt gerne Früchte und Pflanzen, aber auch tierische Nahrung zu sich. In der Terrarienhaltung gilt sie allgemein als heikel und sehr wärmebedürftig. Daher ist ein Freilandaufenthalt nur im Hochsommer, in windgeschützer Lage zu empfehlen. Bei Klingelhöffer erkälteten sich seine beiden Tiere im Freilandteich während einer kühlen Nacht so sehr, daß ein Tier einging. Meine Tiere kommen aus diesen Gründen auch nicht in den Freilandteich. Auf keinen Fall sollte sich ein Anfänger mit ihnen befassen. Das gilt im Prinzip auch für die Unterarten.

Literatur:

BERGMANS, W. (1966): *Geoemyda punctularia* DAUDIN uit Suriname. – Lacerta (Den Haag), **24** (6): 47–48.

FRETEY, J., HOGGMOED, M. S. & LESCURE, J. (1977): Etude taxinomique de *Rhinoclemys p. punctularia* DAUDIN. – Zoologische Meded., (Leiden), **52** (6): 63–80.

METHNER, K. & WICKER, R. (1982): Zum Vorkommen von *Rhinoclemys punctularia* in Kolumbien (Reptilia: Testudines: Emydidae). – Salamandra, **18** (3/4): 300–304.

Unterart:
Rhinoclemys punctularia diademata
MERTENS

Größe: bis 20 cm.
Vorkommen: Nördliches Südamerika (Venezuela).
Anmerkung: Als auffallendes Unterscheidungsmerkmal zur Nominatform zeigt diese Unterart eine große, auffallende Gelbzeichnung in der Art eines nach vorn gerichteten Winkels auf der schwarzen Kopfoberseite. Außerdem soll sie weit weniger wärmebedürftig sein als die zuvor genannte Form. Bei Mertens waren sie in der Freilandanlage auch noch bei kühlem Wetter munter.

Unterart:
Rhinoclemys punctularia lunata GRAY

Vorkommen: Nordöstliches Südamerika (Niederländisch-Guayana).

Unterart:
Rhinoclemys punctularia melanosterna
GRAY

Vorkommen: Nordwestliches Südamerika (Kolumbien, Ecuador und Panama).

Unterart:
Rhinoclemys punctularia nasuta
BOULENGER

Vorkommen: Nordwestliches Südamerika (Ecuador).

Rhinoclemys rubida Cope
Rückenflecken-Erdschildkröte

Unterart (Nominatform):
Rhinoclemys rubida rubida Cope

Größe: bis 20 cm.

Vorkommen: Südwest- und südliches Mexiko.

Unterart:
Rhinoclemys rubida perixantha
Mosimann & Rabb

Vorkommen: Südwestliches Mexiko.

Familie: Testudinidae, Landschildkröten

Gattung: Kinixys Bell

Gelenkschildkröten
Geschützt! Ist im Anhang II des WA aufgeführt.

Literatur:
Anon. (1981): Schildkröten stellen sich vor: Nr. 6: Die Gelenkschildkröten der Gattung *Kinixys*. – Die Schildkröte (Haar), **3** (1): 12–14.
Arxher, W. H. (1967): The tortiose with a difference: *Kinixys* species or the hingebacks. – Afr. Wild Life, **21:** 59–66.
Scholz, S. (1971): Gelenkschildkröten. – DATZ, **24** (7): 248.

Kinixys belliana Gray
Glattrand-Gelenkschildkröte
(Foto Seite 90)

Unterart (Nominatform):
Kinixys belliana belliana Gray
Glattrand-Gelenkschildkröte

Kennzeichen: Der oliv- bis graubraune Rückenpanzer ist sanft abfallend und weist schwarze Flecken und Ringe auf. Die Seitenränder sind gerade, der Hinterrand nicht gesägt. Der Vorderrand des Panzers ist, im Gegensatz zu den beiden anderen Arten, nicht so weit herausgezogen. Das für die Gattung typische Gelenk im Carapax, dank dessen das hintere Drittel des Rückenpanzers zum Schutz auf das Plastron heruntergezogen werden kann, ist bei der Nominatform nicht besonders auffallend. Der dunkelbraune Bauchpanzer hat eine unregelmäßige helle Zeichnung. Auf dem dunklen Kopf sind Hornschilde. An den auffallend kräftigen, ja massigen Gliedmaßen befinden sich Schuppenschilde. An den Vorderbeinen sind die Zehen bis zum Nagelrand miteinander verwachsen, an den Hinterbeinen sind sie noch etwas frei. Sie sind mit starken Nagelkrallen ausgerüstet. Beim Lauf geht *K. belliana* vorn auf den Krallen (wie auf Stelzen), hinten tritt sie noch halb mit dem Ballen auf.
Größe: bis 20 cm.
Vorkommen: Mittleres und südliches Afrika sowie Madagaskar (dort vermutlich eingeführt).
Lebensweise: K. belliana ist eine Bewohnerin der Savanne und lebt auf grasbewachsenem, relativ trockenem und etwas hügeligem Gelände mit Buschbestand. Sie frißt ausschließlich Pflanzen und ist im Futter sehr wählerisch. Bei Terrarienhaltung sehr heikel; also nichts für den Anfänger. Die Temperaturansprüche sind hoch und betragen 25 bis 30 °C, dabei darf aber eine gewisse Luftfeuchtigkeit und ein flaches Wasserbecken nicht fehlen. Ihre große Scheu verliert sie auch bei längerer Gefangenschaft nicht.

Literatur:
Holden, P. A. (1970): Notes on *Kinixys belliana* in captivity. – Tortuga Gazette (Los Angel.), **6** (10): 7.

Unterart:
Kinixys belliana mertensi LAURENT

Größe: bis 20 cm.
Vorkommen: Zentralafrika.

Unterart:
Kinixys belliana nogueyi LATASTE

Größe: bis 20 cm.
Vorkommen: Westliches Afrika.

Literatur:
SACHSSE, W. (1980): Zur Biologie und Fortpflanzung von *Kinixys belliana nogueyi* (Reptilia: Testudines: Testudinidae). – Salamandra, **16** (4): 252–260.

Kinixys erosa SCHWEIGGER
Stachelrand-Gelenkschildkröte
(keine Unterarten)

Kennzeichen: Der Vorderrand des hellen bis braunen Rückenpanzers ist stark abgeflacht und nach vorn gezogen. Die Ränder der Seitenschilde sind auffallend gezähnt. Ein braun-gelbes Band von unterschiedlicher Breite verläuft an der unteren Hälfte der Rippenschilde um den ganzen Carapax. Der gelb-braune Bauchpanzer ragt vorn noch weiter heraus als der Rückenpanzer und ist an den Seiten auffallend hochgezogen. Kopf, Beine und Weichteile sind von gelblicher Farbe. Die plumpe, kräftige Form der Gliedmaßen gleicht der Nominatform.
Größe: bis 32 cm.
Vorkommen: Westliches Afrika.
Lebensweise: Im Gegensatz zur Nominatform kommt diese Art im Regenwald vor und verlangt daher einen Biotop mit hoher Luftfeuchtigkeit. Sie frißt neben Pflanzennahrung und Früchten auch manchmal einen Regenwurm, Rinderherz oder Leber, vielleicht auch etwas Fisch. Bei Terrarienhaltung muß man viel Abwechslung bieten. Gerade bei den *Kinixys*-Arten kann es vorkommen, daß sie etwas, das sie noch gestern mit großem Appetit fraßen, heute völlig verweigern und es dann nach einiger Zeit mit wahrer Gier wieder verschlingen. Das Temperaturbedürfnis ist hoch und liegt bei 25 bis 30 °C. Ausstattung des Terrariums mit 1/3 flachem Wasserteil. Den Übergang zum Landteil mit flachen Steinplatten in Terrassenform langsam ansteigen lassen, dann ein grober Kiesgürtel und Lauberde mit Torf gemischt. Bepflanzung in halber Höhe der Behälterwand mit Monstera, Geweihfarn, Maranta, Dracaena oder ähnlichem.

Literatur:
BEETZ, H. (1973): Eine *Kinixys erosa* namens Elfriede. – Aquarien Terrarien, **20** (6): 211.
PELT, J. VAN (1964): De oerwoudschildpad *Kinixys erosa.* – Lacerta (Den Haag), **22** (11): 71.

Kinixys homeana BELL
Stutz-Gelenkschildkröte
(keine Unterarten)

Kennzeichen: Der Rückenpanzer dieser Art ist im Gegensatz zu *K. belliana* und *K. erosa* deutlich flacher. Das fünfte Wirbelschild ist höckrig. Dahinter fällt der Carapax steil, fast rechtwinklig ab. Der Hinterrand ist etwas aufgebogen und stark gesägt. Die Färbung ist bräunlich-gelb, wobei die einzelnen Schilde teilweise heller umrandet sind. Die Vorderrandschilde sind besonders flach und ragen weit nach vorn (wie ein Vordach). Im letzten Drittel des Carapax ist das Gelenk deutlich zu erkennen. Der Bauchpanzer weist eine bräunliche Färbung auf. Der dreieckige Kopf ist gelblich. Die Gliedmaßen sind wie bei den vorgenannten Arten plump und stark beschuppt.
Größe: bis 20 cm.
Vorkommen: Westliches Afrika.
Lebensweise: In ihrer Lebensweise gleicht sie weitgehend *K. erosa*, sie ist nur noch wärmebedürftiger und liebt Temperaturen von 26 bis 32 °C. Außerdem beansprucht sie eine dauernde Luftfeuchtigkeit von mindestens 70–80 %. Sinkt die Luftfeuchtigkeit, von Temperaturrückgang

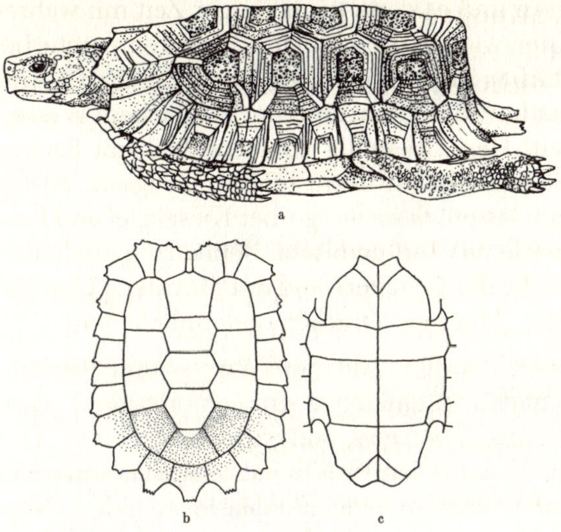

Abb. 23: Stutz-Gelenkschildkröte (Kinixys homeana). Zeichnung: E. Bobbe aus Wermuth/Mertens: Schildkröten-Krokodile-Brückenechsen.

ganz zu schweigen, verweigern die Tiere jede Nahrungsaufnahme sofort. *K. homeana* stellt wohl die empfindlichste der drei Arten dar. Bei dieser Problematik der Terrarienhaltung sollte man auf Experimente verzichten und die Pflege dieser Art den Spezialisten überlassen, die über die notwendigen Einrichtungen verfügen.

Eine gelungene Nachzucht von *Kinixys* in Gefangenschaft wird nur von Sachsse berichtet und zwar für *K. b. nogueyi.*

Literatur:

BENZIEN, J. (1955): Beobachtungen an meinen Gelenk-Schildkröten *Kinixys homeana* BELL. – DATZ, **8** (9): 240–243.

BLACKWELL, K. (1967): Some observations on the hatching and growth of the African tortoise *Kinixys homeana.* – Brit. J. Herpetol., **4:** 40–41.

Gattung: Homopus DUMERIL & BIBRON

Flachschildkröten

Geschützt! Im Anhang II des WA

Literatur:
Homopus-Gruppe:

ARCHER, W. H. (1968): The Padlopers. – Afr. Wildlife, **22** (1): 29–35.

GORSEMAN, P. (1980): Opmerkingen over biotoop en voortplanting van *Homopus areolatus.* – Lacerta (Den Haag), **38** (10/11): 107–111.

HEWITT, J. (1931): Descriptions of some south-African tortoises. – Ann. Natal. Mus., **6:** 461–506.

RUST, H.-T. (1937): Interessante Schildkröten. IV: Die Gattung *Homopus.* – Wochenschrift Aquar. Terr. Kde., **48:** 699–700.

Homopus areolatus THUNBERG

Areolen-Flachschildkröte
(keine Unterarten)

Kennzeichen: Der hinten nicht gesägte Rückenpanzer ist oben ziemlich abgeflacht und fällt hinten steil (fast senkrecht) ab. Die Rückenschilde sind olivgrün mit rotbraunen Zentren (Areolen) und einem schwarzen Rand. Außerdem hat jedes Rückenschild eine scharfe Abgrenzung von wulstigen, konzentrischen Rändern. Der Bauchpanzer ist bräunlich, ebenso Kopf und Gliedmaßen. Der Oberkiefer endet mit einer abwärtsgekrümmten, schnabelartigen Spitze. Die Gliedmaßen sind kräftig und vor allem die Vorderbeine stark beschuppt und enden mit je 5 Krallen.
Größe: bis 11 cm.
Vorkommen: Südliches Afrika.
Lebensweise: Sie lebt auf Gebirgswiesen, wo sie eifrig nach animalischer Kost sucht. Alle *Homopus*-Arten sind sehr sonnenbedürftig und kommen in großen Höhenlagen des südlichen Afrika vor. Sie sind sehr viel lebhafter als andere Landschildkröten und haben ein Temperaturbedürfnis von 22 bis 28 °C. Terrarienhaltung gibt es bis heute nur vereinzelt. Da sie auf Grund des WA, Anhang II, geschützt sind und es meines

Wissens keine Nachzuchten in Gefangenschaft gibt, wird auf Haltungsvorschläge verzichtet.

Homopus boulengeri Duerden

Boulenger-Flachschildkröte
(keine Unterarten)

Größe: bis 11 cm.
Vorkommen: Südliches Afrika.
Kennzeichen und Lebensweise: Rückenpanzer kastanienbraun mit hellen Nähten, Hinterrand nicht aufgebogen, nur leicht gesägt. Plastron hellbraun. Die Vorderbeine weisen nur vier Krallen auf. Sie lebt auf sehr hohen Granitbergen (bis 2400 m) und klettert sehr gewandt.

Homopus femoralis Boulenger

Sporn-Flachschildkröte
(keine Unterarten)

Größe: bis 15 cm.
Vorkommen: Südliches Afrika.
Kennzeichen und Lebensweise: Rückenpanzer oben abgeflacht, dabei relativ hoch gegenüber den anderen Arten. Rückenschilde einfarbig olivbraun, oft mit schmalem dunklem Rand. Oberschenkel je mit einem großen, spitzen Dorn versehen. Vorderbeine mit je vier Krallen. Oberkiefer nicht oder kaum schnabelartig abwärts gekrümmt. Sonst siehe *H. areolatus.*

Homopus signatus Schoepff

Gesägte Flachschildkröte
(keine Unterarten)

Größe: bis 10 cm.
Vorkommen: Südliches und südwestliches Afrika.
Kennzeichen und Lebensweise: Rückenpanzer gelblich-braun mit einer braun-schwarzen Sprenkel- oder Strahlenzeichnung. Hinterrand nach oben aufgebogen und kräftig gesägt. Vorderbeine mit je fünf Krallen. Sonst siehe *H. areolatus.*

Gattung: Pyxis Bell

Spinnenschildkröten
Geschützt! Nach Anhang II des WA

Pyxis arachnoides Bell

Spinnenschildkröte
(einzige Art ohne Unterarten)

Kennzeichen: Der länglich-eiförmige Rückenpanzer hat eine dunkelgelbe Grundfarbe und ist sehr hoch gewölbt. Auf den Wirbel- und Rückenschilden ist eine etwa strahlenförmige, dunkelbraune Flecken- und Strichzeichnung. Das dabei auf jedem Schild entstehende Ornament kann man (mit viel Phantasie) mit dem Netz einer Spinne vergleichen. In der Mitte sind die Schilde teilweise bis ins Gelbgrüne aufgehellt. Die Randschilde tragen jeweils in der Mitte einen großen, dunkelbraunen Fleck oder Einzelstriche ohne Muster. Der Vorderteil des Bauchpanzers ist durch ein Quergelenk beweglich. Auch die gelblichen Gliedmaßen tragen dunkle Flecken.
Größe: bis 10 cm.
Vorkommen: Westliches Madagaskar.
Lebensweise: Ihr Lebensraum in Madagaskar ist die lichte Trockenbuschsteppe. Dementsprechend verlangt sie eine Tagestemperatur von 23 bis 28 °C und nachts eine starke Abkühlung um mindestens 10 °C.
Dies würde ein Problem bei der Terrarienhaltung darstellen, doch ist sie heute geschützt und kommt daher als Pflegling nicht mehr in Frage, so daß ich auf dieses Problem nicht einzugehen brauche. Sie ist eine Pflanzenfresserin und mit ihrer geringen Größe eine der kleinsten Schildkröten.

Literatur:
Anon. (1968): *Pyxis arachnoides* (Farbphoto). – Zoo. (San Diego), **41** (10): 19.
Bour, R. (1981): Etude systematique du genre endemique Malgache *Pyxis* Bell, 1827 (Reptilia, Chelinii). – Bull. Mens. Soc. Linn. Lyon, **50** (4/5): 132–176.

Gattung: Malacochersus Lindholm

Spaltenschildkröten

Geschützt! Im Anhang II des WA

Malacochersus tornieri Siebenrock

Spaltenschildkröte
(einzige Art ohne Unterarten)

Kennzeichen: Der ungewöhnlich flache Rückenpanzer hat auf den Schilden konzentrische Zuwachsringe. Seine Grundfarbe ist gelb-braun, mit strahlenförmigen, dunklen Strichzeichnungen. Sowohl Carapax als auch Plastron sind dünn und biegsam, so daß man die zuerst gefangenen Tiere für stark rachitisch hielt. Der Kopf ist dreieckig, ebenfalls gelb-braun. Ebenso gefärbt sind die Gliedmaßen, deren kräftige Zehen in scharfen Krallen enden. Besonders fallen die starken Schuppen auf der Vorderseite der Vorderbeine auf. Der Kopf läßt sich auf Grund des flachen Panzers nicht einziehen.

Größe: bis 15 cm.

Vorkommen: Östliches Afrika (Kenia und Tanganjika).

Lebensweise: Diese von ihren gepanzerten Verwandten völlig abweichende Schildkröte lebt in trockenen Felsgebieten, die mit Dornbüschen bewachsen sind, in einer Höhe von etwa 1000 m. Sie dürfte wohl eine der schnellsten Schildkröten sein. Da ihr Panzer bei Gefahr keinen Schutz bietet, sucht sie grundsätzlich ihre Rettung in der Flucht, was ihr auch meist gelingt, da sie zudem noch sehr gut zu klettern versteht. Dann versteckt sie sich in Felsspalten (was ihr den deutschen Namen gab) und bläst sich zusätzlich noch auf, so daß sie fest verankert ist und auch nicht mit Gewalt aus dem Versteck herausgezogen werden kann. Ihre angeborene Scheu verliert sie auch in Gefangenschaft nicht. Ihre Ernährung ist rein pflanzlich; sie soll in ihrem Biotop fast nur von Sukkulenten leben. In Gefangenschaft nahm sie aber das übliche Futter für Landschildkröten. Ihr Temperaturbedürfnis liegt zwischen 22 und 28 °C. Nachts Abkühlung. Diese interessante Schildkröte würde sich gut zur Terrarienhaltung eignen, wenn sie nicht geschützt wäre.

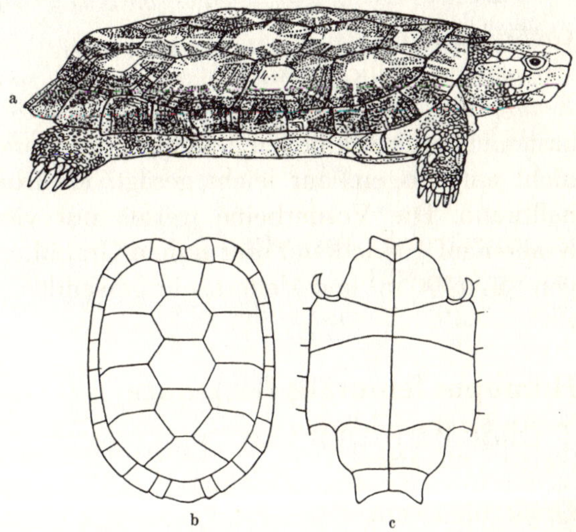

Abb. 24: Spaltenschildkröte (Malacochersus tornieri). Zeichnung: E. Bobbe aus Wermuth/Mertens: Schildkröten-Krokodile-Brückenechsen.

Literatur:

Arnold, L. (1970): Beware – the pancake! – Anchor, **4** (5): 94–96.

Bamert, A. (1982): Schildkröten stellen sich vor: Nr. 11: Die Spaltenschildkröte *(Malacochersus tornieri)*. – Die Schildkröte (Haar), **4** (1/2): 49–52.

– (1982): Die Spaltenschildkröte *(Malacochersus tornieri)* im Terrarium. – Die Schildkröte (Haar), **4** (1/2): 52–53.

Honegger, R. E. (1964): Beobachtungen an der Spaltenschildkröte in Ostafrika. – Natur und Museum (Frankfurt/M.), **94:** 462–470.

Mertens, R. (1942): Über das Verhalten der Spaltenschildkröte, *Malacochersus tornieri* Siebenrock. – Zool. Garten (N. F.), **14:** 245–251.

Wilke, H. (1984): Breeding the Pancake tortoise *Malacochersus tornieri* at Frankfurt/Zoo. – International Zoo Yearbook, **23:** 137–139.

Gattung: Testudo LINNAEUS
Eigentliche Landschildkröten

Literatur:
MERTENS, R. (1946): Über einige mediterrane Schildkröten-Rassen. – Senckenbergiana, **27:** 111–118.
OBST, F.J. & MEUSEL, W. (1978): Die Landschildkröten Europas. NBB 319, A. Ziemsen Verlag Wittenberg-Lutherstadt, 6. Aufl.
ROHR, W. (1970): Die Bedeutung des Wärmefaktors für Fortpflanzungsperiodik und Eiablageverhalten südeuropäischer Landschildkröten im Terrarium. – Salamandra, **6** (3/4): 99–103.

Untergattung: Testudo
im engeren Sinn
Geschützt! Anhang II des WA

Testudo hermanni GMELIN
Griechische Landschildkröte

Unterart (Nominatform):
Testudo hermanni hermanni GMELIN

Kennzeichen: Der stark gewölbte, gelb-braune Rückenpanzer hat eine unterschiedliche schwarze Fleckenzeichnung in der Mitte der Rückenschilde, deren Rand schwarz gesäumt ist. Das Oberschwanzschild ist geteilt, d.h. doppelt ausgebildet. Dies ist ein Hauptunterscheidungsmerkmal zu *T. graeca*, bei welcher es nicht geteilt ist. Der Bauchpanzer ist gelb, die dunklen Flecken der Schilde sind zu zwei Fleckenreihen angeordnet. Kopf, Hals und Gliedmaßen sind oliv-gelb. Die Kopfoberseite weist viele kleine Schilde auf. Die Beine sind plump und haben an den Zehen kräftige, aber stumpfe Krallen. Der Schwanz endet in einem hornigen, nagelähnlichen Fortsatz.
Größe: bis 20 cm.
Vorkommen: Südliches und südöstliches Europa.
Lebensweise: Den Lebensraum dieser Tiere bilden hügelige, mitunter steinige, freie Landschaften mit Buschwerk oder auch steppenartigem Charakter. Reines Dickicht meidet die Schildkröte; es soll immer viel Sonneneinstrahlung herrschen. Als Nahrung dienen Blätter, Gras, Kräuter, Früchte und auch Animalisches. Es wurde auch schon berichtet, daß sie in der Nähe von Zeltplätzen des öfteren Menschenkot gefressen hätten. In Gefangenschaft sollte man sie abwechslungsreich füttern. Mit Sicherheit sind schon viele Exemplare durch die einseitige Fütterung nur mit Salat langsam aber sicher eingegangen. Man sollte statt dessen viel Löwenzahn, Kräuter aller Art, geschabte Möhren, Bananen, sonstige Früchte, zwischendurch aber auch Regenwürmer, gehacktes Rinderherz oder Rinderleber anbieten. Auch das im Kapitel „Fütterung" beschriebene Gelatinefutter wird von vielen Tieren gerne gefressen.
Temperaturbedürfnis 20 bis 30 °C.
Nachzucht in Gefangenschaft ist schon oft geglückt. Man hört bei den paarungswilligen (bei manchen könnte man eher paarungs„wütigen" sagen) Männchen schon von weitem ihre Rammstöße, mit denen sie gegen alle anderen mitvergesellschafteten Schildkröten, egal welchen Geschlechts, voller Wucht andonnern. Die Paarung findet meist im Frühjahr statt, doch es gibt Männchen, die den ganzen Sommer über an warmen Tagen ihr Glück versuchen. Die in unseren Breiten im Freilandterrarium abgelegten Eier können wir selbstverständlich nicht draußen belassen. Wir müssen sie vorsichtig freilegen, die Oberseite jedes Eies sofort markieren (am besten mit einem normalen weichen Bleistift). Dann werden sie, ohne Erschütterung und ohne Drehen oder Wenden, in einen Brutbehälter (vergl. im Kapitel „Schildkrötenzucht") umgebettet.
Testudo h. hermanni sollte man, von Baby-Exemplaren abgesehen, unbedingt eine Winterruhe halten lassen. Sie ist (bei weitgehend artgerechter Haltung) meist die Voraussetzung, auch mit Nachzucht rechnen zu können.

Literatur:
EHRENGART, W. (1971): Zur Pflege und Zucht der Griechischen Landschildkröte *Testudo h. hermanni.* – Salamandra, **7** (2): 71–80.
KIRSCHE, W. (1967): Zur Haltung, Zucht und Ethologie der Griechischen Landschildkröte – *Testudo h. hermanni.* – Salamandra, **3** (1/2): 36–66.

Unterart:
Testudo hermanni robertmertensi
WERMUTH

Kennzeichen: Ihr Aussehen gleicht dem der Nominatform, nur hat diese zur Unterscheidung unter dem Auge immer einen gelben Fleck. Die schwarzen Flecken des Bauchpanzers bilden auf beiden Seiten der Mittelnaht ein Längsband. Außerdem sind die Tiere im allgemeinen etwas intensiver gefärbt.
Größe: bis 20 cm.
Vorkommen: Südwestliches Europa.
Lebensweise: Kein Unterschied zur Nominatform.

Literatur:
WERMUTH, H. (1952): *Testudo hermanni robertmertensi* n. subsp. und ihr Vorkommen in Spanien. – Senckenbergiana, **33:** 157–164.

Testudo graeca LINNAEUS
Maurische Landschildkröten

Literatur:
Testudo graeca-Gruppe:

BENZIEN, J. (1955): Eine Landschildkröte aus Palästina. – DATZ, **8** (11): 304–305.
HERRN, C.-P. (1966): *Testudo graeca terrestris* FORSKAL neu für die Türkei. – Stuttgarter Beiträge zur Naturkunde, **155:** 1–2.
LÖFFLER, H.-G. (1973): Zuchterfolg bei Maurischen Landschildkröten. – Aquarien Terrarien, **20** (4): 128–129.
STARK, K. (1981): Zweitgelege der Maurischen Landschildkröte im Freiland. – Elpahe, **1981** (3): 43–44.
WERMUTH, H. (1958): Status und Nomenklatur der Maurischen Landschildkröte, *Testudo graeca,* in SW-Asien und NO-Afrika. – Senckenbergiana, **39:** 149–153.

Unterart (Nominatform):
Testudo graeca graeca LINNAEUS
Maurische Landschildkröte

Kennzeichen: Die Farbe des gewölbten Rückenpanzers ist sehr unterschiedlich. Es gibt Tiere, die eine hellbraune und andere, die eine fast oliv-grüne Färbung aufweisen. Viele gleichen auch der Färbung der vorbesprochenen Griechischen Landschildkröte. Grundsätzliches Unterscheidungsmerkmal ist aber, daß das Oberschwanzschild niemals geteilt ist. Auch befindet sich am Ende des Schwanzes kein „Nagel“. Statt dessen ist an der Innenseite des Oberschenkels der Hintergliedmaßen ein deutlicher großer Hornkegel (Sporn) ausgebildet, der bei allen Unterarten vorhanden ist. Auch ihre Gliedmaßen sind kräftig und plump; die Zehen enden mit starken, aber stumpfen Krallen.
Größe: bis 35 cm.
Vorkommen: Südwestliches Europa sowie nördliches Afrika.
Lebensweise: Wie *T. hermanni.* Die Temperaturansprüche (normal zwischen 20 und 28 °C) sind abhängig von der Herkunft. Exemplare aus Nordafrika sind natürlich wärmebedürftiger.

Unterart:
Testudo graeca ibera PALLAS
(Foto Seite 90)

Größe: bis 30 cm.
Vorkommen: Südöstliches Europa sowie südwestliches Asien.

Unterart:
Testudo graeca terrestris FORSKAL

Größe: bis 30 cm.
Vorkommen: Südwestliches Asien sowie nordöstliches Afrika.

Unterart:
Testudo graeca zarudnyi Nikolskji

Größe: bis 35 cm.
Vorkommen: Östliches Persien.

Testudo marginata Schoepff

Breitrand-Schildkröte
(keine Unterarten)
(Foto Seite 90)

Kennzeichen: Die Breitrand-Schildkröte ist in ihrer Gesamtform länger als die anderen Tiere dieser Gattung. Die Grundfarbe des gewölbten Rückenpanzers ist schwarz. Auf jedem Rückenschild befindet sich in dessen Mitte ein leuchtend gelber Fleck. Bei älteren Tieren ist der Vorderrand und vor allem der Hinterrand des Rükkenpanzers auffallend abgeflacht und verbreitert. Der gelbe Bauchpanzer hat verschiedene große, schwarze, meist dreieckige Flecken. Im Alter sind die Tiere meistens einfarbig schwarz. Die grau-olivfarbigen Gliedmaßen sind plump, ihre Zehen enden mit starken, aber stumpfen Krallen.
Größe: bis 35 cm.
Vorkommen: Südgriechenland, nordwärts bis zum Olymp, und in Sardinien eingeführt.
Lebensweise: Ihr hauptsächlicher Lebensraum sind warme, möglichst windgeschützte Berghänge, die mit (wärmespeichernden) Felsbrokken und viel Buschwerk durchsetzt sind. Sie sonnen sich viel, gehen aber während der stärksten Mittagshitze unter schattenspendende Büsche. Die Breitrand-Schildkröte ist die wärmebedürftigste der *Testudo*-Arten. Meine Tiere gingen im Freilandterrarium an kühleren Tagen oft nicht aus dem beheizten Unterschlupf heraus.
Sie ist sonst gut in Gefangenschaft zu halten und auch schon mehrfach nachgezüchtet worden. Die Jungtiere sehen mit ihrer hellolivgrünen und dunkelbraunen Färbung besonders apart aus. Fütterung und Haltung wie bei *T. h. hermanni* angegeben.
Die Tiere auf Sardinien wurden tatsächlich während des letzten Krieges von deutschen Soldaten dort eingeführt und bilden nun einen Bestand, der sich weiterentwickelt und damit zur Arterhaltung beiträgt; andere Verfasser halten das sardische Vorkommen der Art für natürlich.

Literatur:

Dinkel, H. (1979): Auf Schildkrötenjagd in Griechenland. – herpetofauna, **1** (3): 6–7.
Dinkel, J. (1974): Eine erfolgreiche Nachzucht der Breitrand-Schildkröte, *Testudo marginata* Schoepff. – DATZ, **27** (10): 353–356.
– (1974): Eine erfolgreiche Nachzucht der Breitrandschildkröte, *Testudo marginata* Schoepff (Nachtrag). – DATZ, **27** (11): 388–389.
Furrer, J. (1975): Eine Schildkrötenpersönlichkeit. – DATZ, **28** (5): 174–176.
Jopp, S. (1981): *Testudo marginata* – 36 Jahre im Garten. Die Schildkröte (Haar), **3** (2): 32–38.
Windolf, R. (1981): Artenschutz-Aktion *Testudo marginata.* – Die Schildkröte (Haar), **3** (2): 5–8.

Untergattung: Pseudotestudo

Geschützt! Anhang II des WA

Pseudotestudo kleinmanni Lortet

Ägyptische Landschildkröte
(einzige Art ohne Unterarten)

Kennzeichen: Die Tiere haben einen gewölbten Rückenpanzer mit einer blassen, gelb-grünen Grundfarbe. Jedes Rückenschild ist von einem schwarzen Streifen eingefaßt. Der hellgelbe Bauchpanzer weist ein paar kleine dunkle, meist dreieckige Flecken auf. Auffallend ist bei älteren Tieren, vor allem anscheinend bei Weibchen, daß das Plastron hinten ein Gelenk besitzt, durch das der hintere Teil beweglich ist und hochgeklappt werden kann. Diese Besonderheit ist übrigens auch manchmal bei älteren Weibchen von *Testudo graeca* zu finden.
Die kräftigen Vordergliedmaßen weisen vorne große Hornplatten auf, welche schuppenartig angeordnet sind.
Größe: bis 15 cm.

Vorkommen: Nordöstliches Afrika.

Lebensweise: Sie ist eine Bewohnerin reiner Trokkenbiotope mit Buschbestand. Weit wärmebedürftiger als die Tiere der Untergattung *Testudo*, gilt sie auch als heikler in der Terrarienhaltung. Unter 25 °C sollte die Temperatur nicht sinken; Wärmegrade bis 32 °C sind ihr angenehm. Auch im Futter ist sie sehr wählerisch und braucht viel Abwechslung bei rein pflanzlicher Nahrung. Nach Rust soll sie mit Vorliebe Bananen, Reis und Pudding fressen. Beim Fressen macht sie einen etwas ungeschickten Eindruck. Sie ist außerdem recht scheu und gräbt sich bei der geringsten Störung sofort ein.

Besonders wäre noch zu erwähnen, daß die Zeitigungsdauer der Gelege sehr kurz ist, denn bereits 20 Tage nach der Eiablage schlüpfen die Jungen.

Literatur:

Beitz, H. (1965): „Sie haben ja eine *Testudo kleinmanni*!" – Aquarien und Terrarien, **12**: 206.

Untergattung: Geochelone

Geschützt! Anhang II des WA

Geochelone elegans Schoepff

Sternschildkröte oder Indische Strahlenschildkröte

(keine Unterarten)

(Foto Seite 90)

Kennzeichen: Der hochgewölbte Rückenpanzer hat auf einer schwarz-braunen bis schwarzen Grundfarbe auf den höckrigen Wirbel-und Rippenschilden als auch auf den Randschilden gelbe Strahlenzeichnungen, die bei Jungtieren mehr ins Orangefarbene gehen. Im Gegensatz zu den ihr sehr ähnlichen Strahlenschildkröten Afrikas hat *G. elegans* grundsätzlich kein Nakkenschild, auch nicht andeutungsweise. Der Bauchpanzer ist ebenfalls dunkel bis schwarz und weist die gleiche gelbe Strahlenzeichnung auf. Kopf, Hals und die plumpen Gliedmaßen haben eine gelbe Fleckenzeichnung auf dunklem Grund. Auffallend sind die ausgeprägten Hornschuppen auf der Vorderseite der Vorderbeine.

Größe: bis 25 cm.

Vorkommen: Vorderindien und Sri Lanka.

Lebensweise: Im heimatlichen Biotop sind diese Tiere hauptsächlich in bewaldeten oder mit viel Büschen bewachsenen Gebieten am Fuße von Bergen oder Hügeln anzutreffen. Gern halten sie sich auch in hohem Grasbestand auf. Sie sind nur morgens und abends aktiv, da sie sich in ihrer Heimat während der heißesten Tagesstunden stets in schattenspendende Verstecke zurückziehen. Seltsamerweise behalten sie diesen Tagesrhythmus auch in Gefangenschaft bei, obwohl ja auf Grund der relativ gemäßigten Mittagstemperaturen in unseren Breiten oder im Terrarium keinerlei Anlaß dazu besteht. Ihre Temperaturansprüche sind relativ hoch, sie liegen zwischen 25 und 30 °C. Nachts kann man unbedenklich um 6 °C senken.

Die Tiere sind in der Hauptsache Pflanzenfresser, doch nehmen sie zwischendurch auch gern einmal etwas Animalisches.

Trotz der Haltung im Trockenterrarium muß den Tieren ein größerer Wasserbehälter (flach) zur Verfügung stehen, da sie sehr gern baden. Einmal täglich das Terrarium mit Wasser besprühen, da sie eine gewisse Luftfeuchtigkeit lieben. Diese Art ist schwierig in der Haltung und ihre Lebensdauer in Gefangenschaft meist auf 5–6 Jahre begrenzt (auch bei guter Pflege). Anfänger sollten von der Haltung dieser Tiere Abstand nehmen.

Literatur:

Anon. (1982): Breeding the rare Indian star tortoise. – Tortuga Gazette (Los Angel.), **18** (3): 7–8.

Basile, I. (1981): Pflege der Sternschildkröte *Geochelone elegans*. – Die Schildkröte (Haar), **3** (3): 5–12.

KIRSCHE, W. (1976): Beitrag zur Biologie der Sternschildkröte *(Testudo elegans* SCHOEPFF). – Zool. Garten (N. F.), **46** (1/2): 66–81.
STRAUBE, E. (1982): Systematische Zuchtversuche: Die Indische Sternschildkröte *(Geochelone elegans)*. – Die Schildkröte (Haar), **4** (3/4): 14–16.
TARDENT, P. (1972): Haltung und Zucht der Sternschildkröte *Testudo elegans*. – Salamandra, **8** (3/4): 165–175.

Geochelone pardalis BELL
Pantherschildkröte

Unterart (Nominatform):
Geochelone pardalis pardalis BELL

Kennzeichen: Der gelbe, hochgewölbte Rückenpanzer ist übersät mit schwarzen Sprenkeln. Auf jedem Schild befinden sich starke, konzentrisch verlaufende Riefen, die durch ihre plastische Wirkung an eine Holzschnitzerei erinnern. Am nur schwachgesägten Vorderrand fehlt ein Nakkenschild. An dessen Stelle ist ein fast rechtwinkliger Einschnitt vorhanden. Der Hinterrand ist stärker gesägt. Kopf, Hals sowie die plumpen und massigen Gliedmaßen sind bräunlich- bis gelb-oliv. An den Zehen sitzen derbe Krallen. An jedem Oberschenkel befindet sich ein Hornhöcker. An der Vorderseite der Vorderbeine liegen schindelartige, vorn spitz zulaufende gelbe Hornplatten.
Größe: bis 65 cm.
Vorkommen: Südwestliches und südliches Afrika.
Lebensweise: Diese prächtigen Tiere sind vor allem in den Savannen der Hochebene anzutreffen und kommen im Tiefland nur vereinzelt vor. Um in den dürren Gebieten Nahrung zu finden, unternehmen sie oft weite Wanderungen und sollen dabei sogar Wüsten durchqueren. Sie sind allerdings sehr wärmebedürftig (24 bis 30 °C) und wollen in Gefangenschaft ein beheiztes, trockenes Terrarium. Freilandhaltung ist nur an warmen Tagen im Hochsommer möglich. Dann machen sich die Tiere über den Rasen her wie eine Mähmaschine und beachten anderes Futter nicht mehr. Wenn man ihrem Wäremanspruch gerecht wird, sind sie bei einer Kost, wie sie auch anderen Landschildkröten angeboten wird, gut zu halten. Allerdings ist die *G. p. pardalis* sehr scheu und verliert diese Eigenschaft auch bei längerer Gefangenschaft nicht. In Freiheit halten die Tiere bei heißen Dürrezeiten und in Zusammenhang mit dem schlechten Futterangebot eine Art Sommerruhe. Bei der Größe, die die Pantherschildkröten erreichen, kommen sie als Pfleglinge für die meisten Liebhaber nur als junge Tiere in Frage. Über Nachzucht in Gefangenschaft ist mir nur von der Unterart *G. p. babcocki* bekannt.

Literatur:
BALLY, P. R. O. (1952): Einige Beobachtungen an der ostafrikanischen Pantherschildkröte *(Testudo pardalis)*. – Zool. Garten (N. F.), **19:** 236.
HINE, M. L. (1980): Reproduction of the leopard tortoise in captivity. – Testudo (Bristol), **1** (3): 40–43.
SCHWEIZER, H. (1958): Über Zeitigungsdauer von Eigelegen und Jugendkleid von Strahlen- u. Pantherschildkröten. – DATZ, **11** (12): 372–374.

72: Emydura branderhorsti (Grüne Spitzkopfschildkröte) Kopfporträt. **73: Emydura branderhorsti.** Ausgewachsenes Tier. Über diese seltene Schildkröte ist so gut wie nichts bekannt.

74

75

76

Unterart:
Geochelone pardalis babcocki Loveridge

Größe: bis 68 cm.
Vorkommen: Südöstliches und südliches Afrika.

Literatur:

Benzien, J. (1958): Beobachtungen über die Entwicklung der Zeichnung bei Pantherschildkröten *Testudo pardalis babcocki.* - DATZ, **11:** 121.

Poglayen-Neuwall, I. (1983): Geglückte Zucht der Panther-Schildkröte *(Geochelone pardalis babcocki).* - Zool. Garten (N.F.), **53** (3/5): 217–225.

Geochelone sulcata Miller

Sporenschildkröte
(keine Unterarten)

Kennzeichen: Der gewölbte gelbe Rückenpanzer ist im Bereich des 2., 3. und 4. Wirbelschildes ziemlich abgeflacht. Die seitlichen Randschilde fallen beinahe senkrecht ab. Der Vorderrand ist leicht und der Hinterrand stark gesägt und etwas aufgebogen. Die einzelnen Rückenschilde tragen konzentrisch angeordnete Furchen. Die Nähte der Schilde sind etwas dunkler abgesetzt. Der Kopf und die Gliedmaßen sind ebenfalls gelb. Die Vorderseiten der Vorderbeine sind stark mit Hornschuppen gepanzert. Die Oberschenkel und der Hinterrand der Hinterfüße weisen jeweils einen teilweise verknöcherten Sporn auf, dem die Tiere ihren deutschen Namen verdanken.
Größe: bis 80 cm und bis 100 kg Gewicht.
Vorkommen: Mittleres Afrika.
Lebensweise: Auch diese Art bewohnt trockene Savannen, Steppen oder Halbwüsten. Im Wärmebedürfnis, ihren Lebensgewohnheiten und Futteransprüchen gleicht sie der Pantherschildkröte, ist vielleicht aber noch etwas wärmebedürftiger (25 bis 35 °C). Dagegen ist sie nicht so scheu wie die andere Art und wird mit der Zeit geradezu zutraulich. Natürlich bleibt die Terrarienhaltung von so groß werdenden Tieren meist nur zoologischen Gärten und wenigen Liebhabern vorbehalten. Nachzucht ist in Gefangenschaft ebenfalls schon geglückt. Es sei dazu auf einen bemerkenswerten Bericht von Boisson und Chapon verwiesen.

Literatur:

Boisson, D. & Chapon, N. (1978): Vermehrung von *Testudo sulcata* Miller in Gefangenschaft. - DATZ, **31** (1): 28–30.

Cloudsley-Thompson, J. L. (1970): On the biology of the desert tortoise *Testudo sulcata* in Sudan. - Jour. Zool. (London), **160:** 17–33.

Geochelone platynota Blyth

Burma-Landschildkröte
(keine Unterarten)
Geschützt! Anhang II des WA

Größe: bis 26 cm.
Vorkommen: Westliches Hinterindien.
Kurzbeschreibung: Diese Art hat einen hochgewölbten, bräunlichen Rückenpanzer. Die Sternzeichnung gleicht der von *G. elegans*, nur sind die Rückenschilde nicht aufgeworfen. Bezüglich ihrer Lebensweise und Haltungsansprüche sei ebenfalls auf *G. elegans* verwiesen.

74: Phrynops rufipes (Rote Krötenkopfschildkröte) eine wahre Kostbarkeit unter den Schildkröten, aber auch sehr wärmebedürftig und empfindlich in der Pflege. **75: Platemys platycephala** (Rotkopf-Plattschildkröte) ist eine sehr gut zu haltende Art. Sie wird heute im Tierhandel des öfteren angeboten und erreicht nur eine Größe von maximal 16 cm. **76: Platemys platycephala.** Der Bauchpanzer ist einfarbig schwarz mit gelber bis rötlicher Umrahmung.

Literatur:
Berg, J. (1916): Seltene Landschildkröten *(Testudo platynota* und *T. elongata).* – Blätter Aquar. Terr. Kde., **27:** 86–88.

Untergattung: Acinixys Siebenrock

Acinixys planicauda Grandidier
Madagassische Flachrückenschildkröte
(einzige Art ohne Unterarten)
Geschützt! Anhang II des WA

Kennzeichen: Diese sehr klein bleibende Art ist besonders hübsch gezeichnet. Der hornfarbene, gewölbte Rückenpanzer ist vorn kräftig gesägt, hinten nur an den Afterschilden; die anderen Schilde aber wirken abgerundet. Die Rückenschilde tragen eine unregelmäßige, schwarze Fleckenzeichnung, die mit den hellen Umrandungen entfernt einen sternartigen Effekt ergibt. Der gelbliche Bauchpanzer weist einige wenige, dunkle Flecken auf, die unregelmäßig verstreut sind. Sein Hinterrand hat in der Mitte einen flachwinkligen Ausschnitt. Auf der Kopfoberseite befinden sich ein paar unregelmäßige, helle Flecken. Die Gliedmaßen sind vor allem vorn stark beschuppt, ohne Zeichnung.
Größe: bis 12 cm.
Vorkommen: Westliches Madagaskar.
Lebensweise: Ihren Lebensraum bilden trockene, mit Büschen bestandene Gebiete. Sie fordert hohe Wärme, 26 bis 30 °C und ernährt sich rein pflanzlich. Aufgrund ihrer geringen Größe würde sie sich sehr gut für die Haltung im geheizten, trockenen Terrarium eignen, doch ist sie, als vom Aussterben bedrohte Art, mit Recht geschützt. Freilandhaltung nur im Hochsommer im geschützten Terrarium.

Literatur:
Anon. (1970): *Testudo planicauda* (Photo). – Zoonooz (San Diego), **43** (12): 1 p.
Kramer, K.-H. (1976): Rarität im Terrarium *(Testudo planicauda).* – Das Terrarium (Stuttgart), **1** (2): 38–41.

Untergattung: Agrionemys
Chosatzky & Mlynarski

Agrionemys horsfieldii Gray
Vierzehen-Landschildkröte
(keine Unterarten)
Geschützt! Anhang II des WA

Kennzeichen: Der gewölbte, bräunlich-olivfarbene Rückenpanzer ist oben stark abgeflacht. Er hat eine etwas verschwommene, schwarze Fleckenzeichnung in der Art von *T. hermanni*, aber nicht so ausgeprägt. Der Bauchpanzer ist schwarz oder hat große, schwarze Flecken. Die Schnauze des olivfarbenen Kopfes hat einen hakenförmigen Oberkiefer. Als typisches Merkmal fallen die jeweils nur vier Zehen an den Vorder- und Hinterbeinen auf. Das Schwanzende ist mit einem Nagel versehen. Die Geschlechter können, außer an dem bedeutend stärkeren Schwanz des Männchens, auch daran unterschieden werden, daß die Männchen eine, die Weibchen drei bis fünf warzenartige Hornschuppen an der Innenseite des Oberschenkels aufweisen.
Größe: bis 20 cm.
Vorkommen: Östliches Kaspisches Gebiet, Turkestan, Iran, Afghanistan und nördliches West-Pakistan.
Lebensweise: Ihr Lebensraum sind sandige oder lehmige, mit Buschwerk bestandene Steppen oder Grasland. Sie wurde in den letzten Jahren sehr viel eingeführt und ist die am wenigsten wärmebedürftige Landschildkröte. In Gefangenschaft sollte man ihr unbedingt einen Freilandaufenthalt bieten. Wenn in meiner Freilandanlage an kühlen Tagen (14 bis 16 °C) alle *Testudo*-Arten die geheizte Hütte aufsuchten, marschierten die Vierzehen-Landschildkröten immer noch munter im Freien umher und fraßen auch ohne weiteres, was geboten war. Sie nehmen gerne Löwenzahn, Salat, Früchte aller Art, vor allem Bananen, fressen aber auch Hun-

defertigfutter (eingeweicht) und gehackte Leber oder Regenwürmer. Die Temperaturansprüche sind sehr variabel (von 14 bis 28 °C wird alles vertragen). In Freiheit sollen sie eine Sommerruhe (während der Dürreperiode) und eine Winterruhe halten. Mir sind Liebhaber bekannt, die die Tiere im Spätherbst im Freiland belassen, wo diese sich dann selbst eingraben und im Frühjahr wieder erscheinen. Ich möchte dies nicht unbedingt empfehlen, denn bei den starken Temperaturschwankungen in unseren Breiten besteht die Gefahr, daß bei einer vorübergehenden Wärmeperiode im Verlauf des Winters die Tiere herauskommen und bei einem nachfolgenden Temperatursturz sich nicht mehr richtig eingraben können und erfrieren. Außerdem besteht die Gefahr, daß sie bei der Winterruhe von Ratten entdeckt und angefressen oder gar getötet werden, da sie ja in der Winterstarre wehrlos sind. In Freiheit legt das Weibchen im Juli seine Eier, aus denen dann erst im April des nachfolgenden Jahres die Jungtiere schlüpfen. Auch in Gefangenschaft ist schon Nachzucht geglückt. Im Brutapparat erbrütete Tiere brauchen 80 bis 120 Tage, bis sie schlüpfen. Als Pflegling ist die *A. horsfieldii* sehr zu empfehlen.
Die Nachzucht ist in Gefangenschaft schon einige Male geglückt.

Literatur:

DATHE, F. (1976): Beobachtung der Überwinterung einer Steppenschildkröte, *Agrionemys horsfieldii* im Freiland. – Aquarien Terrarien, **23** (11): 384.

GIEBNER, I. (1976): Zuchterfolg bei der Steppenschildkröte. – Aquarien, Terrarien, **23** (1): 389.

HÜVE, J. (1984): Nachzucht: *Agrionemys horsfieldii.* – Die Schildkröte (Haar), **6** (1): 34–42.

KIRSCHE, W. (1971): Zur Pflege und Zucht der Steppenschildkröte, *Testudo horsfieldii* GRAY. – Aquarien Terrarien, **18** (3/4/5/6): 84–86, 118–120, 158–160, 198–200.

NESSING, R. (1972): Berichtigung zur Pflege der Steppenschildkröte, *Testudo horsfieldii.* – Aquarien Terrarien, **19** (5): 172–173.

SCHLEGEL, H. (1974): Vierzehen-Schildkröte hält Sommerschlaf. – DATZ, **27** (5): 179.

Untergattung: Asterochelys GRAY

Asterochelys radiata SHAW

Strahlenschildkröte
(keine Unterarten)
Geschützt! Anhang I des WA

Kennzeichen: Der fast schwarze, stark gewölbte Rückenpanzer hat auf jedem Wirbel- und Rippenschild eine ansprechende, gelbe Strahlenzeichnung. Auch die Randschilde sind gezeichnet. Die einzelnen Schilde sind normalerweise nicht aufgeworfen. In Ausnahmefällen ist bei verschiedenen, in Gefangenschaft aufgezogenen Exemplaren eine starke Höckerbildung aufgetreten. Es tritt hier die Frage auf, ob es sich dabei nicht um eine rachitische Erscheinung von in Gefangenschaft aufgezogenen Exemplaren handelt. Der Bauchpanzer ist gelb-schwarz gezeichnet, doch entstehen bei diesem, durch die mehr gebündelte Anordnung der Strahlen, dreieckige bis vieleckige Ornamente. Der Vorderrand des Carapax ist gezähnt, hinten nur die Afterschilde. Die Oberseite des Kopfes wie auch des Schwanzes und der Oberschenkel sind schwarz pigmentiert. Alle übrigen Stellen von Kopf, Hals und Gliedmaßen sowie die Weichteile sind einfarbig hellgelb gefärbt.
Größe: bis 40 cm.
Vorkommen: Madagaskar.
Lebensweise: Diese Art bewohnt trockene Gebiete mit niederem Bewuchs von Büschen und Gras. Sie ist auch sehr empfänglich für Wärme, aber nicht so heikel wie *Geochelone elegans*; natürlich sollte man schroffen Temperaturwechsel vermeiden. Das Optimum dürfte zwischen 25 und 30 °C liegen. Die Strahlenschildkröte frißt überwiegend Pflanzenkost, die möglichst abwechslungsreich sein sollte. Gerne verzehrt sie auch süße Früchte und Bananen oder ab und zu fein geschnittenes Rinderherz oder gehackte Leber.

Gegen pralle Mittagssonne sollte, vor allem bei Freilandhaltung im Hochsommer, eine Versteckmöglichkeit geboten sein. Es ist nachgewiesen, daß diese Art in Gefangenschaft schon ein beträchtliches Alter erreicht hat. So die berühmte „Tonga"-Schildkröte, die mindestens 189 Jahre alt wurde, sowie „Torty", welche noch heute im Alexandra Park-Zoo von Bundaberg in Australien lebt und inzwischen 133 Jahre in Gefangenschaft hinter sich gebracht hat.
Die Nachzucht von *A. radiata* ist in Gefangenschaft schon gelungen; auf die Literaturangaben sei dazu verwiesen.

Literatur:

AUFFENBERG, W. (1978): Courtship and breeding behavior in *Geochelone radiata* (Testudines: Testudinidae). – Herpetologica, **34** (3): 277–287.

BURCHFIELD, P. M. (1975): Hatching the radiated tortoise, *Testudo radiata*, at Brownsville Zoo. – International Zoo Yearbook, **15:** 90–92.

LEHMANN, K. (1980): Zum Alter von *Testudo radiata* in Gefangenschaft. – Salamandra, **16** (1): 61.

SCHWEIZER, H. (1965): Ei-Zeitigung, Aufzucht und Entwicklung einer Strahlenschildkröte – *Testudo radiata*. – Salamandra, **1** (3): 67–73.

Asterochelys yniphora VAILLANT

Madagassische Schnabelbrust-Schildkröte
(keine Unterarten)
Geschützt! Anhang I des WA

Größe: bis 38 cm.
Vorkommen: Madagaskar.
Kurzbeschreibung: Sie gleicht der vorbesprochenen Art *A. radiata* bezüglich Panzerform und Farbe sehr, nur wirken Färbung und Zeichnung etwas verschwommener, die gelben Strahlen sind stark verbreitert und nicht so scharf abgesetzt. Wichtigstes Unterscheidungsmerkmal ist das stark nach vorn gezogene, zugespitzte und nach oben aufgebogene Kehlschild (Gulare). Bezüglich ihres Biotops, der Lebensweise sowie Temperatur-und Futteransprüchen unterscheidet sie sich nicht von der Strahlenschildkröte.

Literatur:

PETZOLD, H.-G. (1974): Die seltenste Schildkröte der Welt. – Aquarien Terrarien, **21** (12): 427.

Untergattung: Chelonoidis FRITZINGER

Chelonoidis carbonaria SPIX

Köhlerschildkröte
(keine Unterarten)
Geschützt! Anhang II des WA
(Foto Seite 107)

Kennzeichen: Der hochgewölbte, schwarze Rükkenpanzer weist in der Mitte der Wirbel- und Rippenschilde jeweils einen dottergelben Fleck auf, um den sich konzentrische Reifen (wie Jahresringe eines Baumes) legen. Der Bauchpanzer ist bei manchen Exemplaren einfarbig gelb, bei anderen gelb mit großen, schwarzen Flecken. Der Kopf ist schwarz mit einer orange-roten Oberseite, bei manchen Tieren sind es auch nur Einzelflecken. Auf der Vorderseite der massigen Vordergliedmaßen und vereinzelt auch an den Hintergliedmaßen befinden sich zahlreiche hellrote bis orangerote leuchtende Hornschuppen, die im Kontrast zu der schwarzen Grundfärbung und zusammen mit dem hübschen Rückenpanzer dem Tier ein prächtiges Aussehen verleihen.
Größe: bis 50 cm.
Vorkommen: Tropisches Südamerika östlich der Anden, vor allem Kolumbien, Venezuela, Guayanas, Brasilien, Bolivien und Paraguay.
Lebensweise: Diese Schildkröte ist die typische Bewohnerin des tropischen Regenwaldes und eine der schönsten Arten. Sie ist ein Gemischtköstler, und es war immer wieder erstaunlich, wie vielfältig die Speisekarte bei den von mir gepflegten Tieren ist. Füttere ich den Wasserschildkröten Sardinen oder Süßwasserfische, dann bekommen auch die Köhlerschildkröten ihren Anteil. Sie verzehren die Fische mit Kopf, Gräten und Innereien. Sehr gerne fressen sie ein-

geweichtes Hunde-Fertigfutter (Knödel), Gelatinefutter, Regenwürmer, Schildkröten-Fertigfutter, Löwenzahn, Salat, Rinderleber und -herz, Bananen und alle süßen Früchte. Je mehr Abwechslung man bietet, desto lieber ist es den Tieren.

Ich habe meine Exemplare als Jungtiere von 6 und 8 cm Panzerlänge bekommen. Nach ca. 7 Jahren, bei einer Größe des Weibchens von 29 cm und des Männchens von 26 cm, konnte ich die ersten Paarungsversuche beobachten (Sommer 1982). Leider waren bis heute (März 1985) bei jährlich drei Gelegen die Eier, trotz vieler Kopulationen, immer unbefruchtet. Ab Mai bis September kommen meine Tiere in ein Freilandterrarium, bei dem ich aber die Möglichkeit habe, es an kühlen Tagen ganz abzudekken. Die Tiere sind während der größten Mittagshitze nicht aktiv, sondern ziehen sich in ihre Schutzhütte zurück. Fällt ein warmer Sommerregen, so eilen sie sofort ins Freie, um diese Dusche zu genießen. Nach mehreren aufeinanderfolgenden heißen und trockenen Tagen biete ich mit einer Gießkanne voll lauwarmem Wasser Ersatz für diesen Tropenregen. Außerdem befindet sich im Freilandterrarium eine flache Badegelegenheit, die die Schildkröten gerne benützen.

Babys dieser Art gelten als heikel in der Aufzucht, was meines Erachtens aber wohl daher kommt, daß die Tiere schon in fraglichem Zustand beim Zoohändler eintrafen.

Ab Mitte September halte ich die Tiere in einem Terrarium von 1,60 m Länge und ca. 0,60 m Breite, das ein Versteck, einen „Sonnen"-Platz mit einem Elsteinstrahler sowie ein Wassergefäß enthält. Außerdem werden die Tiere einmal wöchentlich in ein lauwarmes Bad gesetzt, mit einem Wasserstand, der das Luftholen gerade noch erlaubt; das halte ich für vorteilhafter als ein Wasserbecken, das immer verschmutzt ist. Die Temperatur im Terrarium beträgt 24 bis 28 °C, im Freiland schwankt sie, je nach Witterung, zwischen 17 und 30 °C. Die Nachzucht ist sowohl in zoologischen Gärten als auch bei privaten Haltern schon mehrfach gelungen.

Literatur:

Anon. (1981): Schildkröten stellen sich vor: Nr. 7: *Geochelone carbonaria* und *Geochelone denticulata.* – Die Schildkröte (Haar), **3** (2): 13–16.

Furrer, J. (1969): Bemerkungen zu: *Testudo carbonaria,* Omnivore oder Aasfresser? – DATZ, **22** (2): 62–63.

Müller, P. (1971): Beobachtungen an brasilianischen *Geochelone carbonaria.* – Aqua Terra (Biberist), **8** (6/7): 69–75.

Vokins, A. M. A. (1981): Nachzucht der Köhlerschildkröte *Geochelone carbonaria* Spix, 1824. – Die Schildkröte (Haar), **3** (2): 17–25.

Chelonoidis chilensis Gray

Argentinische Landschildkröte
(keine Unterarten)
Geschützt! Anhang II des WA
(Foto Seite 107)

Kennzeichen: Der relativ flache Rückenpanzer hat tiefe, konzentrische Furchen auf den Rükkenschilden, die einen dunkelbraunen Rand mit einem gelb-braunen Zentrum aufweisen. Die Randschilde sind am Vorder- und Hinterrand stark aufgebogen und vorn und hinten leicht gesägt. Der massige Kopf hat ein raubvogelähnliches Aussehen durch den starken Haken in der Mitte des Oberkiefers. Die Gliedmaßen sind plump und haben starke Höckerschuppen, vor allem an den Oberschenkeln der Hinterbeine sowie beiderseits der Schwanzwurzel.

Größe: bis 22 cm.

Vorkommen: Südliches Südamerika, vor allem Argentinien und Uruguay. (Da sie in Chile überhaupt nicht vorkommt, trägt sie ihren wissenschaftlichen Namen also zu Unrecht.)

Lebensweise: Sie bewohnt in ihrer Heimat die Übergangszone vom Regenwald zum Grasland, liebt es also nicht zu trocken, aber auch nicht so feucht wie *C. carbonaria.* Auch in der Ernährung ist sie mehr auf pflanzliche Kost eingestellt als

C. carbonaria. In Gefangenschaft ist sie ein relativ anspruchsloser Pflegling, dem während der warmen Jahreszeit unbedingt ein Freilandaufenthalt geboten werden sollte. Bei ausschließlicher Terrarienhaltung ist ein mäßig feuchtes Terrarium mit trockenem Sonnenplatz (Strahler) sowie flachem Wasserbecken erforderlich. Sie wurde auch früher im Handel selten angeboten. In unseren Breitengraden ist über Nachzucht in Gefangenschaft nichts bekannt, wäre aber bestimmt bei entsprechenden Voraussetzungen möglich. Temperaturansprüche durchschnittlich 25 °C.

Literatur:

Auffenberg, W. (1969): Land of the Chaco tortoise, *Geochelone chilensis.* – Intern. Turtle & Tortoise Soc. Jour., **3** (3): 16–19, 36–37.

Dünnebier, F. (1967): Zur Überwinterung der Argentinischen Landschildkröte. – DATZ, **20** (4): 126–127.

Rottmann, J. (1969): Zucht der Argentinischen Landschildkröte *(Testudo chilensis).* – DATZ, **22** (9): 282–284.

Wermuth, H. (1967): Die Argentinische Landschildkröte, *Testudo chilensis.* – DATZ, **20** (2): 58–61.

Chelonoidis denticulata Linnaeus

Jabuti oder Waldschildkröte
(keine Unterarten)
Geschützt! Anhang II des WA

Kennzeichen: Im Gegensatz zu *C. carbonaria* ist der Rückenpanzer flacher, länger und von braun-oliver Farbe. Die Zentren der Rückenschilde sind heller, aber nicht so scharf abgegrenzt. Die Flecken am Kopf und den Gliedmaßen sind meist nur gelb. Die Zehen an den plumpen und massigen Gliedmaßen sind mit kräftigen Krallen versehen. Die Vorderseiten der Oberarme und Oberschenkel bedecken Hornplatten, die schindelartig angeordnet sind.
Größe: bis 60 cm.
Vorkommen: Tropisches Südamerika östlich der Anden sowie Windwardinseln und Trinidad.
Lebensweise: Auch sie ist eine Bewohnerin des tropischen Regenwaldes und seiner Übergangsgebiete. Deshalb ist die Waldschildkröte in ihrer Lebensweise und nach den Haltungsbedingungen der Köhlerschildkröte ähnlich, ist aber etwas feuchter zu halten.

Literatur:

Calmonte, A. (1968): Jungtiere von *Testudo denticulata* im Zimmerterrarium. – Aqua Terra (Biberist), **5** (2): 13–15.

– (1970): Die Waldschildkröte im Terrarium. – DATZ, **23** (11): 351.

Wöllner, S. (1981): Pflege der Waldschildkröte *(Geochelone denticulata).* – Die Schildkröte (Haar), **3** (2): 28–29.

Chelonoidis elephantopus Harlan

Galapagos-Riesenschildkröte
Geschützt mit allen Unterarten! Anhang I des WA

Unterart (Nominatform):
Chelonoidis elephantopus elephantopus Harlan

Größe: bis 110 cm.
Vorkommen: Insel Albemarle.
Kurzbeschreibung: Alle Unterarten der Galapagos-Riesenschildkröte kommen auf Inseln der Galapagos-Gruppe vor und sind im einzelnen nur sehr schlecht zu bestimmen. Da sie vom Aussterben bedroht und völlig geschützt sind, will ich mich darauf beschränken, nur die Unterarten und ihr Vorkommen aufzuzeigen, da diese Art aufgrund ihrer Größe für eine normale Terrarienhaltung ohnehin nicht in Frage kommt.

Unterart:
Chelonoidis elephantopus abingdonii Günther

Größe: bis 100 cm.
Vorkommen: Insel Abingdon = Pinta (vermutlich ausgestorben).

Unterart:
Chelonoidis elephantopus chathamensis
VAN DENBURGH

Größe: bis 100 cm.
Vorkommen: Insel Chatham (= San Christobal).

Unterart:
Chelonoidis elephantopus darwini
VAN DENBURGH

Größe: bis ca. 100 cm.
Vorkommen: Insel James (= San Salvador).

Unterart:
Chelonoidis elephantopus ephippium
GÜNTHER

Größe: bis ca. 110 cm.
Vorkommen: Insel Duncan = Pinzón (vermutlich ausgestorben).

Unterart:
Chelonoidis elephantopus galapagoensis
BAUR

Größe: bis ca. 110 cm.
Vorkommen: Insel Charles = Floreana (vermutlich ausgestorben).

Unterart:
Chelonoidis elephantopus hoodensis
VAN DENBURGH

Größe: bis ca. 100 cm.
Vorkommen: Insel Hood (= Española).

Unterart:
Chelonoidis elephantopus nigrita
DUMERIL & BIBRON

Größe: bis ca. 100 cm.
Vorkommen: Insel Idefatigable (= Santa Cruz).

Unterart:
Chelonoidis elephantopus phantastica
VAN DENBURGH

Größe: bis ca. 100 cm.
Vorkommen: Insel Narborough (= Fernandina).

Unterart:
Chelonoidis elephantopus wallacei
ROTHSCHILD

Größe: bis 100 cm.
Vorkommen: Insel Jervis (= Rábida).

Untergattung: Chersina GRAY

Chersina angulata SCHWEIGGER
Afrikanische Schnabelbrustschildkröte
(einzige Art ohne Unterarten)
Geschützt! Anhang II des WA

Kennzeichen: Die Rückenschilde des ovalen und gewölbten Carapax weisen in ihrer Mitte einen etwa quadratischen dunklen Fleck auf. Dieser ist von einem konzentrisch verlaufenden breiten, gelben Streifen umgeben, welcher wiederum von einem schwarzen Streifen eingefaßt ist. Die Randschilde sind gelb und werden durch sich nach oben verjüngende, schwarze Streifen geteilt. Entlang der Trennungslinie zwischen Rippen- und Randschilden verläuft ein gelbes Band. Eine Besonderheit und in dieser Form nur bei *Astrochelys yniphora* vorhanden (wenn auch dort nicht so ausgeprägt), ist das Kehlschild (Gulare) das vorn geradlinig abgestutzt, nicht zugespitzt und nicht nach oben aufgebogen ist. Der Bauchpanzer ist schwarz mit manchmal auftretender rötlicher Tönung. Vor allem die Vordergliedmaßen haben vorn starke Hornplatten und kräftige Krallen.
Größe: bis ca. 25 cm.
Vorkommen: Südwestliches und südliches Afrika.
Lebensweise: Diese Art kommt in trockenem Grasland oder Steppengebiet vor, das mit niederem Buschwerk bewachsen ist. Ihr durchschnittlicher Temperaturanspruch beträgt ca. 25 °C. In Gefangenschaft Haltung im geheizten Trockenterrarium.

Sie ist hauptsächlich herbivor, gelegentlich sollte man trotzdem Rinderherz oder Rinderleber anbieten.
Über Nachzucht in Gefangenschaft ist nichts bekannt.

Literatur:
ARCHER, W. H. (1967): The angulated tortoise. – African Wildlife, **21** (2): 137–143.
– (1968): More notes on the angulated tortoise. – African Wildlife, **22** (2): 141–146.
NIETZKE, G. (1974): *Testudo angulata*– Schnabelbrust-Schildkröte. – Das Aquarium (Aqua Terra), **8** (57): 121–122.

Untergattung: Indotestudo LINDHOLM

Indotestudo elongata BLITH

Gelbkopf-Landschildkröte
(keine Unterarten)
Geschützt! Anhang II des WA
(Foto Seite 90)

Kennzeichen: Der Rückenpanzer dieser Art ist gewölbt, aber oben abgeflacht, mit gelblichbrauner bis brauner Färbung und völlig unregelmäßig verteilten schwarzen Flecken. Kopf und Hals sind gelb. Die kräftigen Gliedmaßen sind grau-schwarz, mit vereinzelten Hornplatten. Außerdem haben sie an den Zehen sehr kräftige Krallen. Bei Jungtieren dieser Art ist der Panzer einfarbig hellbeige, ohne jede Zeichnung. Die hinteren Randschilde sind stark gezähnt. Der Kopf ist ganz hellgelb.
Größe: bis 28 cm.
Vorkommen: Östliches Vorderindien und Hinterindien.
Lebensweise: Diese sehr lebhafte Landschildkröte bewohnt in ihrer Heimat mit Büschen bestandenes Grasland und ist auch Feuchtigkeit gewohnt, im Gegensatz zu den übrigen indischen Landschildkröten. Die Tiere von Furrer waren im Freiland gerade bei Regen besonders aktiv und schätzten kühles Sommerwetter mehr als große Hitze. Ihm gelang auch schon die Nachzucht dieser Art.
Die Gelbkopf-Landschildkröte frißt überwiegend pflanzliche Nahrung, doch sollte man grundsätzlich allen Landschildkröten ab und zu etwas anderes anbieten, wie z. B. Rinderherz, Rinderleber oder Hunde-Fertigfutter. Die Temperaturansprüche liegen im Durchschnitt bei ca. 25 °C. Ein Freilandaufenthalt während der warmen Jahreszeit ist unbedingt zu empfehlen.

Literatur:
CALMONTE, A. (1971): Die Gelbkopf-Landschildkröte *Testudo elongata* (BLYTH, 1853). – Aqua Terra (Biberist), **8** (12): 122–124.
DUNN, R. W. (1976): Breeding the *elongata* tortoise *Testudo elongata* at Melbourne Zoo. – International Zoo Yearbook, **16:** 73–74.
FURRER, J. (1981): Nachzucht bei *Testudo elongata* DATZ, **34** (12): 438–439.

Indotestudo forstenii

SCHLEGEL & S. MÜLLER
Celebes-Landschildkröte
(keine Unterarten)
Geschützt! Anhang II des WA

Größe: bis 17 cm.
Vorkommen: Sunda-Archipel (Inseln Celebes und Halmahera).
Kurzbeschreibung: Der gewölbte, bräunlich-olivfarbene Rückenpanzer hat vereinzelt und sehr unregelmäßig verteilte schwarze Flecken. Die Zentren der Rückenschilde sind heller. Das Nakkenschild fehlt, an dessen Stelle hat der Rückenpanzer einen Einschnitt. Der Bauchpanzer ist gelb, auf jedem Schild befindet sich ein großer dunkler Fleck. Über diese Art ist in der Literatur so gut wie nichts erwähnt. Auch über die Haltung in Gefangenschaft fehlen Angaben.
Die Art ist vermutlich identisch mit der nachfolgend behandelten *Indotestudo (Testudo) travancorica.*

Indotestudo travancorica BOULENGER
Travancore-Landschildkröte
(keine Unterarten)

Größe: bis 28 cm.
Vorkommen: Südwestliches Vorderindien.
Kurzbeschreibung: Der nur schwach gewölbte, bräunlich-olivfarbene Rückenpanzer hat in der Mitte eines jeden Wirbel- und Rückenschildes ein helles Zentrum, das von einer unregelmäßigen schwarzen Fleckenzeichnung umgeben ist. Das Nackenschild fehlt, an seiner Stelle ist ein Einschnitt im Rückenpanzer. Der Bauchpanzer hat hinten an der Brücke sowie seitlich auf den Arm- und Schenkelschilden jeweils einen schwarzen Klecks. Kopf und die kräftigen Gliedmaßen sind bräunlich-olivfarben, ohne weitere Zeichnung. Die mit starken Hornschuppen versehenen Vorder- und Hinterbeine enden in starken Krallen. Über ihre Lebensweise sowie Erfahrungen bei der Terrarienhaltung ist in der deutschsprachigen Literatur nichts erwähnt.

Literatur:
AUFFENBERG, W. (1964): Notes on the courtship of the land tortoise *Geochelone travancorica* BOULENGER. – Jour. Bombay Nat. Hist. Soc., **61:** 247–253.
KRAGH, L. (1981/82): Keeping *Geochelone elongata* and *Geochelone travancorica.* – Newsletter Brit. Chelonia Group, 81/82 (30): 2–3.

Untergattung: Manouria GRAY

Literatur:
OBST, F.J. (1982): Die Schildkrötengattung *Manouria.* – Zool. Abhandlung (Dresden), **38** (9–19): 247–256.
PRITCHARD, P. C. H. (1981): Turtle of the month – the Burmese brown tortoise, *Geochelone emys.* Tortuga Gazette, **17** (8): 3.

Manouria emys SCHLEGEL & S. MÜLLER
Braune Landschildkröte
(keine Unterarten)
Geschützt! Anhang II des WA

Größe: bis 47 cm.
Vorkommen: Östliches Vorderindien, Hinterindien sowie Sunda-Archipel.
Kurzbeschreibung: Der gelblich- bis olivbraune Rückenpanzer ist mäßig gewölbt. Die Rückenschilde haben helle Areolen, das Nackenschild ist sehr klein, über dem Schwanz sind ein Paar hintere Randschilde. Der Vorder-und Hinterrand des Rückenpanzers ist seitlich etwas aufgebogen und leicht gesägt. Der Bauchpanzer hat ein Paar Kehlschilde, die etwas nach vorn gezogen sind. Ein wichtiges Merkmal ist, daß die Brustschilde in der Mitte nicht zusammenstoßen, sondern weit von einander entfernt sind. Kopf und Gliedmaßen sind massig, Vorderbeine mit großen, schuppenartig angeordneten Hornschilden, sehr kräftige Klauen. Über Lebensweise und Verhalten in Gefangenschaft liegen keine Angaben vor.

Manouria impressa GÜNTHER
Hinterindische Landschildkröte
(keine Unterarten)
Geschützt! Anhang II des WA

Größe: bis 26 cm.
Vorkommen: Hinterindien, insbesondere Thailand, Burma, Indochina und Malayische Halbinsel.
Kurzbeschreibung: Der Rückenpanzer ist nur mäßig gewölbt und längs der Mitte deutlich abgeflacht. Vorder- und Hinterrand sind stark gesägt, hinten auch stark aufgebogen. Durch das kleine Nackenschild entsteht zwischen den rechts und links angrenzenden, bedeutend größeren Randschilden ein starker Einschnitt über dem Kopf. Das Zentrum der Wirbel- und Rippenschilde ist heller, von dort ausgehend ist eine verschwommene Strahlenzeichnung festzustellen. Am Bauchpanzer sind die beiden Analschilde zipfelförmig nach außen gezogen, wodurch in der Mitte zwischen den beiden Analia ein spitz-oder rechtwinkliger Ausschnitt ent-

steht. Sie hat einen kräftigen Kopf und massige Gliedmaßen mit schuppenartigen Hornschilden. Über Lebensweise und Haltung in Gefangenschaft fehlen mir nähere Angaben.

Untergattung: Megalochelys
FRITZINGER

Megalochelys gigantea SCHWEIGGER
Seychellen-Riesenschildkröte
Geschützt! Anhang II des WA

Unterart (Nominatform):
Megalochelys gigantea gigantea
SCHWEIGGER

Größe: bis 100 cm.
Vorkommen: Insel Mahé (Seychellen), nicht mehr frei lebend.

Unterart:
Megalochelys gigantea daudinii
DUMERIL & BIBRON

Größe: bis 100 cm.
Vorkommen: Süden der Insel Aldabra (Seychellen).

Unterart:
Megalochelys gigantea elephantina
DUMERIL & BIBRON

Größe: bis 123 cm.
Vorkommen: Norden der Insel Aldabra (Seychellen).
Hier verzichte ich bewußt auf nähere Angaben, da über die Seychellen-Riesenschildkröten genaue Details nicht bekannt sind, diese Tiere außerdem sehr selten geworden und deshalb geschützt sind sowie aufgrund ihrer Größe für eine Haltung im Terrarium nicht in Frage kommen.

Untergattung: Psammobates
FRITZINGER

Psammobates geometrica
LINNAEUS
Geometrische Landschildkröte
(keine Unterarten)
Geschützt! Anhang I des WA

Kennzeichen: Der braunschwarze Carapax ist stark gewölbt. Er zeigt auf jedem der Wirbel-und Rippenschilde eine gelbe Sternzeichnung, die bei Jungtieren von einem gelben Zentrum (Areole), bei älteren Tieren von einem gelben Kreis ausgeht. Auch die Randschilde haben gelbe Streifenzeichnungen. Kopf, Hals und Gliedmaßen sind graugelb im Jugendstadium und weisen später dunkle Flecken auf. Die Gliedmaßen sind mit Hornplatten schuppenartig bedeckt. Der Bauchpanzer ist dunkel gefärbt, die Ränder seiner Schilde schwarz und oft von gelben Radien durchzogen.
Größe: bis 18 cm.
Vorkommen: Südliches Afrika (dort nur noch im äußersten Südwesten der Kap-Provinz).
Lebensweise: Sie lebt nur noch in geringer Zahl in ihrem Verbreitungsgebiet, vor allem im flachen, mit einzelnen Büschen bestandenen Grasland, das sauer und oft auch sandig ist. Als natürliche Nahrung soll sie vor allem Binsenspitzen, Fettpflanzen und Iris-Arten verzehren. Die Geometrische Landschildkröte hält sich zeitweise auch in feuchten Bereichen auf und badet bei Gelegenheit gerne. Aufgrund ihrer Seltenheit entfällt eine Haltung im Terrarium.

Literatur:
EGLIS, A. (1965): Ein Wiederfund der Geometrischen Landschildkröte *(Testudo geometrica)*. – Natur und Museum (Frankfurt/M.), **95** (9): 383–387.

Psammobates oculifera Kuhl
Stachelrand-Landschildkröte
(keine Unterarten)
Geschützt! Anhang II des WA

Größe: bis 14 cm.
Vorkommen: Südwestliches und südliches Afrika.
Kurzbeschreibung: Sie hat viel Ähnlichkeit mit der vorbesprochenen Art *P. geometrica*, unterscheidet sich aber vor allem durch die vorn und hinten stark aufgeworfenen Randschilde, die stachelartig gesägt sind und durch die dunkelbraune Strahlenzeichnung auf gelblichem Grund. Auch der Bauchpanzer weist eine auffallende dunkelbraune und gelbe ornamentartige Zeichnung auf. Der Oberkiefer ist in der Mitte heruntergezogen, dadurch wirkt der Kopf raubvogelartig. Ihr Biotop sind trockene, sandige Gebiete, mit Versteckmöglichkeiten in Büschen und Sträuchern. Sie gilt als sehr heikel und läßt sich in Gefangenschaft auch bei besten Bedingungen nur kurze Zeit halten.

Psammobates tentoria Bell
Höcker-Landschildkröten
Geschützt! Anhang II des WA

Unterart (Nominatform):
Psammobates tentoria tentoria Bell

Kennzeichen: Der hochgewölbte, braunschwarze Rückenpanzer weist ebenfalls eine gelbe bis rötlich-gelbe Strahlenzeichnung auf, die aber von einem Mittelpunkt des jeweiligen Rückenschildes direkt (ohne helle Areole) ausgeht. Die Rükkenschilde sind nicht so stark aufgewölbt und die Randschilde nicht gesägt. Der Bauchpanzer hat eine dunkle Färbung ohne gelbe Radien. Der Kopf ist überwiegend gelb gezeichnet. Die Gliedmaßen sind kräftig, die Oberarme haben große, schuppenartig angeordnete Hornplatten.
Größe: bis 14 cm.
Die Unterarten unterscheiden sich wie folgt:
P. t. verroxii: Rückenschilde nicht aufgewölbt und Bauchpanzer nur mit unscharfer dunkler Schattierung.
P. t. trimeni: Rückenschilde kegelförmig aufgeworfen, dunkle Färbung des Bauchpanzers scharf abgegrenzt sowie von gelben Strahlen durchzogen.
Vorkommen: Südliches Afrika.
Lebensweise: Auch sie bewohnt mit Büschen bestandenes Grasland der Trockenzone. Sie nimmt in der Hauptsache pflanzliche Kost zu sich. Sie gilt als sehr wärmebedürftig und hat einen Temperaturanspruch von durchschnittlich 28 °C. Die Haltung in Gefangenschaft ist nicht ratsam, da sie sehr heikel ist. Außerdem ist sie auch nach dem WA geschützt.

Literatur:
Hewitt, J. (1933): On the Cape species and subspecies of the genus *Chersinella* Gray. Part I. – Ann. Natal Mus., **7:** 255–293.
– (1934): On the Cape species and subspecies of the genus *Chersinella* Gray. Part II. – Ann. Natal Mus., **7:** 303–349.

Unterart:
Psammobates tentoria trimeni Boulenger

Größe: bis 12 cm.
Vorkommen: Südwestliches Afrika.

Unterart:
Psammobates tentoria verroxii A. Smith

Größe: bis 14 cm.
Vorkommen: Südliches Afrika.

Gattung: Gopherus Rafinesque
Gopherschildkröten

Literatur:
Rust, H. T. (1938): Die Gopherschildkröte. – Blätter für Aquar. Terr. Kde., **49** (1): 22–25.
Wermuth, H. (1969): Gopherschildkröten. – DATZ, **22** (4): 152–153.

Gopherus polyphemus

DAUDIN
Gopherschildkröte

Unterart (Nominatform):
Gopherus polyphemus polyphemus DAUDIN
Höhlen- oder Gopherschildkröte

Kennzeichen: Der etwas gewölbte Rückenpanzer ist braun bis dunkelbraun und nur hinten leicht gesägt. Der gelbliche Bauchpanzer ist nicht oder nur spärlich dunkel gefleckt. Der Kopf ist ebenfalls braun und hat nur ganz kleine Hornschilde ohne Zeichnung. Die kräftigen, beinahe plump wirkenden Gliedmaßen sind ebenfalls braun. Die Vorderbeine sind mit schuppenartigen Hornplatten bedeckt und im ganzen schaufelartig geformt. Die Zehen enden mit kräftigen Krallen.
Die einzelnen Unterarten unterscheiden sich hauptsächlich durch ihren unterschiedlichen Schädelbau.
Größe: bis 35 cm.
Vorkommen: Südliche USA und nördliches Mexiko.
Lebensweise: Die Gopherschildkröten bewohnen wüstenartige Gebiete mit hohen Temperaturen. Sie verschlafen die heißen Tagesstunden in ihren selbstgegrabenen Höhlen oder Erdgängen, die oft meterlang sind. Diese Höhlen werden meist von der jungen Schildkröte angelegt und später nur noch erweitert. *G. polyphemus* wird erst in der Dämmerung aktiv und geht dann auf Futtersuche. Ihre Nahrung besteht in Freiheit hauptsächlich aus kakteenartigen Gewächsen, deshalb zieht sie in Gefangenschaft allen anderen pflanzlichen Nahrungsmitteln Gurken vor. Mit den Kakteen gleicht sie auch ihren Flüssigkeitsbedarf aus, da sonst oft keine Möglichkeit besteht, Wasser auf andere Weise aufzunehmen. Ihre Temperaturansprüche sind, ihrem natürlichen Lebensraum entsprechend, hoch und liegen im Durchschnitt bei 28 °C.
Die Schwierigkeit einer ständigen Haltung in Gefangenschaft liegt darin, daß in einem normalen Terrarium das notwendige Temperaturgefälle von mindestens 15 °C zwischen Tages- und Nachttemperatur nur in den seltensten Fällen geboten werden kann.

Literatur:
MULTHAUPT, M. (1965): „Goofy", unser *Gopherus polyphemus polyphemus.* – DATZ, **18** (5): 151–153.

Unterart:
Gopherus polyphemus agassizii COOPER

Größe: bis 34 cm.
Vorkommen: Südwestliche USA und nordwestliches Mexiko.

Literatur:
SWITAK, K. H. (1977): Leben in der Wüste: Die Gopherschildkröte, *Gopherus agassizi.* – Das Aquarium (Aqua Terra), **11** (96): 267–272.

Unterart:
Gopherus polyphemus berlandieri AGASSIZ

Größe: bis 35 cm.
Vorkommen: Südliche USA und nordöstliches Mexiko.

Literatur:
SCHLÖGEL, H. (1969): Bemerkungen zu *Gopherus polyphemus berlandieri.* – DATZ, **22** (7): 223–224.
– (1969): *Gopherus polyphemus berlandieri* im Freilandterrarium. – DATZ, **22** (12): 384.

Unterart:
Gopherus polyphemus flavomarginatus LEGLER
Geschützt! Anhang I des WA

Größe: bis 35 cm.
Vorkommen: Nördliches Mexiko.

Literatur:
LEGLER, J. M. & WEBB, R. G. (1961): Remarks on a collection of Bolson tortoises *Gopherus flavimarginatus.* – Herpetologica, **17** (1): 26–37.

Familie: Cheloniidae, Seeschildkröten

Da es sich hier durchweg um sehr große Tiere handelt, welche außerdem durch das WA Anhang I geschützt sind, werde ich nur der Vollständigkeit halber die Arten erwähnen und – außer einer Kurzbeschreibung – nicht näher auf sie eingehen, da sie für eine Terrarienhaltung höchstens als Jungtiere in Frage kommen.

Literatur:
Grundsätzliche Arbeit:

SACHSSE, W. (1970): Eine Aufzuchtmethode für junge Schildkröten mit einigen zusätzlichen Beobachtungen. – Salamandra, **6** (3/4): 88–93.

Gattung: Caretta Rafinesque
Unechte Karettschildkröten

Caretta caretta
Unechte Karettschildkröte

Unterart (Nominatform):
Caretta caretta caretta Linnaeus

Größe: bis 100 cm (Gewicht bis 150 kg).
Vorkommen: Mittelmeer und Atlantischer Ozean.
Kurzbeschreibung: Dunkeloliver flacher Rückenpanzer mit fünf Rippenschilden, Bauchpanzer fahlgelb. Kopf groß, mit ebenfalls fahlgelber Grundfarbe. Kopfoberseite und Seiten weisen braune Flecken auf, die nach unten nur noch vereinzelt vorhanden sind. Vordergliedmaßen flossenartig umgewandelt, guter Schwimmer und Jäger. Beinahe ausschließlich tierische Ernährung.

Unterart:
Caretta caretta gigas Deraniyagala

Größe: bis 100 cm (Gewicht bis 150 kg).
Vorkommen: Pazifischer und Indischer Ozean.

Gattung: Chelonia Latreille
Suppenschildkröten

Chelonia mydas Linnaeus
Suppenschildkröte

Unterart (Nominatform):
Chelonia mydas mydas Linnaeus

Größe: bis 140 cm (Gewicht bis 250 kg).
Vorkommen: Pazifischer und Indischer Ozean.
Kurzbeschreibung: Flacher bräunlicher Rückenpanzer, nur vier Rippenschilde. Vordergliedmaßen ebenfalls zu Schwimmorganen umgebildet. Liefert „leider" die bekannte Schildkrötensuppe. Jungtiere sehen sehr hübsch aus, Oberseite dunkelbraun, der Rückenkiel ist etwas aufgehellt, Rückenpanzer, Beine und Kopfschuppen sind weiß gerandet.
Die Tiere sind an Land sehr unbeholfen und suchen es nur zur Eiablage auf. Da sie immer wieder dieselben Niststrände aufsuchen, legen sie zu diesen oft mehrere 100 km schwimmend zurück. Die Eiablage soll aber nur alle zwei bis drei Jahre stattfinden. Interessant ist, daß *Chelonia mydas*, im Gegensatz zu *Caretta*, sich auf dem Land schiebend fortbewegt, d.h. sie stößt sich jeweils mit allen vier Beinen gleichzeitig ab, während *Caretta* wie üblicherweise bei den Vierfüßlern vorne rechts und hinten links und dann wieder vorne links und hinten rechts die Beine bewegt. *C. m. mydas* ist ebenfalls fast ausschließlich auf tierische Nahrung eingestellt und frißt Tintenfische, Garnelen, auch Fische u.a.

Unterart:
Chelonia mydas japonica Thunberg

Größe: bis 140 cm (Gewicht bis 250 kg).
Vorkommen: Pazifischer und Indischer Ozean.

Kurzbeschreibung: Im Gegensatz zu *C. m. mydas* ist hier der Rückenpanzer meist grünlich bis olivfarben. Sein Hinterrand über den Hinterbeinen ist oft deutlich eingebuchtet. Sonst wie Nominatform.

Gattung: Eretmochelys FRITZINGER
Echte Karettschildkröten

Eretmochelys imbricata LINNAEUS
Echte Karettschildkröte

Unterart (Nominatform):
Eretmochelys imbricata imbricata
LINNAEUS

Größe: bis 90 cm (Gewicht bis 120 kg).
Vorkommen: Atlantischer Ozean und Mittelmeer.
Kurzbeschreibung: Der Rückenpanzer ist in der Jugend herzförmig und mit hornfarbenen, dunkel geflammten Schilden schindelartig überdeckt. (Diese Schilde liefern das bekannte Schildpatt, daher war diese Art durch die Nachstellungen der Menschen immer bedroht.) Im Alter verlaufen die Seitenränder geradlinig und parallel. Der raubvogelartige und spitze Kopf und die Gliedmaßen sind vorwiegend haselnußbraun.
Die Ernährung ist überwiegend tierisch (diese Art frißt sogar Seeigel und giftig nesselnde Medusen) und nur gelegentlich wird auch pflanzliche Beikost genommen.

Unterart:
Eretmochelys imbricata bissa RÜPPELL

Größe: etwa wie Nominatform.
Vorkommen: Pazifischer und Indischer Ozean.
Kurzbeschreibung: Der Unterschied zur Nominatform ist die fast schwarze Oberseite des Kopfes und vor allem der vorderen Gliedmaßen. Die Seitenränder des Rückenpanzers verlaufen auch im Alter fast herzförmig. Sonst wie die vorgenannte Art.

Gattung: Lepidochelys FRITZINGER
Bastardschildkröten

Lepidochelys olivacea ESCHSCHOLTZ
Bastardschildkröte

Unterart (Nominatform):
Lepidochelys olivacea olivacea
ESCHSCHOLTZ

Größe: bis 75 cm.
Vorkommen: Indischer, Pazifischer und Atlantischer Ozean.
Kurzbeschreibung: Sie ist die kleinste Art unter den Meeres-Schildkröten. Sie hat einen olivgrünen, ebenfalls etwa herzförmigen Rückenpanzer mit mehr als fünf Paar Rippenschilden. Die Zwischenschilde haben jeweils eine dunkle Pore. An den Gliedmaßen befinden sich eine oder zwei freie Krallen. *L. o. olivacea* hält sich meist in seichten Meeresbuchten in Gruppen auf. Sie ist ein Gemischtköstler mit überwiegend animalischer Nahrung.

Unterart:
Lepidochelys olivacea kempii GARMAN

Größe: bis 75 cm.
Vorkommen: Atlantischer Ozean, hauptsächlich im Golf von Mexiko.
Kurzbeschreibung: Lebensweise wie Nominatform, von welcher sie sich durch folgendes unterscheidet: Rückenpanzer dunkelgrau mit nur fünf Paar Rippenschilden, Zwischenschilde ohne Poren, Gliedmaßen mit je drei freien Krallen.

Familie: Dermochelyidae, Lederschildkröten

Geschützt! Anhang I des WA

Gattung: Dermochelys Blainville

Lederschildkröten
vertreten durch eine einzige Art

Dermochelys coriacea Linnaeus

Lederschildkröte
(keine Unterarten)

Größe: bis 200 cm (Gewicht bis 600 kg).
Vorkommen: Mittelmeer, Atlantischer, Pazifischer und Indischer Ozean.
Kurzbeschreibung: Der Panzer ist mit einer braunen, lederartigen Haut bedeckt, die auf der Oberseite sieben und auf der Unterseite fünf Längskiele aufweist. Der auffallend große, graue Kopf hat einen raubvogelartigen Oberkiefer und kann von dem Tier nicht eingezogen werden. Die ebenfalls grauen Gliedmaßen sind vorne ganz zu Flossen ausgebildet, die hinteren wirken wie Paddel. Sie weisen keine freien Krallen auf.
Die Lederschildkröte ernährt sich von allen Tieren des Meeres, die sie erjagen kann, seien es Weichtiere, Stachelhäuter oder auch Fische. Pflanzliches wird nur als Beikost genommen. Das Fortpflanzungsverhalten ist dem der anderen Meeresschildkröten gleich. Auffallend an ihren Gelegen ist, daß sie sehr viele kleinere, unbefruchtete Eier enthalten. Über die genauere Lebensweise dieser größten aller Schildkröten ist wenig bekannt.

Familie: Carettochelyidae, Neuguinea-Weichschildkröten

Gattung: Carettochelys Ramsay

Neuguinea-Weichschildkröten
vertreten durch eine einzige Art

Carettochelys insculpta Ramsay

Neuguinea- oder Papua-Weichschildkröte

Kennzeichen: Die *Carettochelys* stellt das Bindeglied zwischen den Sumpfschildkröten und den echten Weichschildkröten dar. Sie hat einen normalen Knochenpanzer, der noch alle Platten vollzählig aufweist. Anstelle der Hornschilde ist aber eine dicke Haut getreten, die alles überdeckt. Bei frischgeschlüpften Jungtieren sind die Umrisse der ehemaligen Hornschilde noch zu erkennen. Die Oberseite des flachen „Rückenpanzers“ ist dunkeloliv. Von gleicher Farbe ist der Kopf, der in einem stumpfen Rüssel endet. Die Augen haben eine rötliche Iris. Die bei den Vordergliedmaßen beinahe flossenartig und bei den Hinterbeinen paddelartig ausgebildeten Zehen sind auf der Oberseite ebenfalls dunkeloliv gefärbt und haben jeweils nur zwei freie Krallen. Die Unterseite von Hals, Gliedmaßen und Bauch sind gelblich-rötlichweiß gefärbt.
Größe: bis 50 cm.
Vorkommen: Neuguinea, gemäß Bericht von Peters (Sydney) kommt sie auch im Norden Australiens vor.
Lebensweise: Diese sehr gewandte Schwimmerin ist, trotz der starken Nachstellungen durch die Eingeborenen, im südlichen Neuguinea gar

nicht so selten. Sie bewohnt dort vor allem größere Flüsse (wie den Fly River) und ist auch an den Flußmündungen im Brackwasser nicht selten anzutreffen. Die Tiere halten sich meist am Grunde der Gewässer auf, wo sie nahrungssuchend umherpaddeln. Sie kommen nur ganz kurz zum Luftholen an die Oberfläche und können es unter Wasser sehr lange aushalten. Vermutlich können sie Sauerstoff aus dem Wasser durch das Blutgefäßnetz der Mundhöhle und durch die sogenannten Analsäcke aufnehmen. In der Hauptsache ernähren sie sich von Weichtieren, Krebsen und auch Fischen. Auch pflanzliche Nahrung wird gern angenommen. Eine Terrarienhaltung wird wohl selten in Frage kommen, denn bei der Größe, die diese Tiere erreichen können, muß man einen ausreichend großen und tiefen Schwimmraum bieten. So sind eine Beckengröße von mindestens 3 m Länge, 1,5 m Breite und 0,80 m Tiefe unbedingt notwendig, um den Tieren einigermaßen annehmbare Lebensbedingungen zu bieten. Daher sollten sich mit ihrer Haltung am besten die zoologischen Gärten befassen.

Literatur:

PETERS, U. (1970): Die Papua-Schildkröte – *Carettochelys insculpta* in Australien. – DATZ, **23** (6): 182–183.

WERMUTH, H. (1963): Die Papua-Weichschildkröte, *Carettochelys insculpta*. – DATZ, **16** (11): 341–343.

Familie: Trionychidae, Echte Weichschildkröten
Unterfamilie: Cyclanorbinae, Klappen-Weichschildkröten

Gattung: Cyclanorbis GRAY
Mittelafrikanische Klappen-Weichschildkröte

Cyclanorbis elegans GRAY
Rückenflecken-Weichschildkröte
(keine Unterarten)

Kennzeichen: Der flache Rückenpanzer, bei dessen hinterem Rand eingelagerte Knochenplatten fehlen, weist zahlreiche Längsreihen kleinster Höcker auf und hat große, helle Flecken. Der Bauchpanzer hat keine vorderen Callositäten (Callositäten sind rauhe, verknöcherte Flächen, welche im Alter in der Haut des Plastrons über dessen Knochenplatten auftreten können; sie sind allerdings nicht immer deutlich erkennbar). Außerdem hat *C. elegans* hinten am Bauchpanzer seitliche Hautklappen, die zum Schutz der Hinterbeine, wenn diese eingezogen sind, nach oben geklappt werden. Sie haben sehr große Schwimmhäute, an deren Ende nur die Krallen etwas herausragen.

Größe: bis 60 cm.

Vorkommen: Mittleres Afrika (Togo, Nigeria, Sudan).

Lebensweise: Sie sind Bewohner größerer Seen oder Gewässer und leben fast völlig carnivor. Als Tiere der Tropen sind sie sehr wärmebedürftig (25 bis 30 °C). Auf Grund ihrer Größe kommen sie für die Terrarienhaltung nicht in Frage und werden vom Tierhandel auch nie angeboten.

Cyclanorbis senegalensis DUMERIL & BIBRON
Senegal-Weichschildkröte
(keine Unterarten)

Kennzeichen: Im Gegensatz zu *C. elegans* hat bei dieser Art der Rückenpanzer keine großen, hellen Flecken, dagegen in der Jugend kleine

dunkle. Ältere Tiere haben vier oder mehr Callositäten. Sonst gleicht sie der vorgenannten Art und hat am Bauchpanzer ebenso die seitlichen Hautklappen.
Größe: bis 60 cm.
Vorkommen: Mittleres Afrika, nördlich des Äquators.
Lebensweise: Auch hier gilt wie bei *C. elegans*: Für die Terrarienhaltung auf Grund ihrer Größe wenig geeignet.

Gattung: Cycloderma PETERS
Westafrikanische Klappen-Weichschildkröten

Cycloderma aubryi A. DUMERIL
Rotrückige Klappen-Weichschildkröte
(keine Unterarten)

Kennzeichen: Der in der Jugend rötliche Rückenpanzer hat vorn einen feinen dunklen Streifen längs der Mitte. Die mittleren Callositäten sind rundlich, die seitlichen haben sich in der Mitte des Bauchpanzers einander weitgehend genähert und grenzen mit breitem, stumpfwinkligem Rand an die hinteren an. Die Kopfoberseite weist zwei am Rande verlaufende dunkle Längsstreifen auf, die an der Schnauzenspitze zusammenlaufen. Außerdem verläuft auf der Kopfmitte ein schwarzer Längsstreifen mit zwei nur angedeuteten Parallelstreifen.
Größe: bis 55 cm.
Vorkommen: Westliches Afrika.
Lebensweise: In der Literatur ist sie meist nur namentlich erwähnt, doch dürften ihre Lebensgewohnheiten und Ansprüche den Arten der Gattung *Cyclanorbis* entsprechen.
Über Terrarienhaltung ist nichts bekannt.

Cycloderma frenatum PETERS
Graurückige Klappen-Weichschildkröte
(keine Unterarten)

Kennzeichen: Der Rückenpanzer ist in der Jugend grau, später graugrün und hat keine Längsstreifen. Am Bauchpanzer sind die seitlichen Callositäten weit voneinander getrennt, von den hinteren ebenfalls oder nur eine schmale Grenze mit ihnen bildend. Etwa in Augenhöhe beginnend verlaufen auf der Kopf- und Halsoberseite fünf dunkle, parallele Längsstreifen.
Größe: bis 55 cm.
Vorkommen: Südöstliches Afrika.
Lebensweise: Auch über diese Art ist in der Literatur fast nichts erwähnt. Aufgrund ihrer Größe dürfte sie sich nur als Jungtier im Terrarium halten lassen.

Gattung: Lissemys M. A. SMITH
Indische Klappen-Weichschildkröten
Geschützt! Anhang I des WA

Lissemys punctata LACEPEDE
Indische Klappen-Weichschildkröte

Literatur:
RUST, H. T. (1939): Interessante Schildkröten: VII: Die indische Klappenweichschildkröten. – Wochenschrift Aquar. Terr. Kde., **36:** 311–312.

Unterart (Nominatform):
Lissemys punctata punctata LACEPEDE

Kennzeichen: Der olivfarbene, kaum gewölbte Rückenpanzer hat eine Lederhaut und ist mit zahlreichen, unregelmäßigen gelben Flecken bedeckt. Der Bauchpanzer ist fahlgelb bis weiß und hat ebenfalls die bei *Cyclanorbis* und *Cycloderma* erwähnte Hautklappe zum Schutz der Hinterbeine. Bei ihr kommt aber noch hinzu, daß auch der vordere Teil des Bauchpanzers sich ähnlich wie bei Dosenschildkröten nach oben klappen läßt und einen Schutz für den eingezogenen Kopf und die Vordergliedmaßen bildet. Der Kopf, mit großen Augen und gelber Iris, läuft in einem kurzen Spitzrüssel aus. Die grauen Gliedmaßen enden in Zehen mit scharfen Krallen. Zwischen ihnen sind große Schwimmhäute vorhanden.

Größe: bis 25 cm.
Vorkommen: West-Pakistan, nördliches Vorderindien und nordwestliches Hinterindien.
Lebensweise: Diese Schildkröte lebt ausschließlich aquatil und verläßt das Wasser nur zur Eiablage. In ihrem Verbreitungsgebiet bewohnt sie vor allem große, oft reißende Flüsse. Sie schwimmt gewandt und ist, im Gegensatz zu den *Trionyx*-Arten, ein sehr friedfertiges Tier und überhaupt nicht bissig.
Bei der Haltung im Aquaterrarium oder Aquarium ist sie heikel und keineswegs als Pflegling für Anfänger geeignet, und da sie durch das WA geschützt ist, werden heute nur noch wenige Exemplare in Liebhaberhand sein. Über geglückte Nachzucht ist mir nichts bekannt. Die früher von mir gepflegten Indischen Klappenweichschildkröten ernährten sich nur von Animalischem und jagten auch sehr elegant nach eingesetzten Guppys, die sie allerdings selten einmal erwischten.
Sie verletzen sich sehr leicht; die früher beim Tierhandel käuflichen Tiere hatten fast durchweg Panzerschäden. Man vermeide daher im Aquarium alle scharfen Kanten und Ecken und verwende nur runde Kiesel, veralgtes Holz und ganz feinen Flußsand.

Die nachstehend genannten weiteren Unterarten stellen dieselben Ansprüche wie die Nominatform und erreichen etwa die gleiche Größe.

Literatur:
GOLLE, C. (1975): Die Indische Klappenweichschildkröte, *Lissemys punctata punctata*, die liebenswürdigste unter den Weichschildkröten. – Aquarien Terrarien, **22** (8): 282–283.
RUDLOFF, H. W. (1981): Paarung und Eiablage bei *Lissemys p. punctata*. – Elaphe, **1981** (1): 10.

Unterart:
Lissemys punctata granosa SCHOEPPF

Größe: bis 25 cm.
Vorkommen: Vorderindien und Sri Lanka.

Literatur:
AHL, E. (1931): Selten eingeführte Fische, Lurche und Kriechtiere: *Lissemys punctata granosa* SCHOEPFF. – Das Aquarium (Berlin), **1931** (7): 4.
BUDDE, H. (1963): *Trionyx punctatus granosus* SCHOEPFF im Aquarium. – DATZ, **16** (7): 211–213.

Unterart:
Lissemys punctata scutata PETERS

Vorkommen: Hinterindien.

Unterfamilie: Trionychinae
Weichschildkröten im eigentlichen Sinne

Gattung: Chitra GRAY
Chitra-Weichschildkröten
vertreten durch eine einzige Art
(ohne Unterarten)

Chitra indica GRAY
Kurzkopf-Weichschildkröte

Kennzeichen: Der flache, beinahe runde Rückenpanzer hat eine olivgraue Grundfarbe. Er ist übersät mit unregelmäßigen, hieroglyphen-ähnlichen hellen Flecken, die dunkel eingerahmt sind. Diese Zeichnung erstreckt sich auch über den auffallend langen Hals bis hin zum kurzen Kopf, bei dem die Augen weit nach vorn gerückt sind und eng beieinander stehen. Die Gliedmaßen enden in angedeuteten Zehen mit großen Schwimmhäuten und sehr spitzen Krallen.
Größe: bis 80 cm.
Vorkommen: Pakistan, nördliches Vorder- und

Hinterindien, Burma, Thailand sowie Malayische Halbinsel.
Lebensweise: Sie ist ebenfalls eine Bewohnerin großer Flußsysteme und lebt völlig aquatil. Ihre Nahrung besteht in der Hauptsache aus Fischen oder sonstigen, im Wasser lebenden Tieren. Aufgrund ihrer Größe ist sie für die Terrarienhaltung wenig geeignet (sie ist außerdem sehr bissig!). Im Tierhandel wird sie so gut wie nie angeboten.

Literatur:

SACHSSE, W. (1971): Beobachtungen an jungen *Chitra indica* insbesondere zum Beuteerwerb. – Salamandra, **7** (1): 31–37.
VOGEL, Z. (1977): Eine merkwürdige Schildkröte: *Chitra indica.* – DATZ, **30** (4): 138–139.

Gattung: Pelochelys GRAY
Riesen-Weichschildkröten
vertreten durch eine einzige Art
(ohne Unterarten)

Pelochelys bibroni OWEN
Riesen-Weichschildkröte

Kennzeichen: Der olivgraue, beinahe runde Rükkenpanzer ist außerordentlich flach. Er hat auf der Oberseite eine abgeplattete Fläche mit einer undeutlichen hellen Rippenzeichnung. Beim Bauchpanzer fehlen die Hautklappen, doch sind noch spärliche Reste der knöchernen Randplatten (Callositäten) vorhanden. Der fast rund wirkende Kopf ist kurz und breit, ohne dunkle Längsstreifen oder sonstige Zeichnung. Die verhältnismäßig sehr kleinen Augen liegen weit vorn und ziemlich eng beieinander. Die kräftigen Gliedmaßen enden in mächtigen Schwimmhäuten, die wie Flossenfüße wirken und an deren Ende je drei scharfe Krallen sitzen.
Größe: bis 130 cm.
Vorkommen: Östliches Vorderindien, Hinterindien, südliches China mit Insel Hainan, Sunda-Archipel, Philippinen und Neuguinea.
Lebensweise: Wie oben ersichtlich, hat diese Art ein sehr weites Verbreitungsgebiet. Sie bewohnt große und tiefe Flüsse und ist sowohl im Brackwasser der Flußmündungen als auch im reinen Meerwasser zu finden. Aufgrund ihrer Größe eignet sie sich nicht für die Terrarienhaltung und wird daher im Tierhandel auch nicht angeboten. Sie ist im Gegensatz zur Chitra-Weichschildkröte überhaupt nicht bissig. Die Ernährung ist rein animalisch. Über die Lebensweise ist wenig, über dic Fortpflanzung so gut wie nichts bekannt.

Literatur:

VIJAYA, J. (1982): *Pelochelys bibroni* from the Gahirmata coast, Orissa. – Hamadryad (Madras), **7** (3): 17.

Gattung: Dogania GRAY
Malayen-Weichschildkröten
vertreten durch eine einzige Art
(ohne Unterarten)

Dogania subplana GEOFFROY
Malayen-Weichschildkröte
(Foto Seite 108)

Kennzeichen: Der graubraune Rückenpanzer ist ziemlich flach und hat eine längsgeriefte Oberfläche. Der in der Literatur beschriebene dunkle mittlere Längsstreifen und vier dunkle Punkte fehlten bei meinen Exemplaren. Der Hals ist im Gegensatz zu anderen Weichschildkröten recht kurz, aber breit. Der kräftige Kopf endet in einer spitzen Schnauze. Auf seiner Oberseite ist eine feine dunkle Zeichnung, die zwischen den Augen als ein mit der Spitze nach vorn gerichtetes Dreieck beginnt und nach hinten in drei dunklen, parallelen Linien verläuft. Den ebenfalls in der Literatur beschriebenen roten Fleck auf den Halsseiten konnte ich bei meinen Tieren nicht feststellen, obgleich sie sich, als ich sie bekam, noch im Jugendstadium befanden. Die Bauchunterseite ist weiß. Die Gliedmaßen sind

kräftig. Zwischen den Zehen sind große Schwimmhäute und außen sitzen spitze Krallen.
Größe: bis 25 cm.
Vorkommen: Hinterindien, Mergui-Inseln, Sunda-Archipel sowie Philippinen.
Lebensweise: In ihrem Lebensraum bewohnt sie meist dicht bewachsene Gewässer mit schlammigem Untergrund, in den sie sich gern eingräbt. Darum sollte man den Tieren bei der Aquarienhaltung einen mindestens 10 cm hohen Bodengrund aus feinem Flußsand bieten. Es ist sehenswert, mit welcher Schnelligkeit sich so ein Tier eingräbt. Wenn es sich dann tief genug eingegraben glaubt, schüttelt es sich kurz, um den Sand auf die noch freiliegenden Körperpartien zu verteilen. Erst nach einigen Minuten, wenn oberhalb alles ruhig erscheint, stößt die Spitze der Schnauze nach oben, aber nur so weit, daß der „Rüssel" mit den Nasenlöchern gerade noch aus dem Sand herausreicht. Gefressen haben meine Pfleglinge nur animalische Kost, wobei mir auffiel, daß sie grundsätzlich Futter mit roter Farbe bevorzugten: Tubifex oder rote Mückenlarven bei den Jungtieren, später feingeschnittenes Rinderherz oder Regenwürmer, die sie, wie die meisten Wasserschildkröten, besonders gern fraßen. Aber auch kleine, frisch getötete Süßwasserfischchen oder Brocken von Seewasserfischen wurden gern genommen und zwischendurch auch einmal getrocknete Garnelen, wenn sie gut aufgeweicht waren. Die Angaben von Klingelhöffer, daß diese Art sehr friedlich sein soll, kann ich nicht bestätigen. Bei mir waren sie alle äußerst beißlustig und untereinander unverträglich. Es ist daher Einzelhaltung unbedingt zu empfehlen. Wenn bei ausgewachsene Paare nachgezüchtet werden soll, wird man sie in sehr großen Behältern mit viel Versteckmöglichkeiten unterbringen, wo eine Revierbildung möglich ist. In Gefangenschaft hat es schon Zuchterfolge gegeben, und gerade diese Art eignet sich dazu leichter, weil sie nicht die Größe der *Trionyx*-Arten erreicht. Die mit 20 bis 25 cm Länge ausgewachsenen Tiere erfordern keine allzugroße Zuchtanlage.

Literatur:
Gray, J. E. (1862): Notice of a new species of *Dogania* from Asia. – Proc. Zool. Soc. (London), **1862:** 265–266.

Gattung: Trionyx Geoffroy
Dreiklauen-Weichschildkröten

Zuvor möchte ich allgemein zu der Haltung dieser Tiere im Terrarium Stellung nehmen. Wenn man sie als kleine, fünfmarkstück-große Babys im Zoogeschäft sieht, mit den niedlichen, spitzen Rüsselchen und eleganten Bewegungen beim Schwimmen und wie sie sich so verblüffend schnell im Sand einbuddeln, kann man oft nicht widerstehen, sich eines oder gar mehrere dieser Tiere zu kaufen. Dabei ist jedoch Vorsicht am Platze! Zum einen sind viele dieser Jungtiere Todeskandidaten, da sie durch den Transport geschwächt, aus ihrer normalen Umgebung herausgerissen, diese Umstellung nur schwer oder gar nicht ertragen. Zum anderen wird man bald feststellen, daß die Tiere bei guter Pflege besonders schnell wachsen und mit dem Älterwerden immer bissiger, vor allem auch gegen ihre Mitinsassen werden und daher nur einzeln zu halten sind. Da sie aber eine beträchtliche Größe erreichen (die meisten Arten werden über 40 cm groß), wird der Behälter bald zu eng; in jedem Fall ist für diese Tiere aber ein großer Schwimmraum lebensnotwendig. So sollte ein 40 cm großes Exemplar mindestens ein Becken von 2 m Länge haben, und dies wohlgemerkt nur für ein Einzeltier! Außerdem ergibt sich noch die Schwierigkeit, ausgewachsene Tiere, die mit ihrem langen, wendigen Hals weit nach hinten beißen können, herauszufangen, umzusetzen oder notfalls auch mit Medikamenten zu behandeln.
Deshalb möchte ich dem Anfänger von jegli-

cher *Trionyx*-Haltung abraten und auch dem speziellen Liebhaber empfehlen, sich nur bei entsprechend optimalen Bedingungen für Dreiklauen-Weichschildkröten zu entscheiden. So werde ich zwar alle aufführen, aber nur die bekannten näher beschreiben.

Literatur:
Trionyx allgemein:

ANNANDALE, N. (1912): The Indian mud-turtle (Trionychidae). – Rec. Indian Mus., **7:** 151–180.

DAUM, W. (1970): *Trionyx triungis* in Gefangenschaft. – DATZ, **23** (11): 351.

FRIEDEL, R. (1965): Meine Chinesische Weichschildkröte. – Aquarien Terrarien, **12** (2): 54–55.

MEHRTENS, J. M. (1966): The captive softshell (Trionychoidea): Checklist of the worlds softshells and their care. – Int. Turtle & Tortoise Soc. Jour., **1** (5): 14–17, 31–33, 38, 45.

NIETZKE, G. (1974): *Trionyx spiniferus*– Dornrand-Weichschildkröte. – Das Aquarium (Aqua Terra), **8** (61): 317–318.

OLLIFF, N. J. (1980): Observations of *Trionyx s. spinifer* and *Trionyx spinifer hartwegi.* – Testudo (Bristol), **1** (3): 70–71.

ORLOW, J. (1960): Eine fernöstliche Weichschildkröte: *Trionyx sinensis.* – Aquarien Terrarien, **7** (1): 13–15.

PREUSS, I. (1984): *Trionyx sinensis*, Haltung und Pflege. – Die Schildkröte (Haar), **6** (2): 8–13.

RADEK, G. (1969): *Trionyx euphraticus.* – DATZ, **22** (2): 50–51.

SCHNEE. O. (1899): Einige Notizen über Weichschildkröten. – Zeitschr. Naturwiss., **72:** 197–208.

SIMAK, E. (1984): Erfahrungen mit der Chinesischen Weichschildkröte. – Die Schildkröte (Haar), **6** (2): 17–20.

VERSTEEGH, P. M. R. (1969): Amerikaanse *Trionyx.* – Lacerta (Den Haag), **27** (12): 83–85.

Trionyx ater WEBB & LEGLER

Schwarze Weichschildkröte
(keine Unterarten)
Geschützt! Anhang I des WA

Größe: bis 40 cm.
Vorkommen: Mexiko (nur Gewässer bei Cuatro Cienegas und Coahuila).
Kurzbeschreibung: Aufgrund des nur sehr begrenzten Verbreitungsgebietes kommt diese Art nie in den Handel. Über ihre Lebensweise ist so gut wie nichts bekannt. Auch über ihr Aussehen weiß man nur, daß der namengebende, fast schwarze Rückenpanzer hinten längsverlaufende Runzeln und sonst keine Zeichnung aufweist. Der Vorderrand ist glatt, ohne höckrige Tuberkel. Beiderseits der Nasenscheidewand befindet sich eine in die Nasenlöcher vorspringende Leiste.

Trionyx cartilagineus BODOAERT

Knorpel-Weichschildkröte

Kennzeichen: Der Rückenpanzer ist flach, mit zahlreichen über die ganze Fläche verteilt verlaufenden, immer wieder unterbrochenen, kleinen länglichen Riefen. Der Bauchpanzer ist weiß, ohne Zeichnung. Der Kopf ist olivfarben mit gelben Flecken, die aber nicht dunkel gerandet sind. Der Schnauzenrüssel ist sehr spitz zulaufend und vorn leicht nach oben gebogen. Die Gliedmaßen sind kräftig, mit großen, lappigen Schwimmhäuten, außen sitzen drei starke Krallen.
Größe: bis 70 cm.
Vorkommen: Hinterindien und Sunda-Archipel.
Lebensweise: Sie lebt in großen Gewässern und dringt in den Flüssen bis zur Mündung ins Brackwasser vor; sie soll auch in Buchten im reinen Meerwasser angetroffen worden sein. Des öfteren kam sie schon in den Tierhandel; ihre Pflege ist aber im Hinblick auf ihre Größe doch problematisch. Die Ernährung ist rein animalisch (Fische, Molusken, Krebstiere u. a.). Ihr Temperaturbedürfnis liegt im Durchschnitt bei 25 °C. Einzelhaltung ist dringend zu empfehlen, da die Tiere sehr bissig sind.

Trionyx euphraticus DAUDIN

Euphrat-Weichschildkröte
(keine Unterarten)

Kennzeichen: Der flache, fast runde Rückenpanzer hat eine dunkel-oliv grüne Grundfarbe und

ist übersät mit zahlreichen kleinen, fahlgelben Pünktchen, die auch Kopf, Hals und Gliedmaßen bedecken. Außerdem sind auf dem Rücken zahlreiche kleine, gepunktete Längsriefen vorhanden. Der Hals ist lang, der Kopf zum Rüssel hin, der vorn etwas abgestumpft ist, spitz zulaufend.
Größe: bis 40 cm.
Vorkommen: Vorderasien, vor allem östliche Türkei, SO-Anatolien, Syrien, NO-Israel und Irak.
Lebensweise: Die Euphrat-Weichschildkröte lebt in größeren Gewässern mit schlammigem Untergrund. Dort lauert sie, im Schlamm eingegraben, auf Beute und ist ohne weiteres in der Lage, mit einem plötzlichen Hervorschnellen ihres Kopfes Fische zu fangen.
In Gefangenschaft frißt sie alles Animalische, ob Fische, Rinderherz, Leber, Schnecken (kleine Tiere samt Gehäuse), aber auch Trockenfutter und getrocknete Garnelen. Sie kann lange Zeit unter Wasser bleiben, ohne Luft zu holen. (Die Weichschildkröten können 70% ihres Sauerstoffbedarfes durch die lederartige Haut des Rücken- und Bauchpanzers sowie durch die fingerförmigen, kurzen Zotten im Innern der Kehle aufnehmen. Diese Zotten wirken wie Kiemen und sind, im Gegensatz zu den Pappillen, rund um die inneren Nasenöffnungen reichlich mit Blut versorgt. Nur 30% des Bedarfes an Sauerstoff wird durch Lungenatmung gedeckt.) Einzelhaltung ist auch bei ihr geboten, da sie nicht nur gegenüber ihren eigenen Artgenossen, sondern auch gegenüber Schildkröten anderer Gattungen unverträglich ist. Ihr Temperaturbedürfnis liegt bei 25 °C. Die Tiere sonnen sich nie. Der Bodengrund sollte aus feinem Flußsand bestehen.

Trionyx ferox Schneider

Florida Weichschildkröte oder Wilde Dreiklaue oder Beißschildkröte
(keine Unterarten)
(Foto Seite 107)

Kennzeichen: Die Farbe des flachen, ovalen Rückenpanzers ist bräunlich, ohne dunkle Umrandung, aber mit unregelmäßigen dunklen Flecken. Nur am Vorderrand befinden sich einige flache Wärzchen. Der Bauchpanzer ist weißlich. Der Hals ist lang, der Kopf hat einen langen, spitzen Rüssel, außerdem fleischige Lippen. Zwischen den Augen beginnend und zur Nasenspitze auslaufend, hat sie eine Y-ähnliche gelbe Zeichnung. Gelbliche Längsstreifen befinden sich auch an den Kopfseiten und am Hals. Die Gliedmaßen sind kräftig mit lappigen Schwimmhäuten und drei scharfen Krallen.
Größe: bis 45 cm.
Vorkommen: Südkanada, USA und nördliches Mexiko.
Lebensweise: Ihr Lebensraum sind langsamfließende, große Flüsse mit schlammigem Untergrund. In ihrer Lebensweise, den Freßgewohnheiten und sonstigen Ansprüchen gleicht sie der vorbesprochenen Art. Lediglich Exemplare aus Südkanada und den nördlichen USA sind weniger wärmebedürftig. Deren Temperaturansprüche liegen bei durchschnittlich 22 °C. Da diese Art auch im Brackwasser anzutreffen ist, wäre eine Salzbeigabe zum Wasser des Aquariums empfehlenswert. Grundsätzlich gebe ich auch bei Weichschildkröten etwas Salz in das Wasser (2 g/l), um gegen Pilzbefall vorzubeugen, zu dem diese Tiere, vor allem im Jugendstadium, leicht neigen. Man kann dazu normales Kochsalz oder das im Zoohandel erhältliche Meersalz verwenden.

Trionyx formosus Gray

Burma-Weichschildkröte
(keine Unterarten)

Kennzeichen: Der flache, grünolive Rückenpanzer hat vier auffallende Pfauenaugenflecken, die im Alter meist verblassen und manchmal ganz verschwinden. Außerdem sind über die gesamte Rückenfläche unregelmäßig verteilte, ver-

schwommene und breite, dunkle Strichzeichnungen zu erkennen. Der Bauchpanzer ist weiß. Kopf, Hals und Gliedmaßen sind helldunkel marmoriert. Der Schnauzenrüssel ist ziemlich kurz, die Lippen sind fleischig und die Augeneinfassungen etwas wulstig. Die Gliedmaßen sind kräftig mit großen Schwimmhäuten, an deren Ende wieder jeweils drei scharfe Klauen sitzen.
Größe: bis 40 cm.
Vorkommen: Westliches Hinterindien (Burma).
Lebensweise: Unterscheidet sich nicht von den vorbesprochenen *Trionyx*-Arten. Temperaturansprüche wie *T. cartilagineus.*

Trionyx gangeticus Cuvier
Ganges-Weichschildkröte
(keine Unterarten)
Geschützt! Anhang I des WA

Größe: bis 70 cm.
Vorkommen: Nördliches Vorderindien.
Kurzbeschreibung: Diese sehr groß werdende Art kommt in den Flußsystemen des Indus, Ganges und Mahanadi vor. Der Rückenpanzer ist wie bei *T. formosus*, weist allerdings mehr als vier Pfauenaugenflecken auf. Kopf und Gliedmaßen sind schräg gestreift. Für Terrarienhaltung ist sie kaum geeignet. Lebensweise wie die schon beschriebenen Arten, nur ihrer Größe entsprechend. Sie ist ebenfalls sehr bissig und unverträglich gegen andere Artgenossen.

Trionyx hurum Gray
Pfauenaugen-Weichschildkröte
(keine Unterarten)
Geschützt! Anhang I des WA

Größe: bis 60 cm.
Vorkommen: Östliches Vorderindien.
Kurzbeschreibung: Diese auch recht groß werdende Art ist im Unterlauf des Ganges und Brahmaputra zu finden. Sie hat die ausgeprägtesten und schönsten vier Pfauenaugenflecken auf der Oberseite des Rückenpanzers, die außerdem von großen, breiten, hellen Ringen eingefaßt sind. Auch auf der übrigen Fläche des Rückens sind große, unregelmäßige, helle Flecken verteilt. Auf der Kopfoberseite hat sie ebenfalls eine gelbe Fleckenzeichnung. Ein großer, gelber Fleck geht quer über die Schnauzenspitze. Der „Rüssel“ ist ziemlich stumpf, im Gegensatz zu anderen Arten. In ihren Lebensgewohnheiten gleicht sie den anderen großen *Trionyx*-Arten.

Trionyx leithii Gray
Vorderindische Weichschildkröte
(keine Unterarten)

Größe: bis 50 cm.
Vorkommen: Nördliches und mittleres Vorderindien.
Kurzbeschreibung: Auch sie ist mit zwei Paar Pfauenaugenflecken ausgestattet, bei ihr fehlt allerdings die übrige Fleckenzeichnung. Der Kopf hat auf der Oberseite einen durchgehenden dunklen Längsstreifen zwischen den Augen. Seitlich der Augen hat sie schräg nach hinten auseinandergehende (divergierende) dunkle Linien. Lebensweise wie die vorbesprochenen Arten.

Trionyx muticus Le Sueur
Glattrand-Weichschildkröte

Unterart (Nominatform):
Trionyx muticus muticus Le Sueur

Größe: bis 35 cm.
Vorkommen: Mittlere und südliche USA.
Kurzbeschreibung: Der völlig glatte, olivbraune Rückenpanzer weist verwaschene gelbe Flecken und Tupfen auf. Auf der Oberseite des Kopfes ist eine dunkle Zeichnung. An der Schnauze beginnend zieht sich, auf der Höhe der Augen weiterführend, ein gelber Schläfenstreifen nach hin-

ten, der nicht umrandet ist. Bei *T. m. calvatus* ist dieser Streifen mit einem dicken, schwarzen Rand versehen, außerdem fehlt bei dieser Art die dunkle Zeichnung auf der Kopfoberseite. Der Schnauzenrüssel ist sehr lang. Sie hat kräftige Gliedmaßen, starke Schwimmhäute und scharfe Krallen wie bei den vorbesprochenen Arten, denen sie auch im Verhalten gleicht. Sie ist ebenfalls sehr bissig, daher sei dringend zu Einzelhaltung geraten. Temperaturansprüche durchschnittlich 25 °C.

Unterart:
Trionyx muticus calvatus Webb

Größe: bis 35 cm.
Vorkommen: Südliche USA.

Trionyx nigricans Anderson

Dunkle Weichschildkröte
(keine Unterarten)
Geschützt! Anhang I des WA

Größe: bis 40 cm.
Vorkommen: Östliches Vorderindien.
Kurzbeschreibung: Diese geschützte Art ist außerordentlich selten. Sie ist leicht von anderen Arten zu unterscheiden, denn Rücken-und Bauchpanzer sowie alle Weichteile sind dunkelbraun bis schwarz. Auch der Kopf ist ohne jegliche Zeichnung. In der Literatur wird sie fast nicht erwähnt. Ihre Lebensgewohnheiten sind nicht bekannt, dürften aber von denen der anderen indischen Arten nicht abweichen.

Trionyx sinensis Wiegmann

Chinesische Weichschildkröte oder
Chinesische Dreiklaue
(keine Unterarten)

Kennzeichen: Der flache Rückenpanzer ist olivfarben und nur bei jungen Exemplaren mit feinen, hellen und dunklen Schnörkeln bedeckt. Der Bauchpanzer ist gelblich, bei Jungtieren manchmal mit dunklen Flecken. Ein dunkler Längsstreifen beginnt hinter dem Auge und verläuft nach hinten. Sonst ist der Kopf hell gefleckt, wobei diese Flecken im Alter aber verblassen oder sich verlieren. Die Gliedmaßen sind ebenfalls oliv gefärbt, sehr kräftig mit stark lappigen Schwimmhäuten und drei sehr starken und scharfen Krallen.
Größe: bis 25 cm.
Vorkommen: Amur-Provinz, Mongolei, China mit Insel Hainan, Formosa, Korea, östliches Hinterindien, Japan und Hawaii.
Lebensweise: Sie hat das weitaus größte Verbreitungsgebiet aller *Trionyx*-Arten. In ihrer Heimat bewohnt sie vor allem langsam fließende Flüsse mit sandigen oder schlammigen Buchten oder auch größere Seen. Aufgrund ihrer für *Trionyx*-Arten geringen Größe ist sie für die Haltung im großen Aquaterrarium (Verhältnis Wasser zu Land 5:1) besonders geeignet. Ausgewachsene Exemplare schwimmen mit Eleganz durchs Becken und es ist äußerst aufregend, wenn sie einen Futterfisch verfolgen und erbeuten. Dabei ist interessant zu erfahren, daß die Tiere die gefangenen Fische stets so drehen, daß sie ihn mit dem Kopf voran verschlingen können. Man muß staunen, welch große Fische auf einmal verschlungen werden können. Zum Beispiel verschlangen bei mir Tiere mit einer Rückenpanzerlänge von ca. 20 cm Sardinen von 10 bis 12 cm Länge mit einmaligem Zuschnappen, manchmal 3 bis 4 Stück davon nacheinander. Danach wird dann oft eine Woche gefastet. Sehr gerne fressen diese Weichschildkröten auch alles Animalische wie Käfer, Wasserschnecken, große Kakerlaken aber auch Rinderherz, Rinderleber und Gelatinefutter. Leider ist auch diese Art recht bissig und sollte einzeln gehalten werden. In diesem Zusammenhang sei darauf hingewiesen, daß bei allen Weichschildkröten Verletzungen sehr problematisch sind, da sie leicht zu Infektionsherden werden, die die Heilung verzögern. Weichschildkröten verletzen

sich auch viel leichter als andere Schildkröten, die über den Schutz eines echten Panzers verfügen.
Ihr Temperaturbedürfnis liegt bei durchschnittlich 26 °C. Freilandhaltung ist möglich, ich halte sie aber nicht für erforderlich, da die Tiere nie an Land gehen, um sich zu sonnen. Nach meiner Erfahrung ist eine Weichschildkröte, die an Land geht und sich immer wieder dort aufhält, meist krank.

Trionyx spiniferus LE SUEUR
Dornrand-Weichschildkröte
(Foto Seite 108)

Unterart (Nominatform):
Trionyx spiniferus spiniferus LE SUEUR

Kennzeichen: Im Körperbau gleicht sie *T. ferox*; sie teilt mit dieser Art ja auch das Verbreitungsgebiet. Sie hat lediglich, im Gegensatz zu *T. ferox*, eine oder mehrere, den Rückenpanzer außen umrandende Linien. Die einzelnen Unterarten unterscheiden sich wie folgt: Die Nominatform hat nur eine Außenlinie am Rükkenpanzer und unregelmäßige dunkle Flecken mit je einem hellen Zentrum. *T. s. asper* hat mehrere Linien als Umrandung und dunkle Flecken auf dem Rückenpanzer. *T. s. emoryi* hat zwei oder mehr Außenlinien und nicht abgegrenzte, kleine gelbe Flecken, vor allem im hinteren Teil des Rückenpanzers. *T. s. hartwegi* hat nur eine Außenlinie und sehr kleine dunkle Flecken, ohne helles Zentrum.
Größe: bis 45 cm.
Vorkommen: Südliches Kanada sowie östliche USA.
Lebensweise: Sie unterscheidet sich hier ebenfalls nicht von *T. ferox*, hat lediglich etwas niedrigere Temperaturansprüche, durchschnittlich etwa 23 °C.

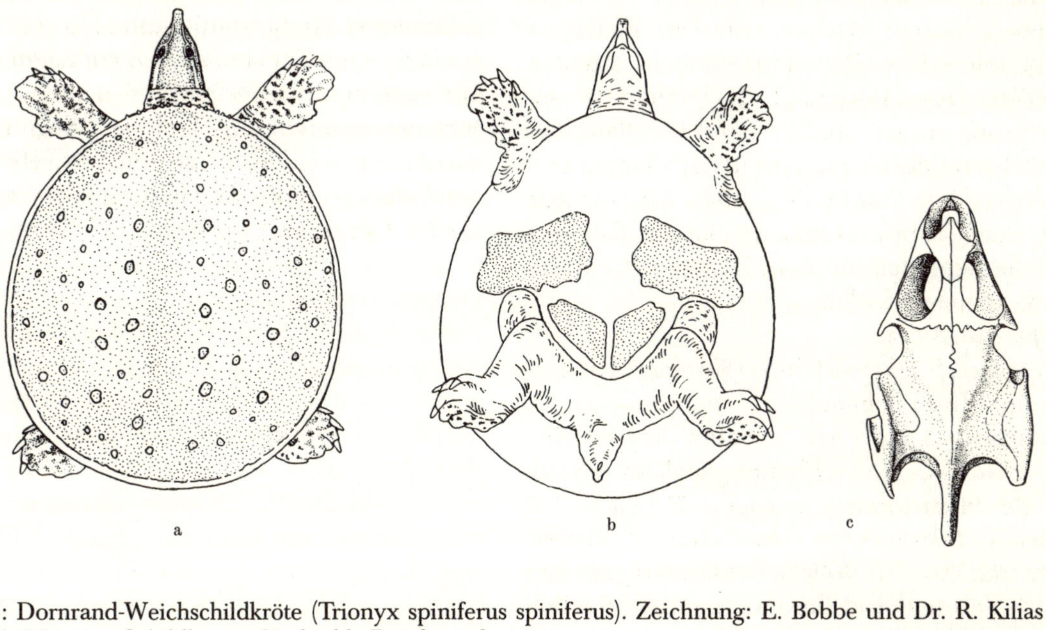

Abb. 25: Dornrand-Weichschildkröte (Trionyx spiniferus spiniferus). Zeichnung: E. Bobbe und Dr. R. Kilias aus Wermuth/Mertens: Schildkröten-Krokodile-Brückenechsen.

Unterart:
Trionyx spiniferus asper AGASSIZ

Größe: bis 45 cm.
Vorkommen: Südöstliche USA.

Unterart:
Trionyx spiniferus emoryi AGASSIZ

Größe: bis 37 cm.
Vorkommen: Südliche USA sowie angrenzendes nördliches und nordöstliches Mexiko.

Unterart:
Trionyx spiniferus hartwegi
CONANT & GOIN

Größe: bis 40 cm.
Vorkommen: Nördliche und mittlere USA.

Trionyx steindachneri SIEBENROCK

Nackendornen-Weichschildkröte
(keine Unterarten)

Kennzeichen: Der flache, dunkeloliv-farbene Rückenpanzer ist leicht gekielt und weist einige große, schwarze Flecken auf. Der Bauch ist weiß, mit zahlreichen undeutlichen, dunklen Flecken. Der Hinterkopf ist beiderseits mit einem breiten, gelbweißen Band versehen, das dunkel gerandet ist und schräg nach hinten und unten verläuft. Auf beiden Seiten des Nackens fällt eine Gruppe großer, höckriger Tuberkel auf, die sich auch auf dem hinteren Rand des Rückenpanzers finden.
Größe: bis 24 cm.
Vorkommen: Südliches China (Kwangsi, Kwangtung und Insel Hainan).
Lebensweise: Diese Art bewohnt langsamfließende Gewässer mit schlammigem Untergrund. Sie gleicht in ihren Lebensgewohnheiten den anderen *Trionyx*-Arten, vor allem *T. sinensis.* Aufgrund ihrer für Weichschildkröten geringen Größe, würde sie sich besonders gut als Pflegling eignen. Außerdem soll sie, im Gegensatz zu den anderen *Trionyx*- Arten, überhaupt nicht bissig sein, was ein weiterer Pluspunkt ist und wodurch sich eine Nachzucht leichter ermöglichen ließe. Leider kommt sie sehr selten in den Handel.

Trionyx triunguis FORSKAL

Afrikanische Weichschildkröte oder
Afrikanische Dreiklaue
(keine Unterarten)

Kennzeichen: Der flache, fast schwarze Rückenpanzer ist beinahe rund und weist zahlreiche kleine, helle Punkte auf. Der Bauchpanzer ist hell. Auch auf der Oberseite des olivfarbenen, breiten Kopfes sind helle Punkte vorhanden, die auf den Kopfseiten mehr zu Schnörkeln werden. Hals und Gliedmaßen sind ebenfalls hell gepunktet. Der Schnauzenrüssel ist sehr lang. Die Gliedmaßen sind kräftig, mit großen, paddelartigen Schwimmhäuten und drei scharfen Klauen.
Größe: bis 90 cm.
Vorkommen: Afrika sowie südwestliches Asien (Israel).
Lebensweise: Sie bewohnt große Flüsse, in deren schlammigen Buchten sie sich vor allem aufhält. Ihr Temperaturbedürfnis beträgt etwa 26 °C. Sie lebt rein carnivor. Als Terrarienpflegling ist sie nicht zu empfehlen, da die Jungtiere sehr schnell wachsen und dann die Haltung schwierig wird. Außerdem ist sie sehr bissig.

Unterordnung: Pleurodira, Halswenderschildkröten
Familie: Pelomedusidae, Pelomedusenschildkröten

Die Arten dieser Familie sind keine „echten Halswender", da sie in der Lage sind, den Hals etwas einzuziehen und erst danach den Kopf zur Seite legen.

Gattung: Pelomedusa WAGLER
Starrbrust-Pelomedusenschildkröten

Pelomedusa subrufa LACEPEDE
Starrbrust-Pelomedusenschildkröte
(einzige Art ohne Unterarten)

Kennzeichen: Der relativ flache, dunkelgraue bis dunkelbraune Rückenpanzer zeigt deutlich erkennbar die Zuwachsstreifen. Die Ränder sind nicht gesägt. Bei Jungtieren weist der Rückenpanzer eine gelbliche Umrandung auf, die später verschwindet. Der Bauchpanzer variiert zwischen einer gelblichen Färbung mit großer dunkler, etwas verschwommener Zeichnung längs des Panzerrandes und der Schildnähte und einer völligen Schwarzfärbung. Die Oberseite des Kopfes ist meist dunkeloliv, oft ohne irgendwelche Zeichnung. Dagegen hebt sich auffallend die hellgelbe Kehle und Halsunterseite ab. Die ebenfalls olivfarbenen, kräftigen Gliedmaßen haben einheitlich fünf Krallen an den Vorder- und Hinterzehen, was ein wichtiges Unterscheidungsmerkmal aller Pelomedusen-Schildkröten (auch der Gattung *Pelusios*) gegenüber der Gattung *Podocnemis* darstellt. Außerdem sei die „starre Brust" dieser Art erwähnt, gegenüber dem beweglichen Plastron der *Pelusios*-Arten.

Größe: bis 25 cm.

Vorkommen: Tropisches und südliches subtropisches Afrika sowie Madagaskar.

Lebensweise: In ihrem Verbreitungsgebiet kommt sie in fast jedem langsam fließenden Gewässer, See oder Teich mit schlammigem Untergrund vor. Wenn aber während der heißesten Jahreszeit, also der Trockenperiode, viele dieser Gewässer völlig austrocknen, so verharrt sie, im Schlamm eingegraben beziehungsweise eingetrocknet, in einer Art Trockenruhe oder Sommerschlaf. Wenn dann die Regenzeit einsetzt und sich Tümpel und Teiche wieder mit Wasser füllen, erwacht sie zu neuem Leben.

Diese Art macht oft auch weite Wanderungen über Land, scheint also nicht unbedingt ortsgebunden zu sein.

Sie ist ein recht haltbarer Terrarienpflegling, sollte allerdings nicht mit kleineren Artgenossen zusammen gehalten werden, da sie oft recht bissig ist. Ihre Futteransprüche sind bescheiden. Sie frißt alles Tierische, das geboten wird, auch Gelatinefutter und manchmal (wenn auch selten) etwas Pflanzliches. Ihr Temperaturbedürfnis liegt mit durchschnittlich 26 °C etwas hoch, daher ist ein Freilandaufenthalt nur im Hochsommer angebracht. Allerdings legt sie auch keinen großen Wert auf Sonnenbäder und nimmt höchst selten ein solches. Sie führt im Aquaterrarium überhaupt ein meist verstecktes Leben.

Nachzucht in Gefangenschaft ist bereits gelungen.

Literatur:

CLOUDSLEY-THOMPSON, J. L. (1971): Courtship of *Pelomedusa galeata.* – Brit. J. Herpetol., **4** (9): 237.

ERNST, C. H. (1981): Courtship of the African helmeted turtles *(Pelomedusa subrufa).* – Brit. J. Herpetol., **6:** 141–142.

KNIRR, M. (1982): Pflege und Zucht von *Pelomedusa subrufa olivacea.* – herpetofauna, **4** (16): 28–31.

MERTENS, R. (1937): Bemerkungen über die Rassen bei *Pelomedusa subrufa* LACEPEDE. – Zool. Anzeiger, **117:** 139–142.

Nöllert, A. (1974): Die Starrbrust-Pelomedusen-Schildkröte *Pelomedusa subrufa* Lacepede. – Aquarien Terrarien, **21** (9): 316–317.

Gattung: Pelusios Wagler

Klappbrust-Pelomedusenschildkröten

Geschützt! Nach Anhang III des WA dürfen *Pelusios*-Arten nur aus Ghana nicht ausgeführt werden!

Literatur:
Pelusios-Gruppe:

Bramble, D. M. & Hutchison, J. H. (1981): A reevaluation of plastral kinesis in African turtles of the genus *Pelusios*. – Herpetologica, **37** (4): 205–212.

Broadley, D. G. (1981): A review of the genus *Pelusios* Wagler in southern Africa (Pleurodira: Pelomedusidae). Occ. Cap. Nat. Mus. Rhod., Ser. B., Nat. Sci. **6** (9): 635–686.

Brohm, M. & Karl H. V. (1978): Haltung und Pflege von afrikanischen Klappbrust-Schildkröten. – Aquarien Terrarien, **25** (4): 123–124.

Kanberg, H. (1926): Ergänzende Bemerkungen über *Sternothaerus heinrothi*. – Zool. Anzeiger, **67** (9/10): 225–227.

Langula, J. (1973): Beobachtungen an einer Klappbrust-Pelomedusenschildkröte, *Pelusios subniger* Lacépède. – Aquarien Terrarien, (6): 210–211.

Laurent, R. F. (1965): A contribution to the knowledge of the genus *Pelusios*. – Mus. Royal l'Afr. Cent., Ser. 8 (Sci. Zool.), **135:** 1–33.

Müller, L. (1934): Über *Pelusos niger* und *Pelusos heinrothi*. – Blätter Aquar. Terr. Kde., **45** (10): 166–172.

Müller, L. & Hellmich, W. (1954): Zur Kenntnis einiger *Pelusios*-Arten. – Veröff. Zool. Staatssammlung München, **3:** 51–79.

Rendahl, H. (1939): Einige Bemerkungen über *Sternothaerus sinatus*. – Arkiv Zool. (Stockholm), **31 A** (2): 1–15.

Scherer, J. (1903): *Sternothaerus sinatus*. – Blätter Aquar. Terr. Kde., **14** (24): 335–337.

Schmidt-Schaumburg, H. (1956): Sumpfschildkrötenjagd in Südafrika. – Aquarien und Terrarien, **3** (1): 22–25.

Pelusios adansonii Schweigger

Weißbrust-Pelomedusenschildkröte
(keine Unterarten)

Kennzeichen: Der etwas gewölbte Carapax ist gelblich bis fahlbraun mit strahlenförmigen braunen Linien und Flecken. Der Rand ist nicht gesägt. Der Bauchpanzer ist gelblich und in der Regel ohne Flecken. Die Mittelnaht zwischen den Armschilden ist mindestens dreimal so lang wie die Mittelnaht zwischen den Brustschilden. Das für diese Gattung typische Quergelenk, mit dessen Hilfe durch Hochklappen des Vorderteils Kopf und Vordergliedmaßen geschützt werden können, verläuft gradlinig über die Mitte des Bauchpanzers. Die Beweglichkeit des Gelenkes ist allerdings begrenzt und läßt mit dem Älterwerden der Tiere merklich nach. Die gelbe Kopfoberseite ist bräunlich marmoriert oder geschnörkelt. Die Gliedmaßen sind kräftig, mit Schwimmhäuten zwischen den Zehen der Hinterbeine.

Größe: bis 15 cm.

Vorkommen: Westliches und östliches Afrika.

Lebensweise: Sie lebt etwa im gleichen Biotop wie *Pelomedusa subrufa* und bevorzugt ebenso flache Tümpel und Gewässer mit starkem Bewuchs und Versteckmöglichkeiten. Wie alle *Pelusios*-Arten lebt sie gerne versteckt und ist dämmerungsaktiv. Sie ist absolut kein Sonnenanbeter und lebt überwiegend aquatil. Gefressen wird alles Animalische, ob lebend oder tot, und natürlich auch Gelatinefutter. Als kleinste *Pelusios*-Art eignet sie sich auch gut zur Pflege im Aquaterrarium (Verhältnis Wasser:Land = 3:1). Temperaturansprüche etwa 26 °C. Freilandaufenthalt im Sommer ist möglich, aber aufgrund ihrer Lebensweise nicht unbedingt erforderlich. Angaben über Nachzucht in Gefangenschaft fehlen mir, sie dürfte aber sicher möglich und schon geglückt sein.

Pelusios gabonensis A. Dumeril

Rückenstreifen-Pelomedusenschildkröte
(keine Unterarten)

Kennzeichen: Der dunkelbraune, flache Rückenpanzer zeigt einen dunklen Streifen längs der Mitte. Er ist vorn sichtlich schmaler als hinten.

Die Ränder sind nicht gesägt. Der Bauchpanzer ist fast völlig schwarz mit hell abgesetzten Nähten zwischen den Schilden. Die Mittelnaht zwischen den Armschilden ist höchstens zweimal so lang wie die Mittelnaht zwischen den Brustschilden. Das Quergelenk des Bauchpanzers bildet einen stumpfen, nach vorn offenen Winkel. Auf der Oberseite des gelbbraunen Kopfes hat sie eine schwarze, Y-förmige Zeichnung. Die Gliedmaßen sind kräftig, mit starken Krallen.
Größe: bis 25 cm.
Vorkommen: Westliches Afrika (von Liberia südwärts bis Gabun).
Lebensweise: In ihrer Lebensweise, Ernährung und ihren Temperaturansprüchen unterscheidet sie sich nicht von der vorbesprochenen Art.

Pelusios niger DUMÉRIL & BIBRON

Schwarze Pelomedusenschildkröte
(keine Unterarten)

Kennzeichen: Der ziemlich flache Rückenpanzer ist schwarz und nicht gesägt. Die Zuwachsstreifen sind deutlich zu erkennen. Der Bauchpanzer ist ebenfalls schwarz, der Kopf breit, fast dreieckig und manchmal mit hellen Punkten versehen. Bei ausgewachsenen Tieren ist der Oberkiefer vorne hakenförmig. Die Gliedmaßen sind kräftig und enden an den Zehen mit starken Krallen, zwischen welchen nur an den Hinterbeinen Schwimmhäute sitzen.
Größe: bis 25 cm.
Vorkommen: Westliches Afrika (von Gambia südwärts bis Angola).
Lebensweise: Kein Unterschied zu *Pelusios adansonii.*

Pelusios sinuatus A. SMITH

Gezähnelte Pelomedusenschildkröte
(keine Unterarten)

Kennzeichen: Der etwas höher gewölbte Rückenpanzer ist im Jugendstadium olivgrün und verfärbt sich mit dem Älterwerden des Tieres in graubraun bis schwarzbraun. Der Hinterrand des Carapax ist deutlich gezähnt, die Wirbelschilde leicht nach hinten kielartig gezackt, was sich später verflacht. Der helle Bauchpanzer ist zum Rande hin deutlich schwarz abgesetzt. Die Gliedmaßen sind sehr kräftig, wirken beinahe plump, mit starken Krallen. Schwimmhäute nur an den Hinterbeinen.
Größe: bis 45 cm.
Vorkommen: Östliches und südöstliches Afrika.
Lebensweise: Diese größte der *Pelusios*-Arten gleicht sehr den vorbesprochenen Arten. Klingelhöffer berichtet von seinen *P. sinuatus* eine Besonderheit: Sie waren geradezu versessen auf möglichst schon etwas angefaulten Salat, den sie aber nicht in Stücken abbissen, sondern im ganzen verschlangen. Dazu möchte ich bemerken, daß nach meinen Erfahrungen Wasserschildkröten, gleich welcher Art, grundsätzlich immer wieder auch Pflanzliches in irgendeiner Form angeboten werden sollte; denn Tiere, die oft jahrelang nur tierische Nahrung angenommen haben, finden plötzlich Geschmack an irgendeiner Frucht oder an Salat. Natürlich kann es auch umgekehrt sein, wie ich es von meinem *Kachuga tecta tecta*-Weibchen berichtet habe.
Die *P. sinuatus* eignet sich aufgrund ihrer Größe und Bissigkeit nur schlecht für normale Terrarienhaltung.

Pelusios subniger LACEPEDE

Dunkle Pelomedusenschildkröte
(keine Unterarten)
(Foto Seite 108)

Kennzeichen: Der flache schwarze Rückenpanzer weist große, bräunliche Flecken auf. Der Hinterrand ist nicht gesägt, sondern abgerundet. Der Bauchpanzer ist meist gelb mit dunklen Stellen. Das Kehlschild ist vorne schmäler. Das Hinterteil des Bauchpanzers ist zwischen den Schenkel- und Afterschilden deutlich eingerückt und schmaler. Die Oberseite des Kopfes ist olivgrau mit schwarzen Punkten und Strichen. An der Unterseite sind ein paar kleine Barteln. Die Gliedmaßen sind ebenfalls sehr kräftig, mit Schwimmhäuten zwischen den Zehen der Hinterbeine.

Größe: bis 40 cm.

Vorkommen: Afrika südlich der Sahara (mit Ausnahme des äußersten Südens) sowie Mauritius, Seychellen und Madagaskar.

Lebensweise: Aufgrund ihres sehr großen Verbreitungsgebietes kommt sie von allen Arten am häufigsten in den Handel. Da sie aber sehr groß wird, eignet sie sich eigentlich nur als Jungtier für die Terrarienhaltung. Deshalb bedenke jeder, der sich ein Tier dieser Art anschaffen möchte, was damit werden soll, wenn es seine Größe verzehnfacht hat. Nur wenige Liebhaber können Tieren mit einer Carapax-Länge von mehr als 20 cm die richtige Terrariengröße bieten.

Im Bezug auf Lebensweise, Nahrungs- und Temperaturansprüchen sowie Haltung, gleicht sie den vorbesprochenen Arten.

Gattung: Podocnemis Wagler

Schienenschildkröten

Geschützt! Anhang II des WA

Literatur:

Podocnemis allgemein:

Cole, M. & Link, B. (1972): *Podocnemis* in captivity. – Intern. Turtle & Tortoise Soc. Jour., **6** (2): 12–14, 33.

Göldi, E. (1886): Bedeutung, Fang und Verwertung der Schildkröten am Amazonas. – Zool. Garten (Frankfurt/M.), **27** (11): 329–335, 366–372.

Mittermeier, R. A. (1980): South American's river Turtles – saving them by use. – Tortuga Gazette (Los Angel.), **16** (1): 6–8, (2): 5–9.

Neill, W. T. (1965): Notes on the five Amazonian species of *Podocnemis*. – Herpetologica, **21** (4): 287–294.

Siebenrock, F. (1902): Zur Systematik der Schildkröten-Gattung *Podocnemis*. – Sitz. Ber. Akad. Wiss. Wien, math.-naturw. Kl., **111:** 157–170.

Williams, E. E. (1954): A key and description of the living species of the genus *Podocnemis* (sensu Boulenger), (Testudines; Pelomedusidae). – Bull. Mus. comp. Zool. (Cambridge, Mass.), **111** (8): 279–295.

Zwinenenberg, A. J. (1977): The exploitation of *Podocnemis*. – Lacerta (Den Haag), **36** (1): 12–16.

Podocnemis dumeriliana Schweigger

Jetzt: Peltocephalus tracaxa

Dumeril-Schienenschildkröte

(keine Unterarten)

Kennzeichen: Der glatte, dunkelgraue bis schwarze Rückenpanzer ist etwas gewölbt und auch noch im Alter deutlich gekielt. Der Bauchpanzer ist graugelb. Die Kehlschilde sind durch das Zwischenkehlschild vollkommen getrennt. Die Naht zwischen den Schenkelschilden ist länger als die zwischen den Afterschilden. Die Scheitelschilde auf der Kopfoberseite sind durch das hinten stark verbreiterte Zwischen-Scheitelschild vollständig getrennt. Die kräftigen Gliedmaßen sind grau und haben zwischen den Zehen starke Schwimmhäute. Die Vorderbeine sind mit je 5, die Hinterbeine mit je 4 kräftigen und scharfen Krallen versehen. Dies gilt für alle *Podocnemis*-Arten.

Größe: bis 48 cm.

Vorkommen: Nordöstliches Südamerika (Guayana und N-Brasilien).

Lebensweise: Sie bewohnt vor allem die Buchten der Flüsse, lebt völlig aquatil und kommt nur zum Sonnen und zur Eiablage an Land.

Über Haltung in Gefangenschaft ist mir nichts bekannt. Aufgrund ihrer Größe ist sie für die normale Terrarienhaltung auch nicht geeignet. In ihren Ansprüchen bezüglich Futter, Temperatur und Haltung unterscheidet sie sich nicht von den bekannten *Podocnemis*- Arten, auf die ich noch näher eingehen werde.

Literatur:

Medem, F. (1983): La reproduccion de la tortuga „Cabezon“ *Peltocephalus tracaxa* Spix, 1824, (Testudines, Pelomedusidae), en Colombia. – Lozania (Bogota), Nr. **43:** 1–12.

Podocnemis erythrocephala (cayennensis) SCHWEIGGER
Cayenne-Schienenschildkröte
(keine Unterarten)
(Foto Seite 108)

Kennzeichen: Der etwas gewölbte Rückenpanzer ist nur bei Babys braun und wird später grauschwarz bis schwarz. Er ist nicht gesägt. Die äußerste Umrandung ist bei Jungtieren leuchtend rot gesäumt, wird später aber etwas blasser. Der Bauchpanzer ist beige bis hellgrau. Ein leuchtend roter Fleck beginnt unterhalb der Nasenlöcher und verläuft zwischen den Augen nach oben, wo er sich spaltet und dann aufhört. Mit etwas Abstand hinter dem Auge befindet sich auf beiden Seiten ein roter Fleck, der bei manchen Exemplaren eine Verbindung über den Kopf hinweg zum Fleck auf der anderen Seite hat. Der Rand des Oberkiefers hat an der Schnauzenspitze einen spitzwinkligen Einschnitt, der sich zwischen den Nasenlöchern etwa bis zur Kopfmitte nach oben zieht. Die Gliedmaßen sind grauschwarz bis schwarz und haben zwischen den Zehen große Schwimmhäute. Außen sitzen scharfe Krallen.
Größe: bis 27 cm.
Vorkommen: Nördliches Südamerika (Venezuela, Guayana und N-Brasilien: Amazonas-Gebiet).
Lebensweise: Sie bewohnt die Flußsysteme ihres Verbreitungsgebietes, ist allerdings mehr in den Nebenflüssen anzutreffen. Sie lebt rein aquatil und kommt nur zur Eiablage an Land und zum „Sonnen". Dazu erklettert sie am liebsten einen treibenden Stamm oder einen aus dem Wasser ragenden Stein und läßt sich bei der geringsten Gefahr ins Wasser fallen. Diese Verhaltensweise konnte ich bei allen von mir gepflegten *Podocnemis*-Arten beobachten. Sie bleiben auch bei jahrelanger Gefangenschaft etwas scheu. Die Futteransprüche wechseln mit dem Heranwachsen der Tiere. Beim Jungtier und auch beim heranwachsenden Exemplar überwiegt die fleischliche Nahrung. In diesem Zeitraum habe ich Mückenlarven, Tubifex, Bachflohkrebse, Wiesenplankton, feingeschnittenes Rinderherz oder Leber, kleingekörntes Schildkrötenfutter, getrocknete Garnelen, kleine Wasserschnecken, Fische jeder Art, aber auch etwas Salat, Löwenzahn und Bananen gefüttert. Wenn die Tiere älter werden, fressen sie überwiegend Pflanzliches, also Obst, Salat, Löwenzahn, Früchte aller Art (besonders gern Erdbeeren), aber auch Hundefertigfutter, Fisch und Rinderherz. Die Temperaturansprüche liegen durchschnittlich bei 26 °C. Ich habe die Erfahrung gemacht, daß *Podocnemis* recht wärmebedürftig sind und zu niedrige Temperaturen nicht vertragen. Deshalb kommen meine Tiere höchstens im Hochsommer in den Freilandteich, müssen aber bei einem Wettersturz sofort herausgefangen werden. Wie ich schon unter „Krankheiten" bemerkt habe, ist auch bei Höhensonne Vorsicht am Platze, da die Augen aller *Podocnemis* sehr empfindlich auf Bestrahlung von mehr als 15 min Dauer (1 m Entfernung) reagieren. Wogegen *Pseudemys, Chrysemys, Mauremys* und andere sogar bei 30minütiger Bestrahlungsdauer keine negativen Reaktionen zeigen.
Über gelungene Nachzucht ist mir nichts bekannt.

Literatur:
CORNELISSEN, T. (1973): *Podocnemiss cayennensis.* – DATZ, **26** (6): 208–209.

Podocnemis expansa SCHWEIGGER
Arrau-Schienenschildkröte
(keine Unterarten)
(Foto Seite 108)

Kennzeichen: Der nur leicht gewölbte Rückenpanzer ist bei Jungtieren hellbraun und wird später graubraun. Der Bauchpanzer ist gelb bis graugelb. Auf der Kopfoberseite befindet sich

eine tiefe Längsfurche zwischen den Augen. Der Rand des Oberkiefers ist vorn gerundet, ohne einen Einschnitt. Auf der Unterseite des Kopfes sind zwei Kinnbarteln. Das Zwischenscheitelschild ist viel länger als breit und in der Jugend gelb gefleckt. Das Zwischenkehlschild ist vorn schmaler als die größte Länge des Kehlschildes. Hals und Gliedmaßen sind grau. Zwischen den Zehen sind große Schwimmhäute, vorn 5, hinten 4 scharfe Krallen.
Größe: bis 80 cm.
Vorkommen: Nördliches Südamerika.
Lebensweise: Diese größte aller Schienenschildkröten bewohnt hauptsächlich die Flußgebiete des Orinoko und Amazonas. Sie lebt ebenfalls fast völlig aquatil. Sie lebt vor allem in der Jugend carnivor, später bevorzugt sie pflanzliche Kost. Aufgrund ihrer Größe und ihres Wachstums ist sie höchstens ein Pflegling für zoologische Gärten oder Schauvivarien. Ihre Temperaturansprüche liegen wie bei *P. erythrocephala* durchschnittlich bei etwa 26 °C. Über Nachzucht in Gefangenschaft ist in der Literatur nichts verzeichnet.

Literatur:
LÜLING, K. H. (1963): *Podocnemis unifilis* und *Podocnemis expansa.* – Aquarien und Terrarien, **10** (6): 195–200.

Podocnemis lewyana A. DUMERIL
Glattmaul-Schienenschildkröte
(keine Unterarten)

Kennzeichen: Der dunkle, etwas stärker gewölbte Rückenpanzer ist hinten nur leicht gesägt und hat zwischen den Schwanzschilden einen spitzwinkligen Einschnitt. Der Bauchpanzer ist hellgrau bis graugelb. Das Zwischenkehlschild ist vorn ebenso breit wie die größte Länge der Kehlschilde. Der Rand des Oberkiefers ist rund, ohne Einschnitt. Auf der Kopfoberseite ist eine Längsfurche zwischen den Augen. Der Kopf ist ohne gelbe Flecken. Die kräftigen Gliedmaßen haben starke Schwimmhäute zwischen den Zehen. Sonst wie zuvor genannte Arten.
Größe: bis 40 cm.
Vorkommen: Nordwestliches Südamerika.
Lebensweise: Die im Gebiet des Rio Magdalena und in den Flußsystemen Venezuelas vorkommende Art unterscheidet sich in ihren Ansprüchen bezüglich Futter, Temperatur usw. nicht von den vorgenannten Arten. Über Terrarienhaltung ist nichts bekannt.

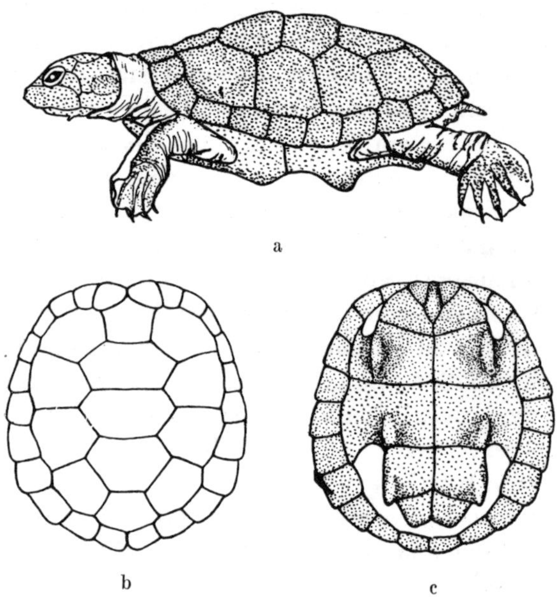

Abb. 26: Höcker-Schienenschildkröte (Podocnemis sextuberculata). Zeichnung: M. Bechtle aus Wermuth/Mertens: Schildkröten-Krokodile-Brückenechsen.

Podocnemis sextuberculata CORNALIA
Höcker-Schienenschildkröte
(keine Unterarten)

Kennzeichen: Der dunkelgraue Rückenpanzer ist etwas gewölbt und hat einen deutlichen Rücken-

kiel, der auf dem 2. Wirbelschild einen auffallenden Höcker bildet. Der Bauchpanzer ist graugelb. Jungtiere tragen je ein Höckerpaar auf den Brust-, Bauch- und Schenkelschilden. Auf der Oberseite des grauschwarzen Kopfes, der keinerlei Zeichnung aufweist, sind die Scheitelschilde durch das Zwischenscheitelschild weit voneinander getrennt. Hals und Gliedmaßen sind grau. Letztere enden in Zehen mit sehr großen Schwimmhäuten. Vorn ebenfalls 5 und hinten 4 Krallen.
Größe: bis 30 cm.
Vorkommen: Nördliches Südamerika.
Lebensweise: Diese recht seltene Schildkröte bewohnt vor allem das Amazonasgebiet Nordbrasiliens. In ihren Lebensgewohnheiten und sonstigen Ansprüchen weicht sie von den schon besprochenen Schienenschildkröten in keiner Weise ab. Sie ist im Aquaterrarium mit einem Wasser-Land-Verhältnis von 7:1 gut zu halten, wird allerdings aufgrund ihrer Seltenheit kaum einmal bei einem Liebhaber angetroffen. Jedenfalls wäre sie ein guter Pflegling, da sie auch nicht ganz so groß wird.

Literatur:
VANZOLINI, P.E. & GOMES, N. (1979): Biometry and reprodution of *Podocnemis sextuberculata.* – Pap. Avulsos Zool. (São Paulo), **32** (23): 277–290.

Podocnemis unifilis TROSCHEL
Terekay-Schildkröte
(keine Unterarten)
(Foto Seite 108)

Kennzeichen: Der leicht gewölbte Rückenpanzer ist schwarz und besitzt einen Mittelkiel. Er ist vorn tief eingebuchtet und hinten bedeutend breiter als vorn. Der Bauchpanzer ist hellgrau, ohne jede Fleckenzeichnung. Der nach vorn stark zugespitzte Kopf ist schwarz und hat eine unterschiedlich angeordnete, leuchtend-gelbe Fleckenzeichnung, sowohl auf der Oberseite als auch seitlich. Diese Farbe verblaßt im Alter immer mehr, nur bei männlichen Tieren bleibt das Gelb erhalten. Hals und Gliedmaßen sind schiefergrau. Zwischen den Zehen sind gut entwickelte Schwimmhäute und an den Vorderbeinen 5, an den Hinterbeinen 4 starke und scharfe Krallen.
Größe: bis 45 cm.
Vorkommen: Nördliches Südamerika.
Lebensweise: Sie ist wohl die am häufigsten vorkommende *Podocnemis*-Art. In ihrem Verbreitungsgebiet bewohnt sie Flußläufe in Venezuela, Guayana und Nord-Brasilien. Auch sie lebt fast völlig aquatil, sonnt sich allerdings recht gerne. Im Tierhandel wurde sie, bis zu ihrem Schutze, oft angeboten. Die Aufzucht von Jungtieren ist nicht schwierig, wenn man abwechslungsreiche Kost bietet. Wie schon vorher bei *P. erythrocephala* erwähnt, überwiegt bei Jungtieren die animalische Kost. Auffallend ist (dies habe ich bei vielen Schildkröten anderer Arten ebenfalls festgestellt), daß Futter mit roter Färbung bevorzugt gefressen wird. Rinderherz (geschnitten), rote Mückenlarven, Tubifex und auch Wasserflöhe (bei Babys) werden immer bevorzugt angenommen. Außerdem biete ich Bachflohkrebse, Trokkenfutter jeder Art, Gelatinefutter und vor allem Wiesenplankton. Dem Wiesenplankton kommt bei der Aufzucht von Jungschildkröten besondere Bedeutung zu, da hier ein breites Angebot von allen möglichen Tieren und damit Stoffen unterschiedlichster Zusammensetzung gegeben ist. Leider werden die Terekay-Schildkröten schnell sehr groß, so daß dann größte Aquaterrarien als Behausung notwendig werden. Wenn man ihren relativ hohen Temperaturansprüchen von durchschnittlich 26 °C gerecht wird, ist *P. unifilis* ein dankbarer und auch haltbarer Pflegling. Nachzucht in Gefangenschaft ist 1985 einem mir bekannten Schildkrötenpfleger zum ersten Mal gelungen. Von den 21 Schlüpflingen lebten 1986 noch 19 Jungtiere, die inzwischen schon bedeutende Zunahmen zu verzeichnen haben.

Literatur:
Aleven, I. M. (1976): *Podocnemis unifilis.* – Het Aquarium, **46** (11): 287.
Medem, F. (1964): Morphologie, Ökologie und Verbreitung der Schildkröte *„Podocnemis unifilis"* in Kolumbien. – Senckenbergiana biol., **45:** 353–368.

Podocnemis vogli L. Müller

Orinoko-Schienenschildkröte
(keine Unterarten)

Kennzeichen: Der mäßig gewölbte, dunkle Rükkenpanzer hat auf jedem Rückenschild eine am hinteren Rand anstehende Aufhellung, die etwa ein Drittel der Fläche einnimmt. Er ist nicht oder kaum gekielt und am Vorderrand kaum eingebuchtet. Außerdem ist er hinten nicht verbreitert. Der Bauchpanzer ist graugelb. Der Kopf ist vorn ziemlich stumpf und mit unregelmäßiger heller Fleckung versehen. Die kräftigen Gliedmaßen haben zwischen den Zehen ausgeprägte Schwimmhäute und enden mit scharfen Krallen.
Größe: bis 28 cm.
Vorkommen: Nördliches Südamerika.
Lebensweise: Diese relativ kleinbleibende Schienenschildkröte ist hauptsächlich im Flußsystem des Orinoko in Venezuela anzutreffen. Sie unterscheidet sich nicht von den vorhergenannten und besprochenen Arten.
Im Handel wurde sie so gut wie nie angeboten, so daß auch keinerlei Berichte über Terrarienhaltung vorliegen.

Literatur:
Pardo, A. H. (1969): Contribucion al conocimiento de la morfologia, ecologia, compartamiento y distribucion geografica de *Podocnemis vogli* (Testudinata, Pelomedusidae). – Rev. Acad. Colomb. Cienc. Exactas Fish. Nat., **13** (51): 303–326.

Podocnemis madagascariensis

Grandidier
Madagassische Schienenschildkröte
Wurde inzwischen umbenannt! Gehört nun zu Untergattung *Erymnochelys* und ist die einzige Art: *Erymnochelys madagascariensis*
(keine Unterarten)

Kennzeichen: Der nur leicht gewölbte, dunkle Rückenpanzer ist auch im Alter kaum gekielt und nicht gesägt. Beim Bauchpanzer stoßen die Kehlschilde hinter dem kleinen Zwischenkehlschild in der Mitte zusammen. Die Naht zwischen den Schenkelschilden ist kürzer als die zwischen den Afterschilden. Am Kopf bilden die Scheitelschilde hinter den am Ende zugespitzten Zwischenscheitelschilden eine gemeinsame Mittelnaht. Die Gliedmaßen sind ebenfalls kräftig. Zwischen den mit starken Krallen besetzten Zehen befinden sich große Schwimmhäute.
Größe: bis 35 cm.
Vorkommen: Madagaskar.
Lebensweise: Sie ist die einzige Art der Schienenschildkröten, die nicht in Südamerika vorkommt, doch zeigt sich daraus, daß die Schienenschildkröten vermutlich früher viel weiter verbreitet waren als heute. Trotz der großen räumlichen Entfernung unterscheidet sie sich in ihrer Verhaltensweise sowie in ihren Futter- und Temperaturansprüchen nicht von den anderen Arten, auch wird sie ebenfalls relativ groß. Über die Pflege im Terrarium ist nichts bekannt.

Literatur:
Siebenrock, F. (1906): Schildkröten von Ostafrika und Madagascar. In: Voeltzkow, 1906–1910. „Reise in Ostafrika in den Jahren 1903–1905"; **2:** 1–40.
Trutnau, L. & Vandrhaege, M. (1978): Die Lage der Schildkröten auf Madagaskar. – DATZ, **31** (2): 67–70.

Familie: Chelidae, Schlangenhalsschildkröten

Gattung: Chelodina Fritzinger

Australische Schlangenhalsschildkröten

Literatur:
Chelodina allgemein:

Blackmore, E. H. (1969): On the Australasian Chelidae (Chelonia). Victorian Naturalist, **86** (107): 280–283.

Burbridge, A. A., Kirsch, J. A. & Main, A. R. (1974): Relationship within the Chelidae (Testudines: Pleurodira) of Australia and New Guinea. – Copeia, **1974** (2): 392–409.

Goode, J. (1967): Artificial incubation of eggs of Victorian chelid tortoises. – Intern. Turtle & Tortoise Soc. Jour., **1** (3): 6–11, 41.

Krefft, P. (1903): Die australischen Schlangenhalsschildkröten. – Blätter Aquar. Terr. Kde., **14** (14): 187–189, (15): 205–208.

Siebenrock, K. F. (1915): Die Schildkrötengattung *Chelodina* Fitz. – Sitz. Ber. Akad. Wiss. Wien, **124** (1): 1–34.

Chelodina expansa Gray

Riesen-Schlangenhalsschildkröte
(keine Unterarten)

Kennzeichen: Der flache, olivbraune bis graubraune Rückenpanzer ist nicht gesägt. Er wird nach hinten deutlich breiter. Der Bauchpanzer ist einheitlich weißlich und zeigt keine Dunkelfärbung der Nähte. Kopf und Hals sind auf der Oberseite bräunlich, auf der Unterseite gelblich. Der Hals ist sehr lang. Seine Länge, voll ausgestreckt, entspricht etwa 65 % der Carapaxlänge. Die ebenfalls bräunlichen Gliedmaßen sind sehr kräftig. Zwischen den Zehen sind Schwimmhäute. Sie enden in scharfen Krallen.
Größe: bis 48 cm.
Vorkommen: Östliches Australien.
Lebensweise: Sie bewohnt in ihrem Verbreitungsgebiet vor allem große Flußläufe und Seen. Wie alle Chelodinen ist sie eine gewandte Schwimmerin. Aufgrund ihrer Wendigkeit und unter Zuhilfenahme ihres langen Halses, welchen sie wie eine Schlange vorschnellen lassen kann, gelingt es ihr ohne weiteres, auch Fische zu fangen. Für die Terrarienhaltung ist *C. expansa* aufgrund ihrer Größe (sie wächst sehr schnell) wenig geeignet. Sie ernährt sich völlig animalisch. Wie Hausmann berichtet, machen auch zeitweilige kühlere Temperaturen dieser Art nichts aus. Er erhielt verschiedene Male Nachzucht von *C. expansa* und stellte fest, daß seine Tiere meist zweimal im Jahre Eier legten und zwar insgesamt etwa 40 Stück (sie wogen durchschnittlich etwa 24 g). Die Zeitigung dauerte teilweise über 1/2 Jahr, doch kommt es meines Erachtens vor allem auf die Temperatur des Substrates an, in welchem die Eier reifen. John Cann berichtet in „Tortoises of Australia“: Als ein Weibchen im Freiland bei ihm 18 Eier legte, beließ er die Hälfte im Freiland, die andere Hälfte brachte er im Brutapparat unter. Die Eier im Brutapparat hatten eine Entwicklungsdauer von 154 Tagen. Die im Originalnest verbliebenen Eier benötigten rund 1 Jahr. Wie weiter von ihm berichtet wird, ist ein Fall bekannt, bei dem nach 664(!) Tagen eine Brutstätte geöffnet wurde und noch lebende Babys zum Vorschein kamen.

Literatur:

Hausmann, P. (1979): *Chelodina expansa* und *Chelodina siebenrocki.* – DATZ, **32** (4): 136–138.

Legler, J. M. (1978): Observations on behaviour and ecology in an Australian turtle, *Chelodina expansa* (Testudines: Chelidae). – Canad. J. Zool., **56** (11): 2449–2453.

Rautert, H. (1984): Riesen-Schlangenhalsschildkröten – Zur Kenntnis von *Chelodina expansa* Gray. – Das Aquarium (Aqua Terra), **18** (181): 372–375.

Chelodina longicollis Shaw

Unterart (Nominatform):
Chelodina longicollis longicollis
Glattrücken-Schlangenhalsschildkröte
(Foto Seite 125)

Kennzeichen: Der ziemlich flache, nach hinten bedeutend verbreiterte Rückenpanzer ist dunkelbraun und nicht gesägt. Der Bauchpanzer ist gelblich. Die Nähte zwischen den einzelnen Bauchschilden sind dunkel gesäumt. Das Zwischenkehlschild ist durch die beiden Kehlschilde nach hinten abgedrängt. Die Länge von Kopf und Hals zusammen machen ebenfalls 65% der Carapaxlänge aus (dies habe ich bei meinen Tieren stets nachgemessen). Auf der Oberseite des dunkelgrauen Halses befinden sich zahlreiche kleine Tuberkel. Auch die Gliedmaßen sind dunkelgrau und sehr kräftig. Sie enden in Zehen mit gut entwickelten Schwimmhäuten und scharfen Krallen.
Größe: bis 30 cm (bleibt, vor allem in Gefangenschaft, meist kleiner).
Vorkommen: Östliches Australien.
Lebensweise: *C. l. longicollis* bewohnt Tümpel, Teiche oder langsam fließende Gewässer mit seichten Buchten in Queensland, Neu-Südwales und Victoria. Sie ernährt sich von allerlei Wassergetier, auch Mollusken und Fischen. Sie ist wie alle Schlangenhalsschildkröten sehr gewandt im Erbeuten von Fischen. Ich hatte seinerzeit in einem Aquaterrarium, das unter anderem auch *C. l. longicollis* beherbergte, verschiedene Guppy, rote und grüne Schwertträger, sowie Platys schwimmen und nicht gedacht, daß

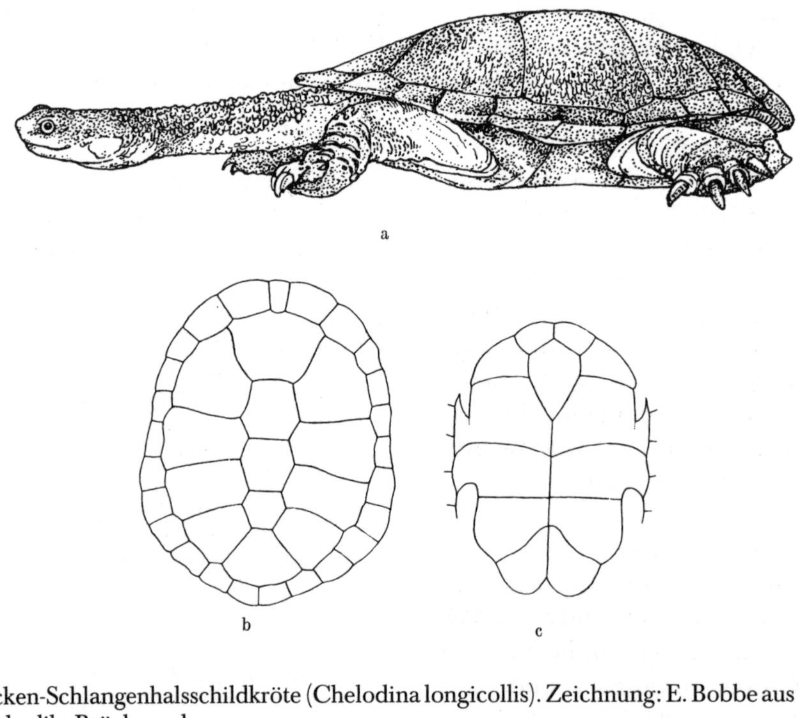

Abb. 27: Glattrücken-Schlangenhalsschildkröte (Chelodina longicollis). Zeichnung: E. Bobbe aus Wermuth/Mertens: Schildkröten-Krokodile-Brückenechsen.

den Schildkröten die flinken Fische zur Beute werden könnten. Für *Podocnemis, Pseudemys, Chrysemys, Clemmys,* sowie *Mauremys*-Arten traf das auch zu. Die Chelodinen jedoch holten sich einen Fisch nach dem anderen. Wobei nicht unerwähnt bleiben sollte, daß sie grundsätzlich zuerst auf alle Rotgefärbten Jagd machten und erst nachdem diese erbeutet waren, auch die Andersfarbigen beachteten. Alle Chelodinen, welche ich seit Jahren pflege, ernähren sich rein tierisch. Wenn ich Bananen füttere, werden auch viele Emyduren (die sonst eigentlich ebenfalls nur Animalisches zu sich nehmen) „schwach". *C. l. longicollis* aber lehnt Bananen grundsätzlich ab. Ich habe mir schon den Spaß gemacht und den ewig bettelnden Exemplaren dieser Gattung Erdbeerstückchen oder Tomatenstreifen hingehalten. Mit Gier schnappen sie danach, stoßen den Bissen aber umgehend wieder aus. Ich bin daher sehr skeptisch gegen die in der Literatur immer wieder gemachte Angabe, daß Chelodinen auch pflanzliche Stoffe aufnehmen würden. *C. l. longicollis* ist einer der empfehlenswertesten Schildkrötenpfleglinge im Aquaterrarium. Die oft beschriebene Bissigkeit dieser Art kann ich überhaupt nicht bestätigen. Auch sind sie vollkommen unempfindlich gegen niedrige Temperaturen. Alle meine Chelodinen und Emyduren kommen im April in den Freilandteich und verbleiben dort bis Ende September oder Anfang Oktober, je nach Wetterlage. Bei dem ungewöhnlichen Sommerwetter der letzten Jahre sank die Teichtemperatur, trotz eingeschalteter Wasserheizung, einigemal auf 18 °C und in einer besonders kühlen Nacht sogar auf 16 °C ab. Das Befinden von Chelodinen (und Emyduren) wurde hiervon überhaupt nicht beeinträchtigt; die Chelodinen bettelten trotz der niedrigen Temperatur um Futter. – Die Nachzucht ist schon mehrmals geglückt. Bei dem strengen Ausfuhrverbot dieser Tiere aus Australien sind die heute angebotenen Babys fast durchweg Tiere, die in Gefangenschaft gezüchtet wurden.

Literatur:

ARMSTRONG, G. (1982): Notes on feeding and growth rates in juvenile *Chelodina longicollis.* – Herpetofauna (Sydney), **12** (2): 27.

BUDDE, H. (1976): Haltung und Zucht von *Chelodina longicollis.* – Das Aquarium (Aqua Terra), **10** (80): 79–83.

ZWINENBERG, A.J. (1974): Die australische Schlangenhalsschildkröte *Chelodina longicollis,* SHAW. – Aquaria, **21** (4): 51–55.

Unterart:

Chelodina longicollis sulcifera GRAY
Gefurchte Schlangenhalsschildkröte

Sie soll nach neuesten Erkenntnissen nicht mehr als Unterart, sondern höchstens als „Modifikation" angesehen werden. Danach handelt es sich um ein Jungtier von *Chelodina longicollis* vor der ersten Häutung der Hornschilde.

Größe: bis 20 cm.
Vorkommen: Australien (näheres ist nicht bekannt).
Kurzbeschreibung: Der Rückenpanzer entspricht nahezu dem der Nominatform. Der einzige Unterschied besteht darin, daß die Rückenschilde konzentrisch gefurcht sind. Sonst gibt es keine Unterschiede. Sie wurde lange Zeit als eigene Art beschrieben, was aber aufgrund der Ähnlichkeit nicht mehr aufrecht zu erhalten war. In der Lebensweise und Terrarienhaltung unterscheidet sie sich nicht von *C. l. longicollis.* Sie ist ebenfalls ein sehr empfehlenswerter Pflegling, wird allerdings im Handel kaum einmal angeboten.

Literatur:

BUDDE, H. (1968): A rare Australian chelid? – Int. Turtle & Tortoise Soc. Jour., **2** (5): 12–15.

MERTENS, R. (1972): Eine oft verkannte Unterart der australischen Schlangenhalsschildkröte. – Salamandra, 8 (1): 27–31.

MÜLLER, L. 1936): Über die Artberechtigung von *Chelodina sulcifera,* GRAY. – Zool. Anzeiger, **116:** 273–287.

RAUTERT, H. (1982): Bemerkenswerte Häutungen bei *Chelodina longicollis* SHAW als Indizien gegen die Gültigkeit des Taxon Chelodina l. sulcifera GRAY. – herpetofauna, **4** (17): 6–10.

Chelodina novaeguineae BOULENGER
Neuguinea-Schlangenhalsschildkröte
(keine Unterarten)

Kennzeichen: Sie hat einen dunkel olivbraunen, flachen Rückenpanzer, der im Umriß fast oval ist. Allerdings ist er hinten ebenfalls etwas verbreitert. Der Bauchpanzer, beziehungsweise die ganze Unterseite ist gelblich. Die Nähte zwischen den Bauchschilden sind nur vereinzelt dunkel gesäumt. Die Oberseite von Kopf, Hals und Gliedmaßen ist graubraun bis nahezu schwarz. Die Unterseiten sowie die Weichteile sind weißlich. Am Ende der Gliedmaßen sind ausgeprägte Zehen mit großen Schwimmhäuten und langen, spitzen Krallen.
Größe: bis 18 cm.
Vorkommen: Neuguinea, einige kleine, westlich von Neuguinea gelegene Inseln sowie nordöstliches Australien (Queensland).
Lebensweise: Auch sie lebt in Teichen, Tümpeln und langsam fließenden Bächen oder Flüssen, ernährt sich ebenfalls rein animalisch und gleicht in allem der vorbesprochenen Art. Aufgrund ihrer geringen Größe eignet sie sich natürlich ganz besonders für die Terrarienhaltung. Sie ist sehr robust und auch gegen kühlere Temperaturen unempfindlich. Meine beiden weiblichen (ausgewachsenen) Tiere legten jedes Jahr zwischen Dezember und März meist 10–12 länglich ovale Eier, die immer unbefruchtet waren, obwohl ein geschlechtsreifes Männchen das Aquarium mit ihnen teilte. Zufällig las ich in der Zeitschrift „Die Schildkröte" (Heft 2, 3. Jahrgang, Juli 1981) nachfolgenden Hinweis: „Die Paarung von *Chelodina novaeguineae* gelang erst, nachdem der Wasserspiegel soweit gesenkt war, daß die Männchen beim Aufsitzen noch mit der Nasenspitze die Wasseroberfläche erreichten."
Eine Beobachtung, die ich bei den legewilligen Weibchen der Schlangenhalsschildkröten gemacht habe, möchte ich noch eigens erwähnen: Nachdem sie die Nesthöhle ausgehoben hatten, steckten sie den Kopf in die Höhlung. Oft ließen sie diese Grube daraufhin im Stich, um an einem anderen Platz (manchmal auch erst am nächsten Tag) von neuem zu graben. Dies konnte sich unter Umständen mehrmals wiederholen, bis es endlich zur Eiablage kam. Ich vermute, daß das Tier mit dem Kopf die Nesttemperatur prüft und erst, wenn sie zusagend erscheint, mit dem Legen beginnt. Auch für spätere Gelege benützt sie meist wieder den gleichen Platz.

Literatur:
BERGMANS, W. (1961): Einige aantekenigen over *Chelodina novaeguineae* BOULENGER, 1888 en *Chelodina siebenrocki* WERNER, 1901. – Lacerta (Den Haag), **21** (12): 91–94.
FREYTAG, O. (1984): Zuchterfolge mit *Chelodina novaeguineaea* – Eine Schlangenhalsschildkröte aus Neuguinea. – Das Aquarium (Aqua Terra), **18** (186): 649–651.
PRASCHAG, R. (1984): Neue Mitteilungen zu *Chelodina novaeguineae.* – Die Schildkröte (Haar), **6** (2): 27–28.
STRAUBE, E. (1983): Pflege und Zucht von *Chelodina novaeguineae.* – Die Schildkröte (Haar), **5** (3): 14–17.

Chelodina oblonga GRAY
Schmalbrust-Schlangenhalsschildkröte
(keine Unterarten)

Kennzeichen: Der flache, dunkel olivbraune bis schwarze Rückenpanzer verbreitert sich ebenfalls nach hinten. Er ist nicht gesägt. Der Bauchpanzer ist elfenbeinfarben gefärbt und bei männlichen Exemplaren konkav. Kopf und Hals sind dunkelgrau-oliv und unten heller. Der Kopf hat seitlich und unten eine leichte helle Marmorierung. Kopf und Hals zusammen sind bei adulten Tieren länger als der Carapax. Aufgrund dieser Länge ist es dem Tier nicht möglich, sie vollständig unter dem Panzer zu bergen. Die Gliedmaßen sind kräftig, haben zwischen den Zehen gut entwickelte Schwimmhäute und scharfe Krallen.
Größe: bis 23 cm.
Vorkommen: Kleine Inseln südlich von Neuguinea sowie nördliches und westliches Australien.
Lebensweise: Auch sie bewohnt etwa das gleiche

Biotop wie die vorbesprochenen Arten. Sie ernährt sich nur animalisch und lebt ebenfalls überwiegend aquatil. Hausmann bezeichnet sie als ausgesprochen empfindlich und rät von einer Haltung im Terrarium ab. John Cann dagegen stellt sie in seinem schon erwähnten kleinen Schildkrötenbuch als sehr empfehlenswerten Pflegling vor, der auch keinerlei Schwierigkeiten in der Fütterung mache. Man muß dabei allerdings berücksichtigen, daß er in Australien lebt und so für die Tiere die ganze Schwierigkeit der Umstellung auf ein anderes Klima und andere Umweltbedingungen entfällt. So ist dort auch die Nachzucht geglückt. Die Legetätigkeit fällt in die Monate Oktober und November. Die Eier hatten eine Zeitigungsdauer von etwa 200 Tagen.

Literatur:

CLAY, B. T. (1981): Observations on the breeding biology and behavior of the long-necked tortoise, *Chelodina oblonga.* – Jour. Royal Soc. West. Austr., **64** (1): 27–32.

Chelodina parkeri

Größe: bis 25 cm.
Vorkommen: Neuguinea

Literatur:

RHODIN, A. G. J. & MITTERMEIER, R. A. (1976): *Chelodina parkeri*, a new species of chelid turtle from New Guinea, with a discussion of *Chelodina siebenrocki* WERNER, 1901. – Bull. Mus. comp. Zool. (Harvard), **147** (1): 465–488.

Chelodina rugosa

(keine Unterarten)

Kennzeichen: Der flache, braune Rückenpanzer wird zum Rande hin heller. Der Bauchpanzer ist fahlgelb. Kopf und Hals sind ebenfalls sehr lang und von bräunlichgrauer Farbe, mit verstreut auftretenden kleinen, roten Punkten, vor allem am Hals. Die kräftigen Gliedmaßen sind braungrau, mit Schwimmhäuten und scharfen Krallen endend.
Größe: bis 40 cm.
Vorkommen: Nordwestliches Australien.
Lebensweise: Auch sie bewohnt langsam fließende Gewässer, Teiche und Seen. Ihre Nahrung ist ebenfalls animalisch und besteht in der Hauptsache aus Wasserinsekten, Krebsen und Fischen. Sie kann in Gefangenschaft während der warmen Jahreszeit im Freilandteich gehalten werden. In ihrem relativ kleinen Verbreitungsgebiet ist sie nicht häufig anzutreffen. Deshalb ist sie kaum einmal eingeführt worden, zumal in Australien ein generelles Ausfuhrverbot für Tiere besteht. In Australien ist sie auch im Terrarium schon gezüchtet worden. Es wurden 14 Eier mit einer durchschnittlichen Größe von 3,5 × 2,5 cm gelegt. Über die Zeitigungsdauer fehlen Angaben.

Chelodina siebenrocki WERNER

Siebenrock-Schlangenhalsschildkröte
(keine Unterarten)

Kennzeichen: Der rötlichbraune, bei manchen Exemplaren fast schwarze Rückenpanzer ist flach und hinten ebenfalls bedeutend breiter als vorne. Der Bauchpanzer ist meist graugelb bis gelb. Kopf und Hals sind braungrau und fast so lang wie der Carapax. Die Gliedmaßen sind kräftig, mit gut entwickelten Schwimmhäuten an den Zehen.
Größe: bis 30 cm.
Vorkommen: Nordöstliches Neuguinea und nach neueren Funden auch im Nordosten Australiens (im Süden der Cape-York-Halbinsel).
Lebensweise: Sie kommt vor allem in Gewässern innerhalb von Sumpfgebieten vor und soll, wie Peters berichtet, sich mehr außerhalb des Wassers aufhalten. Auch soll sie bei Gefahr nicht das Wasser aufsuchen, sondern im Schlamm halb verborgen, mit eingezogenem Kopf, Hals und Gliedmaßen liegen bleiben. Hausmann dagegen konnte dies bei der Haltung dieser Art nicht beboachten. Die Siebenrock-Schlangenhals-

schildkröte lebte bei ihm rein aquatil, obgleich sie bei dieser großartigen Terrarienanlage auch die andere Möglichkeit gehabt hätte. Hausmann schildert sie als wärmebedürftiger als die anderen Chelodinen. Er bekam auch Nachzucht von dieser Art. Die Babys hatten eine durchschnittliche Länge von 4 cm bei einem Gewicht von rund 12,5 g. Die Weibchen hatten zur Eiablage immer besonders warme Stellen ausgesucht. Die Eier hatten ein Durchschnittsgewicht von 24 g. Die Zeitigungsdauer betrug etwa ein halbes Jahr. Die Schlupfzeit zog sich manchmal über 2–3 Wochen hin, also viel länger als bei anderen Schildkröten. Die Weibchen legen zweimal im Jahr, etwa bis zu 20 Eier pro Gelege. Die Jungen benötigen eine recht abwechslungsreiche Nahrung, da sie sonst leicht zu eingefallenen Bäuchen neigen, was sich später oft nicht mehr verwächst.
Außer dem höheren Temperaturanspruch (von etwa 24 °C) gleicht sie in der ausschließlich tierischen Ernährung und den sonstigen Haltungsansprüchen den übrigen Chelodinen. Sie wird wohl nur selten in Liebhaberhände gelangen.

Literatur:

Bergmans, W. (1961): Einige aantekeningen over *Chelodina novaeguineae* Boulenger, 1988 en *Chelodina siebenrocki* Werner, 1901. – Lacerta (Den Haag), **21** (12): 91–94.

– (1966): *Chelodina siebenrocki* Werner. – Lacerta (Den Haag), **24** (12): 97–98.

Hausmann, P. (1979): *Chelodina expansa* und *Chelodina siebenrocki.* – DATZ, **32** (4): 136–138.

Peters, U. (1969): Die Siebenrock-Schlangenhalsschildkröte (*Chelodina siebenrocki* Werner) in Australien. – DATZ, **22** (7): 217–219.

Chelodina steindachneri Siebenrock
Teller-Schlangenhalsschildkröte
(keine Unterarten)

Kennzeichen: Der bräunliche Carapax ist flach und beinahe rund. Längs der Mitte des zweiten, dritten und vierten Wirbelschildes befindet sich eine deutliche Eindellung in Form einer Furche. Der Bauchpanzer ist fahlgelb. Die Nähte der Bauchschilde sind dunkel gesäumt. Kopf und Hals sind im Verhältnis zu den sonstigen Chelodinen kleiner, schlanker und kürzer. Sie sind graubraun gefärbt und auf der Unterseite weißlich bis fahlgelb. Auch die Gliedmaßen haben diese Farbe, sind jedoch nicht ganz so kräftig, wie bei den anderen Arten beschrieben. Ebenfalls sind die Schwimmhäute gut entwickelt und enden in spitzen Krallen.
Größe: bis 22 cm.
Vorkommen: Westaustralien.
Lebensweise: C. steindachneri kommt nur in einem relativ kleinen Gebiet vor, soll dort allerdings sehr zahlreich vertreten sein. Im ganzen gesehen ist sie aber doch sehr selten und wurde auch fast noch nie eingeführt. Sie kommt in kleinen Teichen und Tümpeln, ja oft nur Wasserlöchern vor. Die Durchschnittstemperatur in ihrem Verbreitungsgebiet ist sehr hoch, 45 °C Wärme sind im Sommer durchaus keine Seltenheit. Außerdem trocknen während der größten Hitze die Gewässer oft aus, was dieser Art ebenfalls nichts anhaben kann. Sie ist nämlich in der Lage, längere Zeit ohne Wasser auszukommen, da sie die Fähigkeit besitzt, in der Harnblase auf Vorrat Wasser zu speichern. So übersteht sie diese Zeit eingegraben in einer Art Sommer- oder Dürre-Schlaf. Ihre Temperaturansprüche sind dementsprechend hoch, mit starkem nächtlichen Temperatur-Gefälle (mindestens 10 °C Unterschied). Sie ernährt sich von Wassertieren, Mollusken und Fischen.
Für die Haltung im Aquaterrarium wäre diese Art sicher nicht problemlos, doch könnte dies gerade den erfahrenen Terrarianer reizen, vor allem, da diese Schlangenhals-Schildkröte eine annehmbare Größe hat.

Literatur:

Krefft, P. (1915): *Chelodina steindachneri* Siebenrock (Schlangenhalsschildkröte). – Blätter Aquar. Terr. Kde., **26:** 183–185.

Gattung: Chelus A. Dumeril
Fransenschildkröten

Chelus fimbriatus Schneider
Fransenschildkröte oder „Mata-Mata"
(einzige Art ohne Unterarten)
(Foto Seite 125)

Kennzeichen: Der relativ flache, dunkelbraune Rückenpanzer hat pyramidenförmig aufgeworfene, mit der Spitze nach hinten gerichtete Wirbel- und Rippenschilde. Sie wirken dadurch wie drei höckrige Längskiele. Die einzelnen Schilde haben strahlenförmige Radiärfurchen. Die vorderen Randschilde sind leicht nach oben gebogen. Der gelbliche bis bräunliche Bauchpanzer ist verhältnismäßig klein und zeigt eine dunkle Strahlenzeichnung auf den Schilden. Der bräunliche Kopf ist auf der Oberseite völlig flach und wirkt durch die seitlich waagrecht abstehenden Hautlappen dreieckig. An seiner Spitze befindet sich ein dünner, schnorchelartiger Rüssel. Die vorn am Rande sitzenden winzigen Augen sind kaum zu erkennen; ihre Größe steht in gar keinem Verhältnis zur gesamten Körpergröße. Auf dem ebenfalls bräunlichen Hals sitzen fransenartige Hautlappen, desgleichen auf der Unterseite des Kopfes, die dem Tier ein groteskes Aussehen verleihen. Kopf und Hals sind fast so lang wie der Carapax. Die braunen Gliedmaßen sind plump. Zwischen den Zehen befinden sich Schwimmhäute und an den Vorderbeinen 5, an den Hinterbeinen 4 kräftige und scharfe Krallen. Jungtiere besitzen einen ganz hellbraunen Rükkenpanzer und auch ihr Kopf und die Gliedmaßen sind bedeutend heller gefärbt. Dazu haben sie dunkle und rötliche Streifenzeichnungen.

Größe: bis 40 cm.

Vorkommen: Nördliches und mittleres Südamerika (Venezuela, Guayana, Nord- und Mittelbrasilien).

Lebensweise: Diese bizarre Schildkröte bewohnt Seen, Teiche oder langsamfließende Gewässer mit schlammigem Untergrund. Dort liegt sie, im Schlamm eingewühlt, auf dem Grund. Da durch die Hautlappen alle Konturen verwischt werden, ist sie praktisch unsichtbar. Schwimmt nun ein Fisch über sie hinweg, so reißt sie mit einem Ruck ihr sehr großes Maul auf. Durch den entstehenden Saug-Strudel wird die Beute in den Rachen gerissen, das Maul wieder zugeklappt und der Fisch im ganzen verschlungen. Die silbernen Schuppen der Fische scheinen dieses „Saugschnappen" auszulösen. Denn wie Klingelhöffer berichtet, wurden schon verschiedentlich schwimmende Quecksilber-Thermometer verschluckt, jedoch noch nie Thermometer mit rotem Weingeist.

Die in der Literatur immer wieder aufgestellte Behauptung, daß die „Mata-Mata" nur lebende Fische annimmt, kann ich absolut nicht bestätigen. Bei mir fraß sie lebende wie tote Fische sowie auch in Streifen geschnittenes Rinderherz und große Regenwürmer ohne weiteres.

Sie ist ein sehr ruhiger Pflegling; viel Aktivität hat man von ihr nicht zu erwarten. Wenn ihr Hunger gestillt ist (ein Tier von 30 cm Größe frißt ohne weiteres 5–6 Fische von 8–10 cm Länge nacheinander), dann ist für einige Tage, wenn nicht gar für eine Woche Ruhe.

Die „Mata-Mata" sollte nach Möglichkeit nur mit ihresgleichen gehalten werden. Höchstens sehr friedliche, ruhige und ebenfalls dämmerungsaktive Schildkrötenarten kämen als Mitinsassen in Frage. Die Nachzucht ist in Gefangenschaft schon mehrfach gelungen. Voraussetzung ist, daß den doch recht groß werdenden Tieren ein Aquaterrarium mit entsprechenden Ausmaßen und etwa 80% Wasserfläche geboten wird. Der Boden des Wasserteils wird mit feinem Sand bedeckt. Für den Übergang zum Landteil sollten Zierkork oder Moorkienwurzeln verwendet werden, um jeglicher Verletzung der Tiere vorzubeugen. Auf Bepflanzung des Landteils wird man verzichten, oder die Pflanzen für die Tiere unerreichbar anbringen.

Eine Durchschnittstemperatur von 23 °C ist ausreichend. Nach Klingelhöffer frißt und verdaut sie noch bei nur 17 °C. Natürlich soll das nicht die Regel sein, doch habe ich immer wieder festgestellt, daß von sehr vielen Liebhabern die Schildkröten zu warm gehalten werden. Sie werden dadurch nur unnötig verweichlicht. Es sind nach meiner Meinung nur sehr wenige Arten, die einen wirklich hohen Wärmebedarf haben. Alles in allem ist die „Mata-Mata", wenn man von ihrer Größe absieht, ein in Gefangenschaft gut zu haltender und empfehlenswerter Pflegling.

Literatur:

HAUSMANN, P. (1964): Zucht bei der Matamata. – DATZ, **17** (12): 369–371.

– (1968): Mata mata. – Int. Turtle & Tortoise Soc. Jour., **2** (4): 18–19, 36.

HEINROTH, O. (1943): Geglückte Nachzucht der Matamata, *Chelus fimbriatus* im Berliner Aquarium. – Zool. Garten. N. F., **15:** 251–254.

PETERS, U. (1975): Die Fransen-Schildkröte. – Aquarien Magazin, **9** (5): 211.

SCHMIDT, A. (1966): Morphologische Unterschiede bei *Chelus fimbriatus* verschiedener Herkunft. – Salamandra, **2** (3): 74–78.

Gattung: Elseya GRAY

Elseya-Schildkröten

Literatur:

Elseya-Gruppe:

LEGLER, J. M. & WINOKUR, R. M. (1979): Unusual neck tubercles in an Australian turtle, *Elseya latisternum.* – Herpetologica, **35** (4): 325–329.

THIEME, U. (1984): Eine unbekannte *Elseya*? – Sauria (Berlin, **6** (3): 13–15.

TRUTNAU, L. (1982): Erfolge und Mißerfolge mit *Elseya latisternum.* – DATZ, **35** (6): 232–235.

ZEITZ, A. (1891): *Emydura latisternum.* – Transcr. R. Soc. S. Australia, **14:** 362.

Elseya dentata GRAY

Elseya-Schildkröte

(keine Unterarten)

Kennzeichen: Der flache, dunkelbraune bis fast schwarze Rückenpanzer ist hinten kräftig gesägt. Bei Jungtieren ist auf jedem Wirbel- oder Rippenschild im letzten Drittel ein dunkler oder schwarzer Punkt auf einem braunen oder olivfarbenen Carapax, der mit dem Älterwerden ganz verschwindet. Der Bauchpanzer ist normalerweise gelblich, doch ist es nicht ungewöhnlich, wenn Teile oder der gesamte Plastron schwarz sind. Die Oberseite des Kopfes ist mit einem Schild bedeckt, die Nase steht auffallend heraus. Der Hals ist bedeckt mit kleinen runden Tuberkeln, welche im Nacken bedeutend größer werden. Am Kinn sitzt ein großes Bartel. Die Gliedmaßen sind dunkelbraun. Zwischen den Zehen, die in scharfen Krallen enden, sind gut ausgebildete Schwimmhäute.

Größe: bis 30 cm.

Vorkommen: Nördliches und nordöstliches Australien.

Lebensweise: E. dentata kommt in ihrem Verbreitungsgebiet in den meisten Gewässern vor, welche ins Meer münden. Manche Exemplare sind auch im Brackwasser der Mündungen anzutreffen. Sie wird in Australien auch Schnappschildkröte genannt, da sie bei jeder Gelegenheit sofort zubeißt. Sie soll sogar den Finger eines Kindes völlig abgebissen haben.

Ihr Aussehen variiert so sehr, daß Cann die Meinung vertritt, man müsse sie eventuell in verschiedene Unterarten einteilen. Die Weibchen werden bedeutend größer als die Männchen. *E. dentata* wird kaum einmal eingeführt, ist aber in Gefangenschaft gut haltbar. Ein Freilandaufenthalt während der warmen Jahreszeit ist sehr zu empfehlen. Von Nachzucht ist nur aus Australien bekannt. Die Eier sind mit Maßen von 5,6 × 3,1 cm sehr groß im Verhältnis zu der Länge des Carapax (durchschnittlich 27 cm).

Cann berichtet, daß er einmal ein Exemplar in seiner Sammlung gehabt habe, das im Brackwasser des Raglan-River gefangen worden war, mit einer Carapax-Länge von 36,5 cm und Breite von 35,5 cm. In Freiheit frißt sie (ebenfalls nach Cann) verschiedene Wasserpflanzen und auch ins Wasser gefallene Früchte, nimmt aber genauso gerne jede Art von animalischer Nahrung zu sich.

Elseya latisternum

Breitbrust-Elseyaschildkröte
(keine Unterarten)

Kennzeichen: Der Rückenpanzer ist leuchtend orange bis braun, mit dunklen Flecken auf den Schilden. Sein Hinterrand ist deutlich gesägt. Bei juvenilen Tieren ist ein deutlicher Längskiel vorhanden, der im Alter verschwindet. Der Bauchpanzer ist gelblich und am Rand der Schilde dunkel pigmentiert. Der Kopf ist bräunlich-orange auf der Oberseite, sonst bräunlich oder oliv, desgleichen der relativ kurze Hals, der auf der Oberseite dicht mit aufrechten, spitzen Tuberkeln bedeckt ist. Die Gliedmaßen sind braun. Zwischen den mit spitzen Krallen versehenen Zehen befinden sich gut ausgebildete Schwimmhäute.

Größe: bis 28 cm.

Vorkommen: Nördliches und nordöstliches Australien.

Lebensweise: In ihrem Verbreitungsgebiet ist sie sowohl in Seen, Bächen und Sümpfen als auch in der Lagune anzutreffen. Sie kommt sogar noch in einer Höhe von 1000 m vor. Mit ihren Futteransprüchen ist sie überhaupt nicht wählerisch und nimmt alles Gebotene animalischer Herkunft an, soll aber auch pflanzliche Kost zu sich nehmen. Sie ist ein ausgesprochen haltbarer Terrarienpflegling. Die Weibchen legen ihre Gelege mit einer Anzahl von 9–17 Eiern in den Monaten September und Oktober. Über die Zeitigungsdauer ist nichts bekannt. Wie ich aus eigener Erfahrung berichten kann, sind männliche Tiere untereinander recht unverträglich, anderen Arten gegenüber aber friedlich. Leider besitze ich keine Weibchen, um über das Verhalten der Geschlechter untereinander eine Aussage machen zu können.

Elseya novaeguineae Meyer

Rückenflecken-Elseyaschildkröte
(keine Unterarten)
(Foto Seite 126)

Kennzeichen: Der flache, bei jungen Tieren braune bis hellbraune Rückenpanzer, hat einen deutlichen Längskiel, außerdem befindet sich auf jedem Wirbel- und Rippenschild ein schwarzer Fleck. Bei adulten Tieren wird der Panzer meist dunkelbraun bis fast schwarz, so daß dann die schwarzen Flecken kaum mehr sichtbar sind. Auch der Kiel ist bei ausgewachsenen Exemplaren nur mehr angedeutet oder überhaupt nicht mehr zu sehen. Der Bauchpanzer ist gelblich bis rötlich, ohne Zeichnung. Kopf und Hals sind oben dunkelgrau und unten weißlich. Außerdem befindet sich auf der Oberseite des Kopfes eine dunkle Platte. Auf der Unterseite des Kopfes befinden sich zwei Barteln. Die Gliedmaßen sind ebenfalls dunkelgrau. Zwischen den Zehen sind gut ausgebildete Schwimmhäute. Die Zehen enden in spitzen Krallen.

Größe: bis 22 cm.

Vorkommen: Neuguinea und Waigeu.

Lebensweise: *E. novaeguineae* bewohnt Seen, Teiche und Tümpel mit starkem Bewuchs, denn sie ist sehr scheu und versteckt sich gerne. Wenn sie sich zusammen mit Emyduren und Chelodinen sonnt, so ist sie immer die erste, die beim geringsten Anzeichen einer Gefahr sofort ins Wasser stürzt. Sie nimmt hauptsächlich tierische Nahrung zu sich. Meine Tiere haben noch nie etwas anderes genommen, nicht einmal Bananen.

Ich besitze ein Pärchen dieser Art. Das weibliche

Tier legt seit vier Jahren regelmäßig 5 bis 6 mal in 3–4wöchigem Abstand 7–9 Eier. Die Eier werden im Boden belassen und durch ein Drahtgitter abgesichert. Die Zeitigungsdauer beträgt rund 75 Tage. Das Schlupfergebnis liegt bei 95 %. Die Aufzucht der Jungtiere ist unproblematisch. Sie fressen an tierischer Kost eigentlich alles, Pflanzen werden verschmäht. Die geschlüpften Tiere sind bedeutend größer als etwa junge *Emydura albertisii.* Ihre starke Fluchtreaktion verlieren die Tiere auch in Gefangenschaft nicht. Entgegen anderen Berichten sind meine beiden Exemplare überhaupt nicht bissig. Auch bei Paarung und Kopulation beißt das männliche Tier nie. Dagegen beißen Schlüpflinge des öfteren Jungtiere eigener oder fremder Arten, wenn man bei der Aufzucht nicht geräumige Becken mit viel Versteckmöglichkeiten bietet. Sie sind auf jeden Fall sehr empfehlenswerte Pfleglinge für die Terrarienhaltung, werden aber im Handel selten angeboten.

Gattung: Emydura BONAPARTE
Spitzkopf-Schlangenhalsschildkröten

Literatur:
Emydura allgemein:

BEATTIE, S. (1976): Tortoise care. – Victorian Nat., **93** (2): 43–46.

LEGLER, J. M. (1978): Feeding habits of some Australian shortnecked tortoises. – Victorian Nat., **93** (2): 40–43.

THIEME, U. (1983): Halswenderschildkröten Teil 3: – Aquarien Terrarien, **30** (12): 412–414.

Emydura albertisii BOULENGER
Rotbauchige Spitzkopfschildkröte
(keine Unterarten)
(Foto Seite 126)

Kennzeichen: Der dunkelbraune bis schwarze Rückenpanzer ist flach und nicht gesägt. Bei frisch geschlüpften Tieren ist er meistens ganz schwarz, mit einem rötlichen bis roten Band am äußeren Rand. Der Bauchpanzer einschließlich der Brücke ist bei Babys rot, mit einer grauen Figur in der Mitte. Bei halberwachsenen Tieren oder adulten Weibchen verblaßt er und wird rötlich-gelb oder blaßorange. Bei männlichen Exemplaren färbt er sich kurz vor oder bei Erreichen der Geschlechtsreife leuchtend rot und auch der äußere Rand des Carapax wird wieder rot. Lediglich in der Mitte wird der Plastron etwas blasser. Manchmal bleibt auch ein unregelmäßiges Band längs der Brücke hellgrau, mit ein paar roten Sprenkeln. Die dreieckige Kopfoberseite ist schwarz. Die daran anschließende Oberseite des ebenfalls schwarzen Halses ist dicht besetzt mit kleinen, spitzen Tuberkeln. Hinter der Schläfe beginnend und über das Auge zur Schnauzenspitze vorlaufend, befinden sich zwei breite, gelbe Streifen. Der Unterkiefer trägt ein etwa hufeisenförmiges, satt-rotes Band. Die beiden kleinen Barteln sind meist auch rötlich oder rot gefärbt. Die Unterseite des Halses und die Gliedmaßen sowie der Schwanz sind dunkelgrau mit einzelnen verstreuten Rotzeichnungen (Punkte oder Striche, mal angedeutet, mal stärker). An den kräftigen Beinen sitzen zwischen den Zehen gut ausgebildete Schwimmhäute und außen überaus kräftige und scharfe Krallen.

Größe: bis 24 cm.

Vorkommen: Neuguinea.

Lebensweise: In ihrer Heimat bewohnt sie Seen, Teiche und sonstige Gewässer. Sie ist eine sehr lebhafte Schildkröte, welche aber eine gewisse Scheu auch in Gefangenschaft niemals ablegt. Vor allem die Männchen und die Jungtiere bieten einen prachtvollen Anblick mit den schwarz-rot-gelben Zeichnungen. Sie ist eine der am besten geeigneten Schildkröten zur Pflege in Gefangenschaft. Außerdem ist sie überhaupt nicht wählerisch in ihren Futteransprüchen, doch die in der Literatur aufgestellte Behauptung, daß Emyduren gern auch pflanzliche Nahrung aufnähmen, ist meiner Meinung nach falsch. Alle Arten von *Emydura*, welche ich gepflegt und gefüttert habe, lebten fast ausschließlich carnivor, von den ganz seltenen Fällen abgesehen, wo sie vor allem wohl aus Futterneid einmal ein Stückchen Banane nahmen. Salat, Löwenzahn und ähnliches wurde nach meinen Beobachtungen niemals genommen. Meine *E. albertisii*, aber auch die anderen Arten, leben von getrockneten Garnelen als Grund- und Ballastfutter. Dann bekommen sie jeweils einmal in der Woche Rinderherz und Fisch, sowie nebenbei alles was anfällt, wie Nacktschnecken, Gehäuseschnecken (kleine), Regenwürmer, Engerlinge, große argentinische Schaben (welche ich selbst züchte) und andere Arten von Insekten.

Die Temperaturansprüche sind nicht so hoch, etwa 22 °C sind ausreichend. Sie eignen sich daher auch sehr für eine Haltung im Freilandteich, von Mai bis September oder Anfang Oktober, je nach der Wetterlage im Herbst. Wenn im Teich, trotz Zusatzheizung, eine Tagestemperatur von über 20 °C nicht mehr erreicht wird und nachts das Wasser nur noch eine Temperatur von 17 °C mißt, wird es Zeit, die Tiere ins Haus, ins große Aqua-Terrarium zu bringen.

Von meinen beiden geschlechtsreifen Weibchen erhalte ich schon seit vielen Jahren regelmäßig Nachwuchs. Sie beginnen mit der Legetätigkeit im Oktober (oft wenige Tage nach der Beendigung des Freilandaufenthaltes). Die letzte Eiablage findet Ende Februar oder Anfang März statt. Jedes Weibchen legt normalerweise fünfmal. Es wird nicht immer der gleiche Platz aufgesucht. Aufgrund dessen beträgt die Zeitigungsdauer der einzelnen Gelege zwischen 49 und 68 Tagen. Ursache hierfür sind die sehr unterschiedlichen Temperaturen im Boden des Landteils (25 bis 31 °C). Die Größe der Eier beträgt im Durchschnitt 32 × 20 mm. Die Anzahl der Jungtiere schwankt zwischen 6 und 10 pro Schlupf. Sie haben ein Durchschnittsgewicht von 4 g (nach der Geburt), eine durchschnittliche Länge des Carapax von 28 mm und eine durchschnittliche Breite von 24 mm. Der Dottersack ist nur manchmal, bei einigen wenigen Tieren, in der Größe einer Linse vorhanden. Dieser verschwindet aber in spätestens einer Woche, meist aber nach 2 bis 3 Tagen. Die Schlupfrate beträgt normalerweise zwischen 85 und 100 %. Die Eier werden im Boden belassen (Sand-Torf-Erde-Gemisch) und durch Drahtgitter abgesichert. Die Schlupfquoten sind bei mir in diesem Fall bedeutend höher als bei Umbettung in einen Brutapparat.

Die Jungen erhalten möglichst abwechslungsreiches Futter mit Tubifex, Mückenlarven, Wiesenplankton, Fertigfutter-Pellets, geschabtem Rinderherz und feinzerstoßenen Garnelen. Die Tiere nehmen meist nach 3 bis 4 Tagen Futter an.

Nach dem Schlupf kommen sie zur Säuberung für etwa eine halbe Stunde in ein kleines Becken mit etwa 6 cm Wasserstand. Danach werden sie in ein größeres Aquarium, (mit etwa 100 l Fassungsvermögen) mit Korkinsel und etwa 30 cm Wassertiefe umgesetzt. Durch die Wassertiefe sind die Jungtiere gezwungen, viel zu schwimmen, was die Muskelbildung fördert, den Appetit anregt und zur Gesunderhaltung und normalem Wachstum beiträgt. Für alle Jungtiere aquatil lebender Schildkröten, die Schwimmhäute besitzen, ist dies kein Problem. Die oft für Jungtiere empfohlene Richtlinie: Wassertiefe = Breite des Carapax, halte ich für falsch. Aufgrund der Wassertiefe ist in meinem Aquarium noch nie eine kleine Schildkröte ertrunken. Es ist im Einzelfall schon vorgekommen, daß sich ein Tier festgeklemmt hatte und dadurch am Luftholen gehindert wurde. Die Erfahrung lehrt dann, solche Gefahrenquellen bei der Einrichtung des Aquariums zu vermeiden.

Bis zu einer Carapax-Länge von 8–10 cm wachsen die Jungtiere sehr schnell, dann verlangsamt sich das Wachstum. Nach 6–7 Jahren sind die Tiere geschlechtsreif, was nach meiner Meinung durch einen zeitweiligen Freilandaufenthalt beschleunigt wird. Wenn ich so ausführlich auf die Art *E. albertisii* eingegangen bin, so geschah es deshalb, weil die gleichen Haltungs- und Aufzuchtbedingungen auch für alle anderen Arten der Gattung *Emydura* gelten.

Literatur:

Anon. (1980): Frisch geschlüpft: Groß wie ein Groschen. – Der Zoofreund (Hannover), Nr. **36:** 19.

PODLOUCKY, R. (1984): Bemerkungen zur Biologie, Haltung und Zucht der Rotbäuchigen Spitzkopfschildkröte *(Emydura albertisii)* aus Neuguinea. – herpetofauna, **6** (30): 6–13.

Emydura australis GRAY

Australische Spitzkopfschildkröte
(keine Unterarten)

Kennzeichen: Bei Jungtieren ist der Rückenpanzer von einem hellen Braun, mit einem Längskiel versehen und an der hinteren Hälfte leicht gesägt. Bei adulten Tieren verschwinden Längskiel sowie Sägung am Hinterrand und die Färbung wird dunkelbraun bis oliv. Der Bauchpanzer ist hellgrau mit rötlichem Einschlag. Der dunkelbraune Kopf hat einen seitlichen rötlichgelben Schläfenstreifen, auch die Schnauzenspitze ist rotgelb. Vom Mundwinkel ausgehend, läuft parallel zum Schläfenstreifen ein verschwommener, ebenfalls rötlich-gelber Streifen nach hinten. Auf dem braunen Hals befindet sich eine rote, etwas erhabene Punktzeichnung. Die Gliedmaßen sind bräunlich und haben Schwimmhäute zwischen und scharfe Krallen außen an den Zehen.

Größe: bis 25 cm.

Vorkommen: Nordwestliches Australien.

Lebensweise: Sie bewohnt langsamfließende Gewässer, Teiche und Seen. Im Verhalten und ihrer Lebensweise gleicht sie der vorbesprochenen *E. albertisii* weitgehend. Sie wurde bis jetzt so gut wie nie eingeführt. Deshalb fehlen auch jegliche Berichte über Terrarienhaltung und Nachzucht. Doch dürfte sie sich in Gefangenschaft kaum anders verhalten. Ihre Temperaturansprüche liegen im Durchschnitt bei 24 °C. Wie Cann berichtet, variiert sie in Färbung und Zeichnung sehr. Es wäre seiner Meinung nach zu begrüßen, wenn hier einmal eine Überprüfung und eventuelle Aufteilung in Unterarten erfolgen würde.

Literatur:

COVENTRY, A.J. & TANNER,C. (1973): Notes on the shortnecked tortoise *Emydura australis* GRAY and *Elseya dentata* GRAY in the Victoria river system, Northern Territory. – Victorian Nat., **90** (12): 351–353.

Emydura branderhorsti OUVENS

Grüne Spitzkopfschildkröte
(keine Unterarten)
(Foto Seite 143)

Größe: bis 38 cm.

Vorkommen: Südliches Neuguinea.

Anmerkung: Diese äußerst seltene Schildkröte wird meines Wissens nur von einem Liebhaber in Europa gehalten. In der Literatur ist so gut wie nichts über sie erwähnt.

Emydura krefftii GRAY

Krefft-Spitzkopfschildkröte
(keine Unterarten)

Kennzeichen: Diese Schildkröte gleicht im Aussehen wiederum sehr *Emydura albertisii* doch hat sie keinerlei Rotfärbung. Der Carapax ist flach und kann olivbraun, braun bis dunkelbraun, ja sogar schwarz sein. Der Bauchpanzer ist gelblich. Der dunkelbraune Kopf hat hinter dem Auge beginnend einen gelben oder blaß-graugrünen, breiten Schläfenstreifen, welcher am Ohr endet. Die untere Kopfhälfte, einschließlich der Kehle, ist hell gefärbt. Im Nacken befinden sich zahlreiche kleine, runde Wärzchen. Die Gliedmaßen sind dunkelbraun und recht kräftig, mit gut ausgebildeten Schwimmhäuten zwischen den Zehen. Außen sitzen sehr spitze Krallen.

Größe: bis 25 cm.

Vorkommen: Neuguinea und nordöstliches Australien.

Lebensweise: Sie bewohnt in etwa das gleiche Biotop wie die vorbesprochenen Arten. Sie ist, vor allem früher, öfter eingeführt worden, wird aber doch recht selten in Gefangenschaft gepflegt. Sie ist auch schon nachgezüchtet worden, allerdings fehlen mir nähere Angaben darüber. Im übrigen ist sie sehr ausdauernd, nicht sehr wärmebedürftig, also auch gut für eine Freilandhaltung während der warmen Jahreszeit geeignet. Meine Tiere fressen fast ausschließlich tierische Nahrung, nur bei Bananen können sie nicht widerstehen. Auch die Pellets von Hundefertigfutter (wie beispielsweise von Latz oder Frolic) werden gerne genommen. Natürlich auch Fisch und getrocknete Garnelen. Leider habe ich selbst noch keine Nachzucht erhalten.

E. krefftii ist auf jeden Fall ein sehr empfehlenswerter Pflegling.

Literatur:

Georges, A. (1982): Diet of the Australian freshwater turtle, *Emydura krefftii* (Chelonia: Chelidae), in an unproductive lentic envirinment. – Copeia, **1982** (2): 331–336.

Nöllert, A. (1982): *Emydura krefftii* – Krefft's Spitzkopfschildkröte. – Elaphe, **1982** (1): Umschlagrückseite.

Emydura macquarrii Gray

Breitrand-Spitzkopfschildkröte
(Foto Seite 126)

Unterart (Nominatform):
Emydura macquarrii macquarrii

Kennzeichen: Der flache, braune bis olivbraune Rückenpanzer ist nicht gesägt. Der Bauchpanzer ist fahlgelb mit einzelnen großen, ins Graugrüne gehenden Zonen. Kopf, Hals und Gliedmaßen sind auf der Oberseite einheitlich schiefergrau, unten einfarbig hellgrau. An der Kopfseite verläuft, im Mundwinkel beginnend, ein zuerst breiter, dann schmaler werdender gelber bis weißer Streifen nach hinten und endet, langsam verschwindend, etwa in der Mitte des ausgestreckten Halses. Die Gliedmaßen sind kräftig, mit großen Schwimmhäuten und großen, scharfen Krallen. Jungtiere haben einen helloliven bis hellbraunen Rückenpanzer mit einem deutlichen Längskiel. Die Wirbelschilde, normalerweise 5 (eines meiner Jungtiere hatte 6) haben leichte Höcker. Auf jedem Rippenschild ist in der Mitte des Hinterrandes jeweils ein nach hinten gerichteter schwacher Dorn. Die hintere Carapax-Hälfte ist leicht gesägt. All dies sind Jugenderscheinungen, welche im Alter völlig verschwinden.

Größe: bis 27 cm.

Vorkommen: Neuguinea und Australien.

Lebensweise: Anzutreffen ist sie vor allem in den kleineren, flacheren Flußsystemen ihrer Heimat. Sie stellt die gleichen Ansprüche in Bezug auf Ernährung, Temperatur usw. wie *Emydura albertisii.* Ich halte schon seit vielen Jahren beide Arten zusammen und zwar problemlos, da beide sehr verträglich sind. Ich habe bei den Emyduren noch niemals Beißereien untereinander beobachtet. Es kann lediglich einmal während der Fütterung geschehen, daß beim Zuschnappen nach einem Futterbrocken ein Teil eines Fußes des Nachbarn gepackt wird. Dies führt aber eigentlich nie zu einer Verletzung. Auch entsteht deswegen keine Beißerei, wie dies bei anderen Gattungen z. B. *Kinosternon* oder gar *Chelydra* der Fall wäre.

Von *E. macquarrii macquarrii* habe ich auch schon verschiedentlich Nachzucht bekommen. Meist legt das Weibchen zweimal, in Zeitabständen von einigen Wochen 6 bis 10 Eier, welche durchschnittlich 55 bis 60 Tage bis zum Schlüpfen benötigen. Die Aufzucht ist problemlos und wird, wie bei *E. albertisii* beschrieben, gehandhabt. Die Jungtiere wachsen allerdings sehr langsam.

Leider wird sie nur noch selten angeboten und hat einen entsprechend hohen Preis. Krefft nennt sie ein „Wunder an Härte“, da sie noch bei 7 °C frißt. Das habe ich allerdings noch nicht ausprobiert, doch meinen Tieren machten Wetterstürze, die die Temperatur im Teich (trotz eingeschalteter Zusatzheizung) auf 17 °C sinken ließen, überhaupt nichts aus. Auch bei jahrelanger Gefangenschaft verliert *E. m. macquarrii* eine gewisse Scheu nie ganz und sobald sie im Frühjahr in den Freilandteich kommt, verhält sie sich wieder wie ein Wildtier.

Literatur:

PETZOLD, H. G. (1982): AT-Terrarienlexikon: *Emydura macquarrii* GRAY, 1831 – Australische Kurzhalsschildkröte oder Breitrand-Spitzkopfschildkröte. **29** (2): (Umschlagrückseite).

THOMPSON, M. B. (1979): Tortoise egg predation at Lake Bonney, South Australia. – Herpetofauna (Sydney), **11** (1): 25–26.

Unterart:
Emydura macquarrii signata

Größe: bis 25 cm.
Vorkommen: Östliches Australien.

Emydura subglobosa KREFFT
Rundliche Spitzkopfschildkröte
(keine Unterarten)

Größe: bis 26 cm.
Vorkommen: Neuguinea und nach neuesten Erkenntnissen Cann auch auf der Halbinsel York in Australien.
Anmerkung: Eine weitere Beschreibung erübrigt sich, da diese Art meiner Meinung nach mit *Emydura albertisii* identisch ist. Wenn man vergleicht, wie Cann sie in seinem Buch „Tortoises of Australia“ beschrieben hat, ergibt sich überhaupt kein Unterschied zu *E. albertisii.* Die farbigen Abbildungen bekräftigen diese These. Vergleicht man in Wermuth/Mertens die Zeichnungen beider Arten, so besteht der einzige Unterschied darin, daß das Nackenschild bei *E. albertisii* etwas länger ist. Solche kleinen Unterschiede kommen aber oft bei Schildkröten der gleichen Art vor.
Zu den *Emydura* möchte ich abschließend noch folgendes feststellen: Es gibt meines Wissens nirgends so viele nicht bestimmte Arten wie bei dieser Gattung. Wenn man bei Cann liest, wie er all diese „Unbekannten“ mit *Emydura* species Nr. 1 bis 4 bezeichnet bzw. einfach als unbekannte Art aufführt, so erscheint es dringend erforderlich, hier einmal eine generelle Neuordnung durchzuführen. Vermutlich mag es sich bei manchen dieser Spezies auch um Hybriden handeln, doch sicherlich nicht bei allen.

Gattung: Hydromedusa WAGLER
Südamerikanische Schlangenhalsschildkröten

Literatur:
Hydromedusa allgemein:

KREFFT, P. (1903): Schlangenhalsschildkröten. – Blätter Aquar. Terr. Kde., **14** (13): 171–174.

MÜLLER, P. (1968): Zur Verbreitung der Gattung *Hydromedusa* (Testudines, Chelidae) auf den südostbrasilianischen Inseln. – Salamandra, **4** (1): 10–15.

Hydromedusa maximiliani MIKAN
Brasilianische Schlangenhalsschildkröte
(keine Unterarten)

Kennzeichen: Der flache Rückenpanzer ist dunkelbraun und im Alter glatt. In der Jugend ist er mehr gelb getönt, die Rückenschilde sind aufgeworfen und längs der Mitte gekielt. Die Farbe des Bauchpanzers soll nach Paul Müller vom Algenbewuchs abhängig sein und von gelblichweiß über gelbbraun bis dunkelbraun variieren. Wobei dort, wo Algenbewuchs auftritt, die dunklere Färbung erscheint. Die Oberseite von Kopf, Hals und Gliedmaßen ist dunkelgrau (Jungtiere mehr hellgrau), während die Unterseite der Extremitäten eine weißliche Färbung aufweist. Auffällig ist eine sehr deutliche Ausbildung der Mundwinkelfalten.

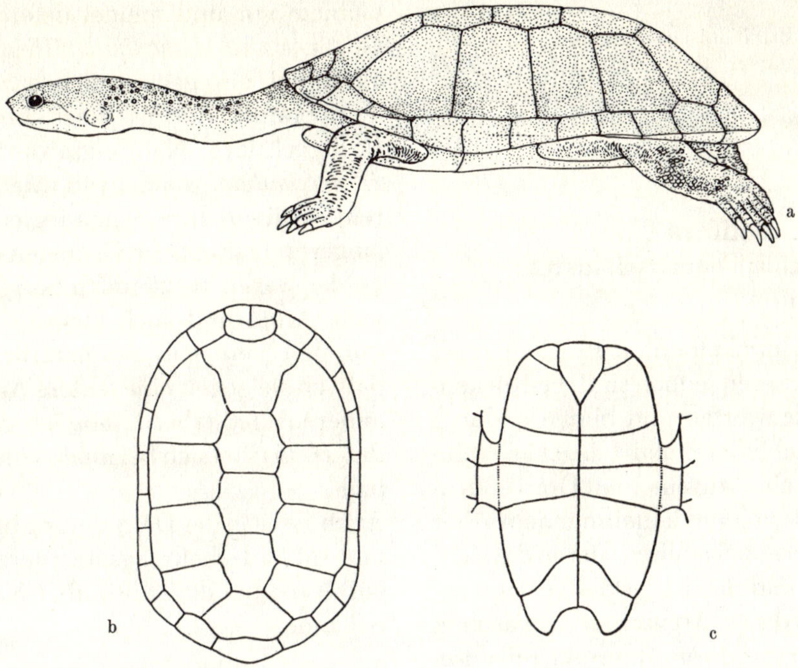

Abb. 28: Brasilianische Schlangenhalsschildkröte (Hydromedusa maximiliana). Zeichnung: E. Bobbe aus Wermuth/ Mertens: Schildkröten-Krokodile-Brückenechsen.

Zwischen den jeweils 4 Zehen der Vorder- und Hintergliedmaßen befinden sich gut ausgebildete Schwimmhäute. Außen sitzen spitze Krallen. Die Geschlechter lassen sich an der Form des Rückenpanzers, besonders aber an der des Bauchpanzers erkennen. Weibchen haben durchweg ein schmaleres Plastron als Männchen, beim Carapax ist es weniger deutlich.
Größe: bis 22 cm.
Vorkommen: Östliches Südamerika.
Lebensweise: Diese Schlangenhalsschildkröte ist meist in größeren und kleineren Gewässern des Regenwaldes anzutreffen. Sie lebt dort fast völlig aquatil und ernährt sich von Fischen, Krebsarten und Wasserinsekten. Pflanzliche Nahrung verzehrt sie kaum. Im Aquaterrarium mit kleinem Landteil läßt sie sich, da sie ja nicht allzu groß wird, ohne weiteres halten. Sie wird allerdings selten eingeführt. *H. maximiliani* ist vor allem dämmerungs- und nachtaktiv und verbringt den Tag versteckt. Daher sollte man im Aquaterrarium unter Wasser eine **leicht** zugängliche Höhle ohne Winkel, Ecken und irgendwelche Vorsprünge als Versteck anbieten. Ich habe auf diese Weise eine Schildkröte verloren, die den Ausgang aus der Höhle nicht mehr fand und gleich in der ersten Nacht ertrank; „leicht zugänglich" bedeutet in diesem Fall auch leichtes Verlassen der Höhle. Die Verträglichkeit wird sehr unterschiedlich geschildert. Es gibt anscheinend sehr bissige und sehr friedliche Exemplare. Man sollte auf jeden Fall darauf achten, daß nicht Tiere dieser Art von sehr unterschiedlicher Größe zusammen gehalten werden.
Über Nachzucht in Gefangenschaft ist mir nichts bekannt, sie dürfte aber sicher im Bereich des Möglichen liegen. Ihr Temperaturbedürfnis ist hoch, es liegt im Durchschnitt bei 26 °C.

Literatur:
Krefft, P. (1903): Brasilianische Schlangenhalsschildkröten. – Blätter Aquar. Terr. Kde., **14** (18/19): 247–249, 257–259.
Mlynarski, M. (1959): Brasilianische Schlangenhalsschildkröte. – Aquarien und Terrarien, **6** (12): 334–336.

Hydromedusa tectifera Cope

Argentinische Schlangenhalsschildkröte
(keine Unterarten)

Kennzeichen: Der dunkelbraune Rückenpanzer ist flach. Bei Jungtieren jedoch sind die Rückenschilde stark aufgeworfen und bilden dadurch bei den Wirbelschilden einen Längskiel, während die Rippenschilde in einer Art Dorn enden. Dies alles verliert sich mit zunehmendem Alter immer mehr, so daß bei adulten Tieren die Rükkenschilde glatt und der Längskiel verschwunden ist. Auch bei dieser Art variiert die Färbung des Plastrons sehr stark, vom Rotbraun mit unregelmäßigen dunkelbraunen Flecken über gelblich mit braunen bis hellbraunen Flecken bis zu gelblich, welches sich der Mittelnaht zu verdunkelt und in der Mitte beinahe schwarzbraun ist. Auch hier haben die weiblichen Tiere auffallend schmalere Plastron als die Männchen. Kopf und Gliedmaßen sind dunkelgrau oder graubraun. Kopf und Hals haben ein hellgelbes bis orangefarbenes breites Längsband, welches an der Schnauzenspitze beginnend, sich beiderseits waagrecht nach hinten zieht und manchmal auch dunkel gerandet sein kann. Der Hals ist von mittelgroßen Warzen bedeckt. Die Unterseite der Extremitäten ist weißlich. An den relativ kurzen Beinen sind zwischen den Zehen gut ausgebildete Schwimmhäute und an den Enden scharfe Krallen.

Größe: bis 25 cm.

Vorkommen: Südöstliches Südamerika, vor allem Paraguay, SO-Brasilien, Uruguay und Argentinien.

Lebensweise: Sie kommt meist in flacheren Tümpeln, Teichen oder Seen innerhalb sumpfiger Gebiete vor und meidet tiefere Gewässer. Im Gegensatz zu *H. maximiliani* legt sie etwas mehr Wert auf ein gelegentliches Sonnenbad. Ihr Temperaturbedürfnis liegt bei etwa 25 °C. Bezüglich ihrer Nahrungsansprüche gleicht sie *H. maximiliani* weitgehend. Meine Tiere lebten rein carnivor. Ihre Scheu legten sie auch nach längerer Haltung in Gefangenschaft nicht ab. Leider waren sie ziemlich bissig, und da ich ja viele Arten und auch kleinere Exemplare zusammen halte, gab dies natürlich Probleme, so daß ich sie gegen eine andere Art tauschte. Von anderen Liebhabern habe ich dagegen gehört, daß *H. tectifera* sich bei ihnen völlig friedlich verhielt.

Auch sie ist in der Dämmerung bzw. nachts aktiv und sucht deshalb tagsüber gerne ein Versteck auf. Auch bei ihr ist mir über Nachzucht nichts bekannt.

Literatur:
Benefield, J. (1979): Hatching the Argentine snake-necked turtle *Hydromedusa tectifera*. – International Zoo Yearbook, Nr. **19:** 55–58.
Krefft, P. (1903): Die argentinische Schlangenhalsschildkröte. – Blätter Aquar. Terr. Kde., **14** (16/17): 218–220, 228–230.

Gattung: Phrynops Wagler

Krötenkopfschildkröten

Hierzu ist vorauszuschicken, daß heute der Gattung *Phrynops* auch die früher selbständigen Gattungen *Mesoclemmys* und *Batrachemys* zugeordnet werden.

Literatur:
Phrynops allgemein:

Medem, F. (1976): Recomendaciones respecto a contar el escamado y tornar las dimensiones de nidos, huevos, y ejemplares de los Crocodylia y Testudines. – Lozania (Bogota), **20** (1): 1–17.
Mertens, R. (1967): Bemerkenswerte Süßwasserschildkröte aus Brasilien. – Senckenbergiana biol., **48** (1): 71–82.

Phrynops geoffroanus SCHWEIGGER

Dunkle Krötenkopfschildkröte

Unterart (Nominatform):

Phrynops geoffroanus geoffroanus

SCHWEIGGER

Kennzeichen: Der flache, dunkelbraune Rückenpanzer hat am äußersten Rand einen dünnen orangegelben Streifen. Bei Jungtieren hat er einen Längskiel und ist schwarz und graugrün gesprenkelt, mit einer rötlichen Markierung am äußersten Rand eines jeden Marginal-Schildes. Der Bauchpanzer ist bei adulten Tieren gelbrötlich mit unregelmäßigen schwarzen Punkten. Bei den Babys dagegen rot mit vielen scharf abgegrenzten schwarzen Strich- und Schnörkelzeichnungen. Der relativ flache Kopf ist bei den Jungtieren seitlich und an der Unterseite gelblich und ebenfalls mit schwarzen Linien und Flecken gezeichnet. Diese auffällige Zeichnung und Färbung verliert sich aber mit dem Älterwerden der Tiere. Kopf, Hals und Gliedmaßen färben sich einheitlich schwarzbraun bis dunkeloliv. Lediglich die gelbweiße breite Streifenzeichnung, welche von der Schnauze beginnend, unter den Augen schmäler werdend, sich dann wieder verbreiternd bis zum „Ohr“ nach hinten führt, bleibt erhalten. Die Gliedmaßen sind kräftig. Schwimmhäute sind vorhanden.

Größe: bis 35 cm.

Vorkommen: Mittleres und südliches Südamerika.

Lebensweise: Sie bewohnt in ihrem Verbreitungsgebiet (Mittel-und Südbrasilien sowie Paraguay) meist größere, oft auch schnell fließende Gewässer. Sie ist nach meinen Erfahrungen rein carnivor. Meine Tiere nahmen niemals etwas Pflanzliches an, nicht einmal Bananenscheiben, welche von vielen anderen carnivor lebenden Arten oft als einzige pflanzliche Kost genommen werden.

Sie leben tagsüber meist versteckt und werden – außer wenn es etwas zu fressen gibt – erst abends aktiv.

Aufgrund meiner Erfahrungen würde ich vorschlagen, sie möglichst nur paarweise (in gleicher Größe) oder ein Männchen auf zwei Weibchen zu halten. Meine Exemplare waren sehr bissig und vor allem bei der Fütterung für kleinere Schildkröten gefährlich. Schnappt die *Phrynops* nach einem Futterbrocken, den zufällig eine kleinere Schildkröte schon erbeutet hat, so besteht die Gefahr, daß dabei ein Teil vom Kopf der anderen Schildkröte mitgefaßt und mit Sicherheit mehr oder weniger schwer verletzt wird.

Die Eier, die ein Weibchen bei mir gelegt hat, waren völlig rund und hatten die Größe von Tischtennisbällen. Leider waren sie unbefruchtet. Anscheinend war das männliche Tier noch zu jung. Kopulationsversuche konnte ich zwar beobachten, jedoch keine echte Vereinigung. Wegen ihrer Bissigkeit habe ich die Tiere dann weitergegeben. Von anderen Liebhabern habe ich wiederum gehört, daß ihre *Phrynops* überhaupt nicht bissig waren. Vermutlich wird es hier bestimmte Sympathien und Antipathien geben. Dies habe ich auch schon bei anderen Arten erlebt, die nur gegen die eigene oder bestimmte fremde Arten aggressiv wurden.

Ihre Temperaturansprüche liegen bei durchschnittlich 25 °C. Freilandhaltung im Sommer ist zu empfehlen. Sie ist in Gefangenschaft schon nachgezüchtet worden, es sei dazu auf den Bericht von Wicker (1984) in der Salamandra hingewiesen.

Literatur:

KARDON, A. (1981): Captive reproduction in Geoffroy's side necked turtle. – International Zoo Yearbook, Nr. **21:** 71–72.

WICKER, R. (1984): Beobachtungen bei mehrjähriger Zucht von *Phrynops geoffroanus* SCHWEIGGER, 1812. – Salamandra, **20** (4): 185–191.

Unterart:
Phrynops geoffroanus tuberosus Peters
Stachelige Krötenkopfschildkröte

Größe: bis 25 cm.
Vorkommen: Nördliches und östliches Südamerika (Britisch Guayana und Ostbrasilien).
Kurzbeschreibung: Sie unterscheidet sich von der Nominatform dadurch, daß sie **drei** Längskiele hat und auf ihrem Hals sowie der Hinterseite des Rumpfes hohe, stachelige Warzen stehen, welche der Unterart den Namen gaben. Sonstige Lebensweise und Haltung wie Nominatform.

Phrynops (Mesoclemmys) gibbus

Schweigger
Buckelschildkröte
(keine Unterarten)

Kennzeichen: Der flache Rückenpanzer ist dunkelbraun bis schwarz. Er hat einen ausgeprägten Längskiel, welcher sich bei sehr alten Exemplaren verliert. Der Bauchpanzer ist dunkelbraun bis schwärzlich, mit einem gelblichen Rand. Hinten ist er tief eingeschnitten. Die Kehlschilde sind gelblich, das Zwischenkehlschild dunkel. Die Brücke und die Unterseite der Randschilde sind ebenfalls gelblich. Der kurze, breite Kopf ist oberseits und seitlich bis zur Höhe des Unterkieferrandes gelb und braun marmoriert, wobei die letztere Farbe überwiegt. Die Kehle ist gelb, mit verstreuten wenigen kleinen dunklen Fleckchen und vorn mit zwei Kinnbarteln. Am dunkelgrauen Hals sitzen oben und seitlich zahlreiche kleine Warzen. Der Schwanz ist sehr kurz. Die Gliedmaßen sind oberhalb dunkelgrau bis schwarz, auf der Unterseite heller. Sie sind kräftig, mit gut ausgebildeten Schwimmhäuten zwischen den Zehen und enden in starken und spitzen Krallen.
Größe: bis 23 cm.
Vorkommen: Nordöstliches und mittleres Südamerika (Trinidad, Guayana, Nord- und Mittelbrasilien).
Lebensweise: Sie ist in ihrem Verbreitungsgebiet sowohl in schlammigen Tümpeln und Teichen als auch in kleinen Waldflüssen, Schwarzwasserbächen oder in Flüssen mit verschlammtem Grund anzutreffen. Sie lebt völlig aquatil und verläßt das Wasser nur zur Eiablage. Tagsüber bleibt sie meist versteckt und ist vor allem in der Dämmerung und nachts aktiv. Sie kommt nur äußerst selten in den Tierhandel, daher ist auch über ihr Verhalten in der Gefangenschaft nicht viel bekannt. Über die Eiablage eines kurz zuvor gefangenen weiblichen Tieres berichtet Medem. Es handelt sich allerdings hierbei um keine echte Nachzucht in Gefangenschaft, da die Kopulation noch in Freiheit stattgefunden hatte. Im anderen Fall waren die Eier vorher gefunden worden.
Ein von mir gehaltenes weibliches Exemplar war in der Haltung völlig unproblematisch. Es nahm allerdings nur tierische Nahrung, war sehr scheu und im Freilandteich beinahe überhaupt nicht zu sehen. Da es mir nicht gelang, einen männlichen Partner zu finden, habe ich das Tier mit einem anderen Liebhaber getauscht.

Literatur:
Kanberg, H. (1926): *Mesoclemmys gibba*, eine seltene brasilianische Schlangenhalsschildkröte. – Mitt. Zool. Mus. Berlin, **12** (2): 335–338.
– (1937): Die brasilianische Kielschildkröte *(Mesoclemmys gibba)*. – Das Aquarium (Berlin), **11**: 159–160.
Medem, F. (1973): Beiträge zur Kenntnis über die Fortpflanzung der Buckelschildkröte, *Phrynops (Mesoclemmys) gibbus*. – Salamandra, **9** (3/4): 91–98.

Phrynops hilarii Dumeril & Bibron

Hellrandige Krötenkopfschildkröte
(keine Unterarten)

Kennzeichen: Der flache, nur in der Jugend mit einem hellen Längskiel versehene Rückenpanzer ist dunkelgrau bis schwarz. Um seinen äußersten Rand zieht sich eine helle, gelbrötliche schmale Einfassung. Der Bauchpanzer einschließlich der Brücke und dem unteren Rand der Marginalia ist rötlich-gelb mit zahlreichen unregelmäßigen, mittelgroßen, schwarzen Flekken. Kopf, Hals und Gliedmaßen sind nur auf der Oberseite dunkelgrau. Die Unterseite und die Weichteile sind weißlich mit zahlreichen unregelmäßig verstreuten, kleinen und großen schwarzen Flecken, teilweise auch Strichen. Auf der Unterseite des sehr breiten Kopfes sitzen zwei größere helle Kinnbarteln. Ein tiefschwarzes, schmales Band verläuft jeweils von der Schnauzenspitze durch das Auge waagrecht entlang des Halses nach hinten und trennt die dunkle Oberseite von der hellen Unterseite. Die Gliedmaßen sind kräftig. Auch bei ihr sind gut ausgebildete Schwimmhäute und kräftige Krallen vorhanden.

Größe: bis 40 cm.

Vorkommen: Südöstliches Südamerika, vor allem südlichstes Brasilien, Uruguay und Argentinien.

Lebensweise: In ihren Ansprüchen an Temperatur, Futter und Haltung gleicht sie der vorher beschriebenen Art *P. geoffroanus.* Sie wurde auch schon manchmal von Händlern angeboten, aber doch relativ selten. Viele Exemplare sind ebenfalls bissig, was bei der Haltung bezüglich der Mitinsassen beachtet werden muß. Über Nachzucht in Gefangenschaft ist mir nichts bekannt, sie dürfte sicher aber schon geglückt sein. Voraussetzung ist allerdings eine entsprechend große Anlage, denn als größte der *Phrynops*-Arten benötigt sie ausreichend Platz.

Literatur:

FREIBERG, M. A. (1970): Specific value of *Phrynops hilarii* D & B. Rev. Mus. Argent. Sci. Natur. (Zool.), **10** (13): 189–197.

LÜLING, K. H. (1975): Wissenschaftliche Ergebnisse der Argentinien-Südbrasilien Expedition Dr. K. H. Lüling 1970/71: Die Krötenkopfschildkröte *Phrynops geoffroanus hilarii* in ihrem Lebensraum am unteren Rio Parana in der Nähe der argentinischen Stadt Santa Fe. Beobachtungen zur Niedrigwasserzeit. – Zool. Anzeiger, **195** (3/4): 171–185.

– (1984): Auf der Suche nach der Krötenkopf-Schildkröte *Phrynops geoffroanus hilarii.* – herpetofauna, **6** (31): 12–14.

Phrynops hogei MERTENS

(keine Unterarten)

Kennzeichen: Der schmale, niedere und ungekielte Rückenpanzer ist dunkelbraun. Von oben betrachtet ist er oval. Das erste Wirbelschild ist sehr lang, das zweite fast um ein Viertel kleiner und etwas nach innen gewölbt. Das Plastron ist gelb-beige, mit dunklen Einlagerungen entlang den Seiten, der Brücke und der Unterseite der Randschilde und es ist vorn breiter als hinten. Die Mittelnaht zwischen den Bauchschilden ist doppelt so lang als die der Arm- und Afterschilde. Der Kopf ist im Verhältnis zu anderen *Phrynops*- Arten klein, mit glatter Haut und nur in der Schläfenregion geschuppt. Die Oberseite des Kopfes ist mehr oder weniger dreieckig, mit einer ziemlich spitzen Schnauze. Die Barteln am Kinn sind sehr klein.

Größe: bis 35 cm.

Vorkommen: Südliches Brasilien.

Lebensweise: Phrynops hogei ist auch heute noch weitgehend unbekannt. Mertens hat sie erstmals 1967 beschrieben, als ein weibliches Tier von 34 cm Länge, vom Rio Pequena nahe bei Sao Paulo, in seinen Besitz kam. Sonst ist in der Literatur über diese Art nur der nachstehende englisch-sprachige Bericht von Rhodin bekannt.

Literatur:

RHODIN, A. G. J., MITTERMEIER, R. A. & DA ROCHA E SILVA, R. (1982): Distribution and taxonomic status of *Phrynops hogei*, a rare chelid turtle from southeastern Brasil. – Copeia, **1982** (1): 179–181.

Phrynops (Batrachemys) nasutus

STEJNEGER
Froschkopf-Schildkröte

Unterart (Nominatform):
Phrynops (Batrachemys) nasutus nasutus
SCHWEIGGER
Gewöhnliche Froschkopf-Schildkröte

Kennzeichen: Der Rückenpanzer ist flach, ohne Längskiel und dunkelbraun bis dunkelgrau gefärbt. Er ist hinten bedeutend breiter als vorne. Nur jüngere Tiere haben strahlenförmige Riefen auf den Rückenschilden. Bauchpanzer und Brücke sind gelblich, mit starker schwarzer Pigmentierung, die völlig unregelmäßig auftritt. Der Hinterrand hat einen stumpfwinkligen Einschnitt. Die Oberseite des spitzen Kopfes und der Hals sind dunkelgrau. Der Hals ist außerdem mit zahlreichen kleinen Tuberkeln bedeckt. Der Kopf selbst ist auffallend breit. Die Schnauzenspitze ist aufgehellt und über dem sehr breiten Maul mit dunklen Punkten versehen. Die Kopfseiten sind entlang des Unterkiefers bis einschließlich der Ohren graugelblich aufgehellt. Die Kehle ist hellgrau. Unten am Kinn sitzen zwei Barteln. Die kräftigen Gliedmaßen sind grau und unterseits etwas heller. Starke Schwimmhäute sind zwischen den Zehen, die in kräftigen, spitzen Krallen enden.
Größe: bis 30 cm (bleibt meist kleiner).
Die Unterart *P. nasutus dahli* unterscheidet sich von der Nominatform vor allem dadurch, daß die gesamte untere Schläfenregion hell abgesetzt ist, sie einen schmaleren Bauchpanzer hat und der Einschnitt hinter den Afterschilden bedeutend spitzwinkliger ist.
P. nasutus wermuthi unterscheidet sich von den anderen beiden dadurch, daß ein breiter gelber Streifen über die Mundpartie jeweils bis hinter das Ohr verläuft. Auf der Stirn findet sich eine dunkle Zeichnung in Form zweier hintereinanderliegender, nach hinten offener Winkel. Die Weichteile sind ebenfalls gelb, während alle anderen Körperteile wie Kopf, Hals, Rückenpanzer, Bauchpanzer und Gliedmaßen einheitlich schwarzbraun bis schwarz sind.
Vorkommen: Nördliches, nordöstliches, östliches und mittleres Südamerika (Venezuela, Guayana, Brasilien, Bolivien und Paraguay).
Lebensweise: Sie bewohnt Seen, Teiche und Tümpel, aber auch langsamfließende Gewässer in ihrem Verbreitungsgebiet. Auf das Land geht sie beinahe nie. Diese Art habe ich auch in meinem Freilandteich noch nie außerhalb des Wassers angetroffen, auch nicht zum Sonnenbaden. Sie lebt tagsüber – außer bei der Fütterung – versteckt und ist vor allem in der Dämmerung aktiv. Bei mir war sie nie bissig, ließ sich eher von anderen, oft weitaus kleineren Arten beim Füttern abdrängen. Andere Liebhaber dagegen haben über bissige Exemplare dieser Art berichtet. Pflanzliches hat sie bei mir noch nie angenommen, an tierischer Nahrung dagegen einfach alles, ob Regenwürmer, Insekten, Schnekken, getrocknete Garnelen, Rinderherz oder -leber, Fisch jeder Art usw. – Über Nachzucht dieser Tiere ist mir nichts bekannt. Ihre Temperaturansprüche liegen bei 24 °C, sie fraß aber noch eifrig, als, bedingt durch einen Temperaturumschwung im Sommer, das Wasser im Freilandteich nur noch 18 °C hatte. Aufgrund meiner Erfahrungen muß ich sagen, daß es sich hier um eine sehr gut zu haltende, ziemlich unempfindliche und recht anspruchslose Schildkröte handelt, deren Pflege zu empfehlen ist.

Literatur:
ANON. (1974): Froschkopfschildkröte, *Batrachemys nasutus* (sic!) – Aquaria, **21** (1): (ohne Seitenangabe).
LESCURE, J. & FRETEY, J. (1975): Etude taxonomique de *Phrynops (Batrachemys) nasutus* SCHWEIGGER (Testudinata, Chelidae). – Bull. Mus. nat. Hist. nat. Paris (Zool.), No. **239:** 1317–1328.
MERTENS, R. (1970): Zur Kenntnis von *Phrynops nasutus.* Senckenbergiana biol., **51** (1/2): 17–20.

Unterart:
Phrynops (Batrachemys) nasutus dahli
ZANGERL & MEDEM
Kolumbianische Froschkopf-Schildkröte

Größe: bis 30 cm (meist kleiner).
Vorkommen: Nordwestliches Südamerika, in der Hauptsache Kolumbien.

Literatur:

MEDEM, F. (1966): Contribuciones al conocimiento sobre la ecologia y distribucion geografica de *Phrynops (Batrachemys) dahli.* – Caldasia, **9:** 467–489.

Unterart:
Phrynops nasutus wermuthi (Batrachemys)

Größe: bis 30 cm (meist kleiner).
Vorkommen: Nördliches und nordwestliches Südamerika, vor allem Kolumbien und Peru.

Literatur:

MERTENS, R. (1969): Eine neue Halswender-Schildkröte aus Peru. – Senckenbergiana biol., **50** (3/4): 132.

Phrynops rufipes SPIX

Rote Krötenkopf-Schildkröte
(keine Unterarten)
(Foto Seite 144)

Kennzeichen: Der dunkelbraune Rückenpanzer ist nicht ganz flach und gekielt. Der Bauchpanzer ist einfarbig gelb, ohne jede Fleckenzeichnung. Er hat hinten einen spitzwinkligen, tiefen Einschnitt. Die Oberseite des Kopfes sowie von Hals und Gliedmaßen ist graubraun ohne Zeichnung. Die Unterseite aller Extremitäten sowie die Weichteile sind rötlich. Die Gliedmaßen sind kräftig, haben gut entwickelte Schwimmhäute zwischen den Zehen und enden in scharfen Krallen.
Größe: bis 22 cm.
Vorkommen: Mittleres Südamerika, vor allem Nordbrasilien.
Lebensweise: Sie lebt im Regenwald in kleineren fließenden Gewässern und ist auch im Schwarzwasser anzutreffen. Sie ernährt sich fast ausschließlich tierisch, vor allem von Regenwürmern, größeren Insekten oder kleinen Fischen. In Gefangenschaft fütterte Medem meist rohes Fleisch. Davor möchte ich warnen. Grundsätzlich sollte eine abwechslungsreiche Fütterung mit Fisch, Schnecken, Garnelen, Rinderherz oder -leber, größeren Insekten und Regenwürmern gegeben werden, um Rachitis vorzubeugen. – Die Weibchen vollziehen (nach Pritchard) im Juli bis Ende August die Eiablage. Die ersten Jungtiere schlüpfen dann im September, also nach rund 60 Tagen. Über die Aufzucht der Jungtiere ist nichts bekannt. Sie sollen in Gefangenschaft sehr heikel und kurzlebig sein, vor allem auch sehr wärmebedürftig.

Literatur:

LAMAR, W. W. & MEDEM, F. (1982): Notes on the chelid turtle *Phrynops rufipes.* – Salamandra, **18** (3/4): 305–321.
MÜLLER, P. (1966): Ein Wiederfund der Roten Krötenkopf-Schildkröte *(Phrynops rufipes).* – DATZ, **19** (12): 373–374.

Phrynops tuberculatus LUEDERWALDT

Stachelige Krötenkopfschildkröte

Unterart (Nominatform):
Phrynops tuberculatus tuberculatus
LUEDERWALDT

Kennzeichen: Der flache, schwärzliche Rückenpanzer ist von oben gesehen oval. Der relativ große Bauchpanzer ist graugelb und mehr oder weniger stark braun gefleckt. Kopf, Hals und Gliedmaßen sind oben grau, unten gelblich, mit vereinzelten grauen Flecken. Auf dem Hals und der Hinterseite des Rumpfes sind hohe, stark ausgeprägte, stachlige Tuberkel, welche dem Tier den Namen gaben. Die Gliedmaßen sind kräftig, mit ausgeprägten Schwimmhäuten und spitzen Krallen.
Größe: bis 25 cm.

Vorkommen: Mittleres Südamerika, besonders östliches Brasilien und Paraguay.
Lebensweise: Überwiegend aquatil lebend, bevölkert sie in ihrem Verbreitungsgebiet sowohl Seen und Teiche als auch langsamfließende Gewässer. Sie ist nur in der Dämmerung und nachts aktiv und schätzt Helligkeit oder gar Sonne überhaupt nicht. Mit Vorliebe versteckt sie sich am Tage, vor allem auch in Gefangenschaft. Man sollte deshalb im Wasserteil des Aquaterrariums leicht zu erreichende, dunkle Versteckplätze einbauen. Ihre Nahrung besteht sowohl aus Fisch als auch Aas sowie aus Insekten, Regenwürmern und Schnecken. *P. tuberculatus* ist sehr angriffslustig und bissig. Daher ist ihre Haltung im Aquaterrarium (1/5 Land, 4/5 Wasser) nur mit gleichgroßen Exemplaren in großen Behältern mit viel Versteckmöglichkeiten ratsam. Ihr Temperaturbedürfnis ist mit durchschnittlich 26 °C ebenfalls sehr hoch. Daher wäre Freilandaufenthalt nur in der wärmsten Jahreszeit möglich. Allerdings ist sie fast nie mehr im Tierhandel erschienen und war daher seit Jahrzehnten in Vergessenheit geraten, bis sie Pritchard wieder neu beschrieb.

Literatur:

LUEDERWALDT, H. (1926): Os chelonios brasileiros com a lista das especies do Musev Paulista. – Rev. Mus. Paulista (Sao Paulo), **14:** 405–470.

Unterart:
Phrynops tuberculatus vanderhaegei

Größe: bis 25 cm.
Vorkommen: Mittleres Südamerika, insbesondere Paraguay.
Anmerkung: Im Gegensatz zur Nominatform hat sie keine Tuberkel auf dem Hals, und auch der Rückenpanzer ist braun und nicht schwarz. Sie ist aber noch seltener als die Nominatform und wird wohl kaum einmal in Gefangenschaft gehalten worden sein.

Literatur:

BOUR, R. (1973): Contribution a la connaissance de *Phrynops nasutus* SCHWEIGGER, 1812 et *Phrynops tuberculata* LUEDERWALDT, 1926. Description d'une nouvelle sousespeses originaire de Paraguay, *Phrynops tuberculatus vanderhaegei.* – Bull. Soc. zool. France, **98** (1): 175–190.

Phrynops williamsi

MITTERMEIER & RHODIN 1983

Vorkommen: Brasilien.
Weitere Angaben sind noch nicht vorhanden.

Phrynops (Batrachemys) zuliae

PRITCHARD & TREBBAU 1984
Zulia-Krötenkopfschildkröte

Größe: Männchen: 19–21 cm, Weibchen: 25–28 cm.
Vorkommen: Venezuela, im südwestlichen Maracaibo-Becken.
Lebensweise: Bewohnt vorwiegend sumpfiges Gelände, wobei auch ein Eingraben in den Schlamm während der Trockenheit vorkommt. Stärkeres terrestrisches Verhalten ist möglich, es fehlen jedoch genauere Angaben.
Ernährung: Ein frisch gefangenes Tier schied Reste von einer Wasserwanze aus, jedoch scheinen die Tiere, wie alle *Phrynops* variabel in ihrer Ernährung zu sein.
Haltung: Diese Tiere sind äußerst selten. Derzeit werden nur einige Exemplare in Venezuela in zoologischen Gärten sowie in den USA bei Pritchard gehalten.

Gattung: Platemys WAGLER

Plattschildkröten

Literatur:
Platemys allgemein:

KANBERG, H. (1937): Die Schildkröten der Gattung *Platemys.* – Das Aquarium (Berlin), **11**: 64–65.
Mertens, R. (1954): Bemerkenswerte Schildkröte aus Süd- und Zentralamerika. DATZ, **7** (9): 239–242.

Platemys macrocephala
(keine Unterarten)

Vorkommen: Bolivien und Brasilien.

Literatur:

RHODIN, A. G. J., MITTERMEIER, R. A. & McMORRIS, J. R. (1984): *Platemys macrocephala*, a new species of chelid turtle from Central Bolivia and the Pantanal region of Brasil. - Herpetologica, **40** (1): 38–46.

Platemys pallidipectoris FREIBERG
Sporn-Plattschildkröte
(keine Unterarten)

Kennzeichen: Der flache und breite Rückenpanzer ist olivbraun und hat schwarze Schildnähte. Eine Rückenfurche ist nur angedeutet, Längskiele fehlen. Die dunkle Färbung des Bauchpanzers ist stellenweise gelblich aufgehellt. Die beiden Afterschilde enden, ohne sich zu verjüngen, in einem leichten Bogen. Das Zwischenkehlschild ist nach vorn geschoben, so daß im Gegensatz zu allen anderen Arten die Kehlschilde an der Mittelnaht Verbindung haben. Kopf, Hals und die Oberseite der Beine sind graubraun, die verdeckten Weichteile weißlich. Auf der Oberseite des Halses und der Hinterseite des Oberschenkels sitzen zahlreiche höckrige Tuberkel, wobei von denen am Oberschenkel ein paar bedeutend vergrößert sind und einer als langer Stachel weit hervorragt. Die Beine sind stark beschuppt, haben Schwimmhäute und nur kurze Krallen.

Größe: bis 20 cm.

Vorkommen: Mittleres Südamerika, vor allem Argentinien.

Lebensweise: Sie bewohnt meist flache Gewässer, die sie nur hin und wieder zu kleinen Wanderungen an Land verläßt. Bei Mertens fühlte sie sich im Gesellschaftsbecken nicht wohl und versteckte sich an Land. Als sie mit ruhigeren Insassen in ein anderes Becken kam, blieb sie dann im Wasser und ruhte des Nachts auf dem Grund. Der Temperaturanspruch liegt durchschnittlich bei 22 °C. Ihre Ernährung ist überwiegend tierisch und sollte möglichst viel Abwechslung bieten. Sie ist ziemlich gefräßig. Über Nachzucht in Gefangenschaft ist mir aus der Literatur nichts bekannt.

Literatur:

Mertens, R. (1954): Bemerkenswerte Schildkröten aus Süd- und Zentralamerika. - DATZ, **7** (9): 239–242.

Platemys platycephala SCHNEIDER
Rotkopf-Plattschildkröte
(keine Unterarten)
(Foto Seite 144)

Kennzeichen: Der sehr flache, braune Rückenpanzer hat eine schwarze Figur, welche manchmal kreuzförmig sein kann. Zwischen den beiden Längskielen verläuft eine starke Längsfurche vom zweiten bis vierten Wirbelschild. Der Bauchpanzer ist einfarbig schwarz und nur gelb umsäumt. Die Brücke zeigt ein schwarzes Längsband. Die Unterseite der Randschilde ist gelb und nur ganz vereinzelt schwarz gefleckt. Die Kopfoberseite ist orangerot bis gelb und in der Mitte etwas dunkler. Die Unterseite ist scharf abgegrenzt schwarz. Desgleichen der auf der Oberseite mit einigen Tuberkeln versehene Hals sowie die mit auffälligen Schuppen versehenen Gliedmaßen. Die Weichteile sind hellgrau bis gelb. Ein auffälliges Merkmal befindet sich an der Innenseite der Unterschenkel und zwar zwei merklich vergrößerte, nach außen stehende, spornartige Schuppen, welche an der Spitze etwas gelb gefleckt sind. Die Beine sind schlank, die Zehen gut ausgebildet, mit nur schwach ausgebildeten Schwimmhäuten. Außen sitzen kurze, stumpfe Krallen.

Größe: bis 16 cm.

Vorkommen: Westliches, mittleres und nördliches Südamerika, vor allem Peru, N-Brasilien und Guayana.

Lebensweise: Sie bevorzugt flachere Gewässer, schwimmt aber recht gut. Ihre Ernährungsweise ist nach meinen Erfahrungen ausschließlich animalisch. Sie frißt in Gefangenschaft Tubifex, Mückenlarven und Bachflohkrebse genau so gerne wie feingeschnittenes Rinderherz, Rinderleber, Fisch und zwischendurch einmal Mehlwürmer. Mit Mehlwürmern kann man übrigens besonders gut Antibiotika, Vitamine u. ä. verabreichen. Der präparierte Wurm wird der hungrigen Schildkröte als erster Futterbrocken angeboten, der erfahrungsgemäß immer auf einmal hinunter geschluckt wird, so daß das Mittel mit Sicherheit im Magen landet (das gilt natürlich auch für andere Schildkröten-Arten). *P. platycephala* lebt oft aquatil; verläßt sie das Wasser, dann meist während oder kurz nach einem Regen. Allerdings hält sie sich auch manchmal tagelang im feuchten Laub der Uferregion auf, wo auch die Eier abgelegt werden. Nach dem täglichen Sprühen pflegen auch meine Tiere gern an Land zu gehen. Sie nehmen dort auch ein Futterstückchen an, fressen aber grundsätzlich im Wasser.

Die Legezeit ist nicht saisonbedingt. Das Weibchen legt 4 bis 6 Eier ab, oft ziemlich weit entfernt vom Gewässer.

Das Temperaturbedürfnis liegt durchschnittlich bei 26 °C. Diese Art ist im Aquaterrarium sehr haltbar. Mertens pflegte ein Exemplar über 30 Jahre lang. Die Tiere werden sehr schnell zahm und nehmen nach kurzer Eingewöhnungszeit das Futter aus der Hand. Es sind mit Sicherheit sehr geeignete Pfleglinge, doch wurden sie fast nie im Handel angeboten. In den seltenen Fällen, wenn sie angeboten waren, wurden übertrieben hohe Preise verlangt. Erst in letzter Zeit kamen sie vermehrt in den Handel, mit etwas vernünftigeren Preisen. – Über Nachzucht in Gefangenschaft ist mir nichts bekannt, sie dürfte aber sicher möglich sein.

Literatur:

ERNST, C. H. (1983): Geographic variation in the Neotropical turtle, *Platemys platycephala.* – Jour. Herpetol., **17** (4): 345–355.

HOFSTRA, J. (1982): De deukschildpad *Platemys platycephala.* – Lacerta (Den Haag), **41** (1): 12–15.

MERTENS, R. (1954): Bemerkenswerte Schildkröten aus Süd- und Zentralamerika. – DATZ, **7** (9): 239–242.

Platemys radiolata MIKAN

Strahlen-Plattschildkröte
(keine Unterarten)

Kennzeichen: Der ebenfalls flache, dunkelbraune Rückenpanzer hat weder eine Längsfurche noch Längskiele. Die Wirbelschilde des Carapax sind strahlenförmig skulpturiert. Der Bauchpanzer ist gelbbraun gefärbt, mit einem großen, dunkelbraunen Fleck auf jedem Schild. Kopf, Hals und Gliedmaßen sind schwarz. Die Warzen auf dem Hals sind abgestumpft. Sonst wie *P. platycephala.*

Größe: bis 20 cm.

Vorkommen: Mittleres und östliches Südamerika (vom Amazonas südwärts bis São Paulo.

Lebensweise: Sie lebt in Seen, Teichen und Tümpeln mit schlammigem Grund. Futter- und Temperaturansprüche wie vorgenannte Arten. Bei Werner zeigte sie sich so scheu, daß sie nur in trübem Wasser Nahrung annahm. Krefft berichtet, sie hätte nur selten einmal ein Sonnenbad genommen. Sie fraß bei ihm gern lebende Fische, die sie sehr gewandt fing und mit glucksenden Geräuschen fraß. – Sie ist kaum einmal bei einem Liebhaber anzutreffen, da sie der Handel so gut wie nie anbietet. Über Nachzucht in Gefangenschaft ist nichts bekannt. In allem anderen gleicht sie den vorbesprochenen Arten.

Literatur:

RUST, H. T. (1936): Die Strahlen-Flachpanzerschildkröte *Platemys radiolata.* – Blätter Aquar. Terr. Kde., **47** (6): 133–134.

Platemys spixii DUMERIL & BIBRON

Stachelhals-Plattschildkröte
(keine Unterarten)

Kennzeichen: Der auch sehr flache Rückenpanzer ist schwarz-braun bis schwarz, ohne jegliche

Zeichnung. Der Bauchpanzer ist völlig schwarz. Kopf und Extremitäten sind bleifarben. Namengebend sind die zahlreichen großen, spitzkegelförmigen Warzen auf der Oberseite des Halses. Im übrigen gleicht sie den vorbesprochenen Arten.
Größe: bis 16 cm.
Vorkommen: Südöstliches Südamerika, vor allem in N-Argentinien und S-Brasilien.
Lebensweise: In Bezug auf ihren Lebensraum sowie ihre Ansprüche an Futter, Temperatur und Haltung gleicht sie den anderen *Platemys*- Arten. Nach Werner ist sie ängstlich und verliert ihre angeborene Scheu kaum. Schwimmen ist nicht ihre Stärke. Deshalb schwimmt sie recht wenig, sondern wandert lieber am Boden des Wasserbeckens umher. Meist ist sie dabei auf Futtersuche. Sie wäre sicher ebenfalls ein haltbarer, wenn auch etwas schwieriger Pflegling, doch wurde sie im Handel so gut wie nie angeboten. Erst in den vergangenen Jahren kam es zu Angeboten, aber zu ziemlich hohen Preisen. Nachzucht ist meines Wissens bis heute erst einmal geglückt, meist kam es höchstens zur Eiablage.

Literatur:

SCHNEE, P. (1907): Eine seltsame Schildkrötenart (*Platemys spixii* D & B). – Wochenschrift Aquar. Terr. Kde., **4**: 195–196.

Abschließend sei zur Gattung *Platemys* noch bemerkt, daß diese Tiere besser sind als ihr Ruf. Ich finde sie absolut nicht langweilig. Sie würden es verdienen, genauer beobachtet zu werden. In der deutschsprachigen Literatur – außer bei den vorstehenden Literaturhinweisen – wird sie überhaupt nicht besprochen und größtenteils gar nicht erwähnt.

Gattung: Pseudemydura SIEBENROCK
Falsche Spitzkopfschildkröten

Pseudemydura umbrina SIEBENROCK
Falsche Spitzkopfschildkröte
(keine Unterarten)
Geschützt! Anhang I des WA
Kennzeichen: Die Farbe des flachen und breiten Rückenpanzers variiert von gelblich-braun bis beinahe schwarz. Der äußerst große Bauchpanzer ist gelbbraun mit dunkel abgesetzten Nähten. Bei manchen Tieren befindet sich auf jedem Bauchschild ein schwarzer Fleck. Auffallend ist ein übergroßes Zwischenkehlschild, während die Kehlschilde sehr klein geraten sind. Der braune Kopf ist sehr breit und flach, die Schnauze recht kurz und abgerundet. Die Kopfseiten und die Kehle sind stark aufgehellt. Auf der Oberseite des graubraunen Halses sind zahlreiche große, hornige Tuberkel, am Kinn zwei kleine Barteln. Auch die Gliedmaßen sind graubraun bis grauoliv. Zwischen den Zehen mit spitzen Krallen befinden sich gut ausgebildete Schwimmhäute.
Größe: bis 15 cm.
Vorkommen: Südwest-Australien innerhalb eines kleinen Gebietes in der Gegend von Perth.
Lebensweise: Diese weitaus kleinste aller australischen Schildkröten bewohnt ein nur kleines Gebiet. Sie galt schon als ausgestorben, als sie 1953 wiederentdeckt wurde. Ein Junge brachte seine neu gefangene Schildkröte, deren kurzer Hals ihm auffiel, ins Westaustralische Museum, um das Tier bestimmen zu lassen. Die Wissenschaftler glaubten zuerst, eine neue Art gefunden zu haben. Später erst stellten sie dann die tatsächliche Identität fest. Nach vielen Schwierigkeiten konnte der Fundort (und noch ein weiterer – es waren inzwischen noch mehr Tiere gefunden worden) zum Schutzgebiet erklärt werden. Diese beiden voneinander getrennten Gebiete haben eine Größe von zusammen 226 ha. Heute leben dort etwa 200 Tiere.

Die von dieser Art bewohnten Tümpel trocknen im Sommer meist für 6 Monate aus. Während dieser Zeit graben sich die Schildkröten unter Laub, Zweigen oder in Erdhöhlen bis zum Panzer ein und halten eine Sommerruhe, bis sich dann zur winterlichen Regenzeit im April oder Mai die Tümpel wieder mit Wasser füllen. Sie ernähren sich rein animalisch und müssen dann die Fastenmonate aufholen, da sie nur unter Wasser fressen. Das Wachstum findet daher nur in der Zeit der Futteraufnahme statt. Die Tiere werden sehr spät geschlechtsreif, etwa mit 10 Jahren. Die Weibchen legen ihre drei bis fünf Eier im November oder Anfang Dezember ab. Die Jungen schlüpfen im Mai oder Juni, wobei immer die Gefahr besteht, daß sie im Ei absterben, wenn sich die Trockenperiode länger als sechs Monate hinzieht (in den letzten Jahren dauerte die Trockenheit oft acht oder gar neun Monate). Nur ihrer überaus großen Zähigkeit verdankt diese Art, daß sie noch nicht ausgestorben ist.

Literatur:

AUSTR. INF. SERV. (1974): *Pseudemydura umbrina*, eine seltene australische Schildkröte. – DATZ, **27** (1): 33–35.

– (1974): Nachzucht von *Pseudemydura umbrina* im Zoo von Perth. – DATZ, **27** (10): 359–360.

BUDDE, H. (1985): *Pseudemydura umbrina*: Schein und Wirklichkeit beim Artenschutz. – DATZ, **38** (2): 88–90.

Gattung: Rheodytes LEGLER & CANN

Fitzroy-Schildkröten

Rheodytes leukops LEGLER & CANN

Fitzroy-Schildkröte

(keine Unterarten)

Größe: bis 26 cm.

Vorkommen: Australien (Queensland).

Literatur:

LEGLER, J. M. & CANN, J. (1980): *Rheodytes leucops*, new genus new species of chelid turle from Queensland. – Contrib. Sci. (Los. Angel.), No. **324:** 1–18.

PETZOLD, H. G. (1982): Eine neue Schildkrötengattung *(Rheodytes)*. – Aquarien Terrarien, **29** (4): 141.

Literaturverzeichnis

ALEVEN, I. M. (1970): Alles über das Terrarium. A. Kernen Verlag, Stuttgart.

BABCOCK, H. L. (1971): Turtles of the United States. Cornell University Press, New York.

BECHTLE, W. (1971): Bunte Welt im Terrarium. Kosmos Verlag, Franckh'sche Verlagshandlung, Stuttgart.

BEHLER, J. L. & KING, W. F. (1979): The Audubon Society field guide to North America Reptiles and Amphibians.

BELLAIRS, A. (1957): Reptiles. Anchor press, Ltd., Tiptree, Essex.

– (1969): Die Reptilien. In: Die Enzyklopädie der Tiere, Band 10, 11 (Übersetzung ins Deutsche und Bearbeitung von H. Wermuth). Editions Rencontre, Lausanne.

BLUM, J. (1971): Die Reptilien und Amphibien Europas. Hallwag, Bern-Stuttgart.

BREHM'S TIERLEBEN, (1912/13): Die Lurche und Kriechtiere. 4. Auflage, bearbeitet von F. WERNER. Bibliographisches Institut, Leipzig.

CANN, J. (1978): Tortoises of Australia. Angus & Robertson, London-Sydney-Melbourne-Singapore-Manila.

CARR, A. (1978): Handbook of Turtles. Cornell University Press, Ithaca & London, (8th printing).

COGGER, H. (1984): Reptiles and Amphibians of Australia. Reed, Sydney (3rd ed.).

CONANT, R. (1958): A field guide to reptiles and amphibians. Houghton Mifflin Co., Boston.

– (1975): A field guide to Reptiles and Amphibians of Eastern and Central North America. Houghton Mifflin Co., Boston.

ERNST, C. H. & BARBOUR, R. W. (1973): Turtles of the Unites States. University Press of Kentucky, Lexington.

FLOERICKE, K. (1927): Der Terrarienfreund. Franckh'sche Verlagshandlung, Stuttgart.

GEYER, H. (1957): Praktische Futterkunde für den Aquarien- und Terrarienfreund. A. Kernen Verlag, Stuttgart.

GIJZEN, A. & WERMUTH, H. (1958): Schildkröten-Pflege in öffentlichen Schau-Aquarien nach biologischen Gesichtspunkten. – Zoologischer Garten, Antwerpen.

GLÄSS, H. & MEUSEL, W. (1972): Die Süßwasserschildkröten Europas. Die Neue Brehm-Bücherei Nr. 418, Wittenberg/Lutherstadt.

GOODE, J. (1967): Freshwater tortoises of Australia and New Guinea. – Landsdown Press, Melbourne.

GRZIMEKS TIERLEBEN (1970/71): Band 6, Kriechtiere. – Kindler, München-Zürich.

HARLESS, M. & MORLOCK, H. (1979): Turtles – Perspectives and Research. J. Wiley & Sons. New York-Chichester-Brisbane-Toronto.

JAHN, J. (1984): Schildkröten. – Lehrmeister-Bücherei, Bd. 166, Minden/Westf.

– (1971): Das Freilandterrarium. – Lehrmeister-Bücherei Bd. 959, Minden/Westf.

– (1976): Der kleine Gartenteich und das Freilandaquarium. – Lehrmeister-Bücherei Bd. 115, Minden/Westf.

– (1976): Lebendfutter für Aquarien- und Terrarientiere. – Lehrmeister-Bücherei Bd. 17, Minden/Westf.

JOCHER, W. (1974): Schildkröten. – Kosmos Verlag, Franckh'sche Verlagshandlung, Stuttgart.

KÄSTLE, W. (1972): Echsen im Terrarium. – Kosmos Verlag, Franckh'sche Verlagshandlung, Stuttgart.

KAU, H. P. (1983): Pflege und Nachzucht Europäischer Süßwasserschildkröten. – Sonderheft Nr. 3 „Die Schildkröte", Haar.

KLINGELHÖFFER, W. & SCHERPNER, CHR., (1955): Terrarienkunde Bd. I, Technik. – A. Kernen Verlag, Stuttgart.

– (1959): Terrarienkunde Bd. IV, Schlangen, Schildkröten, Panzerechsen. – A. Kernen Verlag, Stutgart.

KNAURS TIERREICH IN FARBEN (1957): Reptilien. Droemersche Verlagsanstalt Th. Knaur Nachf. München/Zürich.

KREBS, I. (1957): Schildkröten, 3. Aufl. Pechan's Perlen-Reihe, Bd. 117, Wien, München, Zürich.

KREFFT, P. (1926): Das Terrarium – Ein Handbuch der häuslichen Reptilien- und Amphibien-Pflege. – Fritz Pfenningstorff, Berlin.

KUHN, O. (1966): Die Reptilien – System und Stammesgeschichte. – Verlag Oeben, Krailling b. München.

– (1980): Reptilien der Urzeit, In Grzimeks Tierleben Band 6: Kriechtiere. Deutscher Taschenbuch Verlag, München.

MERTENS, R. & WERMUTH, H. (1960): Die Amphibien und Reptilien Europas. – W. Kramer, Frankfurt/M.

NIETZKE, G. (1980): Die Terrarientiere (Band I). – Verlag Eugen Ulmer, Stuttgart (3. Aufl.).

OBST, F. J. & MEUSEL, W. (1963): Die Landschildkröten Europas. Die Neue Brehm-Bücherei, A. Ziemsen Verlag, Wittenberg/Lutherstadt.

Obst, F.J. (1980): Schildkröten. AT Ratgeberreihe Nr. 12, Urania Verlag, Leipzig-Jena-Berlin.

Obst, F.J. (1983): Schmuckschildkröten. Die Neue Brehm-Bücherei, A. Ziemsen Verlag. Wittenberg/ Lutherstadt.

Obst, F.J. (1985): Die Welt der Schildkröten. Albert Müller Verlag, Rüschlikon – Zürich – Stuttgart – Wien.

Parker, H.W. & Bellairs, A. (1971): Die Amphibien und die Reptilien. Editions Rencontre, Lausanne.

Peters, G. (1976): Reptilia-Kriechtiere. In: Fische – Lurche – Kriechtiere. Urania Tierreich, Bd. 4, Leipzig-Jena-Berlin.

Philippen, H.D. & Rogner, (1985): Unsere Schmuckschildkröte – Kosmos Verlag, Franckh'sche Verlagshandlung, Stuttgart.

Pope, C.H. (1971): Turtles of the United States and Canada. Alfred A. Knopf, New York.

Pritchard, P.C.H. (1976): Living turtles of the world. T.F.H. Publications Jersey City.

– (1979): Encyclopedia of Turtles. T.F.H. Publ., Neptune, N.J.

Pritchard, P.C.F. & Trebbau, P. (1984): The Turtles of Venezuela, SSAR.

Reichenbach-Klinke, H.-H. (1961): Krankheiten der Amphibien. – G. Fischer, Stuttgart.

Sachs, W.B. & Oeser, R. (1953): Terrarienpflege, leicht gemacht. – Franckh'sche Verlagshandlung, Stuttgart.

Schmidt, K.P. & Inger, R.F. (1957): Reptilien, In: Knaurs Tierreich in Farben (Übersetzung ins Deutsche und Bearbeitung von H. Wermuth). – Droemer/Knaur, München-Zürich.

Schneider, F.O.J.: Die Pflanzen des Terrariums. – Lehrmeister-Bücherei, Bd. 960, Minden/Westf.

Smith, M.A. (1933): The Fauna of British India including Ceylon and Burma Reptilia and Amphibia: Vol. I. Loricata, Testudines. Today & Tomorrow's Printers & Publishers, New Dehli (Second reprint 1981).

Stebbins, R.C. (1966): A field guide to western reptiles and amphibians. – Houghton Mifflin Co., Boston.

Vogel, Z. (1963): Wunderwelt Terrarium. – Urania, Leipzig.

Vogt, D. & Wermuth, H. (1977): Knaur's Aquarien- und Terrarienbuch. Droemer/Knaur, München-Zürich (14. Aufl.).

Wermuth, H. (1952): Die europäische Sumpfschildkröte. Die Neue Brehm-Bücherei, Bd. 81. Wittenberg/Lutherstadt.

Wermuth, H. & Mertens, R. (1961): Schildkröten, Krokodile, Brückenechsen. – G. Fischer, Jena.

– (1977): Testudines, Crocodylia, Rhynchocephalia. Walter de Gruyter, Berlin – New York.

Werner, F. (1938): Die Amphibien und Reptilien Griechenlands. – Zoologica, Stuttgart.

Wilke, H. (1982): Schildkröten. Gräfe und Unzer, München (2. Aufl.).

Wirot Nutaphand (1979): The Turtles of Thailand. – Siamfarm Zoological Garden, Bangkok.

Worrel, E. (1963): Reptiles of Australia. – Angus & Robertson, Sydney.

Zernecke, E. (1913): Leitfaden für Aquarien- und Terrarienfreunde. Bearbeitet von C. Heller und P. Ulmer. – Verlag Quelle und Meyer, Leipzig (4. bis 6. Aufl.).

Zeitschriften und periodische Veröffentlichungen

AQUARIA (seit 1953): Vivaristische Fachzeitschrift der Schweiz und Österreichs. St. Gallen/Wien.

AQUARIEN TERRARIEN (seit 1954): Monatszeitschrift für alle Gebiete der Aquarien- und Terrarienkunde Leipzig/Jena.

AQUARIEN UND TERRARIEN Ausgabe B (seit 1968): Monatszeitschrift für Ornithologie und Vivarienkunde. Leipzig/Jena/Berlin.

AQUARIENMAGAZIN (seit 1967): Neue Monatshefte für Aquarien- und Vivarienkunde. Stuttgart.

DIE AQUARIEN- UND TERRARIEN-ZEITSCHRIT – DATZ (seit 1948). Essen.

DAS AQUARIUM (von 1927–1943). Berlin.

DAS AQUARIUM – vereinigt mit Aqua Terra (seit 1967): Zeitschrift für Aquarien- und Terrarienfreunde. Minden.

BLÄTTER FÜR AQUARIEN- UND TERRARIENKUNDE (von 1890–1936). Magdeburg.

COPEIA (seit 1913): Fachzeitschrift der amerikanischen Ichthyologen und Herpetologen. New York.

ELAPHE (seit 1979): Zeitschrift mit aquaristisch-terraristischen Beiträgen. Berlin (Ost).

HERPETOFAUNA (seit 1979): Die Zeitschrift für den Terrarianer. Weinstadt.

HERPETOFAUNA: Fachzeitschrift der Australian Herpetological Society. Sydney.

HERPETOLOGICA (seit 1936): Fachzeitschrift der American Herpetologists League. Lawrence (Kansas).

INTERNATIONAL ZOO YEARBOOK: Erscheint jährlich mit Artikeln und Informationen über Terrarientierhaltung. London.

I. T. T. S. JOURNAL (von 1967–1973): Fachzeitschrift der International Turtle and Tortoise Society. Los Angeles.

JOURNAL OF HERPETOLOGY (seit 1967): Fachzeitschrift der SSAR (Society for the Study of Amphibians and Reptils). Kansas (Ohio).

LACERTA (seit 1942): Zeitschrift der Niederländischen Vereinigung für Herpetologie und Terrarienkunde „Lacerta“. ’s-Gravenhage.

SALAMANDRA (seit 1965): Zeitschrift für Herpetologie und Terrarienkunde. Frankfurt am Main.

SAURIA (seit 1979): Eine Zeitung der Terrariengemeinschaft Berlin e.V. Berlin (West).

DIE SCHILDKRÖTE (seit 1979): Fachzeitschrift der IGS (Interessengemeinschaft Schildkröten-Schutz). Heinsberg-Grebben.

TORTUGA GAZETTE (seit 1964): Fachzeitschrift des California Turtle and Tortoise Club. Fountain Valley (Kalifornien).

WOCHENSCHRIFT FÜR AQUARIEN- UND TERRARIENKUNDE (von 1904–1950): Ab 1951 mit DATZ vereinigt. Braunschweig.

Bildquellen

Farbfotos:

J. C. Drews: Abb. 2, 10, 12, 13, 14, 15, 16.
G. Fischer: Abb. 20, 31, 38.
W. Hemmer: Abb. 1, 6, 8, 9, 21, 22, 30, 32, 33, 34, 48, 57, 60, 72, 73.
B. Kahl: Abb. 7, 11, 23, 27, 28, 29, 35, 36, 41, 44, 45, 51, 54, 55, 59, 63, 69.
G. Müller: Abb. 3, 4, 5, 18, 19, 25, 39, 42, 43, 46, 66, 67, 68, 70, 71, 75, 76.
H. Reinhard: Abb. 17, 24, 26, 37, 40, 47, 52, 53, 56, 58, 61, 62.
L. Trutnau: Abb. 49, 65.
H. G. Zimpel: Abb. 50, 64, 74.

Zeichnungen:

Soweit nicht anders gekennzeichnet von Gernot Baumann, Frankfurt am Main

Register

Die mit * versehenen Seitenziffern verweisen auf Abbildungen

Acinixys 146
- *planicauda* 146
Afrikanische Dreiklaue 170
Afrikanische Schnabelbrustschildkröte 151
Afrikanische Weichschildkröte 140
Agrionemys 146
- *horsfieldii* 146
Ägyptische Landschildkröte 140
Alamo-Klappschildkröte 60
Alligatorenschildkröten 20, 55
Alter 15
Altersmelanismus 16
Amboina-Scharnierschildkröte 113
Amerikanische Sumpfschildkröte 74
Amoebiasis 43
Amphichelydia 11
Anapsida 11
Anatomie 12
Annamemys 102
- *annamensis* 102
Annam-Schildkröte 102
Anschaffung (Kauf) 21
Antillen-Schmuckschildkröte 84
Aquarienhaltung 25
Aquarium 25
Aquaterrarium 23
Archelon ischyros 11
Areolen-Flachschildkröte 135
Argentinische Landschildkröte 149
Argentinische Schlangenhalsschildkröte 194
Arrau-Schienenschildkröte 175
Assam-Dachschildkröte 118
Asterochelys 147
- *radiata* 147
- *yniphora* 148
Atmung der Weichschildkröten 166
Augenerkrankungen 44
Australische Schlangenhalsschildkröten 179
Australische Spitzkopfschildkröte 190

Barbour-Höckerschildkröte 85
Barteln 14
Bastardschildkröten 158
Batagur 122
- *baska* 122
Batagur-Schildkröte 122
Batrachemys siehe *Phrynops* 194
Bauchpanzer (Plastron) 12, 13, 16
Bauchschilde 12
Bauchstreifen-Erdschildkröte 130
Beißschildkröte 166
Bestimmungsmerkmale 16
Bestimmungsschlüssel 19
Borneo-Flußschildkröte 122
Boulenger-Flachschildkröte 136
Brasilianische Schlangenhalsschildkröte 192
Brasilianische Schmuckschildkröte 79
Braune Erdschildkröte 130
Braune Landschildkröte 153
Breitbrust-Elseyaschildkröte 187
Breitrand-Schildkröte 140
Breitrand-Spitzkopfschildkröte 191
Brutanlage 37
Buchstaben-Schmuckschildkröte 82
Buckelschildkröte 196
Burma-Landschildkröte 145
Burma-Weichschildkröte 166

Callagur 121
- *borneoensis* 121
Callagur-Schildkröte 121
Callositäten 160
Carapax (Rückenpanzer) 13
Caretta 157
- *caretta* 157
-- *caretta* 157
-- *gigas* 157
Carettochelydae 159
Carettochelys 159
- *insculpta* 159
Carolina-Dosenschildkröte 71
Cayenne-Schienenschildkröte 175
Celebes-Landschildkröte 152
Chelidae 20, 179
Chelodina 46, 75, 179
- *expansa* 179
- *longicollis* 33, 48
-- *longicollis* 125*, 180
-- *sulcifera* 181
- *novaeguineae* 15, 34, 182
- *oblonga* 182
- *parkeri* 183
- *rugosa* 183
- *siebenrocki* 183
- *steindachneri* 184
Chelonia 157
- *mydas* 157
-- *japonica* 157
-- *mydas* 157
Cheloniidae 157
Chelonioidea 19, 157
Chelonoidis 148
- *carbonaria* 38, 107*, 148
- *chilensis* 107*, 149
- *denticulata* 150
- *elephantopus* 150
-- *abingdonii* 150
-- *chathamensis* 151
-- *darwini* 151
-- *elephantopus* 150
-- *ephippium* 151
-- *galapagoensis* 151
-- *hoodensis* 151
-- *nigrita* 151
-- *phantastica* 151
-- *wallacei* 151
Chelus 185
- *fimbriatus* 125*, 185
Chelydra 55
- *serpentina* 18*, 55
-- *acutirostris* 56
-- *osceola* 56
-- *rossignoni* 56
-- *serpentina* 55
Chelydridae 20, 55
Chersina 151
- *angulata* 151
Chiapas-Klappschildkröte 60
China-Sumpfschildkröten 105
Chinemys 45, 105
- *kwangtungensis* 105
- *megalocephala* 106
- *reevesii* 46, 72*, 106
Chinesische Dickkopfschildkröte 106

Chinesische Dreikielschildkröte 106
Chinesische Dreiklaue 168
Chinesische Rothalsschildkröte 105
Chinesische Streifenschildkröte 110
Chinesische Weichschildkröte 168
Chitra 162
- *indica* 162
Chitra-Weichschildkröten 162
Chrysemys 12, 33, 45, 46, 73, 75, 76
- *picta* 76
-- *bellii* 76
-- *dorsalis* 15, 34, 46, 53*, 77
-- *marginata* 78
-- *picta* 76
Claudius 66
- *angustatus* 66
Clemmys 45, 99
- *bealei* (heute *Sacalia bealei*) 102
- *guttata* 46, 72*, 99, 129
- *insculpta* 100
- *marmorata* 100
-- *marmorata* 100
-- *pallida* 101
- *muhlenbergii* 13, 101
Colossochelys ischyros 11
Corium (Lederhaut) 12
Cotylosauria (Stammreptilien) 11
Cryptodira 12, 19, 52
Cuora 12, 33, 70, 113
- *amboinensis* 72*, 113
- *flavomarginata* 114
- *galbinifrons* 114
- *trifasciata* 89*, 115
- *yunnanensis* 116
Cyclanorbinae 160
Cyclanorbis 160
- *elegans* 160
- *senegalensis* 160
Cyclemys 103
- *dentata* 16, 72*, 103
- *tscheponensis* 104
Cycloderma 161
- *aubryi* 161
- *frenatum* 161

Dachschildkröten 117
Deirochelys 75
- *reticularia* 75
-- *chrysea* 75
-- *miaria* 76
-- *reticularia* 75
Dermatemydidae 20, 52
Dermatemys 52
- *mawii* 52
Dermochelyidae 159
Dermochelys 159
- *coriacea* 159
Dhongoka-Schildkröte 117
Diadem-Schildkröte 117
Diamant-Schildkröte 88
Dogania 163
- *subplana* 108*, 163
Dornrand-Weichschildkröte 169
Dornschildkröten 103
Dosenschildkröten 11, 15, 95
Dreikiel-Erdschildkröte 124
Dreikiel-Wasserschildkröte 95
Dreiklauen-Weichschildkröten 164
Dreistreifen-Dachschildkröte 121
Dreistreifen-Klappschildkröte 60
Dreistreifen-Scharnierschildkröte 115
Dumeril-Schienenschildkröte 174
Dunkle Krötenkopfschildkröte 195
Dunkle Pelomedusenschildkröte 173
Dunkle Weichschildkröte 168
Dunn-Klappschildkröte 61
Durchfall 48

Echte Karettschildkröten 158
Echte Landkarten-Höckerschildkröte 86
Echte Weichschildkröten 160
Eigentliche Landschildkröten 138
Eigentliche Sumpfschildkröten 70
Elseya 186
- *dentata* 186
- *latisternum* 187
- *novaeguineae* 12, 126*, 187
Elseya-Schildkröten 186
Emydidae 20
Emydoidea 74
- *blandingii* 74
Emydura 45, 46, 75, 188
- *albertisii* 12, 34, 126*, 188
- *australis* 190
- *branderhorsti* 143*, 190
- *krefftii* 190
- *macquarrii* 12, 15, 191
-- *macquarrii* 34, 126*, 191
-- *signata* 192
- *subglobosa* 192
Emys 33, 70, 75
- *orbicularis* 15, 36*, 37, 53*, 70
Entwicklungsgeschichte 11
Erdschildkröten 123
Eretmochelys 158
- *imbricata* 158
-- *bissa* 158
-- *imbricata* 158
Erkältung 44
Ernährung 38
Erymnochelys 178
- *madagascariensis* 178
Eunotosauria 11
Eunotosaurus watsoni 11
Euphrat-Weichschildkröte 165
Eurasiatische Wasserschildkröten 93
Europäische Sumpfschildkröte 15,70

Falsche Landkarten-Höckerschildkröte 87
Falsche Spitzkopfschildkröte 203
Filterbecken 28
Filterung 28, 29, 31
Fitzroy-Schildkröte 204
Flache Erdschildkröte 128
Flachschildkröten 135
Florida-Schmuckschildkröte 80
Florida-Weichschildkröte 166
Folienteich 28
Fransenschildkröte 14, 185
Freilandaufenthalt 21
Freilandhaltung 21
Freilandteich 27
Freilandterrarium 26
Froschkopf-Schildkröten 198

Galapagos-Riesenschildkröten 150
Garnelen 38
Gefurchte Schlangenhalsschildkröte 181
Gehör 13
Geierschildkröte 14, 15, 56
Gelatinefutter 38, 39
Gelbkopf-Erdschildkröte 129
Gelbkopf-Landschildkröte 152
Gelbliche Klappschildkröte 62
Gelbrand-Scharnierschildkröte 114
Gelbwangen-Schmuckschildkröte 84
Gelenkschildkröten 133
Geochelone 141
- *elegans* 90*, 141, 147
- *pardalis* 142
-- *babcocki* 145
-- *pardalis* 142
- *platynota* 145
- *sulcata* 145
Geoclemys 105
- *hamiltonii* 72*, 105
Geoemyda 123
- *spengleri* 90*, 123
-- *japonica* 124
-- *spengleri* 123
Geometrische Landschildkröte 154
Geruchssinn 14

Gesägte Flachschildkröte 136
Geschlecht 16
Gesichtssinn 13
Gewebeschädigungen 46
Gewöhnliche Froschkopfschildkröte 198
Gewöhnliche Moschusschildkröte 57
Gezähnelte Pelomedusenschildkröte 173
Glattmaul-Schienenschildkröte 19, 176
Glattrand-Gelenkschildkröte 133
Glattrand-Weichschildkröte 167
Glattrücken-Schlangenhalsschildkröte 180
Gopherschildkröte 156
Gopherus 156
– *polyphemus* 156
– – *agassizii* 156
– – *berlandieri* 156
– – *flavomarginatus* 156
– – *polyphemus* 156
Graptemys 45, 73, 75, 85
– *barbouri* 85
– *caglei* 85
– *flavimaculata* 54*, 86
– *geographica* 86
– *kohnii* 54*, 86
– *nigrinoda* 87
– – *delticola* 87
– – *nigrinoda* 87
– *oculifera* 87
– *pseudogeographica* 87
– – *ouachitensis* 87
– – *pseudogeographica* 87
– – *sabinensis* 88
– *pulchra* 88
– *versa* 88
Graurückige Klappen-Weichschildkröte 161
Griechische Landschildkröte 15, 138
Große Kreuzbrustschildkröte 67
Großkopfschildkröten 20, 68
Großkopf-Schlammschildkröte 66
Grüne Spitzkopfschildkröte 190

Halsberger-Schildkröten 11, 12, 13, 14, 19, 52
Halswender-Schildkröten 11, 12, 13, 14, 19, 20, 171
Hardella 117
– *thurjii* 117
Hautdrüsen 14
Hautnekrosen 46
Hellrandige Krötenkopfschildkröte 196
Heosemys 128
– *depressa* 128
– *grandis* 89*, 128
– *leytensis* 128
– *silvatica* 129
– *spinosa* 129
Hieremys 116
– *annandalii* 116
Hieroglyphen-Schmuckschildkröte 78, 79
Hinterindische Landschildkröte 153
Hinterindische Sumpfschildkröte 112
Hinterindische Scharnierschildkröte 114
Höcker-Schienenschildkröte 176
Höcker-Schmuckschildkröten 85
Höhlenschildkröte 156
Homopus 135
– *aereolatus* 135
– *boulengeri* 136
– *femoralis* 136
– *signatus* 136
Hornplatten 14
Hornschilde 12
Hornschneiden 14
Hydromedusa 20, 192
– *maximiliani* 192
– *tectifera* 194

Indianer-Schildkröte 76
Indische Dachschildkröte 119
Indische Dornschildkröte 104
Indische Dreikielschildkröte 127
Indische Klappen-Weichschildkröte 161
Indische Strahlenschildkröte 141
Indonesische Erdschildkröte 104
Indotestudo 152
– *elongata* 90*, 152
– *forstenii* 152
– *travancorica* 153
Instinkt 14

Jabuti 150
Japanische Bergschildkröte 124
Japanische Wasserschildkröte 94

Kachuga 45, 46, 75, 117
– *dhongoka* 117
– *kachuga* 118
– *smithii* 118
– *sylhetensis* 118
– *tecta* 119
– – *circumdata (tentoria)* 33, 120
– – *tecta* 15, 33, 89*, 119
– *trivittata* 121
Kachuga-Dachschildkröte 118
Kaspische Bachschildkröte 93
Kaspische Wasserschildkröte 94
Kielrückige Moschusschildkröte 58
Kinixys 11, 133
– *belliana* 133
– – *belliana* 90*, 133
– – *mertensi* 134
– – *nogueyi* 134
– *erosa* 134
– *homeana* 134
Kinnflecken-Schmuckschildkröte 81
Kinosternidae 20, 57
Kinosternon-Arten 11, 59, 70
Kinosternon 12, 59
– *abaxillare* 60
– *acutum* 35*, 60
– *alamosae* 60
– *angustipons* 60
– *baurii* 60
– – *baurii* 60
– – *palmarum* 36*, 61
– *creaseri* 61
– *cruentatum* 35*, 61
– – *consors* 61
– – *cruentatum* 61
– *dunni* 61
– *flavescens* 35*, 62
– – *arizonense* 62
– – *durangoense* 62
– – *flavescens* 62
– – *spooneri* 62
– – *stejnegeri* 62
– *herrerai* 62
– *hirtipes* 63
– – *chapalaense* 63
– – *hirtipes* 63
– – *magdalense* 63
– – *megacephalum* 63
– – *murrayi* 63
– – *taranscense* 63
– *integrum* 63
– *leucostomum* 35*, 63
– *mopanum* 63
– *oaxacae* 64
– *postinguinale* 63
– *scorpioides* 64
– – *abaxillare* 64
– – *albogulare* 36*, 64
– – *carajasensis* 64
– – *cruentatum* 64
– – *pachyurum* 64
– – *panamense* 65
– – *scorpioides* 64

-- *seriei* 65
- *sonoriense* 65
-- *longifemurale* 65
-- *sonoriense* 65
- *spurelli* 65
- *subrubrum* 35*, 65
-- *hippocrepis* 66
-- *steindachneri* 66
-- *subrubrum* 65
Klappbrust-Pelomedusenschildkröten 172
Klappschildkröten 11, 59
Klappen-Weichschildkröten 160
Kleine Moschusschildkröte 58
Kleine Scheinschildkröte 11
Knochenbau 12
Knochengerüst 12
Knochenpanzer 12
Knorpel-Weichschildkröte 165
Köhlerschildkröte 148
Kolumbianische Froschkopfschildkröte 199
Kolumbianische Schmuckschildkröte 81
Körperbau 11
Kotuntersuchung 22, 43, 49
Krankheiten 42
Krebserkrankungen 48
Krefft-Spitzkopfschildkröte 190
Kreuzbrustschildkröten 66
Krötenkopfschildkröten 194
Kurzkopf-Weichschildkröte 162

Landschildkröten 13, 20, 33, 40, 133
Langhals-Schmuckschildkröten 75
Lebendfutter 38
Lebensalter 11, 15
Lebensdauer 11, 15
Lederhaut 12
Lederschildkröte 159
Legezeit 33
Lepidochelys 158
- *olivacea* 158
-- *kempii* 158
-- *olivacea* 158
Leuchtstoffröhren 30
Lissemys 161
- *punctata* 161
-- *granosa* 162
-- *punctata* 161
-- *scutata* 162
Lungenentzündung 47

Macroclemys 15, 56
- *temminckii* 15, 18, 56
Madagassische Flachrückenschildkröte 146
Madagassische Schienenschildkröte 178
Madagassische Schnabelbrustschildkröte 148
Madagassische Strahlenschildkröte 147
Malaclemys 88
- *terrapin* 88
-- *centrata* 91
-- *littoralis* 91
-- *macrospilota* 91
-- *pileata* 91
-- *rhizophorarum* 92
-- *tequesta* 91
-- *terrapin* 54, 88
Malacochersus 137
- *tornieri* 137
Malayemys 92
- *subtrijuga* 54*, 92
Malayen-Sumpfschildkröte 92
Malayen-Weichschildkröte 163
Malayische Dornschildkröte 103
Mangelkrankheiten 45
Manouria 153
- *emys* 153
- *impressa* 153
Mata-Mata 185
Mauremys 45, 75, 93
- *caspica* 93
-- *caspica* 93
-- *leprosa* 54*, 94
-- *rivulata* 71*, 94
- *japonica* 71*, 94
- *mutica* 95
- *nigricans* 71*, 95
Maurische Landschildkröte 139
Maurische Wasserschildkröte 94
Meeresschildkröten 11, 19
Megalochelys 154
- *gigantea* 15, 154
-- *elephantina* 154
-- *gigantea* 15, 154
Meiolania 11
Melanochelys 124
- *tricarinata* 124
- *trijuga* 127
-- *coronata* 127
-- *edeniana* 127
-- *indopeninsularis* 127
-- *parkeri* 127
-- *thermalis* 127
-- *trijuga* 127
Mesoclemmys siehe *Phrynops* 196
Mexicana-Dosenschildkröte 97
Milben 47
Mittelafrikanische Klappen-Weichschildkröte 160
Morenia 112
- *ocellata* 112
- *petersi* 113
Moschusschildkröten 57
Mühlenberg-Wasserschildkröte 101

Nackendornen-Weichschildkröte 170
Nekrosen 46
Nelson-Dosenschildkröte 98
Neuguinea-Schlangenhalsschildkröte 182
Neuguinea-Weichschildkröte 159
Neuweltliche Wasserschildkröten 99
Notochelys 110
- *platynota* 110

Ocadia 110
- *sinensis* 110
Orientierungsvermögen 14
Orinoko-Schienenschildkröte 178
Orlitia 122
- *borneensis* 122

Paarung 13
Paarungsverhalten 13
Panama-Klappschildkröte 63
Pantherschildkröte 142
Panzer 12
Panzerbau 12
Panzerbeschädigungen 45
Panzererweichung 45
Panzermißbildungen 45
Panzernekrosen 46
Papua-Schildkröte 159
Papua-Weichschildkröte 159
Pazifik-Wasserschildkröte 100
Pelochelus 163
- *bibroni* 163
Pelomedusa 46, 171
- *subrufa* 171
Pelomedusenschildkröte 13, 20, 171
Pelomedusidae 12, 14, 20, 171
Peltocephalus tracaxa (früher *Podocnemys dumeriliana*) 174
Pelusios 172
- *andansonii* 172
- *gabonensis* 172
- *niger* 173
- *sinuatus* 173
- *subniger* 108*, 173
Pennsylvania-Klappschildkröte 65, 66
Pfauenaugen-Schmuckschildkröte 81

Pfauenaugen-Sumpfschildkröte 112
Pfauenaugen-Wasserschildkröte 102
Pfauenaugen-Weichschildkröte 167
Philippinen-Erdschildkröte 128
Phrynops 33, 194
– *geoffroanus* 24, 195
– – *geoffroanus* 24, 195
– – *tuberosus* 196
– *(Mesoclemmys) gibbus* 24, 196
– *hilarii* 196
– *hogei* 197
– *(Batrachemys) nasutus* 198
– – *dahli* 199
– – *nasutus* 198
– – *wermuthi* 199
– *rufipes* 144*, 199
– *tuberculatus* 199
– – *tuberculatus* 199
– – *vanderhaegei* 200
– *williamsi* 200
– *(Batrachemys) zuliae* 200
Plastron 13
Platemys 200
– *macrocephala* 201
– *pallidipectoris* 201
– *platycephala* 144*, 201
– *radiolata* 202
– *spixii* 202
Plattrückenschildkröte 110
Plattschildkröten 200
Platysternidae 20, 68
Platysternon 68
– *megacephalum* 68
– – *megacephalum* 68
– – *peguense* 69
– – *tristernalis* 69
– – *vogeli* 36*, 69
Pleurodira 12, 19, 20, 171
Podocnemis 31, 45, 46, 174
– *dumeriliana* (jetzt *Peltocephalus tracaxa*) 174
– *erythrocephala* (früher *cayennensis*) 108*, 175
– *expansa* 108*, 175
– *lewyana* 176
– *madagascariensis* (jetzt *Erymnochelis madagascariensis*) 178
– *sextuberculata* 176
– *unifilis* 108*, 177
– *vogli* 178
Pracht-Erdschildkröte 130
Pracht-Höckerschildkröte 87
Proganochelys (Triassochelys) 14
Psammobates 154
– *geometrica* 154
– *oculifera* 155
– *tentoria* 155
– – *tentoria* 155
– – *trimeni* 155
– – *verroxii* 155
Pseudemydura 203
– *umbrina* 203
Pseudemys 12, 15, 33, 45, 46, 73, 75, 78
– *concinna* 78
– – *concinna* 78
– – *hieroglyphica* 79
– – *hiltoni* 79
– – *mobilensis* 79
– – *suwanniensis* 79
– – *texana* 79
– *dorbigni* 79
– *floridana* 80
– – *floridana* 80
– – *hoyi* 80
– – *peninsularis* 80
– *grayi* 80
– *ornata* 81
– – *callirostris* 81
– – *nebulosa* 81
– – *ornata* 81
– *rubriventris* 82
– – *alabamensis* 82
– – *bangsi* 82
– – *nelsoni* 82
– – *rubriventris* 82
– *scripta* 82
– – *elegans* 34, 53*, 83
– – *gaigeae* 83
– – *scripta* 83, 84
– – *troostii* 83, 84
– *terrapen* 84
– – *decorata* 85
– – *granti* 85
– – *malonei* 85
– – *rugosa* 85
– – *stejnegeri* 85
– – *terrapen* 54*, 84
– – *vicina* 85
Pseudotestudo 140
– *kleinmanni* 140
Pyxidea 104
– *mouhotii* 104
Pyxis 136
– *arachnoides* 136

Quarantäne 22
Quecksilberdampf-Hochdrucklampen 30

Rachitis 45
Rheodytes 204
– *leukops* 204
Rhinoclemys 130
– *annulata* 130
– *areolata* 130
– *funerea* 130
– *pulcherrima* 130
– – *incisa* 131
– – *manni* 131
– – *pulcherrima* 89*, 130
– *punctularia* 131
– – *diademata* 132
– – *lunata* 132
– – *melanosterna* 132
– – *nasuta* 132
– – *punctularia* 131
– *rubida* 133
– – *perixantha* 133
– – *rubida* 133
Riesen-Erdschildkröte 128
Riesen-Landschildkröte 11
Riesen-Meeresschildkröte 11
Riesen-Schlangenhalsschildkröte 179
Riesen-Weichschildkröte 163
Rotbauch-Schmuckschildkröte 82
Rotbauchige Spitzkopfschildkröte 188
Rote Krötenkopfschildkröte 199
Rotkopf-Plattschildkröte 201
Rotlicht (Gro Lux oder Fluora) 31
Rotmaul- oder Rotwangen-Klappschildkröte 61
Rotrückige Klappen-Weichschildkröte 161
Rotwangen-Schmuckschildkröte 83
Rückenflecken-Elseyaschildkröte 187
Rückenflecken-Erdschildkröte 133
Rückenflecken-Weichschildkröte 160
Rückenpanzer (Carapax) 13, 16
Rückenschilde 12
Rückenstreif-Zierschildkröte 77
Rückenstreifen-Pelomedusenschildkröte 172
Rundliche Spitzkopfschildkröte 192
Russische Steppenschildkröte 146

Sacalia 102
– *bealei* 72*, 102
Salmonellenbefall 48
Salvin-Kreuzbrustschildkröte 66
Scharnier-Schildkröten 113
Scheinschildkröten 11
Schienenschildkröten 174
Schildkröten-Aspik 38, 39
Schildkröten-Pudding 38, 39
Schildkröten-Tuberkulose 48

Schildkröten-Zucht 33
Schläfengrubenlose Reptilien 11
Schlammschildkröten 20, 57
Schlangenhalsschildkröten 20, 192
Schmalbrust-Schlangenhalsschildkröte 182
Schmuck-Dosenschildkröte 98
Schmuckschildkröten 78
Schnabelbrustschildkröte 148
Schnappschildkröten 14, 55
Schwarzbauch-Erdschildkröten 124
Schwarzbauch-Erdschildkröte 127
Schwarze Dickkopfschildkröte 111
Schwarze Pelomedusenschildkröte 173
Schwarze Weichschildkröte 165
Seeschildkröten 157
Sehleistung 13
Senegal-Weichschildkröte 160
Seychellen-Riesenschildkröte 15, 154
Siebenrock-Schlangenhalsschildkröte 183
Siebenrockiella 111
- *crassicollis* 46, 89*, 93, 111
Sinnesleistungen 11
Skorpion-Klappschildkröte 64
Smith-Dachschildkröte 118
Sonora-Klappschildkröte 65
Spaltenschildkröte 137
Spinnenschildkröte 136
Spitzkopfschildkröten 188
Spitzkopf-Schlangenhalsschildkröten 188
Spitzkopf-Schmuckschildkröten 80
Spitzschnauzen-Klappschildkröte 60
Sporen-Plattschildkröte 201
Sporenschildkröte 145
Sporn-Flachschildkröte 136
Sporn-Plattschildkröte 201
Spurell-Klappschildkröte 65
Stachel-Erdschildkröte 129
Stachelhals-Plattschildkröte 202
Stachelige Krötenkopfschildkröte 199
Stachelrand-Gelenkschildkröte 134
Stammreptilien 11
Starrbrust-Pelomedusenschildkröte 171
Staurotypus 66
- *salvinii* 66
- *triporcatus* 36*, 67
Sternotherus 57
- *carinatus* 57, 58
- *minor* 24, 58
-- *depressus* 59
-- *minor* 58
-- *peltifer* 59
- *oderatus* 24, 35*, 57, 58
Sternschildkröte 141
Strahlen-Plattschildkröte 202
Strahlenschildkröte 147
Strahler 30
Stutz-Gelenkschildkröte 134
Südamerikanische Erdschildkröten 130
Südamerikanische Erdschildkröte 131
Südamerikanische Schlangenhals-schildkröten 192
Sumpfschildkröten 20, 70
Suppenschildkröten 157

Tabascoschildkröten 20, 52
Teller-Schlangenhalsschildkröte 184
Tempelschildkröte 116
Terekay-Schildkröte 177
Terrapene 21, 34, 95
- *carolina* 15, 71*, 95
-- *bauri* 96
-- *carolina* 95
-- *major* 96
-- *triungius* 96
- *coahuila* 97
- *klauberi* 97
- *mexicana* 97
-- *mexicana* 97
-- *yucatana* 98
- *nelsoni* 98
- *ornata* 98
-- *luteola* 99
-- *ornata* 98
Terrarium für Landschildkröten 23
Tertiärzeit 11
Testudines 11, 52
Testudinidae 20, 133
Testudinoidea 19
Testudo 12, 33, 138
- (jetzt *Chersina*) *angulata* 151
- (jetzt *Chelonoidis*) *carbonaria* 148
- (jetzt *Chelonoidis*) *chilensis* 149
- (jetzt *Chelonoidis*) *denticulata* 150
- (jetzt *Geochelone*) *elegans* 141
- (jetzt *Chelonoidis*) *elephantopus* 150
- (jetzt *Chelonoidis*) - *abingdonii* 150
- (jetzt *Chelonoidis*) - *chatamensis* 151
- (jetzt *Chelonoidis*) - *darwini* 151
- (jetzt *Chelonoidis*) - *elephantopus* 150
- (jetzt *Chelonoidis*) - *ephippium* 151
- (jetzt *Chelonoidis*) - *galapagoensis* 151
- (jetzt *Chelonoidis*) - *hoodensis* 151
- (jetzt *Chelonoidis*) - *nigrita* 151
- (jetzt *Chelonoidis*) - *phantastica* 151
- (jetzt *Chelonoidis*) - *wallacei* 151
- (jetzt *Indotestudo*) *elongata* 152
- (jetzt *Manuoria*) *emys* 153
- (jetzt *Indotestudo*) *forstenii* 152
- (jetzt *Psammobates*) *geometrica* 154
- (jetzt *Megalochelys*) *gigantea* 15, 154
- (jetzt *Megalochelys*) - *daudinii* 154
- (jetzt *Megalochelys*) - *elephantina* 15, 154
- (jetzt *Megalochelys*) - *gigantea* 15, 154
- *graeca* 15, 34, 139
-- *graeca* 139
-- *ibera* 90*, 139
-- *terrestris* 139
-- *zarudnyi* 140
- *hermanni* 15, 18*, 138
-- *hermanni* 138
-- *robertmertensi* 139
- (jetzt *Agrionemys*) *horsfieldii* 146
- (jetzt *Manouria*) *impressa* 153
- (jetzt *Pseudotestudo*) *kleinmanni* 140
- *marginata* 90*, 140
- (jetzt *Psammobates*) *oculifera* 155
- (jetzt *Geochelone*) *pardalis* 142
- (jetzt *Geochelone*) - *babcocki* 145
- (jetzt *Geochelone*) - *pardalis* 142
- (jetzt *Geochelone*) *platynota* 145
- (jetzt *Acinyxis*) *planycauda* 146
- (jetzt *Asterochelys*) *radiata* 15, 147
- (jetzt *Geochelone*) *sulcata* 145
- (jetzt *Psammobates*) *tentoria* 155
- (jetzt *Psammobates*) - *tentoria* 155
- (jetzt *Psammobates*) - *trimeni* 155
- (jetzt *Psammobates*) - *verroxii* 155
- (jetzt *Indotestudo*) *travancoria* 153
- (jetzt *Asterochelys*) *yniphora* 148
Travancore-Landschildkröte 153
Triassochelys (*Proganochelys*) 14
Trionychidae 160
Trionychinae 162
Trionychoidea 19
Trionyx 164
- *ater* 165
- *cartilagineus* 165, 167
- *euphraticus* 165
- *ferox* 107*, 166
- *formosus* 166
- *gangeticus* 167
- *hurum* 167
- *leithii* 167
- *muticus* 167
-- *calvatus* 168
-- *muticus* 167
- *nigricans* 168
- *sinensis* 168
- *spiniferus* 108*, 169
-- *asper* 170

-- *emoryi* 170
-- *hartwegi* 170
-- *spiniferus* 169
- *steindachneri* 170
- *triunguis* 170
Tropfen-Dosenschildkröte 97
Tropfenschildkröte 99
True-Lite-Leuchtstoffröhren 31
Tuberkulose 48

Überwinterung im Freiland 40
Ultraviolettes Licht 31
Ultraviolette Bestrahlung 31, 44
Unechte Karettschildköte 157
Urschildkröten 11
Verbrennungen 49
Verletzungen 49
Verstopfung 49
Vieraugen-Wasserschildkröte 102
Vierzehen-Landschildkröte 16, 146
Vorderindische Pfauenaugen-Sumpfschildkröte 113
Vorderindische Weichschildkröte 167

Wachstum 15
Waldbachschildkröte 13, 100
Waldschildkröte 150
Wärmelampen 30
Washingtoner Artenschutzübereinkommen 50
Wasser-Dosenschildkröte 97
Weichschildkröten 11, 14, 16, 162
Weißbrust-Pelomedusenschildkröte 172
Weißmaul-Klappschildkröte 63
Westafrikanische Klappen-Weichschildkröten 161
Wilde Dreiklaue 166
Winterruhe 40
Wurmbefall 49

Yucatan-Klappschildkröte 61
Yunnan-Scharnierschildkröte 116

Zacken-Erdschildkröte 123
Zecken 47
Zierschildkröten 76
Zucht 33
Zulia-Krötenkopfschildkröte 200